山地城市
轨道交通工程设计

上海市隧道工程轨道交通设计研究院
杨志豪 乐梅 陈文艳　　主编

上海科学技术出版社

内 容 提 要

本书是作者在总结山地城市轨道交通设计建造关键技术的基础上编写而成的。依托重庆市轨道交通环线工程，本书介绍了从轨道交通线网规划、项目工程可行性研究到设计、建设的技术体系，内容主要包括行车与运营、线路与轨道、车站建筑、车站结构、供电系统、通信系统、信号系统、监控系统、车辆基地、TOD专项设计等。

本书理论与实践相结合，重点突出了山地城市轨道交通工程建设的技术难点和解决方案，立足指导工程实践，兼顾行业技术发展，可为国内外同类工程建设提供参考借鉴，也可供从事轨道交通规划、设计、建造、科研的技术人员及高等院校相关专业的师生参考学习。

图书在版编目（CIP）数据

山地城市轨道交通工程设计 / 上海市隧道工程轨道交通设计研究院主编；杨志豪，乐梅，陈文艳主编. -- 上海：上海科学技术出版社，2022.6
 ISBN 978-7-5478-5696-3

Ⅰ. ①山… Ⅱ. ①上… ②杨… ③乐… ④陈… Ⅲ. ①山区城市－城市铁路－轨道交通－工程设计 Ⅳ. ①U239.5

中国版本图书馆CIP数据核字(2022)第090819号

山地城市轨道交通工程设计
上海市隧道工程轨道交通设计研究院　主编
杨志豪　乐　梅　陈文艳

上海世纪出版(集团)有限公司
上海科学技术出版社　出版、发行
(上海市闵行区号景路159弄A座9F-10F)
邮政编码 201101　www.sstp.cn
上海盛通时代印刷有限公司印刷
开本 889×1194　1/16　印张 20.75　插页 12
字数 550 千字
2022年6月第1版　2022年6月第1次印刷
ISBN 978-7-5478-5696-3/U·122
定价：185.00元

本书如有缺页、错装或坏损等严重质量问题，请向印刷厂联系调换

环境和谐

高效出行

城市光影

城市穿梭

出入段线

隧道区间

土建施工

明挖法施工

暗挖法施工

施工断面

越行线

三线大断面

机械化施工

设备与车辆

站厅穹顶

便捷站台

驶向春天

建设及获奖

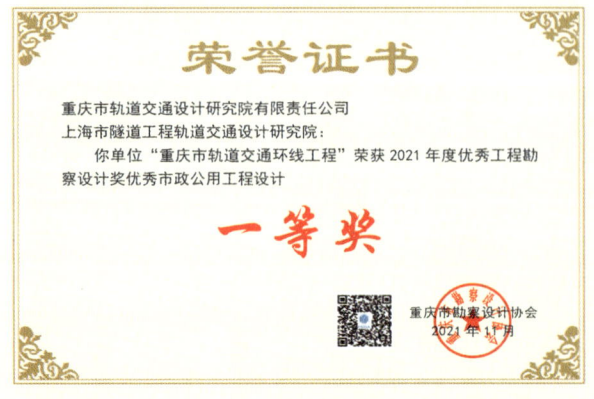

编写单位

主编单位 上海市隧道工程轨道交通设计研究院

参编单位 重庆市轨道交通(集团)有限公司

重庆市轨道交通设计研究院有限责任公司

编 委 会

主　编　杨志豪　乐　梅　陈文艳

编　委（按姓氏笔画排序）

王建清　付　鹏　乐　梅　刘　俐　杨志豪　吴　天　陈　鸿
陈文艳　林　莉　施　政　殷　爽　郭劲松　曹文宏　蔡岳峰

编辑部　胡永良　丁俊欢　杜　涛　张小玲　白　玥　刘　利

编写组（按姓氏笔画排序）

丁鹏飞　王　健　王　骏　王子薇　王巧珍　王安宇　王建红
王建清　王翔宇　王嘉烨　卞跃威　文成祥　邓新宇　石志伟
付　鹏　乐　梅　乐云凯　冯文丹　邢　敏　邢晓辉　朱　鹏
朱凯峰　向恒飞　刘　岗　刘　坤　刘　俐　刘　蓁　许　熠
孙　伟　孙安巍　李　尧　李　炜　李　敏　李　渊　李夏君
李晶晶　杨　悬　杨志豪　杨忠涌　吴　天　吴　韬　吴天亮
吴培涛　何铁峰　邹光炯　邹景帆　张　荣　张　琴　张　磊
张国刚　陈　娣　陈　鸿　陈凤齐　陈文艳　陈佳维　陈韵舟
范东林　林　莉　明　冲　周　君　周　捷　周　霞　周尚明
周跃峰　单　宁　孟宝全　赵从栋　胡安徽　钟天宝　段光韬
施　政　施培华　洪习宝　祝　平　袁　田　夏　雨　夏晨龙
钱文波　倪　艇　殷　爽　殷中泓　奚　峰　高俊宏　郭　建
郭劲松　黄　伟　曹文宏　崔东旭　梁　钰　彭　辉　董文斌
傅　铭　曾　毅　蔡岳峰　臧金玉　谭　勇　魏志锋

前　言

重庆,简称"渝",是我国著名的山城,也是我国的四个直辖市之一。改革开放以来,重庆市抓住重大历史性机遇,经济、社会全面发展,城市面貌日新月异,正在加快建成长江上游区域的经济中心。

城市轨道交通作为城市公共交通的骨干,在缓解大城市交通拥堵、提升人民的出行品质、减少汽车尾气的排放等方面起着重要作用,毋庸置疑地成为城市基础设施投资的重点领域。2004年年底,重庆的第一条轨道交通——轨道交通2号线一期工程建成通车。截至2022年1月,重庆已建成10条线路、运营里程达401.8 km的轨道交通网络,包含跨座式单轨、钢轮钢轨两种轨道交通制式,轨道交通运营里程规模居国内城市的第8位。

重庆市轨道交通环线工程(简称"环线工程")是集铁路、公路、水运、空运多位一体的网络骨架线路,它串联起重庆主城区5大城市组团、3座铁路客运站,全线长约50.88 km,两次跨越长江、一次跨越嘉陵江,全线轨面标高最大高差近百米,是我国山地城市第一条环形轨道交通线路。

由上海市隧道工程轨道交通设计研究院和重庆市轨道交通设计研究院有限责任公司组成的项目总体总包设计团队,集合了两家设计院在线路、车辆、站场、建筑、结构、隧道、桥梁、轨道、环控、供电、通信、信号等专业的骨干设计人员,历经10年的项目前期研究、设计、建设和科研攻关,解决了山地城市轨道交通工程设计、建造的关键技术难题,形成了山地城市轨道交通工程设计、建造技术和标准体系。

项目团队采取"产、学、研、用"一体化的创新模式,相继攻克了山地城市新型轨道交通车辆选型、轨道交通互联互通、超大跨度轨道交通专用桥、暗挖车站空间集约化利用、多种暗挖工法集成应用、山地停车场段立体化布置等工程难题,取得了一系列创新成果:研发了爬坡能力强(最大坡度50‰)、转弯半径小的山地城市As车;研发了轨道交通互联互通CBTC核心技术体系;研发了地下立体交叉渡线、越行线等配线形式,实现了多交路的行车方式;首次在山地城市大规模应用复合盾构工法;建成了跨径最大(主跨600 m)的钢箱梁自锚式悬索桥(鹅公岩轨道交通专用桥)和跨径最大(主跨552 m)的双层钢桁架拱桥(朝天门大桥),打造了一条绿色、环保、节能和互联互通CBTC的轨道交通示范线,全面提升了山地城市轨道交通的建造技术和能力。

本书编写组由工程一线的设计、管理和科研人员组成,在编写过程中参考和引用了大量的设计资料和技术文献。在环线工程的设计、施工和课题研究中,得到了中铁建重庆轨道环线建设有限公司和环线各参建单位的大力协助,在此一并表示诚挚的谢意。由于作者水平有限,书中难免存在差错,恳请读者提出批评和建议。

作者
2022年3月

目 录

| 第1章 | 工程概论 | 1 |

1.1 环线规划与建设 ········· 1
 1.1.1 规划设计背景 ········· 1
 1.1.2 功能目标定位 ········· 6
 1.1.3 建设历程 ········· 8
 1.1.4 建设意义 ········· 9
1.2 工程设计概要 ········· 9
 1.2.1 主要设计原则和技术标准 ········· 9
 1.2.2 客流预测与运营组织 ········· 11
1.3 设计创新与特点 ········· 13
 1.3.1 项目背景 ········· 13
 1.3.2 项目内容 ········· 14
 1.3.3 设计创新与特点 ········· 14

| 第2章 | 行车、车辆与限界 | 17 |

2.1 行车组织与运营管理 ········· 17
 2.1.1 研究范围及要点 ········· 17
 2.1.2 设计原则 ········· 17
 2.1.3 设计案例 ········· 19
2.2 车辆 ········· 28
 2.2.1 AS车的研发与技术特色 ········· 28
 2.2.2 车辆选型及列车编组 ········· 30
 2.2.3 车辆主要技术参数 ········· 30
 2.2.4 主要部件和设备系统 ········· 31

2.3 限界 ··· 32
    2.3.1 概述 ·· 32
    2.3.2 设计原则 ·· 33
    2.3.3 系统组成 ·· 34
    2.3.4 方案设计 ·· 35
    2.3.5 创新与实践 ··· 37

第3章 线路与轨道 ·· 42

3.1 线路 ··· 42
    3.1.1 概况 ·· 42
    3.1.2 设计原则与技术标准 ··· 43
    3.1.3 设计内容及设计特点 ··· 44
    3.1.4 重点区段的线路比选研究 ··· 44
    3.1.5 线路方案设计 ·· 48
    3.1.6 创新与实践 ··· 56
3.2 轨道工程 ·· 56
    3.2.1 概述 ·· 56
    3.2.2 系统创新与实践 ··· 57
    3.2.3 措施与建议 ··· 63

第4章 车站建筑 ·· 65

4.1 概述 ··· 65
4.2 设计原则 ·· 67
4.3 建筑设计特色及主要技术标准 ·· 68
    4.3.1 建筑设计特色 ·· 68
    4.3.2 技术标准 ·· 68
4.4 特色车站方案设计 ·· 70
    4.4.1 地下站 ··· 70
    4.4.2 地面及高架站 ·· 80
4.5 防灾设计 ·· 85
    4.5.1 特殊消防设计 ·· 85
    4.5.2 防淹设计 ·· 85
4.6 绿色节能设计 ··· 87
4.7 山地城市人性化设计 ··· 87
    4.7.1 无障碍设施 ··· 88
    4.7.2 室外广场 ·· 88
    4.7.3 交通接驳 ·· 88

  4.7.4 便民服务设施 ··· 90

4.8 车站装修 ··· 90

  4.8.1 概况 ··· 90

  4.8.2 设计原则 ··· 90

  4.8.3 空间环境设计 ··· 91

4.9 人防工程 ··· 93

  4.9.1 设防范围 ··· 93

  4.9.2 设计原则 ··· 93

  4.9.3 设防标准 ··· 93

  4.9.4 实践与建议 ··· 94

第5章　车站结构 ·· 95

5.1 全线车站结构概况 ··· 95

  5.1.1 明挖法 ··· 95

  5.1.2 暗挖法 ··· 95

  5.1.3 施工方法的选择 ··· 96

5.2 岩土工程勘察 ··· 98

5.3 地下车站结构 ··· 99

  5.3.1 明挖法车站 ··· 99

  5.3.2 矿山法暗挖车站 ··· 99

  5.3.3 明挖车站典型案例 ··· 101

  5.3.4 暗挖车站典型案例 ··· 104

  5.3.5 明暗挖工法结合车站典型案例 ··· 128

  5.3.6 高架车站结构设计 ··· 135

5.4 地下工程防水和耐久性 ··· 138

  5.4.1 设计原则及标准 ··· 138

  5.4.2 明挖法结构防水 ··· 138

  5.4.3 矿山法结构防水 ··· 140

  5.4.4 结构耐久性设计 ··· 143

  5.4.5 设计难点 ··· 143

第6章　区间结构 ·· 145

6.1 地下区间 ··· 145

  6.1.1 区间结构设计概况 ··· 145

  6.1.2 区间施工工法的选择 ··· 148

  6.1.3 复合式盾构区间设计 ··· 149

  6.1.4 矿山法区间典型案例 ··· 161

  6.1.5 明挖法区间典型案例 …… 172
6.2 高架区间 …… 180
  6.2.1 高架区间桥梁总体设计 …… 180
  6.2.2 标准桥梁上部结构设计 …… 182
  6.2.3 标准桥梁下部结构设计 …… 184
  6.2.4 连续梁结构设计 …… 186
  6.2.5 特殊节点桥梁结构设计 …… 187
  6.2.6 附属结构设计 …… 190
6.3 过江桥梁设计 …… 193
  6.3.1 朝天门公轨两用桥 …… 193
  6.3.2 鹅公岩轨道交通专用桥 …… 195
  6.3.3 高家花园轨道交通专用桥 …… 197

第7章 供电系统 …… 201

7.1 概述 …… 201
7.2 系统功能 …… 201
7.3 设计原则 …… 202
7.4 方案设计 …… 203
  7.4.1 供电电源 …… 203
  7.4.2 中压网络 …… 203
  7.4.3 牵引供电系统 …… 205
  7.4.4 接触网系统 …… 206
  7.4.5 低压配电及动力照明系统 …… 206
  7.4.6 电力监控系统 …… 209
  7.4.7 杂散电流防护系统 …… 210
  7.4.8 接地及过电压防护系统 …… 210
  7.4.9 供电车间 …… 211
  7.4.10 主要设备选型原则 …… 211
7.5 系统创新与实践 …… 212

第8章 通风空调系统 …… 214

8.1 系统概况 …… 214
8.2 设计原则 …… 214
8.3 系统组成 …… 215
8.4 系统运行模式 …… 219
  8.4.1 区间隧道通风系统运行模式 …… 219
  8.4.2 车站通风空调系统运行模式 …… 219

8.4.3　系统控制 ·· 220
8.5　系统创新与实践 ·· 220
　　　8.5.1　暗挖大断面区间隧道通风系统设计 ·· 220
　　　8.5.2　暗挖车站双层风道设置 ·· 221
　　　8.5.3　站台集中排烟方案 ·· 224
　　　8.5.4　车站冷源采用"2大1小"冷机配置方案 ··· 225
　　　8.5.5　暗挖车站站厅、站台公共区气流组织形式优化 ······································· 225

第9章　给排水与消防系统 ·· 228

9.1　系统概况 ··· 228
9.2　车站给排水及消防系统 ··· 228
　　　9.2.1　车站给水系统 ·· 228
　　　9.2.2　车站排水系统 ·· 228
　　　9.2.3　车站消防系统 ·· 229
9.3　区间给排水及消防系统 ··· 230
　　　9.3.1　区间排水系统 ·· 231
　　　9.3.2　区间消火栓系统 ·· 232
9.4　自动灭火系统 ··· 232
9.5　系统创新与实践 ·· 233
　　　9.5.1　区间排水泵房优化 ··· 233
　　　9.5.2　洞口雨水排水优化 ··· 234
　　　9.5.3　深埋车站室内消火栓系统优化 ··· 234

第10章　通信系统 ·· 236

10.1　概述 ··· 236
10.2　设计原则 ··· 236
　　　10.2.1　系统设计原则 ·· 236
　　　10.2.2　设备设计原则 ·· 237
10.3　系统组成 ··· 237
　　　10.3.1　专用通信系统 ·· 238
　　　10.3.2　公安通信系统 ·· 242
　　　10.3.3　用房及机构设置 ··· 243
10.4　方案设计 ··· 244
　　　10.4.1　POE交换机嵌入式方案 ··· 244
　　　10.4.2　暗挖车站站厅摄像机安装方案 ··· 244
　　　10.4.3　段场线缆隧道合设方案 ·· 245
10.5　创新与实践 ··· 245

10.5.1 与既有线换乘站的系统互联互通 245
  10.5.2 满足跨线运营的系统互联互通 245
  10.5.3 环线一期、二期视频监视系统衔接 246
  10.5.4 对轨道交通通信系统的展望 246

第11章 信号系统 247

11.1 系统概况 247
11.2 设计原则 247
11.3 系统构成及功能 248
11.4 工程方案 251
11.5 系统创新及实践 252
  11.5.1 实现互联互通网络化运营基本条件 252
  11.5.2 实现CBTC互联互通工程的主要任务 252
  11.5.3 重庆互联互通示范工程对行业自主创新的作用 252
11.6 技术特点及展望 253
  11.6.1 互联互通CBTC制式发展 253
  11.6.2 基于车车通信的CBTC系统发展 254

第12章 监控系统 255

12.1 综合监控系统 255
  12.1.1 概述 255
  12.1.2 设计原则 255
  12.1.3 系统组成及功能 256
  12.1.4 方案设计 257
  12.1.5 创新与实践 258
12.2 火灾自动报警系统 259
  12.2.1 概述 259
  12.2.2 系统构成及功能 259
  12.2.3 工程方案(含气灭) 261
12.3 安防与门禁系统 262
  12.3.1 概述 262
  12.3.2 系统构成及功能 262
  12.3.3 工程方案 264
  12.3.4 系统创新及实践 264

第13章 车站与区间设备 266

13.1 自动售检票系统 266

	13.1.1	概述 ··	266
	13.1.2	系统构成及功能 ··	266
	13.1.3	主要方案 ··	267
	13.1.4	系统创新及实践 ··	268
13.2	站台门与电扶梯 ···	269
	13.2.1	站台门 ··	269
	13.2.2	自动扶梯与电梯 ··	271
13.3	区间安全设施 ···	273
	13.3.1	概述 ··	273
	13.3.2	设计原则及方案 ··	273
	13.3.3	系统功能及组成 ··	275
	13.3.4	工程创新实践 ··	276

第 14 章　车辆基地 ··· 277

14.1　车辆基地概述 ··· 277
14.2　主要设计原则 ··· 278
14.3　专业接口 ··· 278
14.4　车辆基地设计 ··· 280
　　　14.4.1　工艺 ·· 280
　　　14.4.2　站场 ·· 282
　　　14.4.3　建筑 ·· 284
　　　14.4.4　结构 ·· 290
14.5　应用及创新实践 ··· 291
14.6　措施及建议 ··· 291

第 15 章　TOD 专项设计 ·· 293

15.1　TOD 一体化建设概述 ·· 293
15.2　重庆市 TOD 一体化建设概况 ·· 293
15.3　TOD 物业开发分类 ·· 294
　　　15.3.1　站点物业开发 ·· 294
　　　15.3.2　车辆基地上盖开发 ·· 294
15.4　TOD 一体化建设研究目标 ·· 295
15.5　TOD 一体化建设开发理念 ·· 295
15.6　TOD 一体化建设方案设计 ·· 296
　　　15.6.1　马家岩停车场上盖开发 ·· 296
　　　15.6.2　四公里停车场上盖开发 ·· 303

    15.6.3 弹子石站TOD综合开发 ·· 308

  15.7 创新与实践 ·· 310

第16章　设计总体总包管理 ·· 312

  16.1 项目设计管理 ·· 312

    16.1.1 推行标准化设计 ··· 312

    16.1.2 实施目标化管理 ··· 312

    16.1.3 总体总包工作内容 ··· 313

    16.1.4 总体总包管理工作重点、对策及措施 ··· 313

  16.2 设计总体工作内容 ·· 315

  16.3 总包管理工作内容 ·· 317

    16.3.1 设计总包工作内容 ··· 317

    16.3.2 设计投资控制 ··· 317

    16.3.3 审签管理 ··· 317

    16.3.4 例会制度 ··· 320

第1章 工程概论

1.1 环线规划与建设

1.1.1 规划设计背景

1.1.1.1 城市总体规划

1) 城市发展现状

重庆,简称"渝",是著名的山城,位于青藏高原与长江中下游平原的过渡地带,是中国经济发达的东部地区与资源富集的西部地区的接合部。重庆地处长江经济带的"龙尾",是三峡经济带和西南地区承东启西、左传右递的区域性轴心,具有区位上的独特优势。此外,重庆市还具有天然气和水电等能源,锶、铝等矿产,库区淡水、三峡旅游等资源优势,其现代工业基础比较雄厚,整体科技力量较好,另外还具有"山城、江城"独特的生态景观优势,这些使其成为中西部唯一的直辖市。

改革开放以来,重庆市抓住中央直辖、三峡工程建设、西部大开发三大历史性机遇,大力调整经济结构、积极扩大开放、深化体制改革、加快基础设施建设,其经济、社会全面发展,综合实力进一步增强。自重庆市直辖以来,其经济保持快速增长态势,年平均增长率在8%左右,良好的经济发展也为城市的发展注入了新的活力。

2) 城市总体规划

(1) 发展目标:

① 城市性质。重庆是我国重要的中心城市之一,是国家历史文化名城、长江上游经济中心、国家重要的现代制造业基地、西南地区综合交通枢纽。

② 城市发展目标。经济发展走在西部前列,加快建成西部地区的重要增长极和长江上游地区的经济中心;统筹城乡走在西部前列,建成城乡统筹发展的直辖市;在西部率先实现全面建设小康社会的目标。

(2) 发展规模:

① 人口规模。2020年,全市总人口3 250万人,其中城镇人口2 280万人,城镇化水平达到70%左右。

② 用地规模。2020年,都市区城镇建设用地865 km^2,人均城镇建设用地为93 m^2。主城建设用地835 km^2,外围组团建设用地30 km^2,中心城建设总用地为520 km^2,人均城市建设用地为81.89 m^2。

(3) 城市空间布局规划:构建"一圈两翼"的区域空间结构,即以都市区为中心的1小时经济圈,以万州为中心的三峡库区核心地带为渝东北翼,以黔江为中心的乌江流域和武陵山区为渝东南翼。

主城区城市建设用地分为21个组团和8个功能区,中心城区包含其中12个组团和2个功能区。每个组团功能相对完善,组团内工作、生活用地基本平衡,紧凑发展;功能区是组团外以现有小城镇为主体的独立城市建设区域(图1-1)。

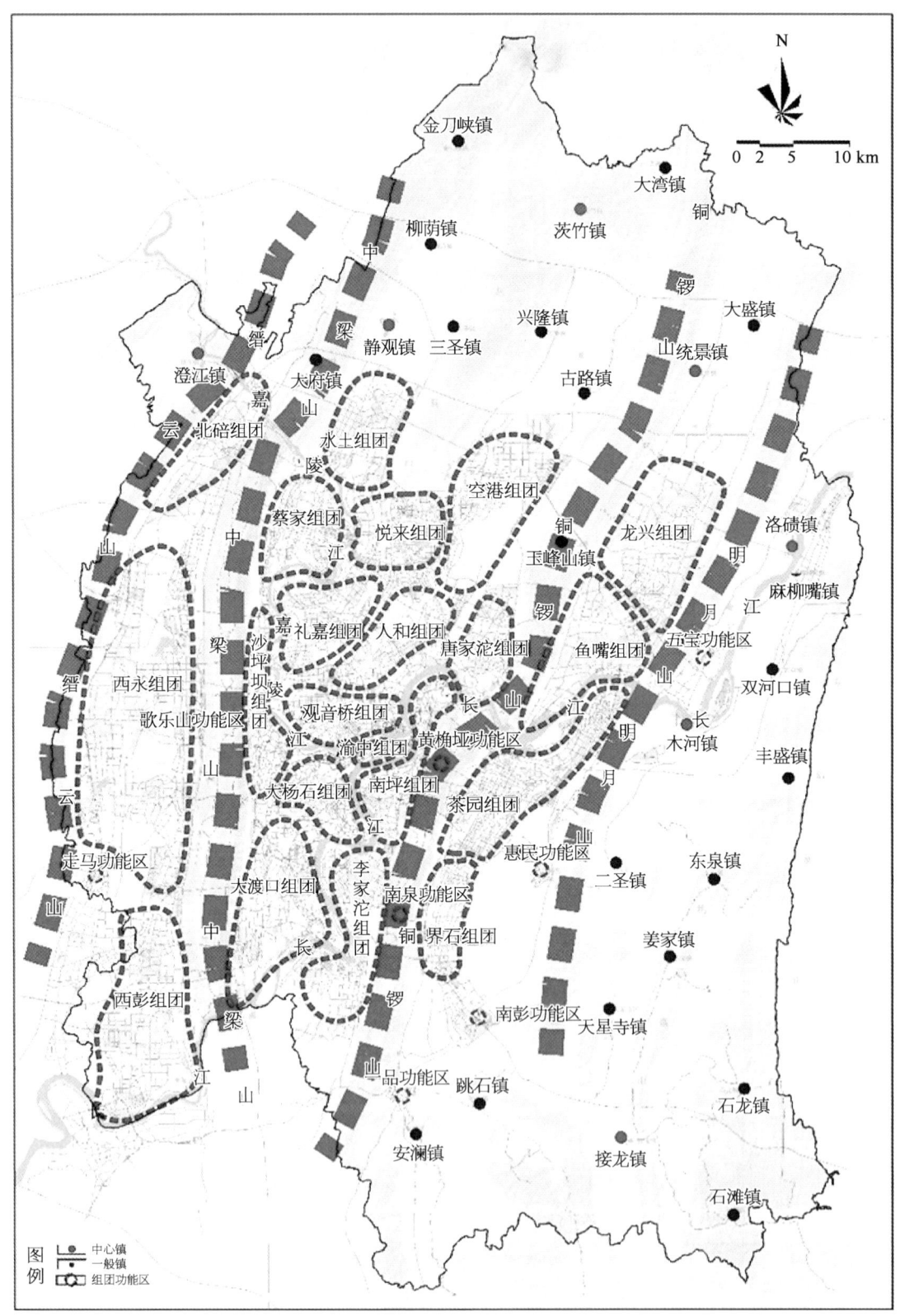

图1-1 《重庆市城乡总体规划(2007—2020年)》主城区城镇空间结构示意图

1.1.1.2 线网规划

1)《重庆市城乡总体规划(2007—2020年)》

根据《重庆市主城区综合交通规划(2002—2020年)》和《重庆市城乡总体规划(2007—2020年)》(简称"2007年总规"),主城区轨道交通线网格局扩展为"九线一环",此线网骨架承袭了《重庆市城市总体规划(1996—2020年)》轨道线网结构,总长为513 km,线网密度为0.65 km/km²(图1-2)。

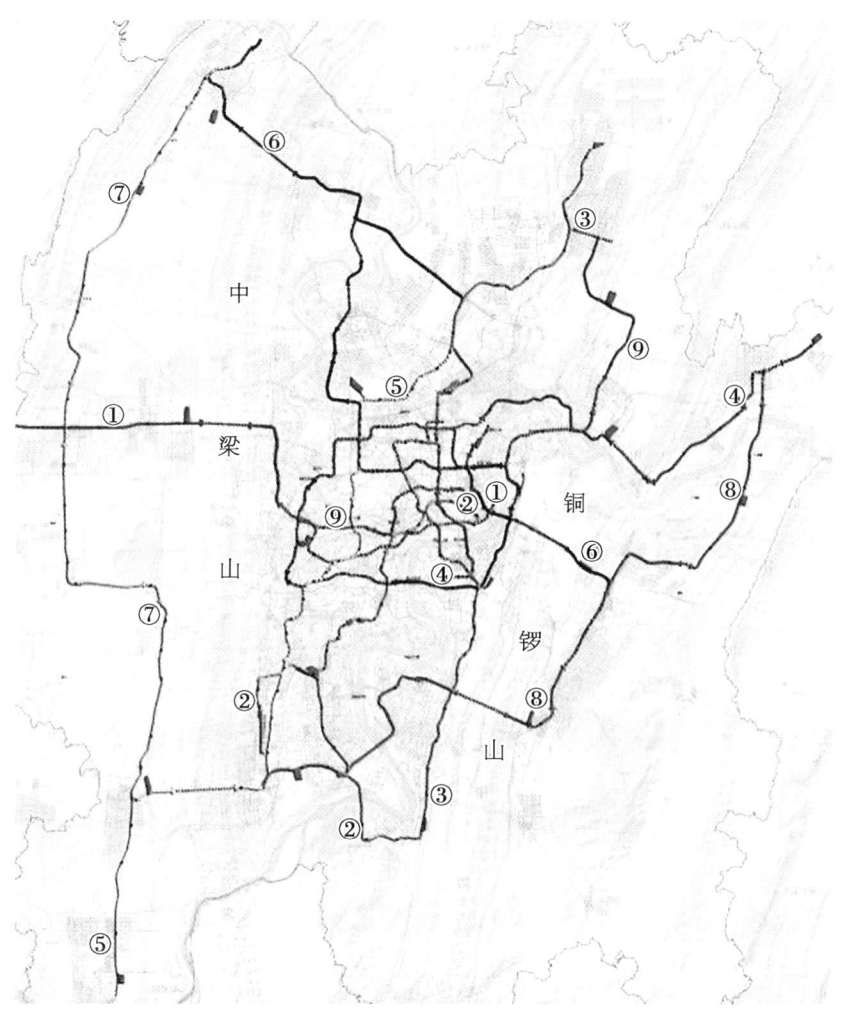

图1-2 《重庆市主城区综合交通规划(2002—2020年)》轨道线网规划示意图

2)《重庆市城乡总体规划(2007—2020年)》(2011年修订)

在2007年版总规轨道线网基础上,2011版总规进行了修订,对轨道线网进行了加密和完善。

随着两江新区的设立,重庆主城区除在南部形成以解放碑—江北嘴—弹子石的综合性中央商务区外,还在两路空港组团形成了以空港、会展经济为主的新中心。

至2020年,重庆规划9条线路,分别为1号线、2号线、3号线、4号线、5号线、6号线、9号线、10号线、环线,总长约478 km;远景年规划18条线路,形成"网格放射状"线网布局;在北碚、西永、西彭、界石、龙盛、水土、蔡家、礼嘉、茶园、大渡口等区域规划预留轨道交通走廊和站场设施,轨道交通线网密度达到主城区0.69 km/km²(图1-3)。

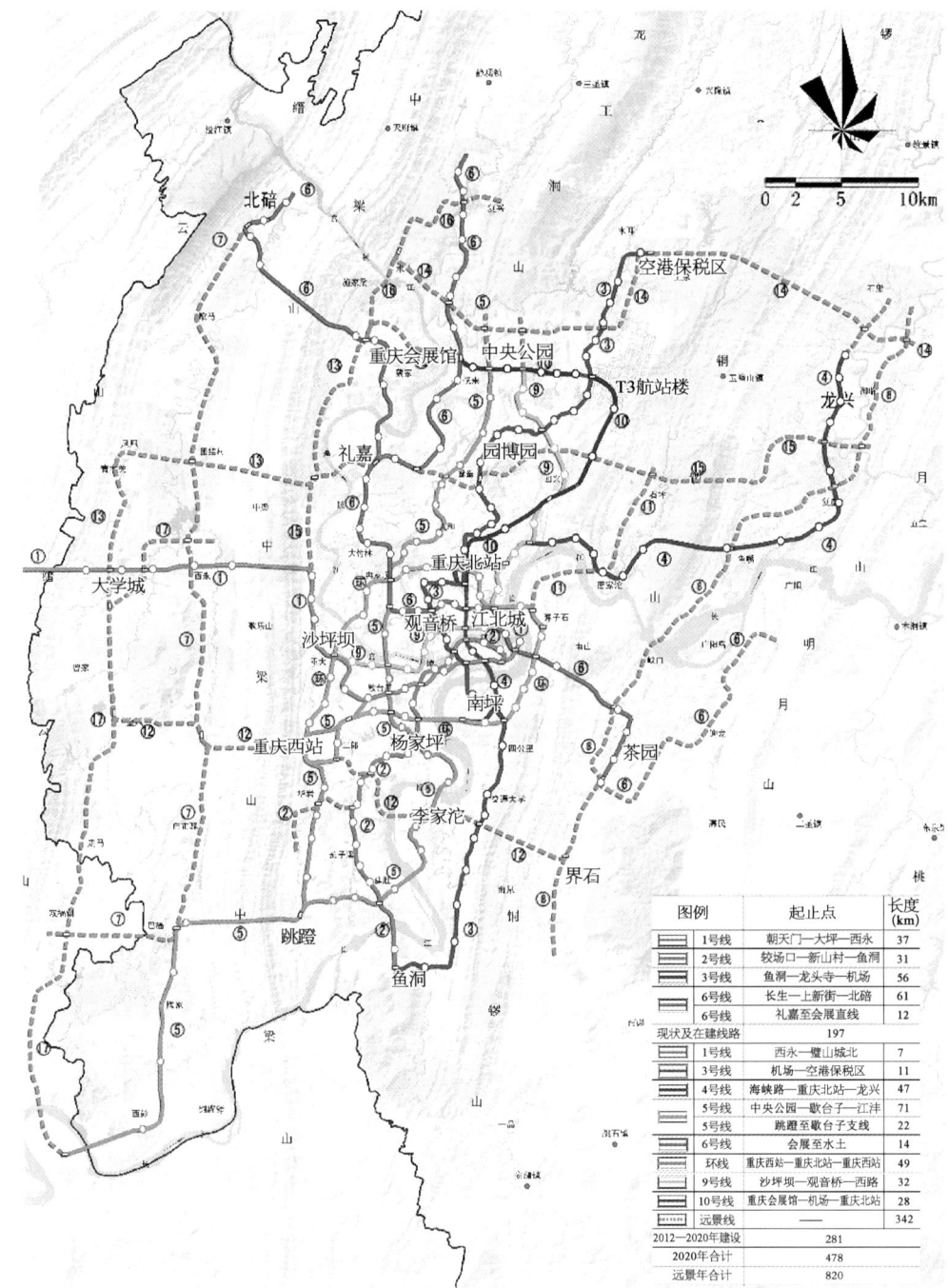

图 1-3 2011年城乡总规轨道线网远景规划示意图

1.1.1.3 建设规划

1) 第一轮建设规划及调整方案

2004年8月,重庆市编制完成了《重庆市城市快速轨道交通建设规划(2004—2012年)》,规划新建轨道交通1号线(朝天门至大学城段)、3号线(二塘至江北机场段)、6号线(冉家坝至上新街段)等3个轨道交通项目,线路长约82 km;启动2号线(新山村至鱼洞段及新山村至中梁山段)1个轨道交通项目,线路长约21 km,总投资245亿元。规划于2006年6月获得国家发展和改革委员会(简称"发改委")批复,规划年限调整为2006—2013年。线网规划如图1-4所示。

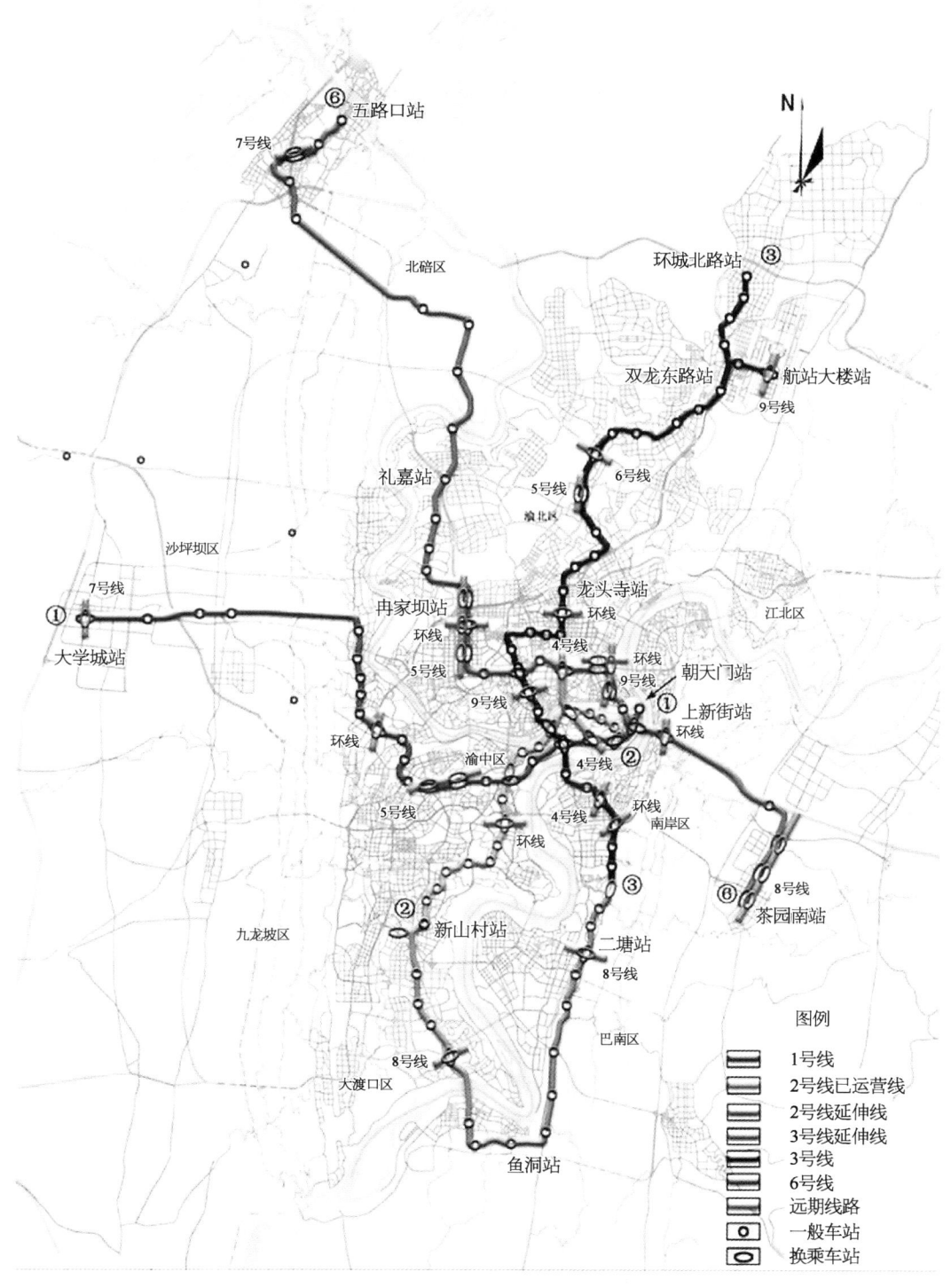

图 1-4 2014 年重庆市轨道交通建设规划调整图

在第一轮建设规划实施过程中，原有的各种规划背景发生了较大的变化。2007 年 9 月，国务院批复了新调整的《重庆市城乡总体规划（2007—2020 年）》，明确了 2017 年全市提前三年在西部地区率先实现小康，2020 年建成"1 小时经济圈"，并以"一圈"带动"两翼"，实现全市城乡统筹发展的新型直辖市的目标；为结合新一轮城市总体规划，对轨道交通线网布局和近期建设方案做了进一步完善，在原"一环六线"轨道基本线网的基础上,完善了"九线一环"轨道交通远期线网,并于 2008 年对原 2006—2013 年近期建设规划方案进行了调整。建设规划经调整后,重庆市轨道交通近期(2006—2014 年)建设项目为:1 号线(朝天门—大学城段)36.08 km;3 号线一期工程(二塘—龙头寺)21.16 km;3 号线二期工程(龙头寺—航站楼)20.4 km;6 号线一期工程(上新街—礼嘉)23.55 km;6 号线二期工程(茶园南—上新街、礼嘉—五路口)37 km;2 号线、3 号线延伸线(新山村—鱼洞—二塘)29.3 km;3 号线二期北延伸段(双龙东路—环城北路)7 km。建设线路总长为 174.49 km,设车站 102 座,预计总投资为 573.39 亿元。

国家发改委于 2009 年 3 月以"发改基础〔2009〕639 号"文批准了《重庆市城市轨道交通建设规划(2006—2014)调整方案》。

2)第二轮建设规划

《重庆市城市轨道交通建设规划(2006—2014)调整方案》批准后,城市规划背景又发生了很大的变化。2009 年 1 月,国发〔2009〕3 号文《国务院关于推进重庆市统筹城乡改革和发展的若干意见》将重庆的发展上升为国家战略。2009 年 2 月,在城乡建设部编制的《全国城镇体系规划》中,重庆跻身国家五大中心城市。2010 年 5 月 7 日,国务院批复了重庆"两江新区"总体方案,两江新区将享受上海浦东新区和天津滨海新区政策,并叠加重庆及西部的优惠政策,区域交通规划条件也有了新的变化。重庆两路寸滩保税港区、江北机场 T3 航站楼、铁路重庆西站、大型聚居区及公共租赁房、重庆会议展览馆、西永综合保税区等重点工程的建设,以及重庆二环时代的到来,都亟须城市轨道交通的加速建设和扩大规模。为使轨道交通近期建设项目更好地适应上述变化,重庆市于 2011 年编制完成了《重庆市城市快速轨道交通第二轮建设规划(2012—2020 年)》。国家发改委于 2012 年 10 月以"发改基础〔2012〕4042 号"文批准了《重庆市城市轨道交通近期建设规划(2012—2020 年)》,建设规划包含:4 号线一期长 14.97 km,5 号线一期长 40.00 km,环线长 50.47 km,9 号线长 39.00 km,10 号线长 44.69 km,6 号线支线一期、二期长 25.91 km,新建线路总长 215.04 km,加上第一轮建设项目总长 193.65 km,至 2020 年,重庆市将形成由 1 号线、2 号线、3 号线、4 号线、5 号线、6 号线、9 号线、10 号线和环线组成的,线路长约 408.69 km,车站总数为 255 座的轨道交通骨干线网。

环线途经九龙坡、沙坪坝、渝北、江北、南岸五大行政区,线路起于重庆西站,途径凤天路、沙坪坝、冉家坝、重庆北站、五里店、上浩、四公里、奥体中心,最终回到重庆西站,全长 50.80 km,设置车站 33 座。

环线工程是第二轮建设规划中的重要线路之一,如图 1-5 所示,从网络形态上看,它环接了重庆市轨道交通的各条线路,串联重庆四个主要的铁路客站中的三个——重庆西站、重庆北站、沙坪坝站,以及四公里公交枢纽、沙坪坝公交枢纽、陈家坪客运站、上桥客运站、龙头寺客运站五个客运站,环线是集连接铁路、公路、水运、空运多位一体的轨道交通线路,将有效建立便捷、高标准的内部交通和对外交通体系,促进客运交通一体化建设,对重庆市空间结构优化和有序建设起到重要的引导与支持作用。

1.1.2 功能目标定位

轨道交通工程有力支持城市总体布局,促进轨道沿线土地开发,发挥轨道交通引领城市发展格局的重要作用。

环线串联重庆中心城区 12 个组团中的 5 个组团,使城市各组团之间的联系更加紧密,促进城市一体化发展;与铁路三大枢纽形成换乘,实现市内出行与城际交通无缝衔接,扩大轨道交通辐射范围,提升城市交通水平,完善综合交通体系,有利于将重庆打造成为国际性综合交通枢纽,为"两点""两地"建设提供坚实支撑;形成重庆轨道交通网络的核心骨架,完善轨道线网格局,提高轨道交通网络通行能力。

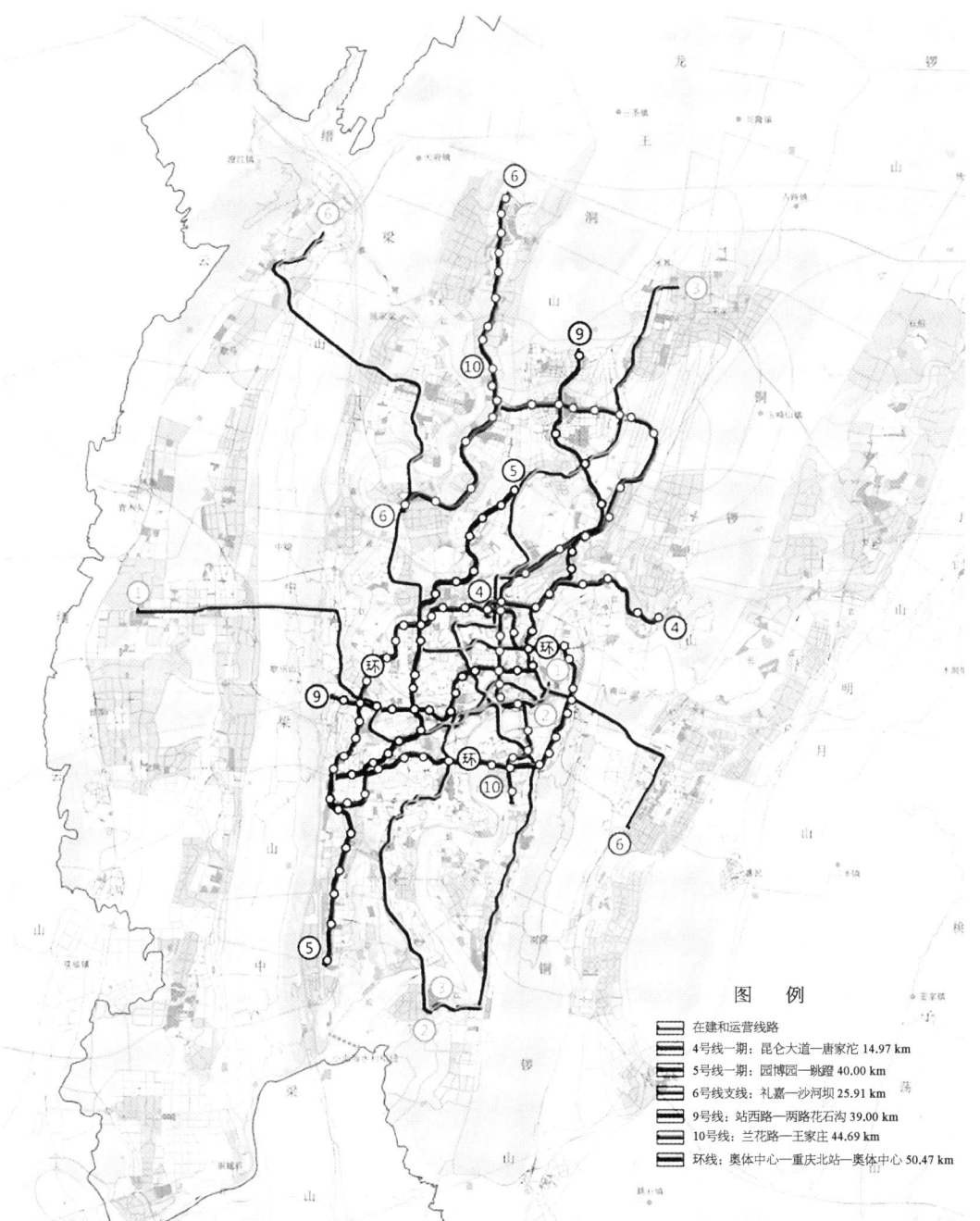

图 1-5 重庆市城市快速轨道交通建设规划(2012—2020)示意图

车站与地面公共交通配合,形成换乘枢纽,并结合相关轨道线路的实施,逐步"锚固"近期线路,促进轨道交通近期建设规划的实施和轨道交通近期网络的形成和完善,充分发挥网络的整体效应。

环线可与线网中众多线路形成换乘,使换乘更加便捷,乘客出行更加方便,提高轨道交通服务水平;缓解轨道网络压力,解决城市核心区东西南北各个象限交通出行的压力;落实"公交优先"战略,改变居民出行方式,缓解交通拥堵,提高城市经济品质、生态品质、生活品质,增强市民的获得感、幸福感和安全感;环线与4号线、5号线、10号线通过联络线可互联互通,实现网络资源共享,促进网络化运营;节能减排,符合"生态优先,绿色发展"的基本原则,促进经济可持续发展。

1.1.3 建设历程

1.1.3.1 线网规划及建设规划

(1)重庆市早在1987年就组织开展1号线一期工程的前期研究工作。1989年重庆市向国家计划委员会(简称"计委")上报1号线项目建议书。1992年8月,国家计委以"计投资〔1992〕1319号"文批复了1号线的项目建议书。1993年编制单位完成一期工程朝天门—沙坪坝16.48 km的可研报告。

2号线一期工程(较场口—新山村)于1999年10月经国务院批准立项,并于2000年12月26日开工建设,2005年年底通车。

重庆市的轨道交通线网规划早在1997年前就已形成,规模为5线,长117 km。1997年重庆直辖后,对该线网规划进行了优化调整,并于2003年11月初通过了中国国际工程咨询公司组织的评审。重庆市人民政府于2004年2月以"渝府函〔2004〕24号"文对重庆市快速轨道交通线网规划予以批复。

(2)第一轮《重庆市城市快速轨道交通建设规划》于2004年编制完成。2006年6月,国家发改委以"发改投资〔2006〕1206号"文正式批准重庆市在2号线一期工程建成通车的基础上,于2006—2013年建设1号线、3号线、6号线,长82 km,启动建设2号线延伸线,长21 km,批准建设和启动建设的轨道交通线路总长103 km,总投资245亿元。

(3)重庆市于2008年对第一轮建设规划方案进行了调整。调整后的重庆市轨道交通近期(2006—2014年)建设项目为:1号线(朝天门—大学城段),3号线一期工程(二塘—龙头寺段),3线二期工程(龙头寺—江北机场段),6号线一期工程(上新街—礼嘉段),6号线二期工程(茶园南—上新街段、礼嘉—五路口段),2号线、3号线延伸线(新山村—鱼洞—二塘段)29.30 km,3号线二期北延伸段(双龙东路—环城北路段)7.00 km。建设线路总长为174.49 km,设车站102座,总投资573.39亿元。

(4)重庆市轨道交通第二轮建设规划项目由4号线一期(昆仑大道—唐家沱),5号线一期(园博园—跳蹬),6号线支线一期、二期(礼嘉—沙河坝),9号线一期、二期(站西路—花石沟),10号线(兰花路—王家庄)和环线(重庆西站—重庆北站—上新街—重庆西站)6项8段组成。

国家发改委于2012年12月以"发改基础〔2012〕4042号"文印发了《重庆市城市轨道交通近期建设规划(2012—2020年)》。

1.1.3.2 工程建设

2013年10月,重庆市发改委以"渝发改交〔2013〕1505号"文批复了《轨道交通环线工程可行性研究报告》。

2013年10月,环线一期工程初步设计正式通过评审。

2014年1月,环线二期工程初步设计正式通过评审。

重庆市城乡建设委员会下达《重庆市城乡建设委员会关于重庆市轨道交通环线一期工程初步设计的批复》(渝建初设〔2015〕105号)、《重庆市城乡建设委员会关于重庆市轨道交通环线二期工程初步设计的批复》(渝建初设〔2015〕106号),重庆市发改委下达《重庆市发展和改革委员会关于轨道交通环线一期工程(重庆西站—沙坪坝站—上浩站)总投资概算的批复》(渝发改交〔2017〕42号)、《重庆市发展和改革委员会关于轨道交通环线二期工程(上浩站—四公里站—重庆西站)总投资概算的批复》(渝发改交〔2016〕1441号)。

2019年12月30日,环线工程分段陆续通车试运营。

1.1.4　建设意义

（1）完善轨道交通网络功能，尽快发挥网络整体功效。

环线为轨道交通基本线网的重要组成部分，是"九线一环"的主骨架，为贯穿南岸区、九龙坡区、沙坪坝区、渝北区和江北区五个区的快速轨道交通干线，联系南坪、大杨石、沙坪坝、观音桥和人和等主城区的五个组团，衔接一个城市中心（弹子石）、两个城市副中心（沙坪坝、观音桥），沿途与1号线、2号线、3号线、4号线、5号线、6号线、9号线、10号线、11号线、12号线和18号线11条轨道交通线相交并形成换乘，连接江北CBD商圈、冉家坝（未来的行政中心）、重庆西站、重庆北站、沙坪坝站，形成了主城区环形的主要公交走廊。因此，该线是缓解重庆交通困难、拉大城市骨架、优化城市结构布局的重要轨道交通骨干线。建设环线能够起到尽快形成网络骨架、补充和完善轨道交通线网的作用，能更好地实现网络整体效益。

（2）促进建成西部地区重要增长极和长江上游地区经济中心，加快实现两江新区发展战略，引导重庆市城市空间结构优化调整。

"两江新区"是由国务院直接批复的第三个国家级开发开放新区，也是我国内陆地区唯一的国家级开发开放新区。它涵盖了江北区、渝北区、北碚区三个行政区部分区域及北部新区，且拥有内陆唯一的保税港区——两路寸滩保税港区。环线经过两江新区核心范围，它的建成通车将极大促进两江新区规划发展战略目标的实现。

（3）有效缓解越江交通拥堵，建立城市现代化综合交通体系，改善居民出行条件。

重庆作为一个两江环绕的山城，过江资源问题历来是交通系统中的主要瓶颈。虽然近年来已在长江及嘉陵江上修建多座跨江大桥，有效缓解了过江交通的压力，但随着两江新区的快速发展，渝中核心区与江北新区的联系日益紧密，过江交通问题已成为重庆市经济社会健康发展、提高人民生活质量的一大障碍。

环线串联重庆四个主要铁路客运站中的三个——重庆西站、沙坪坝站、重庆北站，以及公路交通枢纽——四公里公交枢纽、沙坪坝公交枢纽、陈家坪客运站、上桥客运站、龙头寺客运站，可与通达机场的10号线和通达寸滩、鱼嘴港口的4号线实现便捷换乘。

因此，环线是集连接铁路、公路、水运、空运多位一体的轨道交通线路，它的建设为建立城市现代化综合交通体系打下了坚实的基础。

（4）完善三大铁路枢纽功能布局。环线连接的重庆西站、沙坪坝站、重庆北站三大火车站，是重庆市的重要综合交通枢纽，客流吞吐量巨大，需要大运量的轨道交通进行客流疏解和支撑。

（5）具有节能、环保的优势，改善和保护城市中心区环境，建设可持续发展生态城市。

重庆市依地势而建，主城核心区街市起伏不平，道路两旁高层建筑林立，加之多雾的气候特点，大气污染比较严重。同时，燃油、燃气车辆在道路上行驶所产生的噪声也严重影响城市的环境，建设环线不但是解决交通问题，同时也是发展绿色交通、改善城市核心区环境的最佳选择。

1.2　工程设计概要

1.2.1　主要设计原则和技术标准

（1）以城市总体规划、轨道交通网络规划与建设规划为依据，贯彻"安全、节能、环保"的轨道交通设计理念。

(2) 贯彻交通一体化原则，注重内外交通合理衔接及以轨道交通为骨干的综合交通体系。

(3) 贯彻"节能增效、注重环境"的原则，重视对中心区历史风貌、文物、环境、景观的保护，尽量减少动迁及对城市交通的影响。

(4) 贯彻"以人为本"的原则，运用价值工程理念，根据线路的功能定位和客流规模，合理确定技术标准和规模，实现较好的经济效益。

(5) 贯彻"安全第一、预防为主"方针，以降低轨道交通系统安全风险因素为宗旨，开展项目全过程系统安全保障体系研究。

(6) 本线功能定位为轨道干线，采用全封闭的双线线路，右侧行车制，由内环方向顺时针为下行方向。设计列车最高运行速度为100 km/h，旅行速度不低于40 km/h。

(7) 本项目设计年限确定为：初期为2021年，近期为2028年，远期为2043年。

(8) 工程建设规模：土建工程按远期规模一次建成；车辆配置按初期设计年限所需的车辆数配置；车辆基地用地范围以远期规模规划控制；各系统运营设备原则上按远期运营需要控制规模、按近期实际需要配置。

(9) 线路远期通过能力按不小于30对/h设计，应满足环线远期预测客流的需要。

(10) 线路走向应符合重庆市城市总体规划和轨道交通网络规划。

(11) 车站布置应体现"以人为本"的理念，以交通功能为主，强化换乘的便捷性和直接性。换乘设施的通过能力需满足远期换乘客流的需要。

车站规模应根据远期预测客流乘降量、行车组织、设备安装、消防和防灾安全要求设计。

(12) 结构形式应根据工程地质、水文地质条件及周围环境，选择安全可靠、经济合理的施工方法和结构形式；采用的设计方案应满足施工、运营、规划、防火、抗震、人防、防水等要求；高架结构区间还应注重桥梁结构造型，满足城市规划、环境保护、城市景观等要求。

(13) 轨道结构要符合行车密度大、运行速度高、维修作业时间短的特点，应坚固耐用，具有良好的弹性，施工和养护维修方便，并能满足绝缘、减振、减噪的要求。

(14) 车辆及机电设备选型应技术成熟，安全可靠，便于管理和维修，并充分考虑重庆轨道交通统一车辆及设备制式等因素。车辆及机电设备自主化率应达到70%以上。

(15) 供电系统功能和供电质量应符合国家有关标准、部颁标准和行业标准。系统方案的选定，应技术先进、安全可靠、经济合理。

(16) 通信系统设置高可靠、易扩充、组网灵活和相对独立的专用综合数字通信网，并能与公用市话网连通。

(17) 信号系统应采用成熟的、先进的技术装备，满足初期、近期、远期行车间隔的运营要求。

(18) 通风与空调系统按远期预测客流量进行设计，满足轨道交通系统正常、阻塞、火灾运行等工况对通风与空调系统的功能要求，并兼顾环境保护和节能的要求。

(19) 车辆基地的布局在满足功能要求的同时，力求用地紧凑、经济合理。总体布局规模应按远期功能要求确定，其功能应结合线网检修设施共同考虑，以实现资源共享，减少工程投资。

(20) 防灾以"预防为主，防消结合"为原则，防灾包括防火灾、防水淹、防地震和雷击，以防火灾为主，其中火灾事故按全线同一时间内发生一起考虑。

(21) 应考虑无障碍设计。

1.2.2 客流预测与运营组织

1.2.2.1 客流预测

客流预测总量见表 1-1。

表 1-1 客流预测总量指标表

指 标	2021 年	2028 年	2043 年
长度(km)	50.814	50.814	50.814
全日客流量(万人/d)	77.29	96.33	128.66
单向最大高峰小时断面客流量(万人/h)	2.20	2.74	3.71
线路负荷(万人/km)	1.52	1.89	2.53
全日平均运距(km)	8.90	8.83	8.62
高峰高断面区段	动步公园站—冉家坝站		

1.2.2.2 运营组织

1) 车辆选型方案

环线为重庆市轨道干线,选用钢轮钢轨轨道交通系统标准 As 型车。

初期、近期列车采用 5 动 1 拖 6 辆编组,远期 7 辆编组列车为 5 动 2 拖编组形式,—Tc+Mp+M+M+M+Mp+Tc—。

2) 列车运营交路

环线推荐交路示意如图 1-6 所示。

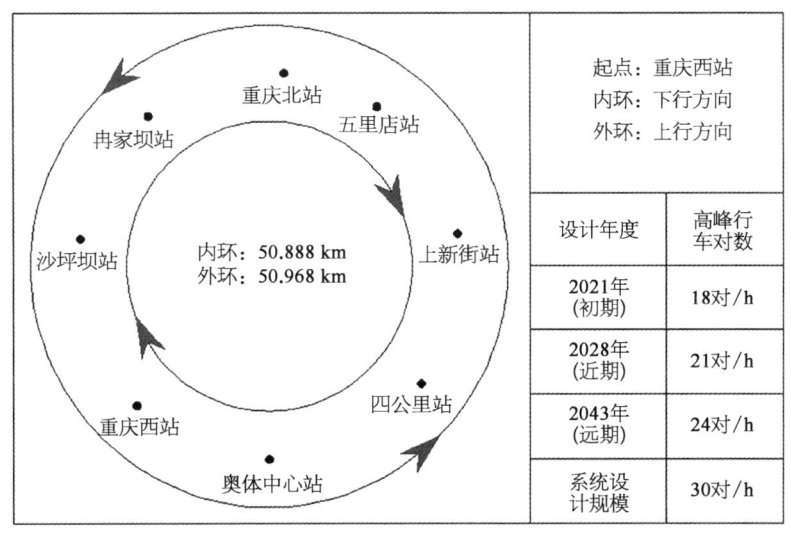

图 1-6 环线推荐交路示意

3) 系统运输指标

系统运输指标见表 1-2。

表 1-2 运输指标表

指　　标		2021 年	2028 年	2043 年	远　景
车型(As 6-6-7)		As-6	As-6	As-7	As-7
高峰小时最大断面客流量(万人/h)		2.2	2.74	3.71	—
运营里程(km)	内环	50.888			
	外环	50.968			
列车定员(人/列)(6 人/m²)		1 532	1 532	1 792	1 792
高峰小时开行对数(对/h)		18	21	24	30
高峰小时行车间隔(min)		4	2.9	2.5	2.0
高峰小时输送能力(万人/h)		2.75	3.21	4.30	5.37
运能裕量(%)		20.0%	14.6%	13.7%	—
运用车(列/辆)	内环	27/162	30/180	34/238	41/294
	外环	27/162	30/180	34/238	41/294
	合计	54/324	60/360	68/476	82/588
	其中一期	35/210	39/234	44/308	53/371
	其中二期	19/114	21/126	24/168	29/203

1.2.2.3 主要技术标准

1) 车辆

为了适应山地城市特点,经相关部门论证,新线统一采用 As 型车。

(1) 车体基本尺寸:19 300 mm×3 000 mm×3 950 mm。

(2) 车辆轴重:≤15 t。

(3) 车辆定员载客量(站立标准 5 人/m²):带司机室车辆 212 人/辆,不带司机室车辆 224 人/辆。

(4) 最高运行速度:100 km/h。

2) 线路

(1) 最小平面曲线半径:

区间正线:350 m,困难情况下 300 m;车站正线:一般为直线,困难条件下 1 000 m。

辅助线:200 m,困难情况下 150 m;车场线:150 m。

(2) 最大坡度:

正线:45‰,困难情况下 50‰;辅助线:50‰。

车站:地下车站宜用 2‰,高架车站一般为平坡,困难时不大于 3‰。

道岔宜设在不大于 5‰的坡道上,在困难地段可设在不大于 10‰的坡道上。

(3) 最小竖曲线半径:

区间正线:一般情况 5 000 m,困难情况 2 500 m。

车站端部:一般情况 3 000 m,困难情况 2 000 m。

(4) 高架桥下净空:

电气化铁路:7.0 m;非电气化铁路:6.0 m;城市主干道及以上通行公交电车的道路:5.5 m。

城市其他通行机动车道路:3.5~4.5 m;专用人行通道:2.5 m;桥下最小净空:2 m。

3) 轨道

轨距：1 435 mm；钢轨：正线、辅助线及试车线采用 60 kg/m 钢轨，车场线采用 50 kg/m 钢轨；道岔：正线、辅助线及试车线采用 60 kg/m 钢轨 9 号道岔，车场线采用 50 kg/m 钢轨 7 号道岔；道床：地下线路一般地段采用长轨枕埋入式整体道床，高架线一般地段采用支承块式承轨台轨道结构。

4) 车站建筑

站台计算长度：140 m；站台宽度：按车站乘降量计算确定，换乘站应充分考虑换乘的客流量，暗挖岛式车站不小于 12 m，明挖岛式车站不小于 12.5 m；站台边缘至线路中心线距离（直线段）为 1 580 mm；站台面至轨顶面 1 080 mm。

站厅、站台层净高不小于 3.0 m。市中心区或重要车站有条件的均设上、下行自动扶梯。出入口、风亭及高架车站与城市环境相协调。车站按无障碍设计考虑。

5) 结构与防水

主体结构设计使用年限为 100 年。主体结构安全等级为一级，结构重要性系数不小于 1.1。结构的抗震设防烈度为 6 度。

高架区间基本结构采用 30 m 的简支梁，采用预制架设的施工工法。高架车站采用"建桥合一"的钢筋混凝土框架结构形式。过街天桥采用钢结构，雨棚为轻钢结构。

地下结构宜具有战时防护功能及平战转换功能。在规定的设防部位，结构设计按 6 级人防的抗力标准进行验算，并设置相应的防护设施。地下车站及机电设备集中区段均按一级防水等级要求设计，地下区间隧道及连接通道等附属的结构均按二级防水等级要求设计。

配套设置供电、通信、信号、通风空调、给排水与消防、综合监控、车站设备等系统见各章节中详细方案。

1.3 设计创新与特点

1.3.1 项目背景

重庆市主城区位于长江、嘉陵江汇合处，被两江四山分割成为五大部分，形成"一城五片、多中心组团式"城市结构。2009 年 1 月，国发〔2009〕3 号《国务院关于推进重庆市统筹城乡改革和发展的若干意见》文件，将重庆的发展上升为国家战略，赋予了重庆新的历史使命。2010 年 5 月 7 日，国务院批复了重庆"两江新区"总体方案，区域交通规划条件也有了新的变化。

为了尽快改善主城交通状况，提高城市畅通水平，按照重庆市三届人大四次会议审议通过的《重庆市国民经济和社会发展第十二个五年计划纲要》和重庆市政府第 92 次常务会议明确提出的"尽快启动新线建设，2015 年实现通车 252 公里"的目标，配合三大铁路枢纽（重庆西站、重庆北站、沙坪坝站）等重大市政工程的改造和建设，环线工程被正式提上议事日程。根据重庆市住房和城乡建设委员会（简称"建委"）、市轨道办《关于城市轨道交通建设 2010 年工作完成情况及 2011 年工作安排的报告》（渝建文〔2011〕48 号）和市领导的批示，以及重庆城市交通开发投资（集团）有限公司《关于 2011 年轨道交通新开工建设项目有关问题的报告》和市领导的批示精神，确定尽快启动环线工程的建设工作，确保 2020 年整个环线建成的目标。

1.3.2 项目内容

环线是主城区轨道交通线网的重要组成部分,全长约 50.88 km,是九线一环的主骨架,连接了南岸区、九龙坡区、沙坪坝区、两江新区四大主城区,联系了主城区 21 个组团中的 5 个(南坪、大杨石、沙坪坝、观音桥、人和),衔接了 1 个城市中心(弹子石)、2 个城市副中心(沙坪坝、观音桥),并且连接了铁路重庆北站、沙坪坝站、重庆西站、九龙园区和沙坪坝商业副中心等城市主要客流集散点,届时将完善主城轨道交通线网格局,最大限度地起到提高客流量和服务水平的作用。

环线的功能之一是"分流",疏解进入中心地区的换乘客流,减轻中心城区内枢纽站的换乘压力,功能之二是直接联系城市副中心形成直达快速通道。环线沿线分别与 1 号线、2 号线、3 号线、4 号线、5 号线及支线、6 号线、9 号线、10 号线、11 号线、12 号线及 18 号线形成换乘,并多次与长途汽车站、火车站、公交车站形成换乘枢纽。

线路全长约 50.88 km,设站 33 座,地下站 28 座,高架站 3 座,半地面站 2 座,其中换乘车站 13 座,平均站间距 1.54 km。环线三次越江,分别经过已建朝天门大桥(主跨 552 m 世界第一拱桥)、新建高家花园大桥(主跨 340 m 混合梁斜拉桥)和鹅公岩大桥(主跨 600 m 悬索桥)。环线全线设一段两场,即涂山车辆段及马家岩、四公里停车场;共设 3 座主变电所,即华岩、周家院子、海峡路主变电所;在大竹林设控制中心。工程车辆采用 As 型车,DC1500 V 接触网受电,初期、近期均采用 6 辆编组,远期采用 7 辆编组,列车最高运行速度 100 km/h。

环线连接了重庆西站、沙坪坝站、重庆北站三大火车站,以及陈家坪、沙坪坝、龙头寺、四公里等公交枢纽,同时环线三次跨江,是我国山地城市第一条环线轨道交通,它与线网中所有穿越主城区的线路相交换乘。环线工程的概算技术经济指标约为 7 亿元/km,技术经济指标低于全国同类工程平均值。

1.3.3 设计创新与特点

1) 多项指标世界第一,铸就技术创新典范

环线工程线路全长 50.88 km,是我国山地城市第一条环线轨道交通。本工程是世界上率先采用 As 车辆的线路。As 车具有城市轨道车辆中 A 型车的宽度和 B 型车的长度,具有更强的爬坡能力和行驶半径小的轨道交通线路,适应山城的环境特点。

本工程是世界上轨道交通封闭环线首次采用有越行行车组织的线路,提升了运营服务能力。为山地城市轨道交通建设积累很多宝贵经验,为制定重庆市轨道交通设计标准奠定了坚实的基础。

本工程是世界上采用最复杂桥型并实现三次越江的轨道交通线路;新建的高家花园大桥为全长 580 m、主跨 340 m 混合梁斜拉桥,轨道交通专用越江斜拉桥为国内外罕见。鹅公岩大桥为全长 1 202 m,主跨 600 m 连续钢箱悬索桥,该工程主跨为 600 m 的五跨连续钢箱梁自锚式悬索桥,跨径在同类桥梁为世界之最。朝天门大桥为全长 1 741 m、主跨 552 m 双层钢桁架拱桥,被誉为世界第一拱桥。工程中三次越江较好地解决了市民出行难的问题。

本工程是世界上单条环形线路实现换乘最多的轨道交通工程。环线与线网中 13 条轨道交通线路相交,换乘分流作用明显。环线连接了重庆西站、沙坪坝站、重庆北站三大火车站,以及陈家坪、沙坪坝、龙头寺、四公里等公交枢纽;联系了主城区大杨石、沙坪坝、观音桥、人和、南坪 5 个组团;它的建设为构建重庆市现代化综合交通体系打下了坚实的基础。

环线工程为典型的绿色交通示范线路。本工程除了过江段采用地上敷设外,其余均以地下隧道形

式通过主城区,充分利用地下空间,减少空气污染,节约土地资源,对环保和节地的贡献突出。环线同时配合三大铁路交通枢纽的建设,减少施工期间对周围环境的重复影响,节省投资,环境、经济和社会效益明显。本工程遵循建设为运营服务、设计以运营需求为目标的设计新理念;以网络资源共享为核心,实现资源效益最大化;环线控制中心、主变等按照资源共享设计,为共建节约型城市做出贡献。

2) 多专业整合创新,打造高品质工程

线路走向充分考虑客流需求及对周边区域发展的带动作用,在保障换乘分流功能的同时,更加注重运营的灵活性,设计团队编制了《跨线运营专题报告》《快慢车运营方案专题报告》等专题报告,实现快慢车运营方式,提高整体效率。部分车站采用了双停车线方式,扩展停车能力的同时,提高运营调度及救援服务水平,社会效益明显。

建筑设计充分利用暗挖车站上部空间,设置站厅夹层,缩小车站规模。该项创新方案为每座车站增加使用面积约 1 000 m^2。该项创新成果在重庆市轨道交通所有后续新线设计中采用,设计创新成果成为暗挖车站典型示范工程,节约投资亿元级,经济效益明显。换乘车站采用地下叠岛方案,不仅压缩了车站规模,同时提升换乘的便捷性。结合环线大客流的特点,环线首次在公共区中部采用交叉扶梯的方案,该方案较传统方案客流组织更为顺畅,客流通行能力显著提高。

在山地城市首次大规模应用复合盾构机,区间采用 5.9 m 内径的结构形式,优化限界空间、降低阻塞比,减小运行噪声。环线工程涂山站是中国第一座双洞暗挖且具有越行功能的车站,填补国内空白。环线越行区间玉带山站—南桥寺站区间采用创新施工方法,该方法先施作中板以下的衬砌断面,再施作中板以上的衬砌断面,因地制宜,降低工程风险、节约工期。民安大道站横断面开挖宽度为 25.7~29.9 m,开挖高度为 28.1 m,车站断面面积为 675 m^2,属于超大隧道断面,是国内采用基于拱盖法的洞内逆作法施工的断面最大的暗挖车站。

环线车辆基地的一段两场场址,都有局促狭窄的难点。"螺蛳壳里做道场",在有限的空间里布置出能满足生产需要的场地来,地面不足就向空中发展。

马家岩停车场地形起伏剧烈,南高北低,两端高差近百米。牵出线就设在隧道内和高架桥上方,停车列检库设计在高地区域,并出入线顺接。该停车场列检库下方架空层设置机动车库;停车场运用库则设计在低地区域,与牵出线逆向接入。多个专业协作,巧妙地设计出高低层次的厂区。将机动车库与车辆基地穿插设置,也是颇为彰显山城特色的创新设计。

涂山车辆段段址,根据地势条件,则修建双层停车列检库,停车库位于一层,列检库位于二层。两块场地连接部分根据联络线标高设为路基,汽车及人行道路以桥梁形式敷设。

进一步推进 TOD 的规划与开发,经多次研究,马家岩停车场调整为预留上盖开发条件停车场,四公里停车场、上浩站、谢家湾站等站点都做了 TOD 综合开发。

信号系统设计中采用 ATO(列车自动运行子系统)方案。ATO 系统对提高列车运行效率、完成运行自动调整、改善司机劳动条件、实现列车经济运行、定点停车等方面具有重要作用。环线采用了互联互通的 CBTC 技术标准,实现了真正意义上互联互通 CBTC 的首次应用。

车站站内配备了完善的便民服务系统,站厅内设置了乘客问询处、乘客信息自助查询系统、便民自助银行、手机自助充电系统等。站台地面屏蔽门门口设置了列车到站离站指示闪灯,进站时绿色,出站时黄色。车站基本采用开敞式出入口和低风亭,避免了对街道视觉通透性的影响。另外,采用变频技术、智能照明控制系统等节能措施。

3) 标准化设计,可持续发展

践行标准化、模块化、集约化设计理念。环线车站公共区、设备区、出入口及风亭等车站各要素建立统一的标准体系,优化了各要素内部空间布局,整合了各要素之间的衔接方式,节约投资、减低风险、提升品质;贯彻可持续发展理念;组织及参与编制《重庆地铁设计规范》《重庆轨道交通标准化设计图集》等,实现技术的可复制。依托项目现已获得授权专利20余项,发表论文30余篇。

4) 第三方评价

本工程成果得到中国城市轨道交通专业委员会、重庆市建委、重庆市发改委、中国科学院上海科技查新咨询中心及国内外轨道交通领域有名望专家的相关评价。

2020年6月24日,重庆市发改委对重庆轨道交通互联互通的CBTC系统示范应用项目验收并通过,专家给予高度评价:重庆轨道交通互联互通的CBTC示范项目证明我国城市轨道交通行业已具备原创性解决世界性难题的研发实力,创建了中国标准的CBTC互联互通产业链,为世界城轨信号行业的发展树立了中国标准,相关技术处于国际领先地位。

2020年8月,知名月刊 IRSE NEWS 将项目成果描述为"真正意义上互联互通的CBTC的首次应用",将项目系列标准列为世界CBTC第三套标准,并将影响今后的世界CBTC格局。同年9月22日,在德国柏林轨道交通展上,本成果的发布引起了国际轨道交通行业的极大关注。

2020年9月25日,中国城市轨道交通协会专家和学术委员会在重庆召开示范应用项目成果评价会。会议邀请了中美双院士邓文中及国内的12名专家组成专家组,邓文中院士指出:互联互通是轨道交通未来发展的必然趋势,也是城轨行业取得重大突破的关键节点。

环线工程打造了互联互通的平台基础,从国内外第三方评价可以看出,本项目成果创新性突出,成果总体达到国际先进水平,部分达到国际领先水平。

第 2 章 行车、车辆与限界

2.1 行车组织与运营管理

2.1.1 研究范围及要点

运营组织设计应以充分服务乘客、便于运营管理、明确运营安全为主要目标，以城市轨道交通线网规划、建设规划、预测客流为主要依据，明确系统的运营规模、运营模式、运营配线和运营管理内容及要求。

运营规模应确定初期、近期、远期、远景的列车编组、行车间隔、输送能力、运行速度、车辆配置和系统设计远期最大通过能力等。运营规模的确定应在满足预测客流需求及舒适度的基础上，提高运输效率和服务水平、控制建设和运营成本。

运营模式应明确全线运行模式、列车交路、行车计划、旅行速度等，运营模式的研究应兼顾合理性、经济性、可行性与灵活性，为将来运营管理留有调整余地。

运营配线应明确全线配线的设置位置、配线形式、使用功能及作业能力。运营配线应在满足运营安全的前提下，适应不同运营工况下的运营需要。

运营管理应明确运营管理系统、维修保障系统及其组织构架、人员配置等，并明确在各种运营状态下的管理方式。

2.1.2 设计原则

2.1.2.1 系统规模

在轨道交通设计中，列车编组是运输组织的基础，不同编组辆数下的列车，直接决定了车站建设规模、线路输送能力、行车间隔要求及线路行车组织难易程度。因此，在确定列车编组时，要进行多方案的综合分析、比较和评价，才能够使设计更为科学合理。

列车车型与编组方案应根据线路在线网规划中的功能定位、各设计年限预测客流规模、设计通过能力及线网资源共享等综合研究确定。初期、近期宜采用相同的列车编组方案。各设计年限的线路设计输送能力应满足预测单向高峰小时最大断面客流的需求，并保留适当余量以适应不同时段的客流波动。

钢轮钢轨轨道交通运营系统的设计中，线路通过能力应不低于 30 对/h。因此，全线的远景配车规模、各交路折返点的折返能力、正线及出入段线的线路通过能力均要满足并达到系统设计要求，并留有一定运营调整余量。

2.1.2.2 行车交路

列车运行交路设计是行车组织中非常重要的部分,在系统规模确定的基础上,运行交路设计决定了全线的运营服务质量、工程投资、运营成本及运营效率。

交路设计应以客流分析为基础,实现客流、车流协调一致,同时考虑线路服务需求水平、配线分布、工程投资等因素;对于长大规划线路,交路方案应考虑分期开通需求,实现各设计年限的良好匹配;运营交路起终点力求避免设在难于设置折返线的车站。

交路开行对数和比例要满足服务水平要求,高峰小时行车数量应保证系统需求的运输能力,并预留足够的余量,以应对风险客流及突发客流,小交路的设置可以达到运营节能、提高列车满载率、降低运营成本的目的,但大小交路的运营方案需要结合客流断面分布、车站乘降量情况进行分析。通常小交路的长度需要保证一定的长度,保证一定服务范围。小交路范围设置应覆盖沿线高断面出行区段,并涵盖主要换乘节点、大客流集散点,长度宜达到全线长度的 3/4 左右。小交路中间折返点不宜设置于大客流车站,以避免清客作业给站台造成过大的聚集压力,该类中间折返点应选址在工程条件较好的车站,并采用站后折返形式。

2.1.2.3 配线设置

车站配线是在轨道交通正线上接轨的岔线,是保证系统安全运营、有序行车、灵活调度的必要设施。从运营角度看,配线宜完备、可靠、丰富,从工程角度看,配线宜简化、分散、兼用,因此如何实现运营功能与工程规模平衡是配线设计的重要目标。车站配线根据其使用功能可分为停车线、折返线、车辆场段出入线、主支线接轨线、渡线、联络线等。

(1) 停车线是用于停放列车的配线,其使用功能包括运营期间临时停放备用车、故障状态下临时停放故障车、临时用作交路折返。

(2) 折返线是用于列车在起终点、中间折返站转换运行方向的辅助线。折返线的折返能力直接影响系统设计能力及设计规模。

(3) 车辆场段出入线是正线车站与车辆段或停车场之间的辅助联络线,服务于早晚场段列车进出正线。

(4) 主支线接轨线主要服务于不同运营主、支线的列车运行,并为交汇方向提供进站接车的平行进路。

(5) 渡线是连通上、下行正线的配线。为增加正线的灵活性,渡线应在全线均匀分布,其主要服务功能包括辅助列车转线折返、夜间工程车和维修车辆转线调头等。

(6) 联络线是用于连接两条独立运营轨道交通线路的辅助线。联络线设置位置及形式通常根据线网互联互通要求予以确定。

(7) 配线的设计应立足于长久运营的高度,重视包容性、灵活性、经济性的统一。关键配线需尽量以功能需求为主,如折返线与出入线的作业能力、可靠性、顺畅性需重点保证,一般功能的配线可根据工程条件灵活调整,实现功能性与经济性的统一。配线方案应梳理全线相关工程统筹确定,应尽力降低因配线设置带来的工程规模、用地拆迁量及交通导改难度等的过度增加。

2.1.2.4 运营管理

全日运营计划的设计包括运营时长界定和小时行车量设计。运营时长应与城市日常居民出行习惯相适应,同时也应充分考虑本线与相邻线、衔接站点的运营时长配套。小时行车量设计应结合全日客流波动分布情况和运能需求,分别设计每小时列车开行对数。对于核心城区干线,早、晚高峰之间的平峰期,列车最低开行对数不宜低于 10 对/h。

乘务管理模式通常采用轮乘制。常规线路，轮乘换班点选择需要考虑站台作业时间充裕及司机上下班方便因素，通常会考虑设置在交路折返站或场段接轨站。对于折返效率要求较高、折返形式较为复杂的站点，应考虑配置站内专职折返司机配合完成折返作业。

车站管理模式，通常选用中心站管理模式。该模式下对全线进行了区域划分，每段区域内设置4～5座车站，其中根据车站重要程度，选择设置一座中心站。中心站管理辖区内各站重要事务，实现资源合理配置，应急统一相应。

票务管理包括票价制定、票务收入统计及清算等。运营线路的各项数据，应与全网票务系统实现数据共享、统一清算。

行车调度指挥包括正常运营状态、非正常运营状态和紧急运营状态的分级管理内容，调度部门应提前做好各项应急预案。

运营机构设置应遵循统一管理、机构精简、分配合理、资源共享的原则。机构构架及部门设置应符合当地管理习惯。

机构定员岗位设置应符合部门管理需求，并遵循高效配置原则。城市轨道交通线路定员设置标准通常为60～80人/km。

2.1.3 设计案例

本次参照环线工程案例，对运营管理前期研究设计及后期操作建议内容做进一步分析。

2.1.3.1 客流基础资料

环线各年度客流预测见表2-1。

表2-1 环线各年度客流预测汇总表

指　　标	2021年	2028年	2043年
长度(km)	50.814	50.814	50.814
全日客流量(万人/d)	77.29	96.33	128.66
单向最大高峰小时断面客流量(万人/h)	2.20	2.74	3.71
线路负荷(万人/km)	1.52	1.89	2.53
全日平均运距(km)	8.90	8.83	8.62
高峰高断面区段	动步公园站—冉家坝站		

（1）断面客流分布如图2-1～图2-3所示。

（2）客流时段分布如图2-4所示。

（3）换乘客流量。换乘枢纽是线网骨架中各条线路的交织点，是供乘客转线换乘的重要地点，乘客通过换乘枢纽的车站及其专用（或兼用）通道设施，实现两座车站之间人流通达，达到换乘的目的。

环线在全线网中具有很突出的换乘功能，可与本线实现二次换乘的线路包括3号线、5号线、6号线、9号线、10号线；全线设置换乘站13座，分别为奥体中心站、二郎站、重庆西站、沙坪坝站、冉家坝站、民安大道站、重庆北站、五里店站、弹子石站、上新街站、四公里站、南湖站和谢家湾站，其中三线换乘站为重庆西站、沙坪坝站、重庆北站、冉家坝站、五里店站。

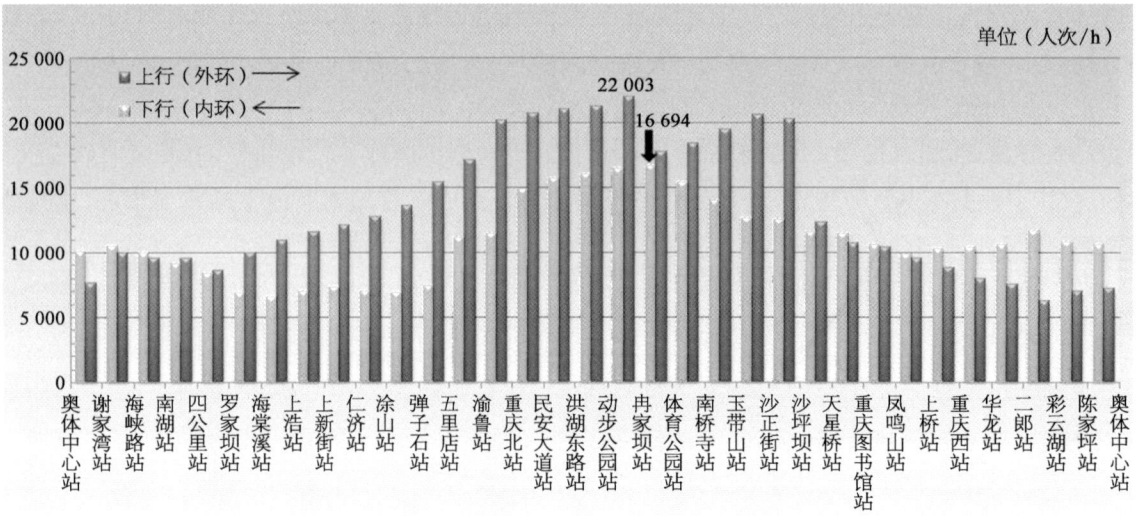

图 2-1 初期 2021 年早高峰断面客流分布图

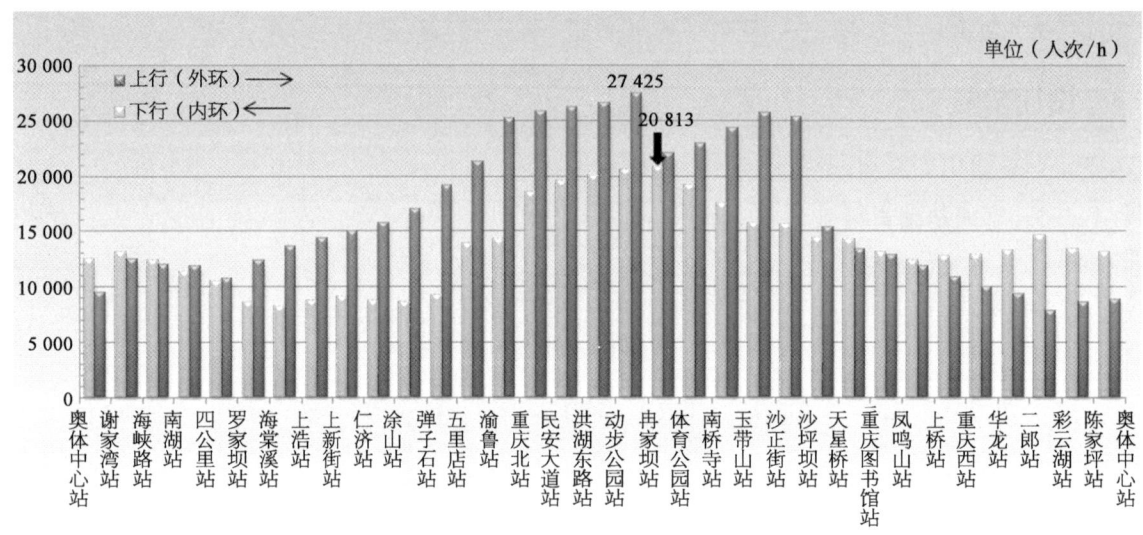

图 2-2 近期 2028 年早高峰断面客流分布图

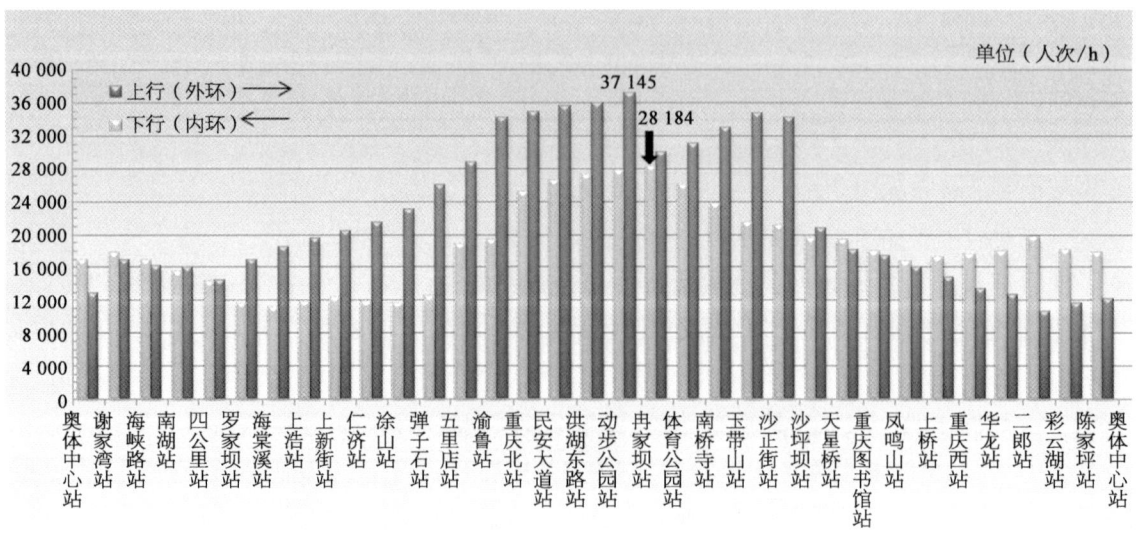

图 2-3 远期 2043 年早高峰断面客流分布图

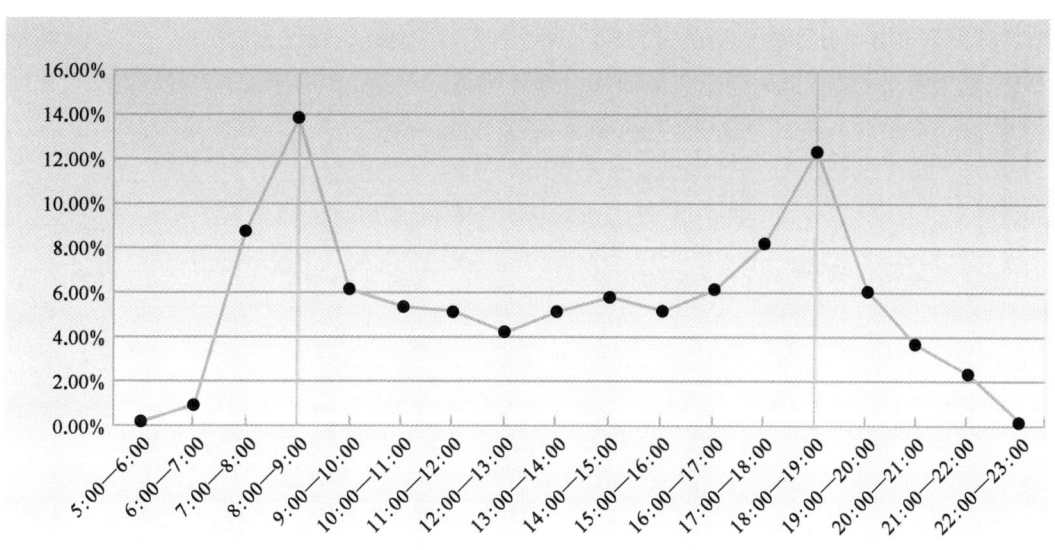

图 2-4 全日客流时段分布图

远期(2043 年)本线换乘总量占客流总量 65%，换乘量统计数据详见表 2-2。

表 2-2 环线换乘总量情况统计表

指　　标	总　　量	一次换乘量	二次换乘量	不换乘客流量
客流总量(人次)	1 286 642	724 581	114 407	447 654
比　　例	100%	56%	9%	35%
换乘总量(人次)	953 395	724 581	228 814	
比　　例	100%	76%	24%	

2.1.3.2　行车设计

1) 客流特征分析

全线运营里程长，总体客运规模比较大。本线远期运营里程达到 50.9 km，全日运量达 128.66 万人次，高峰小时最大断面客流量 3.71 万人次，客流强度为 2.53 万人次/km。

客流增长呈现出先快后慢的特点。环线 2021—2028 年客流规模增长较快，年均增长率为 5.08%；2028—2043 年增长趋于平缓，年均增长率为 2.75%。

全线客流分布比较均衡。从预测断面客流量图可以看出，高峰小时高断面与低断面客流相差比较小。从最大断面客流来看，初期、近期最大断面客流位于天星桥站—沙坪坝站区间，为下行方向；远期最大断面客流位于上浩站—上新街站区间，为上行方向。

早晚高峰明显。从远期全日各时段客流比例分布图可以看出，全日乘客出行有两个高峰，早高峰在 8:00—9:00，晚高峰在 17:00—19:00，早晚高峰客流占全日客流比例较大。

本线换乘节点众多，换乘客流占比大，65% 乘客在本线将发生换乘，且平均运距比较短。由于环线均为城市中心区域，城市发展已经基本成形，因此短距离的出行需求相对较大，远期全线的平均运距为 8.62 km，占全线总长的 16.9%。

2) 车辆选型

在本线设计过程中,先后对 B 型车、A 型车、As 山地车型进行研究比选(表 2-3)。As 车型作为新型全动车型,爬坡性能更优,也更能适应重庆山区地形要求。另外,在同等编组下的运能较 B 型车可提升 5%,车厢宽度空间与 A 型车接近。因此,最终选用了 As 车型。

表 2-3 As 山地车载客及输送运能统计表

指　　标	载客标准	6 编组 As 列车	7 编组 As 列车
载客定员(人/列)	5 人/m^2	1 320	1 544
	6 人/m^2	1 532	1 792
最大单向输送能力(万人/h)	5 人/m^2	3.96	4.63
	6 人/m^2	4.59	5.37

注:单向最大输送能力按照高峰小时 30 对/h 进行计算。

本线按照 5 人/m^2 的舒适度评价全线系统,结合环线各设计年度运能需求如下:

(1) 远期 3.71 万人/h 时,As-6 型车的运能接近饱和,难以承受未来客流波动,系统抗风险能力较差,因此系统设计应按照 As-7 编组方案进行整体规模控制。

(2) 初期、近期分别为 2.20 万人/h、2.74 万人/h,由于城市轨道交通网络处于逐步完善过程中,运营压力较小,因此可先采用 As-6 编组方案,提升满载率,实现运营节能。

综上所述,初期、近期、远期设计中,选择采用 As6-6-7 的车辆编组方案。

3) 行车交路设计

本线为环状线路,位于城市核心城区,沿线与多条径向干线存在 2 次换乘。从环线所处位置及与相邻线换乘衔接方面考虑,本线运营应当充分体现出服务均衡与换乘高效的特征。

结合本线客流断面形态,西、北环位的客流断面偏高,东、南环位的客流断面偏低。如在西、北半环插开小交路,则会造成东、南半环行车密度降低、行车间隔增加。对于许多与环线存在 2 次换乘的径向线来说,将在其两端出现两种差异较大的换乘衔接,线网服务的均衡性较差。当环线局部加开小交路后,牺牲的是另外半环的行车频率,结合本线换乘点分散的特征,大小交路的形式不利于实现全环的高效换乘的目的。因此,本次环线交路采用常规的内环、外环独立运行的模式。交路形式如图 2-5 所示。

环线的内环、外环独立运行的模式下,内环、外环的行车量控制可以随时调整,适时组织不均衡运输,且相互之间不存在干扰。环形交路运营期间,根据不同区段、不同流向的突发客流变化情况,在区段两端车场之间实施临时加开列车,局部加密行车间隔,提升单位时间区段运能。

4) 配线设置

重庆市地处山区,建设条件苛刻,配线实施的难度较大。配线的研究中,在结合轨道交通规范要求的基础上,还要充分考虑工程可实施性、建设风险、动拆迁难度、工程投资等因素。本次环线配线设计配线的设置中,考虑到了列车临时折返需求、列车转线需求及沿线运营期间临时存车需求。

本线共设置了两场一段停车场地,车场的规模受用地影响较大。环线西半环设置有马家岩停车场,库容列位 15 列;环线东半环设置有涂山车辆段,库容列位 48 列;四公里停车场,库容列位 32 列。因此,东、西半环的停车规模存在较为严重的分布不均的情况。为缓解、弥补车场分布不均的现状,需要适当

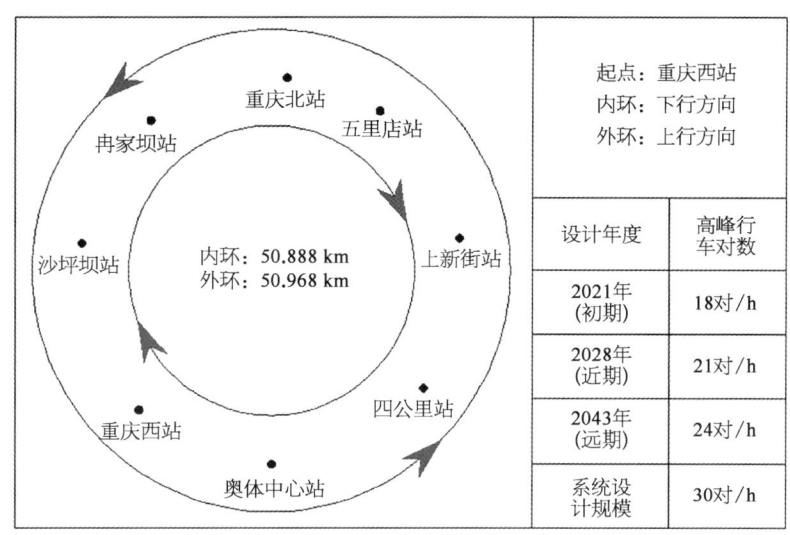

图 2-5 环线交路示意图

强化沿线停车条件,供高峰、平峰转换期间列车临时停放,进而提升列车全日满载率。通过对运营管理、行车模式、建设条件及配线形式的综合研究,分别将三处站点形式调整为双岛四线(重庆西站)及叠岛四线(民安大道站、五里店站)的车站布置形式,如图 2-6 和图 2-7 所示。由于几处站台线路均具有一定坡度,因此在下坡方向增设了防溜安全线。

图 2-6 双岛站型　　　　　　图 2-7 叠岛站型

双岛及叠岛站型站内具备两列位独立停车线,不但加强了正线存车能力,同时也能为运营灵活度带来极大提升。平峰时段,该站型可在局部区段内组织列车站内跳停、越行,提高列车周转效率,降低运营成本。站内两个接车方向上,均各自拥有两个接入站台面,即便车站一侧站台发生设备故障,无法接车或实施乘客乘降时,也可随时启用另一侧备用站台面完成列车到发作业,从而大大降低故障状态下车站停运风险。

环线全线配线情况如图 2-8 所示。

2.1.3.3 运营管理

1) 运营时间及全日行车计划

结合重庆市民出行习惯和活动特点,与铁路枢纽、公交线路运营衔接配套要求等因素,环线全日运营时间定为 5:30—23:30,全日运营总时长为 18 h。

全日行车计划根据本线小时客流量需求编制,每小时设计输送能力需满足小时客流出行要求,设计行车间隔需在各个时段保证与相邻线之间换乘衔接顺畅。本线全日行车计划见表 2-4。

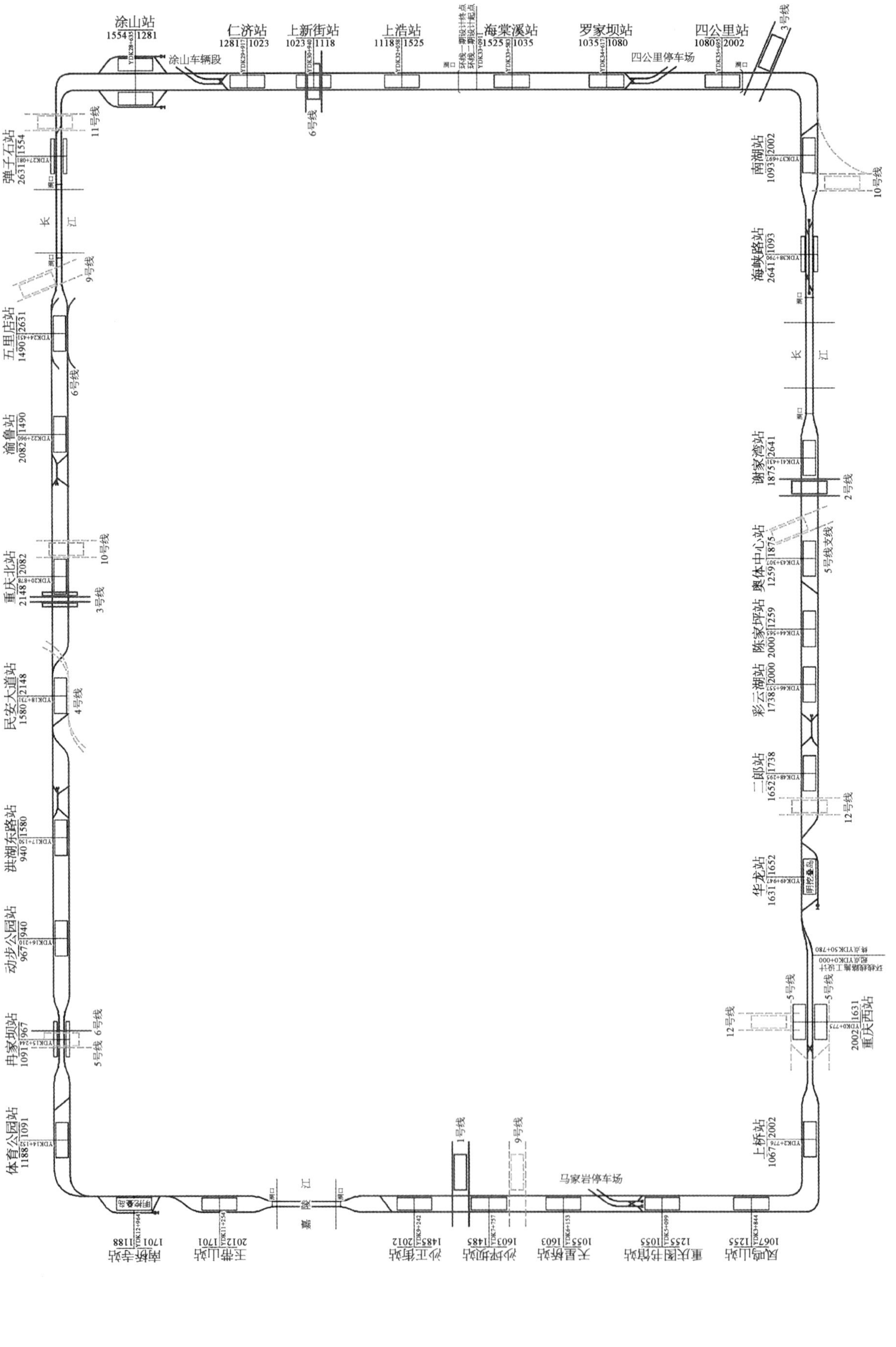

图 2-8 环线全线配线示意图

表 2-4 全日运行计划

时 段	初期 2021 年		近期 2028 年		远期 2043 年	
	列车对数	行车间隔(min)	列车对数	行车间隔(min)	列车对数	行车间隔(min)
5:30—6:30	6	10	8	10	10	7.5
6:30—7:30	10	6	15	4	16	3.8
7:30—8:30	18	3.3	21	2.9	24	2.5
8:30—9:30	18	3.3	21	2.9	24	2.5
9:30—10:30	14	4.3	15	4	16	3.8
10:30—11:30	10	6	10	6	12	5
11:30—12:30	10	6	10	6	12	5
12:30—13:30	10	6	10	6	12	5
13:30—14:30	10	6	10	6	12	5
14:30—15:30	10	6	10	6	12	5
15:30—16:30	10	6	10	6	12	5
16:30—17:30	10	6	14	4.3	12	5
17:30—18:30	16	3.7	18	3.3	22	2.7
18:30—19:30	16	3.7	18	3.3	22	2.7
19:30—20:30	12	5	14	4.3	16	3.8
20:30—21:30	10	6	12	5	12	5
21:30—22:30	6	10	8	7.5	10	6
22:30—23:30	6	10	8	7.5	8	7.5
总　计	190	—	232	—	264	—

2) 列车驾驶模式

(1) 列车在正线上运行有以下四种驾驶模式：

① ATO 模式（自动驾驶模式）。在该模式下，ATO 系统自动根据 ATP 提供的地面速度限制信息，实现区间的列车自动运行、车站定点停车及开门，列车为自动驾驶状态，由司机进行监督。

② ATP 模式（速度监控下的人工驾驶模式）。在该模式下，由司机根据列车速度表的限速显示驾驶列车，ATP 系统监督列车的实际运行速度，一旦超速将有报警，并采取必要的安全制动措施，以保证列车运行安全。

③ 非限制驾驶模式。该模式为 ATP 切换状态，用于 ATP 设备故障情况下，列车运行无超速防护保障。在该模式下列车由司机驾驶，按线路允许速度运行，司机保证运行安全。

④ 限速人工驾驶模式。该模式用于无 ATP 地面速度信息的地点或正线 ATP 地面设备故障时的超速防护。列车由司机人工驾驶，其运行速度一般不能超过 25 km/h，超速状态出现，车载 ATP 即实行紧急制动。

(2) 列车运行调度指挥。调度指挥系统分为控制中心级管理和车站级管理。两个级别的管理在体现集中控制为主导的基础上，各负其责，相互补充。正常情况下，控制中心级调度指挥负责管理全线的列车进路和列车运行，当中心级的管理失去功能时，将授权车站级部分或全部负担列车运行的指挥和管理任务。

3) 非正常情况下的运营组织

(1) 列车晚点:如果晚点的时间不长,可以在保证安全的前提下,适当调整运行图,如缩短停站时间或适当加快列车运行速度等,力争在最短的时间内恢复正常运行图。如果列车晚点时间较多,在采用以上措施不能恢复正常运行图时,可采取终点站备用列车顶替晚点列车的措施。

(2) 列车故障:当列车出现故障,列车根据实际工况,通常在限速的状态下回段、进入停车线临时停车或由后续列车实施救援。因为故障下行车速度较低,因此在全线配线中,停车线及出入场(段)线设置的间距不宜过大,具体分布如图 2-9 所示。

发生故障时,故障列车以 30 km/h 的限速运行或推行至前方停车线。图 2-9 的配线间距均符合轨道交通建设标准规定,以此计算,在发生故障直至故障排除总时长不超过 30 min。

(3) 临时故障运营交路:

① 局部双环中断运营方案:在局部区段线路、接触网失电、区间积水、人车冲突等情况下,无法短期恢复运营时,需采用临时交路组织运营,以免造成全线瘫痪。临时交路的交路方案、折返形式及能力计算如图 2-10 所示。

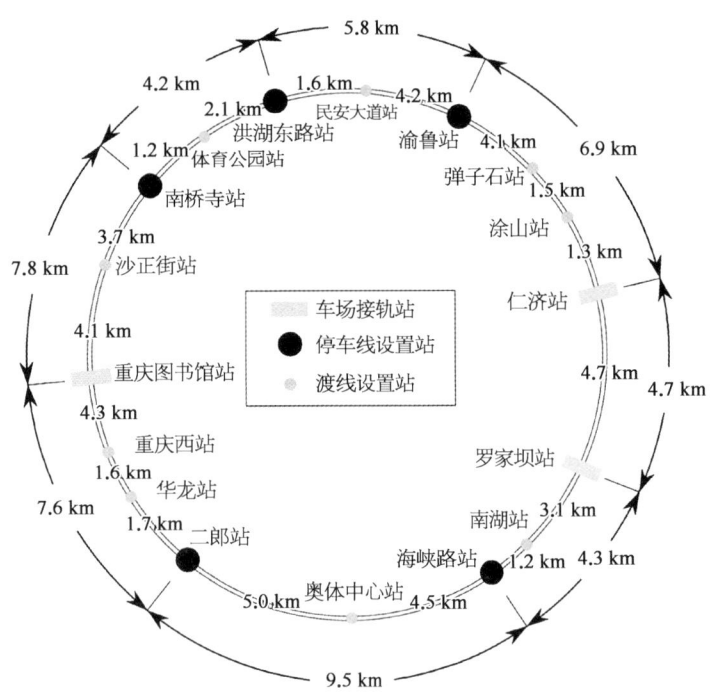

图 2-9 全线停车及折返配线分布图

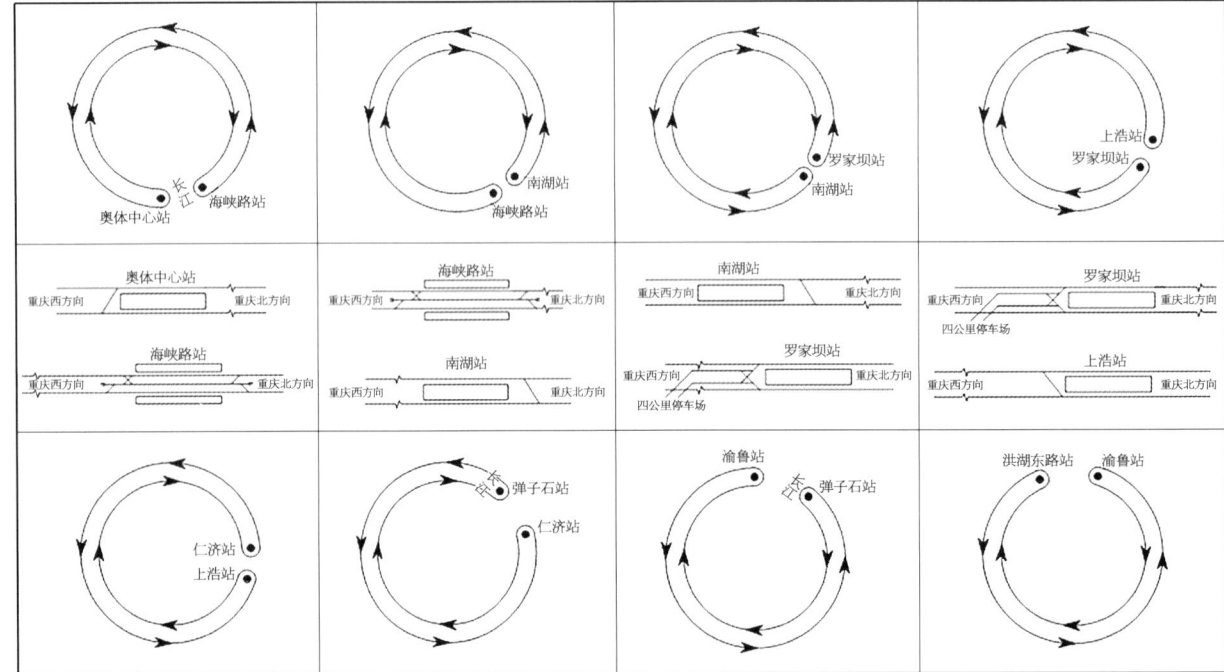

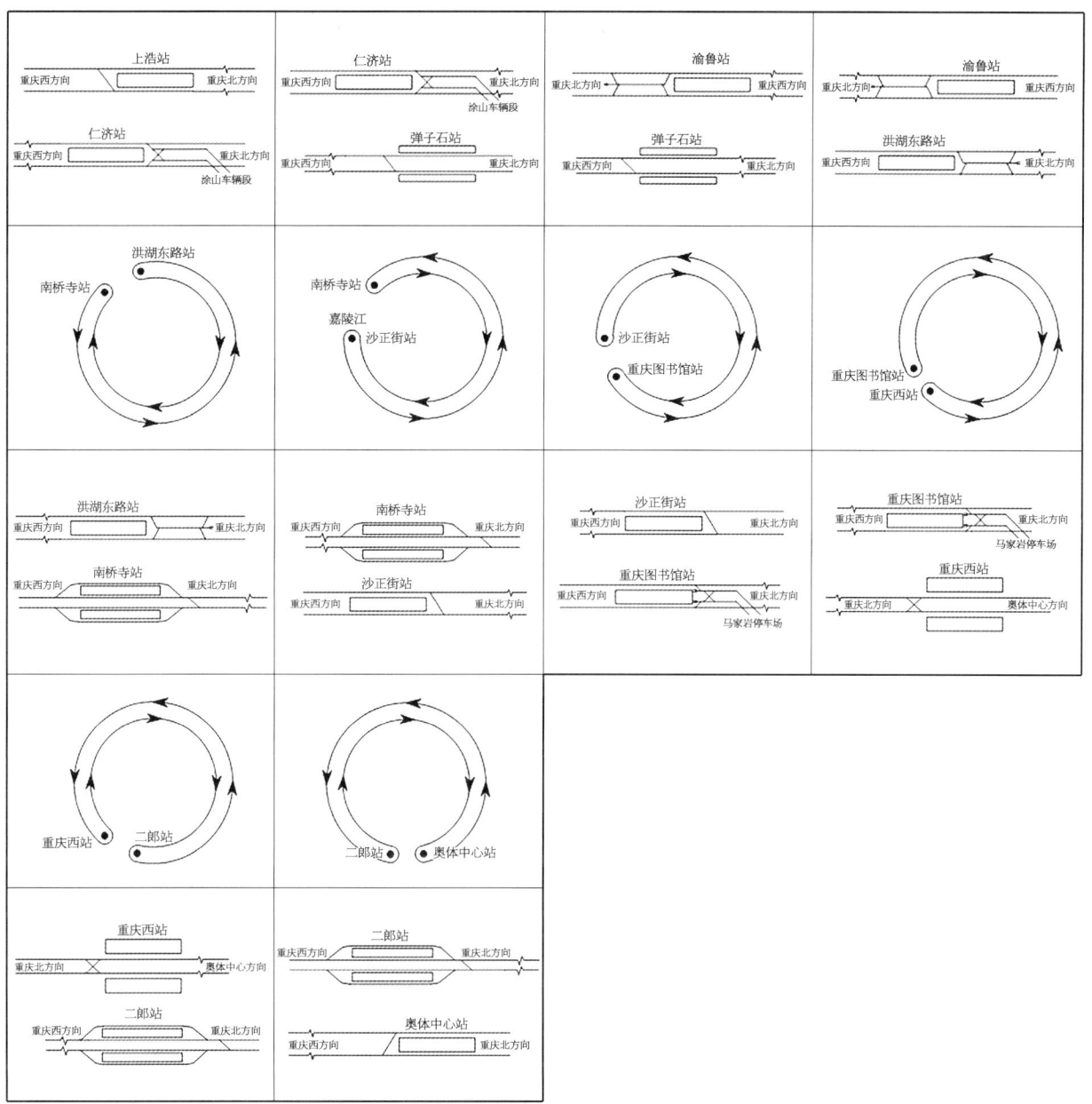

图 2-10 双环故障运营临时交路方案

本线车站采用标准站设计。图 2-10 临时交路方案中除利用出入段线进行站前临时折返时能力为 18~20 对/h 外,其余方案临时折返点的折返能力均能达到 28 对/h 以上。

② 单环局部中断运营方案:单环局部发生故障中断的临时行车组织方案有两种:a. 故障环全环停运,另外一侧环线正常运营,故障环组织清客换乘至另一侧环线,此方案故障环的客流另一侧环线及故障区段相邻径向线的短期冲击较大;b. 故障区段局部组织两端折返与中间双向往复运行的临时组合交路方案,此方案对停运范围较小,但故障区段的单线运行能力很低(4~5 对/h),且故障区段两端的车站折返作业和单线交路折返穿插进行,存在较大的干扰,调度指挥复杂。方案如图 2-11 所示。

(4) 车站管理模式:车站是城市轨道交通的基层管理单位和为乘客服务的窗口,加强车站管理,提高服务质量,是保障安全运输的重要环节。

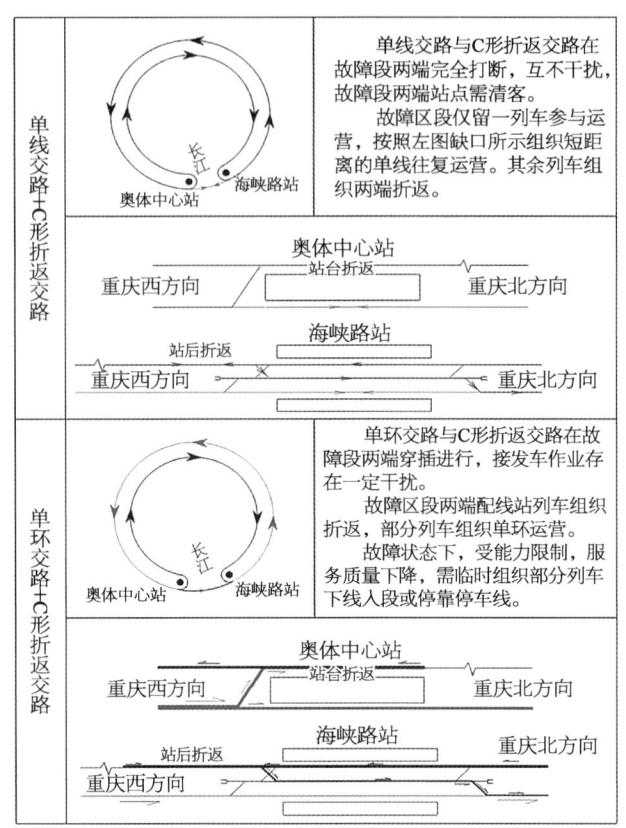

图 2‑11　单环故障运营临时交路方案

2.2　车辆

2.2.1　AS 车的研发与技术特色

重庆最先运营的 2 号线采用跨座式单轨制式,在市民习惯了跨座式单轨车辆的空间后,对于后来采用 B 型车的 1 号线、6 号线多次向轨道公司提出空间狭小,不如单轨舒适等意见。

目前,国内轨道交通车辆主要有 A 型和 B 型两种。这两种车型对轨道交通线路条件均有较高的限制要求,其中最突出的两点就是坡度和平面曲线半径,坡度要求"正线的最大坡度不宜大于 30‰,困难地段可采用 35‰,联络线、出入线的最大坡度不宜大于 40‰",平面曲线半径则要求"A 型车的正线平面曲线半径一般不能小于 350 m,B 型车的正线平面曲线半径一般不能小于 300 m",在某些地形地貌特殊的地段,为了满足上述两点要求,需耗费较大的建设和运营成本,造成资源浪费。

综上所述,为了响应国家"改革创新、节约成本"的号召,满足重庆山地城市的需求,经国内专家多次研究论证,决定研制一种爬坡能力强、能通过平面小曲线半径的新车型——山地城市 A 型车(简称"As 型车")。

山地城市 As 型车具有 A 型车的高度和宽度、B 型车的长度,其爬坡能力强,能通过平面小曲线半径等。

1)爬坡能力强

列车最大爬坡能力由 35‰提高到 50‰,主要措施有:

（1）提升列车动力配置。6 辆编组列车为 5 动 1 拖，基本编组方式为：＋Mc－Mp－M＋M－Mp－Mc＋，如图 2‑12 所示；7 辆编组列车为 5 动 2 拖，其编组形式为：－Tc＋Mp＋M＋M＋M＋Mp＋Tc，如图 2‑13 所示。

（2）车辆配置轮缘润滑和踏面清扫装置，能够有效改善轮轨黏着系数。

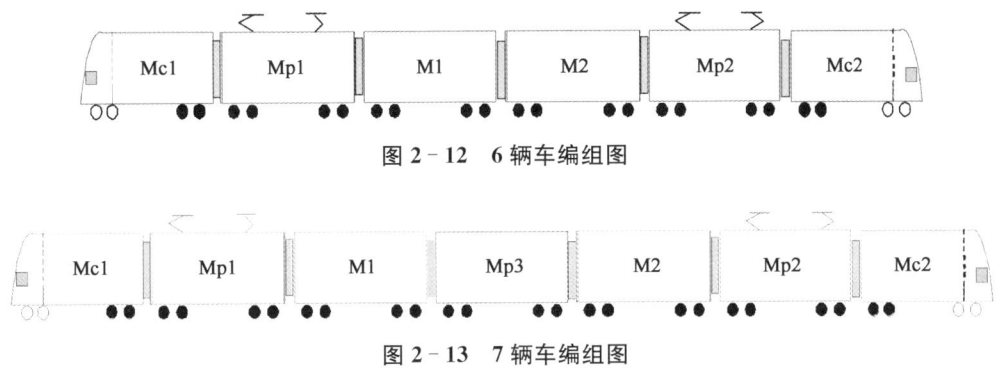

图 2‑12　6 辆车编组图

图 2‑13　7 辆车编组图

2）线路圆曲线最小半径 250 m

为在最小曲线半径为 250 m 的正线上正常运行，需提升曲线通过能力，一是转向架固定轴距采用 2 200 mm，二是车辆定距采用 13 400 mm。

3）车辆轴重限制

因部分桥梁承载能力限制，车辆轴重不能超过 15 t，因此采取如下措施：

（1）在设计方面，采用中空双壁大型铝合金型材轻量化车体结构，打破现有的传统结构模式，创造出全新的具有国际先进水平的结构模式。

（2）在工艺方面，研究采用国际先进的搅拌摩擦焊接技术，代替传统的氩弧焊技术，在确保车体结构的强度和刚度的前提下，使材料使用量达到最少。

车辆实际运营情况如图 2‑14 所示。

图 2‑14　车辆运营实景

2.2.2 车辆选型及列车编组

本次车辆选用 As 山地型轨道交通车辆。列车采用 5 动 1 拖 6 辆编组。列车最高运行速度 100 km/h。基本编组方式为：+Mc—Mp—M+M—Mp—Mc+。

(1) Mc 车：带有司机室的动车，具有 1 台动力转向架和 1 台无动力转向架。

(2) Mp 车：带有 2 台受电弓的动车，具有 2 台动力转向架。

(3) M 车：动车，具有 2 台动力转向架。

(4) +：密接式半自动车钩。

(5) —：半永久牵引杆。

2.2.3 车辆主要技术参数

(1) 供电方式：DC1500 V

(2) 列车载客量见表 2-5。

表 2-5 列车载客量

列车载客状态	单车(人)		列车(人)
	Mc 车	M 车、Mp 车	6 辆编组
空车(AW0)	0	0	0
座席(AW1)	42	46	268
定员(AW2)5 人/m²	212	224	1 320
定员(AW2)6 人/m²	246	260	1 532
超员(AW3)9 人/m²	373	394	2 322

(3) 列车重量：

① 车辆自重：Mc 车、Mp 车、M 车重量≤34 t。

② 车辆轴重(AW3)：≤15 t。

(4) 牵引性能：

① 列车最高运行速度：100 km/h。

② 列车构造速度：110 km/h。

③ 车钩连挂速度：3~5 km/h。

④ 反向运行最大速度：30 km/h。

⑤ 计算用牵引黏着系数：0.16~0.18。

⑥ 规定的冲击率：0.75 m/s³。

⑦ 平均初始加速度(0~40 km/h，负载工况 AW0~AW3，折算到轮径半磨耗)≥1.1 m/s²。

⑧ 平均加速度(0~100 km/h，负载工况 AW0~AW3，折算到轮径半磨耗)≥0.6 m/s²。

⑨ 列车牵引特性要求恒转矩区的速度范围不小于 3~40 km/h，除冲动限制的范围外，在该区域内应维持加速度不低于 1.1 m/s²。

⑩ 列车在车辆段内能以 25 km/h 的速度安全通过。

(5) 列车制动特性：

① 常用制动平均减速度(100～0 km/h，负载工况 AW0～AW3，平直干燥轨道，折算到轮径半磨耗)≥1.1 m/s²。

② 紧急制动平均减速度(100～0 km/h，负载工况 AW0～AW3，平直干燥轨道)≥1.2 m/s²。

③ 计算用制动黏着系数：0.14～0.16。

④ 基础制动采用轮盘制动。

2.2.4 主要部件和设备系统

1) 车体及车内布置

设计寿命不少于30年。车体结构主要采用中空双壁大型铝合金挤压型材组焊而成的整体承载结构，在其使用期限内能承受正常载荷的作用而不产生永久变形和疲劳损伤，并有足够的刚度，满足修理和纠正脱轨的要求。

车内设置座椅、立柱扶手、标识、车内广告框架、地板及地板布、客室车门、车窗、车内广播和报警系统、灭火器、空调系统等。

2) 转向架系统

(1) 转向架构架、轴箱体等主要结构件(不含橡胶关节部件)的使用寿命不少于30年。

(2) 固定轴距：≤2 200 mm。

(3) 车轮滚动圆直径：新轮为(840+30)mm，磨耗到限为770 mm。

(4) 空气弹簧横向中心距不应小于2 050 mm。

3) 车门系统

(1) 净开宽度：1 400 mm。

(2) 净开高度：≥1 860 mm。

(3) 开门时间：3±0.5 s。

(4) 关门时间：3±0.5 s。

(5) 障碍探测灵敏度：≤15 mm×60 mm(厚×高)。

(6) 排障能力：能用不大于150 N的力排除10 mm×50 mm的障碍物(仅限门中间位置)。

(7) 车门关紧力：≤150 N(有效力)，可调整。

4) 空气制动系统

列车制动系统应由风源系统、常用制动系统、紧急制动系统、停放制动系统等组成，并应包括指令装置、控制装置、执行装置、自诊断装置等。

空气制动系统采用架控制动方式。常用制动、紧急制动、防滑控制及制动管理电子设备等集成到一个单元内，单元就近安装在转向架附近，以转向架为单元对每台转向架实施制动控制。

5) 牵引和电制动

As型车辆的牵引传动系统由直流受电弓、隔离接地开关、主保护装置(高速断路器、主熔断器)、充放电电路、线路滤波器、VVVF逆变器、三相交流鼠笼式感应电动机等组成。每个逆变器的每个支路有自动切除开关，当电机发生严重故障时能自动切除。

牵引电机宜采用矢量控制或直接转矩控制的方式。

每个VVVF逆变器控制同一转向架上的2台牵引电动机(简称"1C2M方式")。

电传动系统具有牵引和再生制动的基本功能。

车辆上不设制动电阻,再生制动的能量由设于变电站的再生制动能量吸收装置吸收。

6) 空调系统

客室设有空调机组、通风系统及相应的控制系统,满足自动控制空调系统以调节客室空气参数的目的;空调机组、通风系统及其控制部分的设计应具有技术的先进性和功能的可靠性。

每节车设两个车顶一体式空调单元机组,所有机组有编号识别且具有可互换性;当列车中一台辅助电源退出运行时,列车空调正常运行;当列车中两台辅助电源退出运行时,列车空调负载自动减半运行。空调机组因故不能制冷时,应保证适当的通风;司机室空调通风由客室通风道分流,不单独设空调装置;系统的设计应达到效率最高而能耗最小,低振动和低噪声,从而获得良好的舒适性。

7) 钩缓系统

列车中每个动力单元各车辆间设置半永久牵引杆,各动车单元之间及司机室前端设置密接式半自动车钩。车钩连接装置设有缓冲装置,可有效地吸收撞击能力,缓和冲击。

8) 受电弓

列车采用受电弓受电,受电弓安装在 Mp 车上,每辆 Mp 车采用两个受电弓并联受电的方式,应采用成熟产品。每一动力单元采用双弓并联受电。

(1) 额定电压:DC1500 V。

(2) 电压范围:DC1000~1800 V。

(3) 非持续最高电压:DC1950 V。

(4) 静接触压力调节范围:70~140 N(可调)。

9) 乘客信息系统

乘客信息系统为乘客提供高质量的语音通信与语音广播、音频和文本信息,系统主要由列车广播系统、显示系统等组成。

系统由列车辅助系统供电,额定输入电压 DC110 V。当输入电压在 77~137.5 V 范围内波动时,系统能正常工作。系统具有电源功率瞬时损失自动恢复功能。

2.3　限界

2.3.1　概述

限界是保障轨道交通列车运行安全,限制车辆尺寸、沿线设备尺寸及结构净空尺寸的具有物理空间特性的无形分界界线,其可由三维立体坐标精确表达。为便于实施,在工程应用中将限界基准坐标系简化为垂直于直线轨道线路中心线的二维平面直角坐标系,通过平面坐标形成的连续界线即工程设计中的限界。限界分为车辆限界、设备限界、建筑限界三种,以单圆隧道限界图为例,其限界断面布置如图 2-15 所示。

车辆限界是用于限定车辆动态包络线不能突破的界线,是车辆制造必须遵循的依据。设备限界是轨旁设备管线安装的控制界线,轨旁设备管线与设备限界之间应保持不小于 50 mm 的安全间隙(架空接触网和接触轨除外)。建筑限界是考虑轨旁设备管线安装后的最小有效界线,用于控制建构筑物最小的净空尺寸,从而控制土建工程投资。

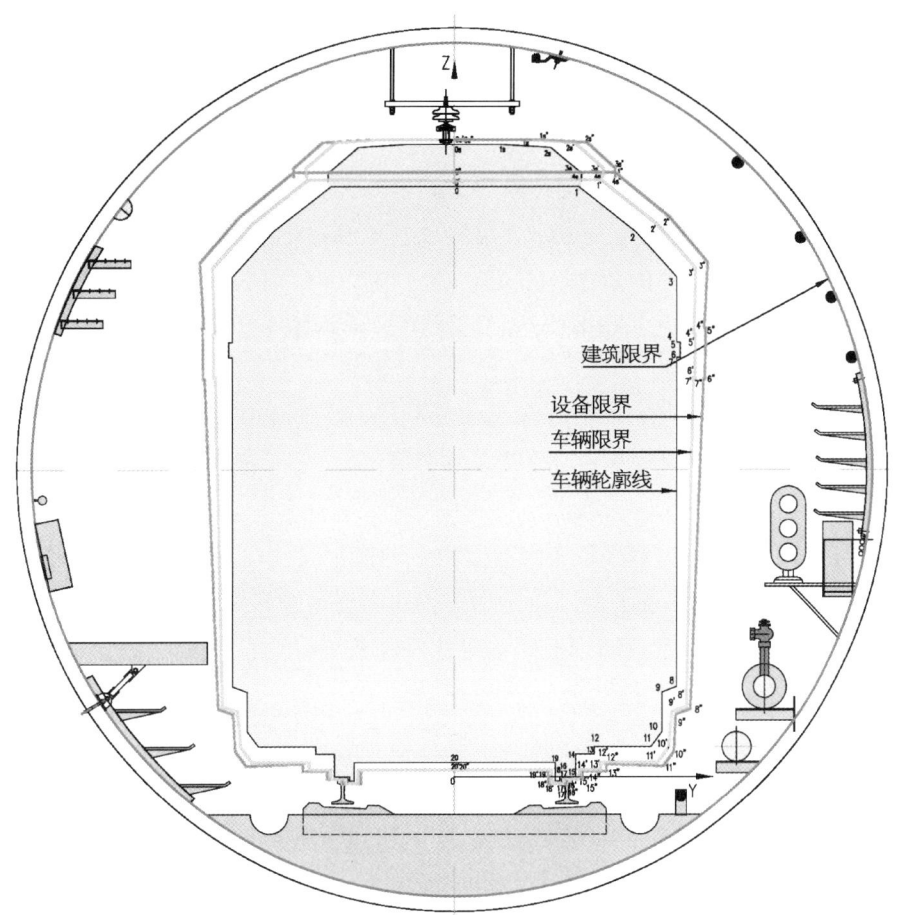

图 2-15 区间直线段单圆隧道限界图

合理的限界既是保障行车安全、控制土建投资的重要依据,也是推动轨道交通网络化和标准化的重要途径之一。环线工程的限界设计包含环线正线、辅助线、出入线、车场线的限界及轨旁管线综合的设计。

限界设计一般包含轨旁管线综合的设计。轨旁管线综合设计是在设备限界的基础上,在建筑限界有限的空间内统筹协调各设备管线,优化特殊地段设备管线的平面、剖面上的布置,使盾构直径、隧道及桥面尺寸合适,结构墙柱布置更加合理,改善结构受力,从而减少土建工程量,降低造价。

同时,轨旁管线综合设计也是制定设备管线敷设的标准,统一各专业设备管线的布置要求,确定其布置原则;是各设备专业的统筹设计,对各设备专业具体设计具有指导意义,各设备专业需在此基础上进行深化设计。

本线盾构隧道建筑限界做了创新设计,在国内轨道交通既有盾构隧道的应用数据的基础上,结合轨道交通技术发展的研究分析,将盾构隧道建筑限界直径 5 200 mm 适当扩大,解决了盾构空间内疏散平台偏窄、轨旁设备管线布设紧张、加固空间及弓网高度不足等问题,同时有效降低了运行阻力、能耗和运行噪声,并为四网融合后网络化运营、列车资源调配和共享创造了前提条件。

2.3.2 设计原则

轨道交通的限界是确定行车轨道周边构筑物最小净空和安装各种设备及管线相互位置的依

据,限界尺寸应力求做到经济合理、安全可靠且能满足各种设备及管线安装的需要,限界设计主要原则如下:

(1) 限界应根据车辆的轮廓尺寸和技术参数、轨道特性、受电方式、设备及管线安装、施工方法等因素,综合分析计算确定。

(2) 轨道交通的限界包括车辆限界、设备限界、建筑限界,其中对轨旁设备管线及土建起控制作用的是设备限界和建筑限界。

(3) 车辆限界是制定设备限界的依据。根据车辆主要尺寸等有关参数,并考虑列车以额定速度在平直道上运行时车辆的振动等正常状态下所达到的横向、竖向偏移量及偏移角度,按可能发生的最不利的情况计算确定。

(4) 设备限界是在车辆限界的基础上,外加未计及因素及考虑车辆在一系或二系悬挂故障状态下引起车辆的偏移和倾斜等附加偏移量,以及在设计、施工、运营中尚未预计的因素在内的安全预留量。

(5) 建筑限界是满足车辆运行和设备安装有效净空的最小尺寸,是任何沿线永久性固定建筑物,包括施工误差值、测量误差值及结构永久变形在内均不得向内侵入的界线。建筑限界不包括施工误差、测量误差、结构沉降、位移变形等因素。结构等相关专业在结构设计时应充分考虑上述因素,以确保竣工后的有效净空能满足建筑限界的要求。

(6) 限界是按平直轨道的条件制定的,曲线地段及道岔区的建筑限界应在直线地段建筑限界的基础上根据曲线(或导曲线)半径和外轨超高及其他相关要求进行加宽和加高。缓和曲线部分应在直线地段建筑限界的基础上进行加宽。圆形或马蹄形隧道在曲线超高地段采用隧道中心向线路基准线内侧偏移的方法解决轨道超高造成的内外侧不均匀位移量。

(7) 全线正线区间设置应急平台。单线应急平台的宽度一般为 700 mm(困难地段不小于 550 mm)。高架线应急平台设于两线之间时,直线段一般不小于 1 000 mm。

(8) 各专业设备和管线均应布置在结构内轮廓线或防噪墙内侧和设备限界之间的有限空间范围内,在最不利情况下,设备和管线均不得侵入设备限界(站台边缘、屏蔽门和接触网除外),并应留出 50 mm 的安全间隙,以确保行车安全。各种设备和管线的安装位置应综合布置,互不干扰。未经有关专业同意,不得随意调换和侵占其他专业设备和管线安装位置。管线布置应考虑安装、养护的便利及其必要的空间要求。

(9) 由区间进入车站的各种设备及管线,需由车站建筑结构专业根据有关设备专业的要求统筹考虑它们的合适安装位置,以避免与站内的设备或管线相互干扰。在区间隧道内一般不允许较粗的管线从行车隧道顶部横穿。

2.3.3 系统组成

限界分为车辆限界、设备限界和建筑限界。

(1) 车辆限界可按运行区域分为隧道内车辆限界、隧道外车辆限界、区间车辆限界、站台内车辆限界、车场内车辆限界、直线车辆限界和曲线车辆限界。

(2) 设备限界可按所处地段分直线车辆限界和曲线设备限界。

(3) 建筑限界按结构形式分为隧道建筑限界、高架建筑限界、地面建筑限界。

限界系统组成如图 2-16 所示。

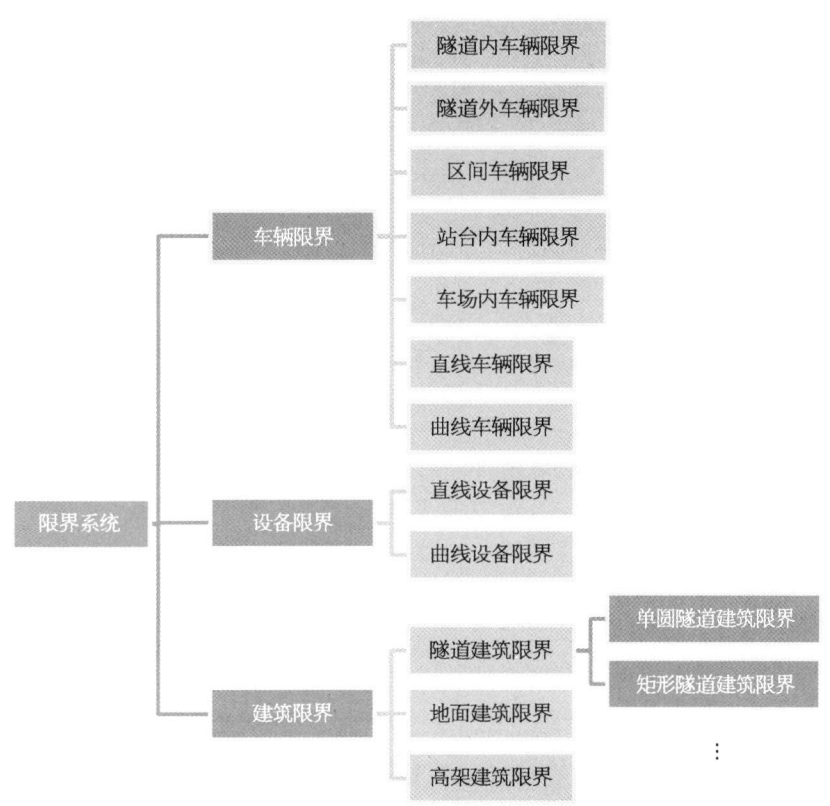

图 2‑16　限界系统组成示意图

2.3.4　方案设计

2.3.4.1　主要区间的限界方案

1）区间单圆隧道建筑限界

区间单圆隧道采用盾构法施工,建筑限界采用 ϕ5700 mm。全线正线区间单圆隧道均设疏散平台。本工程正线单圆隧道曲线地段最小曲线半径为 350 m,区间曲线段单圆隧道建筑限界根据半径、超高及行车速度,采用移动隧道中心线向线路基准线内侧偏移的办法解决轨道超高引起的内外侧不均匀位移量。区间单圆隧道内行车方向左侧设置宽度不小于 700 mm,高度为轨面上方 900 mm 的区间应急疏散平台。

区间直线段单圆隧道建筑限界如图 2‑17 所示。

2）双线高架箱梁桥面建筑限界

本工程正线区间双线高架箱梁桥面建筑限界在两线之间设应急疏散平台,线间距为 5 200 mm,疏散平台宽度不小于 1 000 mm,线路中心线至防噪墙内侧距离不小于 2 300 mm。弱电电缆设于行车方向右侧电缆槽内。电力电缆设于行车方向左侧电缆支架内。

区间曲线段双线高架箱梁桥面建筑限界根据加宽原则进行加宽,如图 2‑18 所示。

2.3.4.2　岛式车站限界方案

岛式站台车站矩形隧道线路中心线距外边墙内侧需要布置弱电电缆支架和广告牌,线路中心线距外边墙内侧最小净距 2 200 mm,距站台边缘净距 1 580 mm,车站建筑限界最小总宽度 $A=(2\,200+1\,580)\times 2+$ 站台宽度,轨道结构高度 560 mm,轨面上方建筑限界高度为 4 740 mm,如图 2‑19 所示。

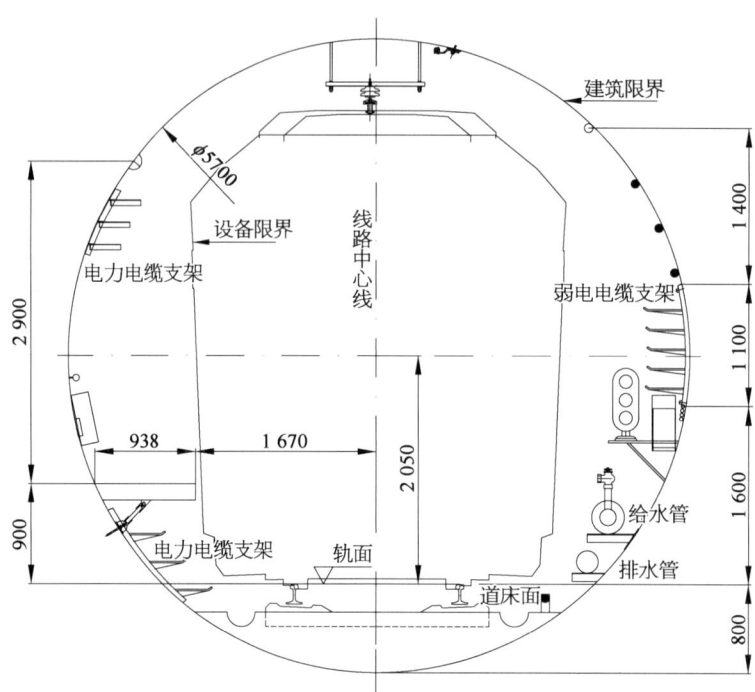

图 2-17 区间直线段单圆隧道建筑限界图(单位：mm)

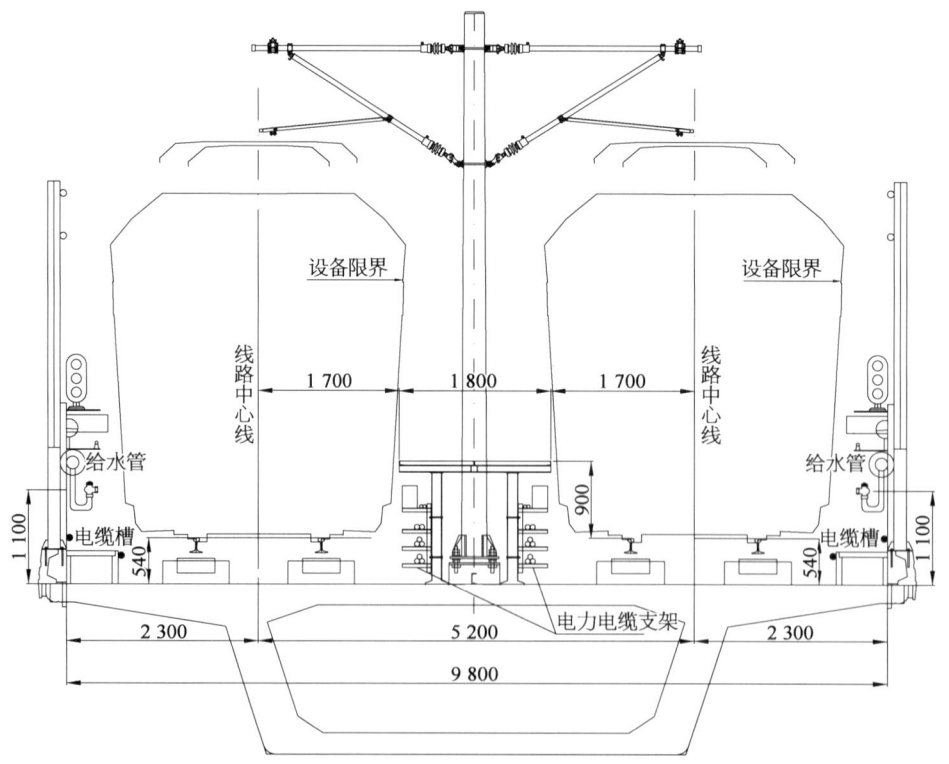

图 2-18 区间直线段双线高架箱梁桥面建筑限界图(单位：mm)

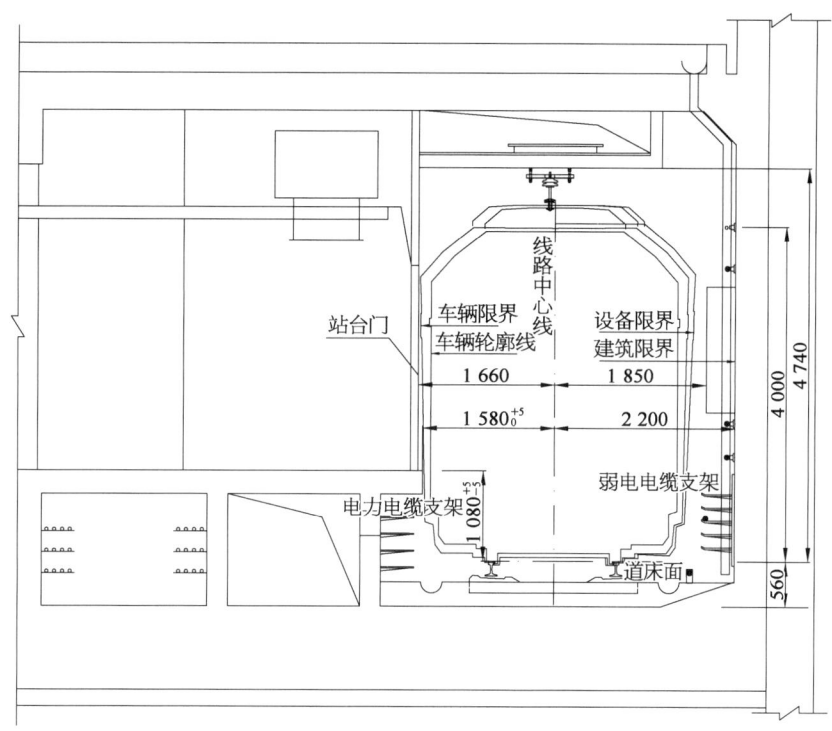

图 2-19 直线段岛式车站矩形隧道建筑限界图(单位:mm)

2.3.4.3 车场限界方案

库外连续建筑物至设备限界的净距不得小于 200 mm,当有人行便道时取 1 000 mm。

库外非连续建筑物至设备限界的距离不得小于 200 mm,当有人行便道时取 600 mm。

车库大门边框至设备限界的横向间隙不得小于 150 mm。

车库大门高度:库内不挂触电网时,不小于 4 200 mm;库内挂网时,按受电弓确定。

车库内检修平台的高平台及安全栅栏与车辆轮廓线之间应留有 80 mm 的安全间隙,低平台应采用车站站台建筑限界,设计时施工误差另行考虑。

车场线直线段接触网电杆支柱侧面建筑限界为 2 300 mm,曲线地段在直线地段限界的基础上根据曲线半径和轨道超高等因素计算加宽。

2.3.5 创新与实践

由于本工程为山地城市的环线工程,较一般城市的轨道交通线路工程,其工程实施条件更为复杂。因此,工程引起的技术难点也大幅增加,为解决工程难点提出了较多的创新设计,而这些创新设计也将是重庆轨道交通新线设计的典型案例。

2.3.5.1 盾构区间断面首次扩大至 5.7 m 限界圆

本工程线路区间大部分为地下盾构隧道区间,其限界直接决定隧道的直径,在制定过程中需统筹考虑车辆、结构、地质条件、设备安装、接触网、轨道及经济投资等一系列问题。因此,区间单圆隧道建筑限界的制定是限界设计的基本内容,也是需要考虑问题最多的内容。

经过隧道加大断面专题研究,统筹考虑 100 km/h 的最高运行速度、设置应急疏散平台、减少列车运行阻力、降低能耗及列车内部噪声、为运营期隧道病害严重地段预留施作二次衬砌的空间等因素,将盾构隧道限界断面扩大至5.7 m直径限界圆。

扩大限界至5.7 m具有以下几方面优势：使疏散平台宽度增加，疏散空间更加宽松，有利于乘客的快速疏散；有效降低了运行阻力、能耗和运行噪声；轨旁设备管线布置间距合理，便于后期运营检修维护；接触网导线高度抬升，有效改善弓网关系，有利于行车稳定、滑板和接触线磨耗降低；预留后期结构二次加固空间，有利隧道沉降变形时的加固作业，提升结构耐久性；本次车辆选用As车，这是山地城市特色车型在国内的首次应用，并且将成为重庆轨道交通的主流车型。因此，5.7 m的建筑限界设计也是从互联互通、贯通运营理念出发，推进盾构隧道标准化设计，同时也为以后轨道交通线网列车的资源调配和共享利用创造了前提条件。

单圆隧道限界的设计是本工程的创新亮点，首次在重庆地区将盾构隧道建筑限界断面扩大至5.7 m直径，推进了盾构隧道的标准化设计，其断面如图2-20所示。

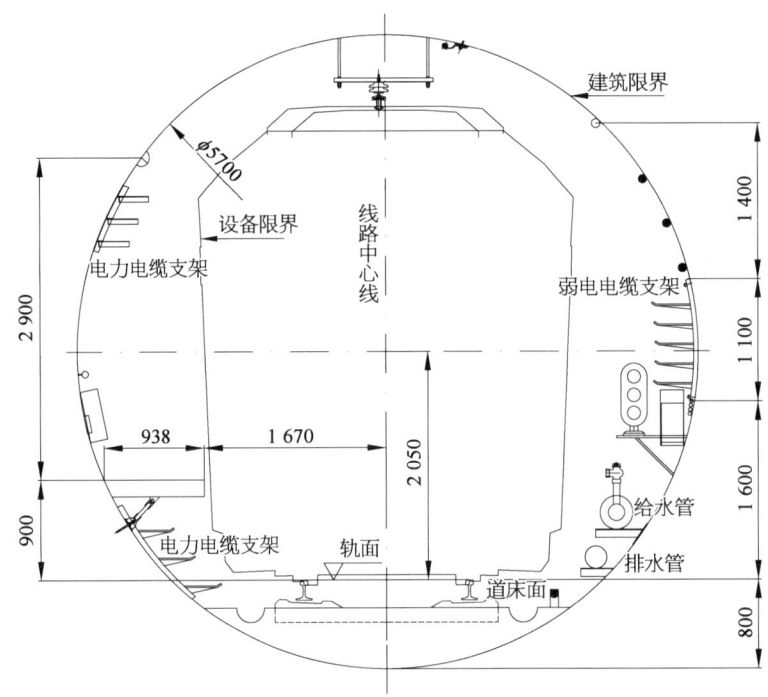

图2-20 区间直线段单圆隧道建筑限界图(单位：mm)

2.3.5.2 朝天门大桥桥面限界设计

朝天门长江大桥是本工程一个特大桥面，在断面设计时，结合桥梁荷载要求和桥面特点，在两线之间设置电力电缆槽，且电缆槽兼作疏散通道。弱电管线和水管均布置在线路两侧，同时结合轨道线路旁设有车行道路的特点，在最外层设置防抛网和防撞护栏。朝天门大桥限界总体布置紧凑合理，线路桥面规整便于疏散，两侧水管及弱电设备支架便于检修维护(图2-21)。

2.3.5.3 疏散平台及疏散模式

城市轨道交通的设计应本着"以人为本"的设计理念，充分考虑列车事故、故障条件下乘客的无障碍疏散。本工程采用As车，列车前后两端设置紧急疏散门，疏散模式为侧向应急疏散平台和列车前后两端同时疏散的方式，在有限的空间内为乘客提供最多的疏散通道和疏散空间。

区间应急疏散平台宽度的确定既要考虑土建造价，又要兼顾行车与乘客疏散。在保证乘客疏散方便的前提下，应更多地从行车安全角度考虑。疏散平台采用设备限界控制，同时考虑轨道铺轨误差、平

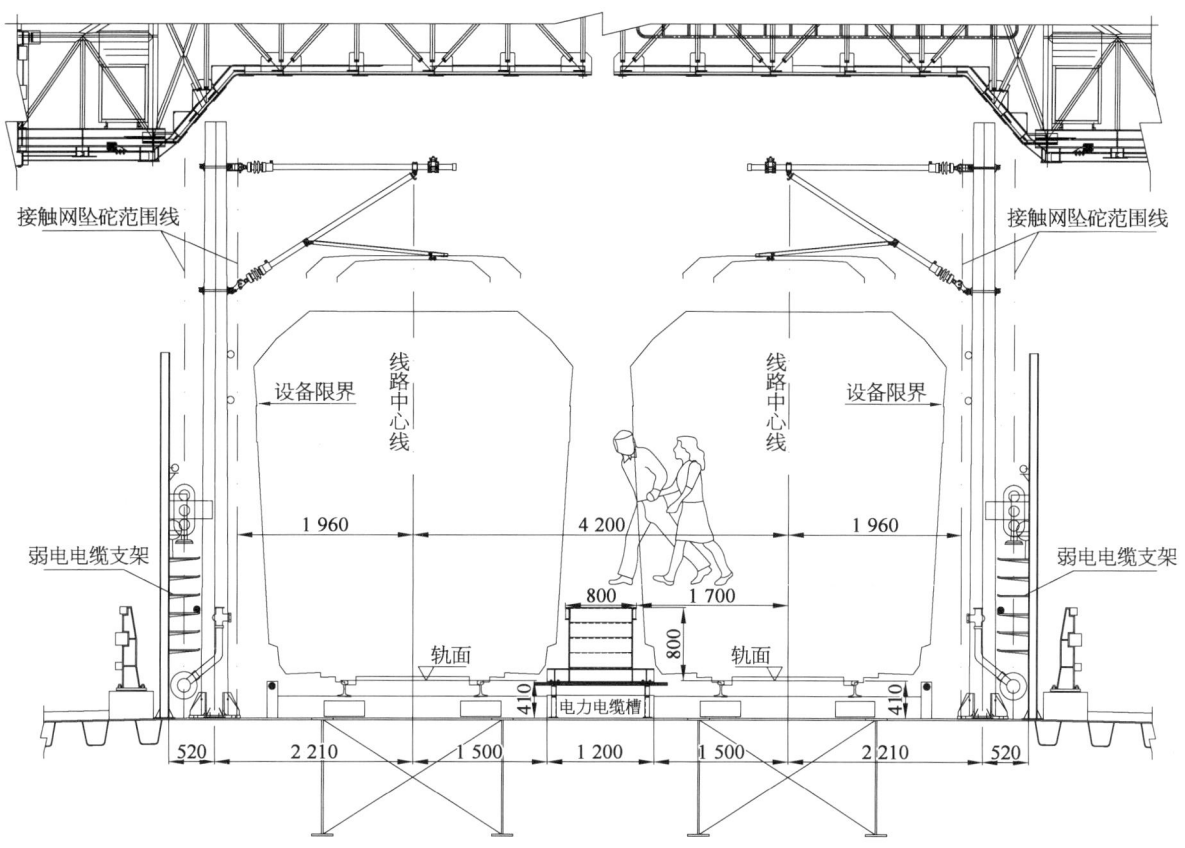

图 2-21　朝天门大桥主桥段桥面建筑限界图（单位：mm）

台安装误差等，平台边缘与设备限界的间距不应小于 50 mm，以保证行车安全。

应急疏散平台设置在设备限界与建筑限界之间的空间，平台边缘与设备限界的间隙需满足限界要求。经限界核算，地下区间应急平台宽度最小为 700 mm，非地下区间一般不小于 1 000 mm。

由于应急疏散平台面宽度较紧张，长时间在平台上行走有一定的危险性，因此应急疏散平台一般宜每隔一定距离断开、设置步梯，方便乘客从应急平台下至更为安全的道床上进行疏散。同时，在区间内和车站站端平台断开设置步梯处，一般应在道床上安装过轨平台板，保证行走通畅。

2.3.5.4　车辆限界及设备限界的选择

根据车辆主要尺寸等有关参数，并考虑在静态和动态情况下及车辆的振动等正常状态下所达到的横向、竖向偏移量及偏移角度，按可能发生的最不利的情况计算确定。设备限界是在车辆限界的基础上，外加未计及因素及考虑车辆在一系或二系悬挂故障状态下引起车辆的偏移和倾斜等附加偏移量，以及在设计、施工、运营中尚未预计的因素在内的安全预留量。

车辆限界用以控制车辆的制造及制定站台和站台门的定位尺寸，设备限界是用以控制行车区的设备安装，由于本工程选用 As 车辆，随着车辆的招标，并计算出列车动态包络线，经过核实本线列车可以满足《重庆市地铁设计规范》（DBJ 50—244）定义的车辆限界和设备限界。

2.3.5.5　工程创新实践

1）注重接口配合，细化细节处理

限界与土建、设备、车辆等专业接口众多，各专业的布置均反映在建筑限界图上，移动一个设备的布置就有可能影响到其他专业，因此限界应统筹各专业内容，并明确相应接口内容。也就是因为接口众多,所以更应该注意细节,细化细节处理,避免在施工过程中发生问题影响施工进度。

主要细节包括车站与区间的结合处、联络通道处、人防门处、区间射流风机处及其他一些特殊地段和容易忽略的地方。必要时可增加双重保险、安全监控或安全连锁等措施,如本线后来加装人防门限位止挡,双重保险确保行车安全。

2) 根据现场实际做必要调整

土建施工及设备安装均有可能侵限,特别是土建施工,加强对施工误差的要求和监控,建立预警、上报、停工的监控流程,从程序上减少施工误差带来的风险,并且针对工程施工后侵限较大的实际情况,及时协调相关专业,调整轨旁管线布置方案,使之满足限界要求,确保行车安全。

结合设备采购情况,细化限界方案。根据轨道专业提供的鹅公岩大桥桥墩大梁缝钢轨伸缩调节器详图,细化此处限界布置,使工程进度顺利推进;结合线间距和钢轨伸缩调节器宽度,将强电支架安装方式调整为T形安装,且考虑了强电电缆敷设的过渡,支架宽度也预留了电缆蛇形布置的条件,解决了电缆伸缩问题(图2-22)。

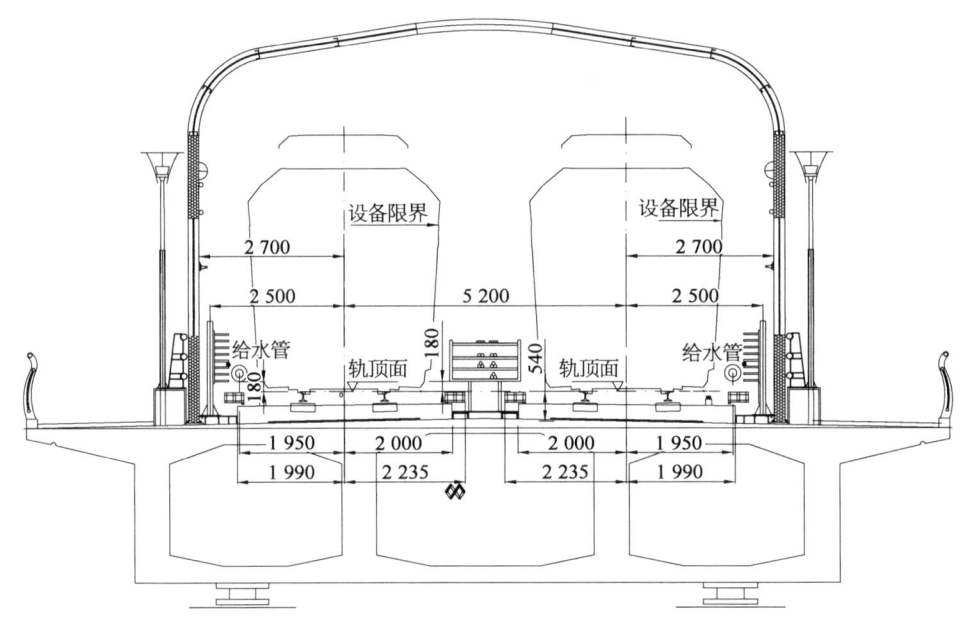

图 2-22 鹅公岩大桥钢轨伸缩调节器段限界图(单位:mm)

结合土建实际情况,调整区间管线布置。根据五里店站前预留段实测断面数据,此段土建施工误差较大,调线调坡后仍不能满足原有设备管线布置的限界要求。将疏散平台上方的强电管线整合至疏散平台下方三层支架内,将区间检修箱、照明配电箱安装到疏散平台下方,解决了行车方向左侧肩部限界问题。

3) 细化区间管线综合设计

区间管线综合主要是系统性地解决区间内管线布置碰撞的问题,由于轨道交通系统的设计和施工往往分多家单位,由区间管线综合进行协调布置,总体调配,不仅可以很好地解决管线的碰撞问题,还可以提高设计和施工质量。

人防隔断门处管线综合。人防隔断门处的管线布置是区间管线综合的一个节点,由于断面的转换通过人防隔断门处的开孔来实现,其管线位置变化幅度大。一般弱电管线和水管布置于行车方向的右侧,强电管线布置于行车方向的左侧,人防门侧墙的开孔数量及标高尽量与区间管线支架位置保持一致,减少管线转弯和相互交叉。管线穿过人防门至车站端头井后,由于此处设置了隔离开关箱,因此管线综合布置应结合隔离开关箱进行设计,支架和水管从开关箱下部敷设,漏缆从开关拉杆后部通过,既满足了漏缆通信的需求,又可满足开关箱的操作与维护检修,同时管线布置美观、整体有序。

第 3 章 线路与轨道

3.1 线路

3.1.1 概况

环线线路全长 50.88 km，线路敷设方式基本以地下线路为主，如图 3-1 所示，高家花园轨道交通

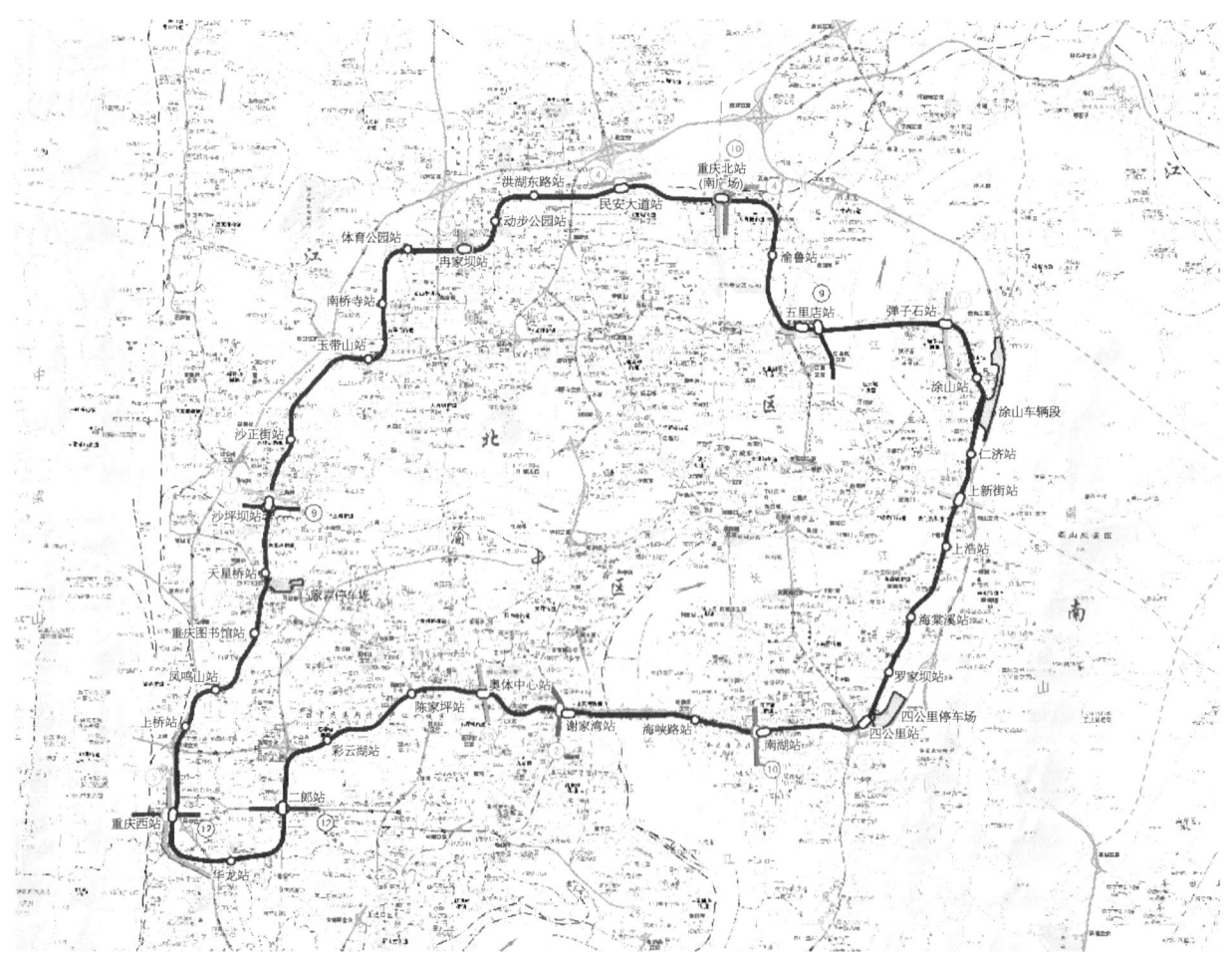

图 3-1 环线线路总体方案示意图

专用桥跨嘉陵江及朝天门大桥下层轨道交通专用层跨长江、海棠溪站—四公里站区间、鹅公岩轨道交通专用桥上跨长江段为高架敷设,南湖—海峡路区间受地形控制采取路堑式敷设,其余均为地下线路。全线设站 33 座,其中地下站 28 座、半地面半地下车站 2 座、高架车站 3 座。

3.1.2 设计原则与技术标准

3.1.2.1 设计原则

线路走向应符合重庆市城乡总体规划、重庆市轨道交通线网规划及重庆市轨道交通建设规划要求;应符合重庆市综合交通规划的要求,做好与公交枢纽的衔接配合、公交配套规划。根据城市现状和规划要求,因地制宜地确定线路敷设方式。线路平面应尽可能沿城市主干道并在道路规划红线范围布置,线形应力求顺直。应充分考虑沿线控制性建(构)筑物、施工方法、施工时交通组织、工程造价等因素对线位的影响。

车站位置应设在主要公交枢纽、轨道交通线路交叉处,换乘站应遵循"以人为本"的原则,换乘要便捷;力求减少拆迁、减少对道路的干扰,减少工程投资和对环境的影响。

线路纵断面设计应充分考虑为乘客出行提供较好的舒适度。地下线纵断面一般采用高站位、低区间的形式,同时还要考虑本身各系统(如防灾、排水、泵站、联络通道设置等)的要求;应根据运营组织、行车交路,结合线路条件设置辅助线,达到方便折返、存车、灵活调度,有利运营的目的;保护沿线文物古迹,保护环境,注重景观协调。

3.1.2.2 技术标准

1) 线路平面

(1) 最小曲线半径:

区间正线:一般地段为 350 m,困难情况下为 300 m。

车站:尽量采用直线,曲线车站半径应≥1 500 m。

辅助线:250 m,困难情况下为 150 m;车场线为 150 m。

(2) 正线及辅助线上,线路平面圆曲线与直线之间应根据圆曲线半径、超高设置及行车速度等因素按《地铁设计规范》选用合适的缓和曲线,困难条件下允许采用不等长的缓和曲线。

(3) 正线及辅助线的圆曲线长度不宜小于 25 m,困难条件下不小于一个车辆的全轴距。

(4) 正线及辅助线上相邻曲线间的夹直线长度一般不小于 $0.5V$(V 为通过夹直线的运行速度),困难时最小长度 25 m;车场线上的夹直线长度不得小于 3 m。

(5) 道岔基本轨端部至曲线端部的距离不宜小于 5.0 m,车场线可减少到 3.0 m。

(6) 道岔宜靠近车站布置,道岔基本轨至车站站台计算长度端部的距离不应小于 8.0 m。

(7) 正线及辅助线:采用 60 kg/m、9 号单开道岔;车场线采用 50 kg/m、7 号道岔。

(8) 折返线、停车线长度。尽端式折返线有效长度:≥远期列车编组长度(140 m)+信号要求的安全距离(≥50 m)(不含车挡长度)。贯通式存车线有效长度:≥远期列车编组长度(140 m)+信号要求的安全距离(≥18 m)。

2) 线路纵断面

(1) 最大坡度。地下段正线:45‰,困难情况下 50‰;敞开段及高架段:30‰,困难情况下 35‰;地下车站:2‰,困难条件下可设在不大于 3‰的坡道上;辅助线:50‰。

(2) 竖曲线半径。区间正线:5 000 m,困难情况 3 000 m;车站端部:3 000 m,困难情况 2 000 m;辅助线:2 000 m。车站站台计算长度内的线路应设置在一个坡道上。

(3) 线路纵向坡段长度一般不小于 200 m，困难情况下最小不小于远期列车编组的长度，且相邻竖曲线间夹直线长度不应小于 50 m。车站站台和道岔范围内不得设置竖曲线，竖曲线离开道岔端部的距离不应小于 5 m。地下区间隧道排水泵站原则上宜设置在区间最低处，尽可能和联络通道结合设置。

3.1.3 设计内容及设计特点

设计内容主要是线路平面设计、纵断面设计及线路调线调坡等。

根据环线沿线地形高差较大的特点，环线选用了特殊的 As 车来提高车辆的爬坡性能，因此本工程设计最大的特点是充分利用车辆的爬坡性能，在满足工程各项要求的同时，尽量减小车站埋深，减少车站出入口的提升高度，提高乘客的便利性和轨道交通的服务水平。

设计采用的 As 型车和 A 型车进行对比分析，两者在纵断面技术标准上的主要差异见表 3-1。

表 3-1 线路纵断面主要技术要求对比表

线路敷设方式 纵断面最大坡度	As 型车	A 型车
地下线	45‰，困难条件下 50‰	30‰，困难条件下 35‰
地面线	35‰，最大可达 50‰	
高架线		

通过不同最大坡度下线路及车站埋深的分析发现，本工程 33 座车站中有 15 座具备标高上抬的条件，可大大地提升轨道交通的服务水平。

3.1.4 重点区段的线路比选研究

设计时对沿线重点区段进行多方案比选。

1) 南桥寺站配线方案比选

方案一：叠岛车站方案，本方案南桥寺站为明挖地下四层叠岛车站，站台宽度 13.2 m，在正线外侧设停车线，具备故障车停放及越行功能，如图 3-2 所示。其特点有：正线外侧停车线具备乘客乘降功能，运营最为灵活。车站主体宽度较窄，体量较小。停车线不具备小交路折返功能。

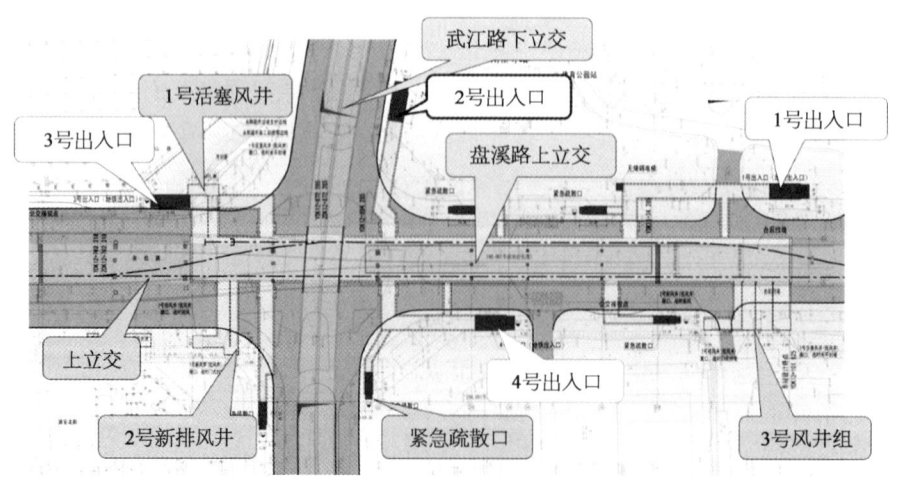

图 3-2 南桥寺站配线方案比选方案一示意图

方案二：分离岛式方案，本方案南桥寺站侧站台宽度8.6 m，在车站前后区间正线外侧引出两根停车线从车站外侧绕行，如图3-3所示。其特点有：车站在原有停车线基础上增加两条停车线，站厅、站台层均采用通道连通；车站采用分离岛式站型，体量较大；停车线不具备乘客乘降功能。

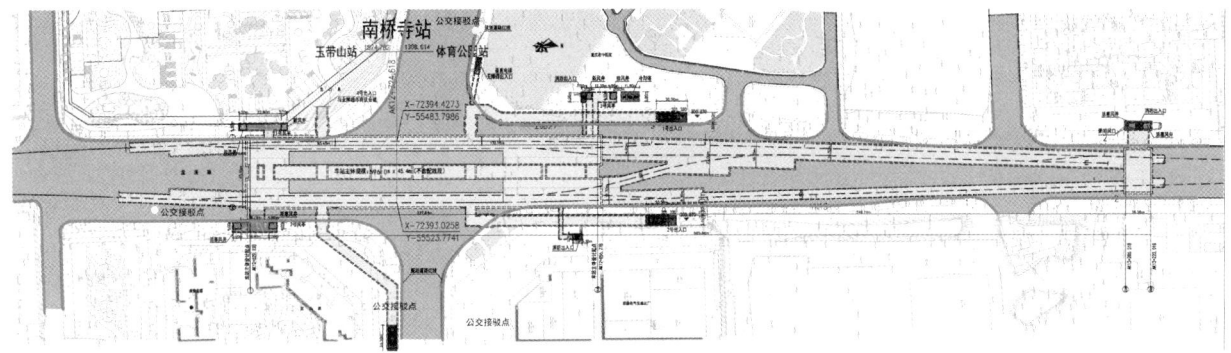

图3-3 南桥寺站配线方案比选方案二示意图

方案三：双岛式方案，本方案南桥寺站为双岛式车站，岛站台宽度10 m，在车站前后区间正线外侧引出两根停车线从正线外侧站台绕行，如图3-4所示。其特点有：正线外侧停车线具备乘客乘降功能，运营最为灵活。车站为双岛四线站型，站务管理较方便。本方案车站宽度超过40 m，体量较大。车站两个站台层无法直接连通，乘客乘坐稍有不便。

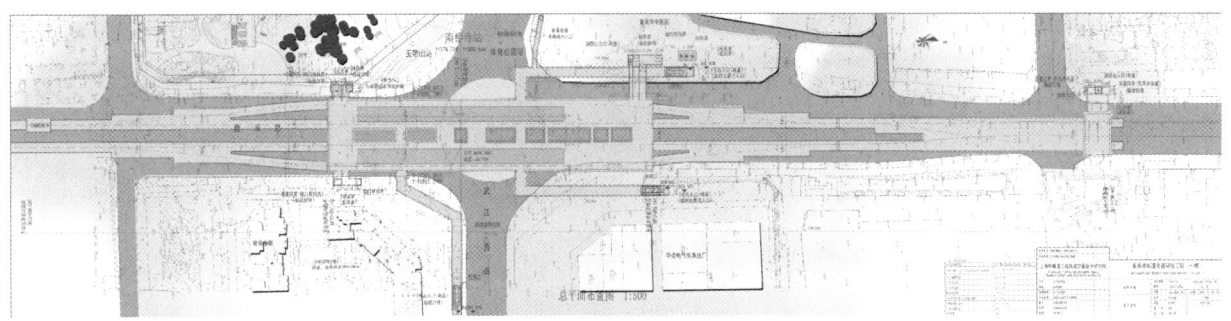

图3-4 南桥寺站配线方案比选方案三示意图

各方案工程经济技术比较详见表3-2。

表3-2 南桥寺站配线方案比选经济技术分析比较表

指标	方案一	方案二	方案三
站型	叠岛车站	分离岛式车站	双岛四线
运营灵活性	一般	较好	较好
存（停）车线功能	较好	较好	较好
乘客乘坐方便性	较好	一般	较好
车站主体长度(m)	294.0	227.64	219.30

续 表

指　标	方案一	方案二	方案三
车站总长(含配线)(m)	411.0	596.0	776.4
车站主体建筑面积(m²)	25 824	26 559.3	17 016.3
总建筑面积(m²)	33 844.3	37 756.4	34 227.9
工程投资(万元)	27 476.36	30 652.38	27 787.78

经综合比选，方案一在运营功能、工程投资较高、实施过程中对周边交通影响等方面具备一定的综合优势，故推荐采用方案一。

2) 四公里站站位比选

方案一：非付费区换乘方案。本方案环线四公里站位于四公里公交枢纽东北侧，上跨四海大道布置，车站为高架三层岛式车站，站台宽度13 m，环线与3号线利用非付费区换乘通道接至既有3号线出入口天桥实现换乘，如图3-5所示。其特点有：本方案车站未侵入既有高边坡范围，工程实施难度较小；换乘通道可利用既有3号线出入口，工程量较小；方案对四公里立交及江南大道无影响，对周边交通影响较小；本方案环线与3号线须采用非付费区换乘，换乘较为不便。

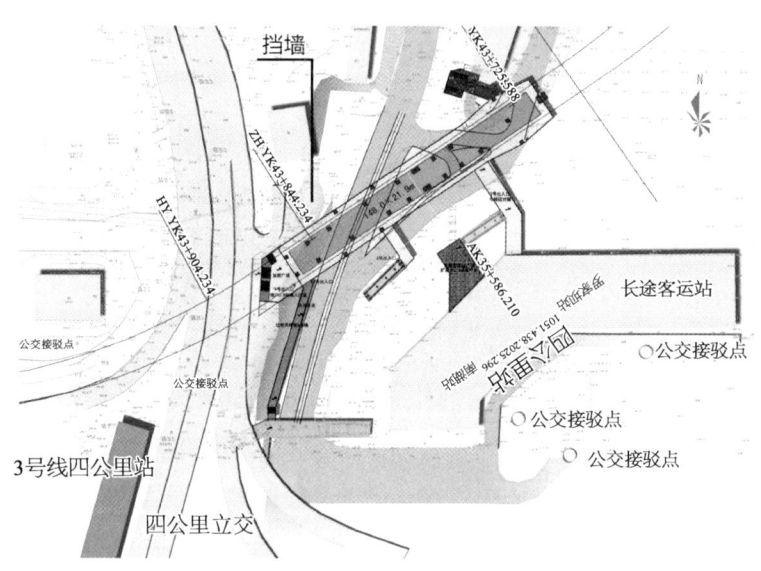

图3-5　四公里站非付费区换乘方案

方案二：付费区换乘方案。将环线四公里站站位向大里程方向平移33 m左右，使得车站端头进入烟雨路高边坡范围内，车站利用下穿通道与既有3号线车站付费区实现连通，方便换乘，如图3-6所示。其特点有：本方案环线与3号线可实现付费区换乘，换乘较为便捷；车站侵入既有高边坡范围，须对既有挡墙进行改造，实施难度较大；受道路标高控制，环线与3号线换乘通道施工时须明挖下穿江南大道及3号线区间桩基，对周边交通及3号线正常运营存在一定影响。

两个方案工程经济技术比较详见表3-3。

第3章 线路与轨道

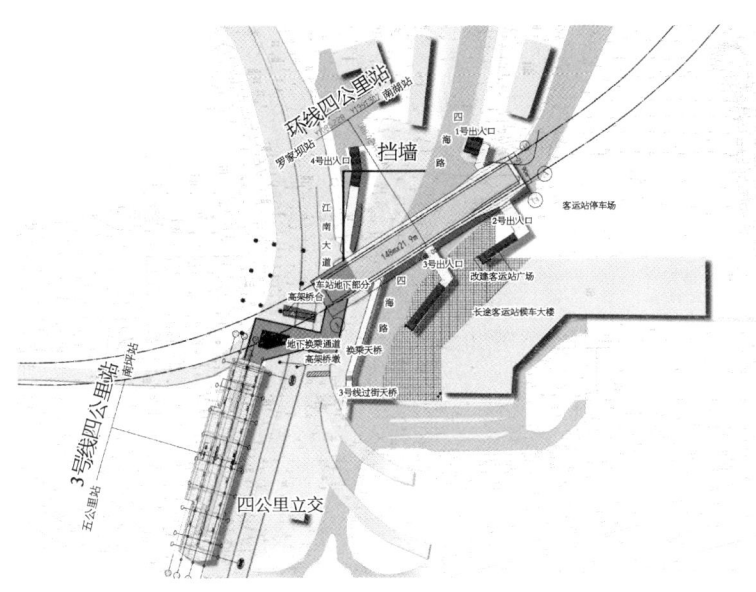

图 3-6 四公里站付费区换乘方案

表 3-3 四公里站站位方案经济技术分析比较表

指　　标	方　案　一	方　案　二
换乘方式	非付费区换乘	付费区换乘
换乘通道长度(m)	120	90
运营服务水平	稍差	较好
是否改造高边坡	否	是
工程实施难度	较小	较大
对周边道路影响	较少	较大

综合比选,方案二在换乘方式、服务水平等方面有优势,但工程实施难度较大,经综合考量,推荐采用方案二。

3) 谢家湾站—奥体中心站段线路方案比选

方案一:沿龙腾大道方案线路基本沿龙腾大道路中走行,直至大公馆立交西侧转至奥体中心地块内接入奥体中心站,如图 3-7 所示。其特点有:线路基本沿龙腾大道路中敷设,穿越地块较少,对周边影响较小。线路平面受龙腾大道线型控制,平面曲线半径较小,导致行车运营限速 75 km/h,限速较严重。区间最小平面曲线半径为 400 m,运营期间钢轨会磨耗较大。

方案二:穿越地块方案。线路出谢家湾站后转至龙腾大道北侧地块,利用 $R-450$ m、$R-500$ m 的反向曲线侧穿万佳苑小区及华宇五环大厦后接入奥体中心站,如图 3-7 所示。其特点有:线路较方案一短约 100 m,线型较好。区间平面最小曲线半径为 450 m,行车运营限速 80 km/h,对行车运营速度影响较小。线路下穿龙腾大道北侧地块及部分居民楼,施工及运营期对周边环境影响较大。

各方案工程经济技术比较详见表 3-4。

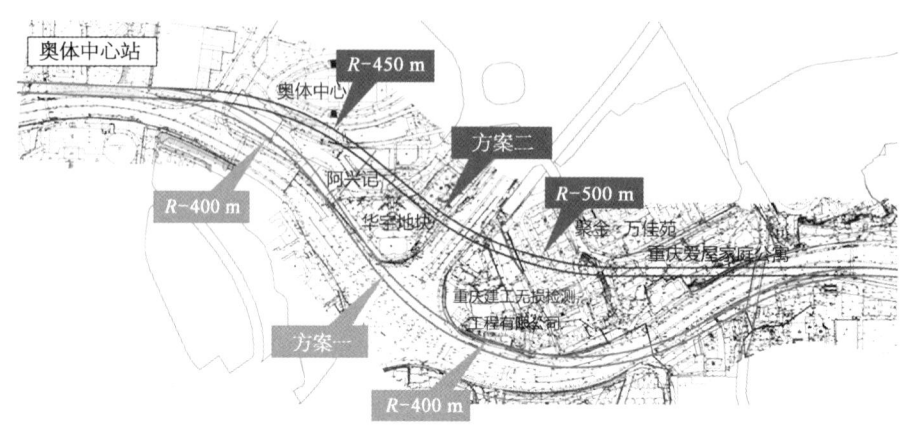

图 3‑7 谢家湾站—奥体中心站段线路方案示意图

表 3‑4 谢家湾站—奥体中心站段线路方案经济技术分析比较表

指　标	方　案　一	方　案　二
区间长度(m)	1 875.058	1 762.830
线路线型	较曲折	较顺直
最小曲线半径(m)	400	450
运营速度具体限制	75 km/h	80 km/h
穿越地块	3 块,侧穿	6 块,正穿
环境影响	下穿3块居住用地,影响较大	不穿居住用地,影响较小
运营期间对钢轨磨耗	较严重	稍好

综上所述,方案二虽然区间线型较顺直且最小曲线半径较大,对运营速度等影响较小,但该方案线路穿越周边居民楼较多,对周边环境影响较大,故设计时推荐方案一。

3.1.5 线路方案设计

3.1.5.1 线路总体方案

1)沿线概况

(1)沙坪坝区。

沙坪坝区面积 396.2 km², 常住人口 89.1 万人。区内文化教育发达,科研院所云集,是长江上游科教文化名区;沙坪坝区作为重庆重要的工业产业基地,既有汽摩配件传统制造业和商贸产业双柱支撑,又有微电子园、大学城、物流园等市级园区的高地兴起;沙坪坝区还拥有丰富的旅游资源,融巴渝文化、沙磁文化、抗战文化、红岩文化于一炉,每年接待中外游客近千万。

沙坪坝区域交通发达,区内建有渝遂、襄渝等四条铁路,已建有成渝、渝遂、渝碚、上界高速公路和319、212、210国道及107省道等8条高等级公路,拥有约19.3 km的嘉陵江水道,1号线、9号线及环线通至沙区,对外交通便捷。

(2)两江新区。

两江新区现状人口规模580万人,建成区面积435 km²,规划至2020年,规划人口规模为1 000

万~1 200万人,建设用地范围为1 121 km²,是中国的第三个副省级新区,是新设立的国家综合配套改革试验区,也是四大国家级开发区之一。

根据规划,作为统筹城乡综合配套改革试验的先行区,两江新区将着眼于建设内陆开放经济和现代产业体系,建设成为内陆重要的先进制造业基地和现代服务业基地,建设成为长江上游金融中心和创新中心,建设成为内陆开放的重要门户、科学发展的示范窗口。其将享受国家给予上海浦东新区和天津滨海新区的政策,包括对于土地、金融、财税、投资等领域赋予先行先试权,允许和支持试验一些重大的、更具突破性的改革措施。

(3) 南岸区。

南岸区是重庆市主城核心区的重要部分,南岸区面积263.1 km²,常住人口119.76万人,重庆市经济技术开发区(南区)、重庆市中央商务(南部)开发区及重庆市国际会展中心位于辖区内。渝黔高速公路横穿境内,历史文化、抗战文化、宗教文化、巴渝文化源远流长,是大禹故里,在近代开埠,佛、道、天主、基督、伊斯兰五教俱全;旅游资源得天独厚,拥有南山森林公园、"一棵树"揽胜亭、慈云寺、文峰塔、涂山寺、老君洞、黄山抗战遗址、海棠晓月温泉、中央温泉、洋人街等多处自然人文景观,南滨路沿线经济带集休闲、观光、餐饮、购物为一体,已经成为重庆市最具有代表性的城市建设展示"名片";科研实力雄厚,智力资源丰富,有10余所国家部省级科研机构和5所大专院校。

(4) 九龙坡区。

九龙坡区为重庆主城核心区之一,面积432 km²,常住人口111.6万人,辖7个街道、11个镇,拥有国家级重庆高新技术开发区和3个市级特色园区,是重庆统筹城乡综合配套改革先行示范区和科学发展开放型经济示范区。

九龙坡是重庆工业重镇,汽车摩托车、铝加工、机电制造业优势明显,电子信息、生物医药、高端装备制造业迅速崛起,有西南铝、庆铃、格力、隆鑫等百亿级企业,华硕、ABB、雅马哈等世界500强企业。商贸服务业蓬勃发展,杨家坪、石桥铺两大百亿商圈交相辉映,沃尔玛、家乐福等巨头入驻,赛博、佰腾等市场交易红火。现代农业不断提升,花卉、果蔬、农产品加工特色鲜明,白市驿成为重庆最大的草花与盆花生产基地。都市旅游声名远播,重庆动物园、贝迪颐园、海兰云天、龙门阵等游人如织,被评为"全国休闲农业和乡村旅游示范区"。

2) 总体方案

环线的总体走向为:重庆西站→凤中路→石新路→凤天大道→天星桥→沙坪坝站→重庆大学→高家花园轨道交通专用桥处过嘉陵江→玉带山→盘溪路→体育公园→冉家坝→动步公园→财富中心→重庆北站→渝鲁大道→五里店→朝天门大桥过长江→弹子石→上新街→海棠溪→罗家坝→四公里→大石路→鹅公岩轨道交通专用桥过长江→谢家湾→奥体中心→陈家坪→二郎→华龙大道至线路终点重庆西站。

3.1.5.2 线路平面设计

1) 工程规模

环线线路全长50.88 m,线路敷设方式基本以地下线路为主,除以高家花园轨道交通专用桥跨嘉陵江及朝天门大桥下层轨道交通专用层跨长江,海棠溪站—四公里站区间、鹅公岩轨道交通专用桥跨长江段为高架敷设,南湖—海峡路区间受地形控制采取路堑式敷设外,其余均为地下线路。

2) 线路线型及要素

(1) 曲线半径和缓和曲线长度。环线工程下行线共设96处曲线,最小曲线半径为300 m,最大曲线半径为12 000 m,曲线间夹直接长度最短为25.010 m,曲线段线路总长为28.611 km,占线路总长的56.32%,直线段线路总长22.193 km,占线路总长43.68%,说明环线线形较为曲折。

(2) 设置小半径曲线说明:环线工程线型较为曲折,全线小于400 m的曲线合计13处,线路总长5.824 km,占曲线总长的20.36%,线路总长的11.46%;小于700 m的曲线合计46处,线路总长18.091 km,占曲线总长的63.23%,线路总长的35.61%。全线在五里店站西侧受6号线预留区间工程的线形影响,设置了1处$R-300$ m的小半径曲线,曲线全长为224.377 m。

3) 线路平面设计

(1) 重庆西站—高家花园大桥段线路。

本段线路主要在沙坪坝区范围内走行,途经沙坪坝副中心等主要商业区。环线起点重庆西站为地下三层双岛式车站,与5号线同台换乘;同时与规划12号线T形换乘。环线在站后两正线间设交叉渡线,并设置与5号线的联络线。线路出站后下穿内环高速后转至凤中路向北走行,下穿西环立交后在既有新桥街道办事处附近的凤中路下设地下上桥站。

此后线路避让重庆贝诺医院桩基后转至石新路,在华宇地块北侧设地下凤鸣山站。线路出站后转至凤天大道向北走行,在重庆图书馆设地下重庆图书馆站,同时为马家岩停车场接轨站。此后线路继续沿凤天大道向北走行,先后下穿梨巴线电缆隧道及凤天路立交匝道后在凤天大道与天马路交叉口下设地下天星桥站。

线路出站后下穿诺丁阳光高层桩基并避让和谐家园桩基后转至天陈路向北走行,在下穿沙坪坝站铁路股道并避让塔楼桩基后在火车站北侧沿天陈路设地下沙坪坝站,本站为环线与1号线、9号线三线换乘车站。

环线出沙坪坝站后进入沙坪坝老城区,在此以连续曲线先后侧穿多栋建筑桩基后转至沙正街,在重庆大学A校区正门附近设地下沙正街站,站后设一处单渡线。线路继续向北在下穿重庆七中操场后转向东北,在下穿沙坪坝区气象站观测场后出洞口,接入高家花园大桥上跨嘉陵江。

(2) 高家花园大桥—洪湖东路站段线路。

本段线路上跨嘉陵江后在高家花园大桥北桥头转为地下敷设,在下穿山水丽都还建房桩基后以$R-360$ m曲线向东转至松石路,于玉带山小学与字水中学附近的松石路路中设地下玉带山站。

线路出玉带山站后下穿既有杨家河沟排水箱涵,此后向北转至盘溪路,后沿盘溪路向北,在盘溪路与龙山路交叉口转盘内设地下南桥寺站,于正线外侧设置1组停车线。线路出站后继续沿盘溪路向北走行,在体育公园南侧向东转入天竺路,在龙湖与两江春城居住区附近设地下体育公园站。

线路出体育公园后继续沿龙山一路向东接入地下冉家坝站,本站为环线与5号线、6号线换乘车站。线路出站后下穿天一·新城居民楼桩基后至龙湖动步公园内设地下动步公园站。此后线路避让市财政局后转至洪湖东路向东走行,在财富中心设地下洪湖东路站,于站后设置1组停车线。

(3) 洪湖东路站—朝天门大桥段线路。

本段线路出洪湖东路站后继续沿洪湖东路向东走行,穿过机场高速后转至泰山大道走行,在泰山大道与民安大道交叉口西侧设地下民安大道站,本站为环线与4号线平行叠岛换乘车站,站前设环线与4号线联络线。线路出站后继续沿泰山大道向东走行,转至昆仑大道接入重庆北站。环线在此与3号线、10号线换乘,车站与铁路重庆北站结合实施。

线路出重庆北站后向南转至渝鲁大道。线路沿渝鲁大道向南走行,直至鲁能星城设渝鲁站,站前两正线间设置1组停车线。线路出渝鲁站后继续沿渝鲁大道向南前行,避让冲压厂高架桥桥台、桩基及庆业九寨居民楼等建构筑物,此后转向东接入原6号线预留区间结构直至地下五里店站,环线在此与6号线叠岛换乘。出站后接入对山立交预留隧道,并从朝天门大桥预留层上跨长江。

(4) 朝天门大桥—上浩站段线路。

本段线路过长江后转为地下敷设,在弹子石立交地块内设地下弹子石站,环线在此与规划11号线换乘,站后设一处单渡线。此后线路转向南,避让雅云苑居民楼,下穿十一中教学楼桩基,最后转至涂山路敷设,在重庆医药工业研究院设地下涂山站,于正线外侧各设置1组停车线。

线路出站后转向南进入涂山车辆段用地范围,后继续向南走行,在避让聚丰江山汇基础后在莲花山处设地下仁济站,本站为涂山车辆段接轨站。

环线离开仁济站后转至涂山路并沿道路向南敷设,下穿涂山路既有排水箱涵后于东水门大桥南引桥处设地下上新街站,环线在此与6号线"十"字换乘。线路出站后继续沿涂山路向南,在避让部分既有高层建筑后下穿既有上新街菜市场桩基,在原制药七厂用地范围内设地下上浩站。

(5) 上浩站—鹅公岩大桥段线路。

线路出站后继续向南沿和泓南山道居住区东侧高架敷设,在江南体育中心北侧转至烟雨路路侧,在江南体育中心田径训练场南侧地块内设高架海棠溪站。出站后线路上跨御盛路后转至御盛路路中向南高架敷设,其间设高架罗家坝站,本站为四公里停车场接轨站。此后线路继续沿御盛路路中向南走行,直至四公里公交枢纽北侧上跨江南大道,在四公里公交枢纽西侧设半高架半地下的四公里站,本站为环线与3号线换乘站,此后线路转为地下敷设。

环线离开四公里站后下穿四公里立交挡墙、桩基及既有3号线高架区间桩基,转至海峡路路中向西走行。后在大石路立交东南象限设地下南湖站,环线在此与10号线换乘,站前设一处单渡线,同时设联络线与10号线接轨。

线路出站后以一组反向曲线避让大石路立交A匝道桩基及桃源路跨线桥桥台后进入天盈地块范围。线路在原嘉陵摩托车厂地块内设地面海峡路站,本站为地面站厅地下站台侧式车站,两条正线之间设一股停车线。线路出站后继续沿海峡路向西敷设并逐渐由地下转为高架敷设,在既有鹅公岩大桥上游新建轨道交通专用桥上跨长江。

(6) 鹅公岩大桥—重庆西站段线路。

线路利用鹅公岩轨道交通专用桥上跨长江后进入九龙坡区范围,在利用鹅公岩大桥引桥以 $R-700$ m、$R-1\ 100$ m 反向曲线上跨鹅公岩立交后转为地下敷设,在谢家湾立交东南象限内的华润地块内设地面谢家湾站。本站为地面站厅地下站台的局部曲线车站,环线在此与既有2号线换乘。

线路出站后下穿既有谢家湾立交匝道桩基,无法避让部分桩基,考虑对谢家湾立交部分匝道桩基进行托换。此后线路沿龙腾大道向西敷设,在避让大公馆立交挡墙、匝道桩基后至奥体中心南侧地块设地下奥体中心站,环线在此与18号线(原5号线支线)换乘。

线路出站后避让龙井湾旱桥桩基后转至龙腾大道路中向西敷设,区间下穿科园四路立交桩基及规划红岩村隧道,在既有陈家坪立交东侧设地下陈家坪站。线路出站后继续沿成渝高速敷设,在成渝高速与科城路交叉口东侧处设地下彩云湖站。

线路出彩云湖站后继续沿成渝高速向西,在二郎立交东侧侧穿部分匝道桩基及红星美凯龙后转至迎宾大道向南,在火炬大道路口北侧设地下二郎站,与规划12号线换乘,设置1组停车线。

线路出站后继续沿迎宾大道向南走行,至华园路交叉口处向西转至华园路,在华园路与华龙大道交叉口下设地下华龙站,于正线外侧设置停车线。此后线路至起点重庆西站,形成闭合环线,其总体方案如图3-8所示。

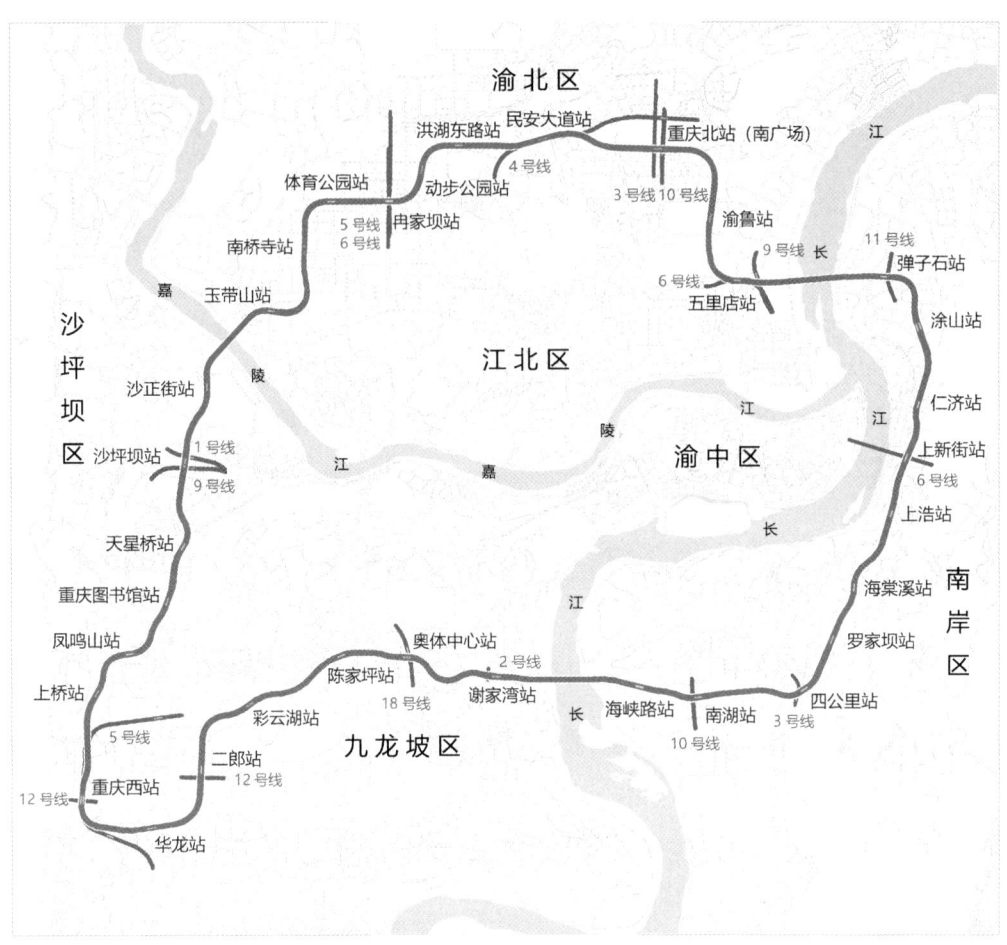

图 3-8　环线线路总体方案示意图

3.1.5.3　线路纵断面设计

1) 纵断面设计特征

因受山城地形影响,设计时采用的最大坡度为 44‰,共 5 处:玉带山站—南桥寺站区间 2 处,坡长分别为 240 m、360 m;民安大道站—重庆北站区间 1 处,坡长 500 m;仁济站—上新街站 1 处,坡长 410 m;谢家湾站—奥体中心站区间设 1 处,坡长 480 m。坡度大于 30‰、小于 44‰ 的坡段共计有 9 处。

线路最大埋深约为 62.6 m(轨顶标高 262.795 m),位于洪湖东路站—民安大道站区间,受地面标高及 4 号线民安大道站轨顶标高控制。

2) 线路纵断面设计

(1) 重庆西站—高家花园大桥。

沿线主要控制点:西环立交拓宽工程桩基础、重庆贝诺医院桩基、凤鸣山中学人行天桥、凤鸣山立交、西南医院人行天桥、在建梨巴线电缆隧道、凤天路立交、诺丁阳光 9# 楼和谐家园还建房、沙坪坝站上盖塔楼基础、华夏银座信合大厦桩基础、重庆七中学府兴业楼等。

本段区间主要采用复合盾构施工,部分钻爆法施工,共设重庆西站、上桥站、凤鸣山站、重庆图书馆站、天星桥站、沙坪坝站、沙正街站 7 座车站,除重庆西站为地下三层双岛式车站外,其余均为地下二层岛式车站。

本段线路最深处轨顶标高为 208.185 m,最大坡度为 36‰,最小坡段长度为 200 m(图 3-9)。

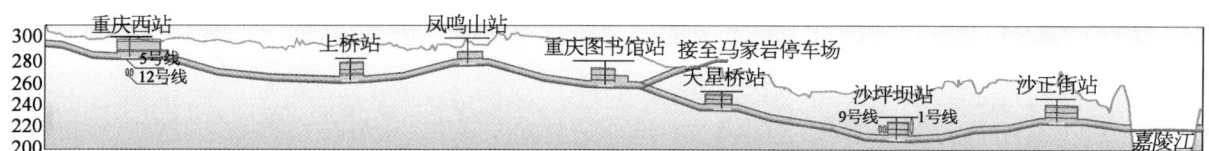

图 3-9 重庆西站—高家花园大桥段纵断面示意图

(2) 高家花园大桥—洪湖东路站。

沿线主要控制点：山水丽都还建房基础、杨家河沟排水箱涵、天一新城居民楼基础等。

本段区间主要采用钻爆法、复合盾构施工，共设 6 座车站：玉带山站、动步公园站为地下三层岛式车站；南桥寺站为地下四层叠岛式车站；体育公园站、洪湖东路站为地下二层岛式车站；冉家坝站为地下五层侧式车站。

本段线路最深处轨顶标高为 218.460 m，最大坡度为 44‰，最小坡段长度为 200 m(图 3-10)。

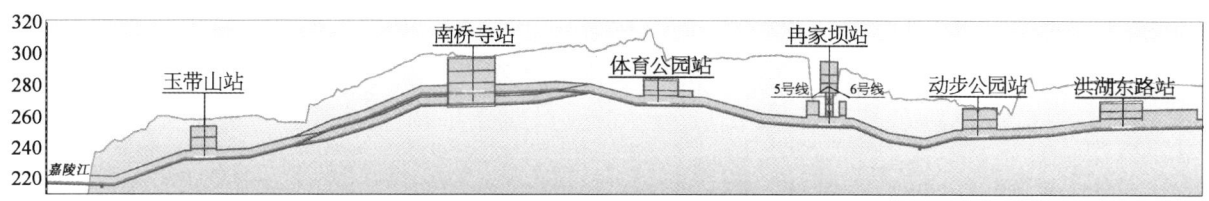

图 3-10 高家花园大桥—洪湖东路站段纵断面示意图

(3) 洪湖东路站—朝天门大桥。

沿线主要控制点：重庆北站西侧排水箱涵、渝鲁大道排水箱涵、渝鲁大道电缆隧道、庆业九寨居民楼、建设厂立交桥台、6 号线预留区间等。

本段区间主要采用钻爆法，部分明挖法施工，共设 4 座岛式车站：民安大道站为地下三层叠岛式车站；五里店站为地下三层岛式车站；重庆北站为地下五层岛式车站；渝鲁站为地下二层局部三层岛式车站。

本段最深处轨顶标高为 207.283 m，最大坡度为 44‰，最小坡段长度为 201.532 m(图 3-11)。

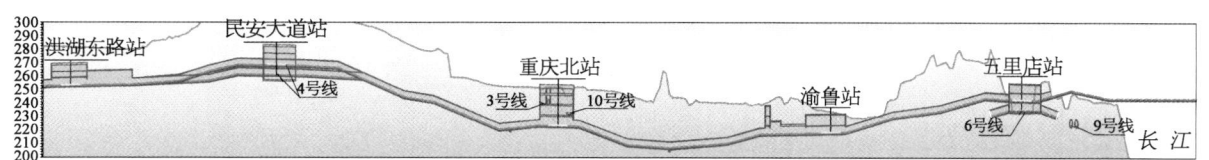

图 3-11 洪湖东路站—朝天门大桥段纵断面示意图

(4) 朝天门大桥—上浩站。

沿线主要控制点：朝天门大桥预留标高、弹子石立交盘龙主桥、雅云苑居民楼、重庆十一中教学楼、富力·现代广场桩基础、阳光 100 电力隧道、聚丰江山汇居民楼、东水门立交改造工程、上新街菜市场桩基等。

本段区间主要采用钻爆法施工，共设 5 座车站：弹子石站为地下二层侧式车站；涂山站、仁济站、上浩站为地下三层局部四层岛式车站；上新街站为地下二层局部三层岛式车站。

本段线路最深处轨顶标高为 203.711 m，最大坡度为 44‰，最小坡段长度为 200 m（图 3‑12）。

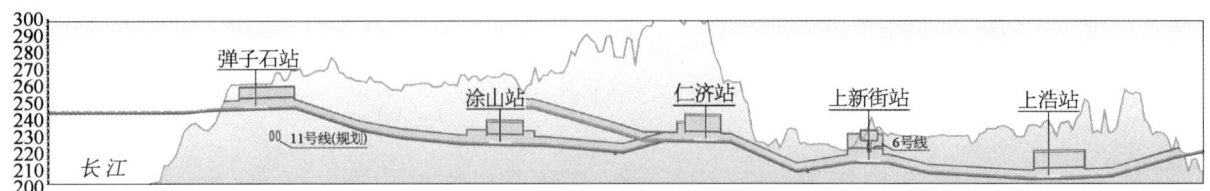

图 3‑12　朝天门大桥—上浩站段纵断面示意图

（5）上浩站—鹅公岩大桥。

沿线主要控制点有：和记黄埔地块 2 号排水箱涵、烟雨路高切坡、四公里立交 7♯挡墙、南七路高架 0♯桥台、大石路立交跨线桥、桃源路跨线桥桥台、赵家坝立交 1♯涵洞等。

本段区间主要采用高架及钻爆法施工，部分明挖法施工，共设海棠溪站、罗家坝站、四公里站、南湖站、海峡路站 5 座车站。其中，海棠溪站、四公里站（部分地下）、罗家坝站为高架岛式车站；南湖站为地下二层岛式车站；海峡路站为地面站厅地下站台侧式车站。

本段线路最深处轨顶标高为 223.143 m，最大坡度为 29.423‰，最小坡段长度为 200 m（图 3‑13）。

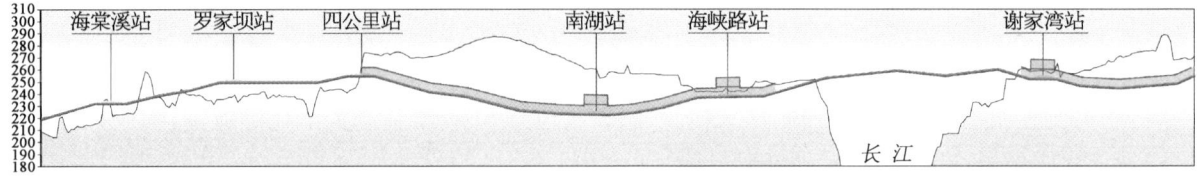

图 3‑13　上浩站—谢家湾站段纵断面示意图

（6）鹅公岩大桥—重庆西站。

沿线主要控制点有：鹅公岩立交匝道、谢家湾立交、大公馆立交 8♯挡土墙、龙井湾旱桥桩基础、红岩村隧道、陈家坪立交桩基础、钟表厂立交、垭板堡桥、红星美凯龙广场基础、5 号线区间等。

本段区间除跨江大桥段外，主要采用钻爆法施工，部分为明挖法，共设 6 座车站：谢家湾站为地面站厅地下站台的岛式车站；奥体中心站、陈家坪站、彩云湖站、二郎站均为地下二层岛式车站；华龙站为地下三层叠岛式车站。

该段线路最深处轨顶标高为 245.168 m，最大坡度为 44‰，最小坡段长度为 200 m（图 3‑14）。

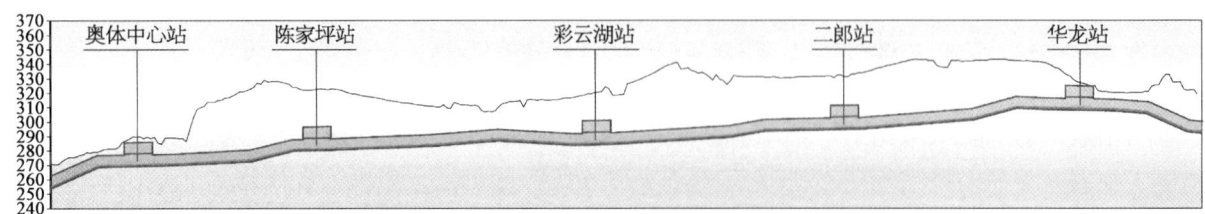

图 3‑14　谢家湾站—华龙站段纵断面示意图

3.1.5.4 车站分布

环线线路全长约 50.88 km,共设 33 座车站,其中地下站 28 座、高架站 3 座、半地面半地下车站 2 座,平均站间距 1.54 km。

(1) 重庆西站:位于重庆西客站站前东广场下方,车站沿西客站站前广场大致呈南北向布置,本站为明挖地下三层双岛式车站,与 5 号线同台换乘;与规划 12 号线 T 形换乘;与 5 号线设联络线。

(2) 上桥站:车站主体位于凤中路下方,沿凤中路呈西南—东北向布置,本站为暗挖地下二层岛式车站。

(3) 凤鸣山站:位于石新路下方,呈东西走向,本站为明挖地下二层岛式车站。

(4) 重庆图书馆站:位于凤天大道,呈南北走向,本站为暗挖地下二层岛式车站。

(5) 天星桥站:位于凤天大道与天马路交叉口东侧,呈东西走向,本站为暗挖地下二层岛式车站。

(6) 沙坪坝站:位于天陈路下,呈南北走向,为暗挖地下二层岛式车站,本站为环线与 1 号线、9 号线的换乘站。

(7) 沙正街站:位于沙南路下,沿沙南路南北向布置,本站为暗挖地下二层岛式车站,站后设一处单渡线。

(8) 玉带山站:位于松石路下,沿松石路东西向布置,本站为明挖地下三层岛式车站。

(9) 南桥寺站:位于盘溪路与龙山路相交的十字路口下方,沿盘溪路南北向布置,本站为明挖地下四层叠岛车站,于正线外侧设一股停车线。

(10) 体育公园站:位于天竺路,沿天竺路东西向布置,本站为暗挖地下二层岛式车站。

(11) 冉家坝站:位于渝北区,沿龙山一路呈东西向布置,本站为暗挖地下五层侧式车站,是三线换乘车站,与 5 号线、6 号线车站形成东西向十字换乘。

(12) 动步公园站:与西湖路成一夹角布置,车站主体位于现状动步公园内,本站为明挖地下四层岛式车站。

(13) 洪湖东路站:位于洪湖东路下,沿洪湖东路东西向布置,为暗挖地下二层岛式车站,于站后两正线间设一股停车线。

(14) 民安大道站:位于泰山大道与民安大道十字交叉路口西侧,沿泰山大道东西向布置。本站为暗挖地下三层叠岛式车站,与 4 号线同台换乘,站前设环线与 4 号线联络线。

(15) 重庆北站(南广场):位于火车北站南广场,公交换乘站北侧下方,本站为明挖地下五层端头厅岛式车站。

(16) 渝鲁站:位于渝鲁大道,车站主体沿渝鲁大道东侧南北向布置。本站为明暗挖地下二层局部三层岛式车站,在站前两正线间设一停车线。

(17) 五里店站:位于五里店立交东侧,朝天门大桥西侧引道下,快速五纵线和三横线的交汇处。本站为明挖地下三层叠岛式车站,为 6 号线、9 号线与环线的换乘车站。

(18) 弹子石站:位于弹子石立交南侧,为明挖地下二层侧式车站,本站与规划 11 号线通道换乘。

(19) 涂山站:位于涂山路路中,本站为暗挖地下二层双洞双岛车站。

(20) 仁济站:位于南岸区,莲花村规划的道路附近,呈南北向布置,本站为暗挖地下二层岛式车站。本站为涂山车辆段接轨站,站前设两股出入段线接轨涂山车辆段。

(21) 上新街站:位于南岸区涂山路与东水门大桥引桥道路下方,为明挖地下二层局部三层岛式车站。本站与 6 号线上新街站为十字换乘,6 号线位于环线站台上方。

(22) 上浩站:为明挖地下四层、局部暗挖二层岛式车站。

(23) 海棠溪站:位于烟雨路东侧,本站为高架三层岛式车站。

(24) 罗家坝站:位于御盛路路中,本站为路中高架二层岛式车站,站后设两股出入场线接入四公里停车场。

(25) 四公里站:位于现状四公里公交枢纽西侧,车站上跨烟雨路,西侧靠临烟雨路与江南大道,呈东西向布置。本站为高架三层部分地下岛式车站,与既有 3 号线四公里站通道换乘。

(26) 南湖站:位于大石路立交绿地下,沿海峡路呈东西向布置,本站为地下二层岛式车站,与 10 号线形成换乘。

(27) 海峡路站:沿海峡路东西向布置,本站为地面站厅地下站台侧式车站,两正线之间设一股停车线。

(28) 谢家湾站:为地面站厅地下站台的局部曲线车站,与 2 号线形成换乘。

(29) 奥体中心站:为明挖地下二层岛式车站,与 18 号线换乘。

(30) 陈家坪站:为暗挖地下两层岛式站。

(31) 彩云湖站:为暗挖地下二层岛式车站。

(32) 二郎站:位于大杨石组团迎宾大道和火炬大道交叉口北侧,本站为暗挖地下二层岛式车站,与规划 12 号线换乘。

(33) 华龙站:位于华园路与华龙大道交叉路口处,沿华园路东西向布置。本站为明挖三层叠岛式车站。

3.1.6 创新与实践

环线工程线路高低起伏,高度相差近 100 m,坡陡弯急,蜿蜒曲折,施工难度较大。本工程是世界上率先采用 As 车辆的线路,具有更强的爬坡能力、更小的转弯半径、更适应重庆环境特点,为我国山地城市轨道交通建设积累很多宝贵经验,为制定重庆市轨道交通设计标准奠定坚实的基础。

环线工程设计时充分掌握了山地城市的地形地理特点,线路平、纵断面采用协调设计,因地制宜地确定线路敷设方式,高架-地面-地下等多种敷设方式灵活运用,既控制了工程投资的规模,又提供了较好的乘客服务水平。

环线工程为典型的绿色交通示范线路。本工程除了过江段采用地上敷设外,其余均以地下隧道形式通过主城区,充分利用地下空间,减少空气污染,节约土地资源,对环保和节地的贡献突出。环线同时配合三大铁路交通枢纽的建设,减少施工期间对周围环境的重复影响,大大节省投资,环境、经济和社会效益明显。

3.2 轨道工程

3.2.1 概述

轨道工程是城市轨道交通工程的重要组成部分,主要包括钢轨、扣件、轨枕、道床、道岔及其他附属设备等。轨道作为行车的基础工程,可铺设在隧道内、高架桥及路基上,起着列车运行导向的作用。在列车运行的动力作用下,轨道结构须具有足够的强度、稳定性和耐久性,以保证列车运行安全、平稳、舒适。

环线作为重庆市第一条环形轨道交通,线路长达 50.88 km。重庆地区为山地城市,地形起伏变化较大,线路敷设方式复杂,多存在大坡度、小曲线地段。环线工程基本以地下线隧道为主,并辅以高架桥、路基段及敞开段等多种结构形式,轨道结构也存在多样化形式。长江与嘉陵江贯穿了重庆主城区,环线工程共进行了三次越江,分别为高家花园嘉陵江大桥(钢混箱梁斜拉桥)、朝天门长江大桥(钢桁架系杆拱桥)及鹅公岩轨道交通专用桥(钢箱梁悬索桥),其中朝天门长江大桥为既有桥梁预留轨道交通层,三座大桥均为大跨度柔性钢结构桥梁,跨度较大,桥型多样,体系不一,大跨度钢桥对轨道结构设计提出了更高的要求。

由于重庆独特的山地城市地貌,山城地下水较为丰盛,水中钙化物较多,容易淤积堵塞,山城地区的轨道交通地下区间排水处理也是轨道系统设计的重点内容之一。

大跨度钢桥上的轨道结构设计及无缝线路设计是本工程的关键性技术。国内首次采用了隔离式减振垫直铺钢梁面的道床结构形式,解决了高架花园大桥和鹅公岩大桥的减振降噪问题。通过无缝线路计算,对鹅公岩大桥梁轨作用力进行了深入分析,采用了合理的轨条布置及扣件阻力值,大梁缝地段采用了专项特制的大伸缩量曲线型钢轨伸缩调节器与梁端伸缩装置一体化设备,应用效果良好。复合轨枕轨道结构在朝天门特大跨钢桁架明桥面上的应用,相比传统木枕大大提高了轨道结构的强度及稳定性,为车辆的安全运行提供了更有利的保障。结合重庆当地城市特点及实际工程需求,对排水方案做了优化设计,有效改善了道床水沟排水问题;计算分析了大坡道浮置板道床的力学性能并采取了加强措施,保证了轨道结构的稳定性及列车运行的安全性。

3.2.2 系统创新与实践

3.2.2.1 特大跨钢梁桥轨道结构设计

1) 工程概况

高家花园大桥位于环线一期工程沙正街站—玉带山站区间,自南向北跨越嘉陵江,止于玉带山隧道。该桥为轨道交通专用桥,设双向轨道交通,两侧设检修道。大桥采用双塔双索面五跨连续混合梁斜拉桥,主桥跨布置为(52+68+340+66.5+50.5)m=577 m,其中边跨为混凝土箱梁,中跨为钢箱梁。高家花园大桥平面布置如图 3-15 所示。

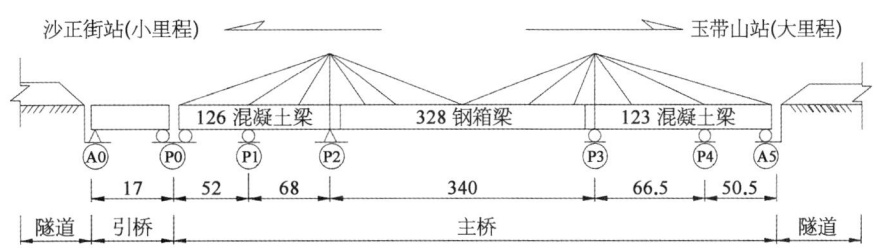

图 3-15 嘉陵江高家花园大桥桥型布置示意图(单位:m)

鹅公岩大桥位于环线二期工程海峡路站—谢家湾站区间,主桥为五跨连续自锚式钢梁悬索桥,主桥跨布置为(50+210+600+210+50)m=1 120 m,该桥为新建轨道交通专用桥,设于鹅公岩老桥上游侧,新、老桥主塔位置横向对齐,主跨为 600 m。鹅公岩大桥平面布置如图 3-16 所示。

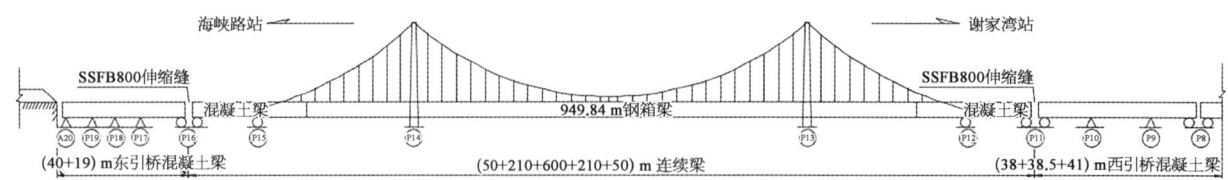

图 3-16 长江鹅公岩大桥桥型布置示意图

2) 关键技术要求

高家花园大桥主跨 340 m，鹅公岩大桥主跨 600 m，均为大跨度柔性钢桥。相对于普通混凝土桥梁，大跨度柔性钢桥对轨道结构的要求更高，主要为：① 钢梁面与道床的结合需具有足够的强度，确保整体结构的安全性；② 对于柔性体系桥梁，其横向刚度较小，应尽量减少上部轨道荷载，降低对桥梁下部结构的设计要求，轨道结构高度有限；③ 与混凝土桥相比，钢桥面受到的列车振动激励响应更加明显，振动噪声更加突出，要求轨道结构具有一定的减振降噪性能；④ 大跨度柔性桥对于列车荷载、风荷载等更为敏感，其横向及垂向变形较大，轨道结构应具有良好的变形适应能力及调整能力，以满足大跨度桥梁的横向、垂向变形及梁端转角等要求。

3) 轨道结构设计

(1) 轨道结构选型设计。

鹅公岩大桥主跨 600 m，全长 1 120 m，为特大跨钢桥。针对特大跨钢桥轨道结构选型进行了专题报告研究，通过调研、查阅国内外特大跨钢桥轨道结构的应用情况，其轨道结构形式主要分为有砟轨道和无砟轨道两种类型，对有砟道床和无砟道床在特大跨钢桥的适应性进行了分析。碎石具有不稳定性，在列车荷载的反复作用下，轨道会产生垂向及横向的动态弹性变形和残余累积变形，导致轨道几何形位变形大，影响列车运行的平稳性。而无砟道床采用钢筋混凝土结构，道床整体性好，线路状态稳定，还可避免道砟飞溅，保持整洁干净，同时养护维修量较少，维护费用较低，减振降噪方面可考虑采用质量弹簧道床，达到减振降噪要求。

经过对比分析，隔离式减振垫道床可适应于特大跨钢桥，采用减振垫直铺于钢梁面的形式，该结构形式通过了专家组评审，获得一致认同。

(2) 道床结构设计。

钢梁地段道床结构采用 60 kg/m 钢轨 DTⅦ2 型扣件隔离式减振垫整体道床，轨道结构高度 540 mm，道床板长一般为 4.7 m 左右，宽度为 2.3 m，板与板之间设置 100 mm 宽板缝。道床两端采用钢限位支座限位，支座与梁面进行栓接固定。隔离式减振垫直铺于钢梁面上，四周采用土工布进行包裹。钢桥隔离式减振垫整体道床平面及断面布置如图 3-17 和图 3-18 所示。

4) 技术亮点

减振垫直铺于钢桥面上为国内轨道交通首次采用的道床结构形式。轨道结构荷载小，具有良好的减振降噪性能及良好的变形、适应能力和调整能力。钢限位支座与桥梁通过 6 组 $\phi 20$ mm 的 10.9 级高强螺栓固定，形成了可靠的联结方式。支座四周设置弹性垫板，提供浮置板道床的振动空间，防止道床被卡死，影响减振性能。减振垫直接铺设于钢梁面上，垫子下部凸点有利于桥面排水，同时道床养护维修量少，维护费用低，整体道床整洁干净，满足城市景观要求。

鹅公岩轨道交通专用桥，根据桥梁特点采用了新型轨道结构形式，解决了大跨度柔性桥的减振降噪问题，为列车安全运行提供了稳定的基础。隔离式减振道床如图 3-19 和图 3-20 所示。目前，环线工

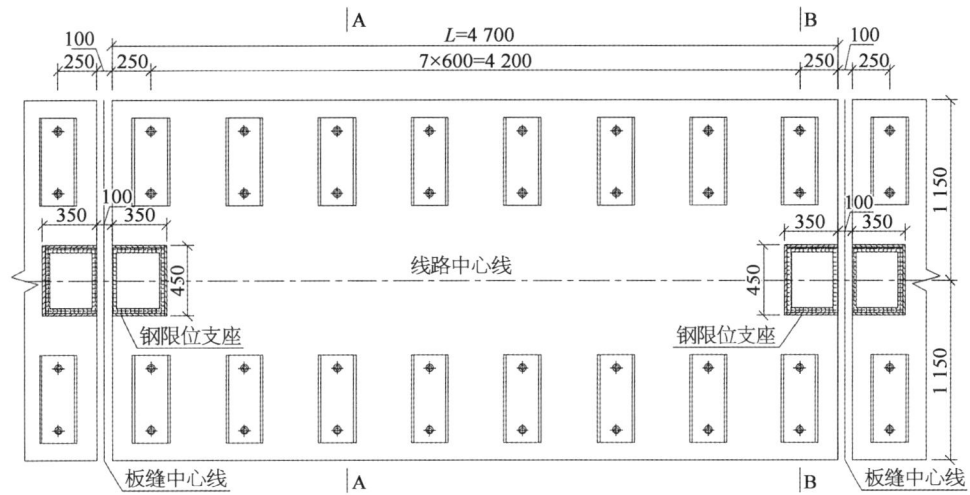

图 3‑17 钢桥隔离式减振垫整体道床平面图(单位:mm)

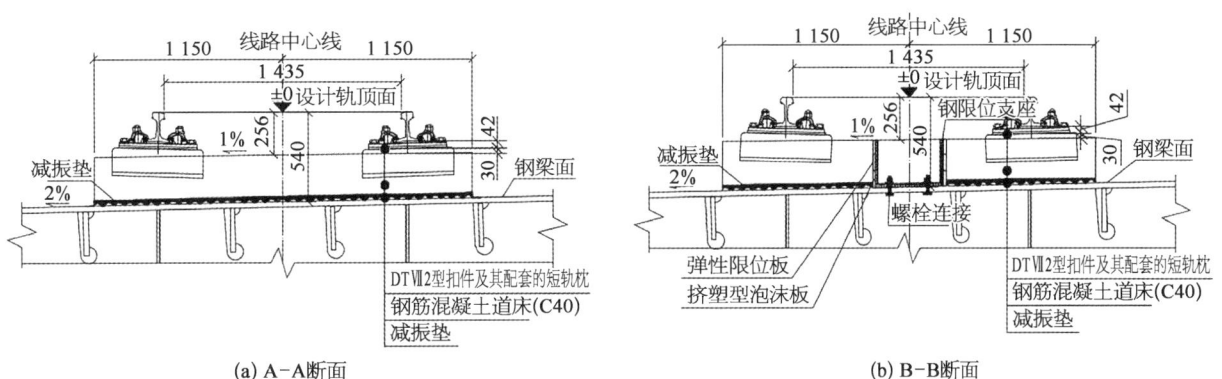

(a) A—A 断面

(b) B—B 断面

图 3‑18 钢桥隔离式减振垫整体道床断面图(单位:mm)

图 3‑19 高家花园大桥隔离式减振垫道床

图 3‑20 鹅公岩大桥隔离式减振垫道床

程已运营,实践证明,列车运行平顺、稳定、舒适,达到了预期效果,同时也为其他类似工程提供了工程实践经验。

3.2.2.2 钢桁架明桥面轨道结构优化

1) 工程概况

朝天门大桥位于环线一期工程五里店站—弹子石站区间,嘉陵江与长江交汇点下游1.7 km处,大桥包括主桥和两侧引桥,全长1741 m。该桥为公铁两用桥,于2009年建成通车。上层设双向6车道公路和两侧人行道,下层预留轨道交通线路及两侧公路道路。主桥采用932 m中承式连续钢桁系杆拱桥,引桥采用预应力钢筋混凝土箱梁桥。朝天门大桥平面布置如图3-21所示。

2) 优化措施

传统明桥面道床是采用木枕直铺于钢桁架梁上,通过勾螺栓进行固定。但木枕使用寿命短,逾期易出现腐烂、开裂等问题,导致持钉力下降,线型控制能力差,不仅养护维修量增加,也时刻影响着列车的运营安全。

朝天门大桥轨道结构设计,考虑从提高材料强度、增大扣配件安全储备、增加结构连接强度等方面进行优化。同时,上层公路处于通车运营状态,下部轨道工程施工时受影响因素较多,因此轨道结构设计还应满足施工组织的便利性。

朝天门大桥采用了60 kg/m钢轨SD-4型扣件复合轨枕明桥面轨道结构形式。从材料方面采用复合轨枕代替木枕,复合轨枕强度高,使用寿命长,线型保持能力强,减少了养护维修量。同时其绝缘性好,耐水性好,也具有现场开孔、开槽的便利性,方便施工。轨下扣件采用了具有大调整量的木螺栓特制扣件——SD-4型扣件,调高量为40 mm,有利于现场施工及后期运营养护。轨枕与主桥纵梁通过M24的勾头螺栓进行固定连接,每跨梁内复合轨枕两端部增设连接钢板,以保证轨道结构的整体性。明桥面道床结构如图3-22所示。

朝天门大桥复合轨枕明桥面轨道结构为国内首次应用于城市轨道交通工程大跨度的明桥面道床结构形式,复合轨枕轨道结构,相比传统木枕结构,大大提高了轨道结构的强度及稳定性,为车辆的安全运行提供了更有力的保障(图3-23和图3-24)。

3.2.2.3 大量程曲线钢轨伸缩调节器与梁端伸缩装置一体化设备的应用

1) 工程概况

鹅公岩大桥主跨600 m,为目前国内城市轨道交通中最大跨度悬索桥,主桥两端均设有大位移伸缩缝,初始梁缝为800 mm,梁缝宽度变化范围为200~1 560 mm,伸缩量为1 360 mm(含所有)。小里程端梁缝位于平面曲线半径2 000 m缓和曲线范围内,曲线超高55 mm。

该桥梁缝伸缩量程达1 360 mm,为目前轨道交通桥中最大的大量程伸缩缝。根据无缝线路计算分析,梁缝位置需设置钢轨伸缩调节器,以协调因温度变化引起的桥梁伸缩及长钢轨伸缩的位移差,自动放散钢轨纵向力。同时为使钢轨在梁缝处得到连续支撑,还需设置梁端伸缩装置,确保钢轨的连续性及平顺性。

为满足鹅公岩大桥的工程需求,小里程端轨道采用了大量程曲线钢轨伸缩调节器与梁端伸缩装置一体化设备,确保了大位移梁缝、钢轨伸缩调节器及梁端伸缩装置协调配合工作,如图3-25所示,钢轨伸缩调节器及上承式梁端伸缩装置一体化设备型号为研线0706(19EGY)-X800Tps,全长22.18 m,设计伸缩量为(-600~+800 mm),适用于曲线半径$R \geqslant 1 500$ m地段。该设备根据本工程的需求进行了定制化设计,采取了多种优化措施。

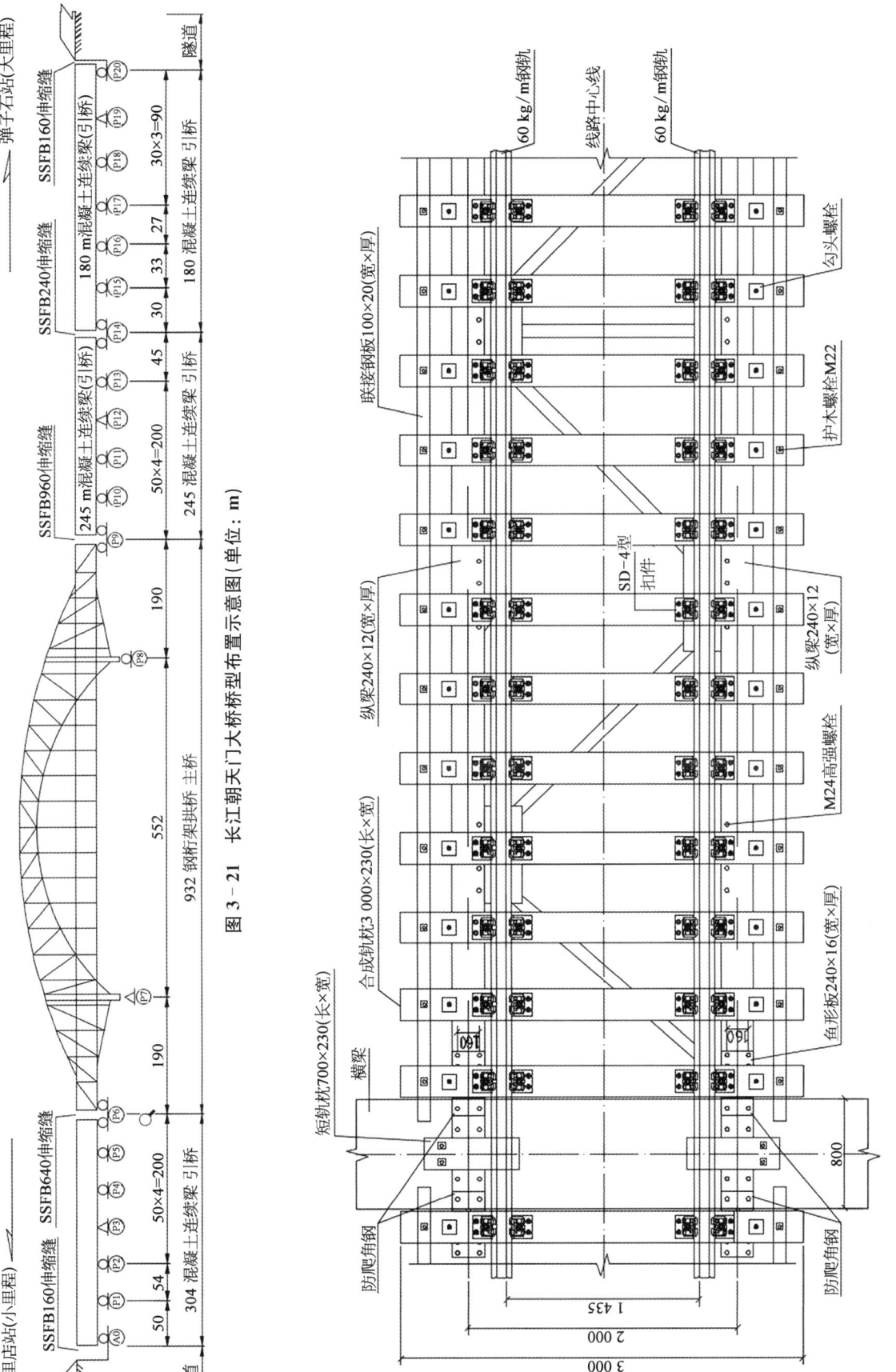

图 3-21 长江朝天门大桥桥型布置示意图（单位：m）

图 3-22 朝天门大桥明桥面复合轨枕轨道平面图（单位：mm）

 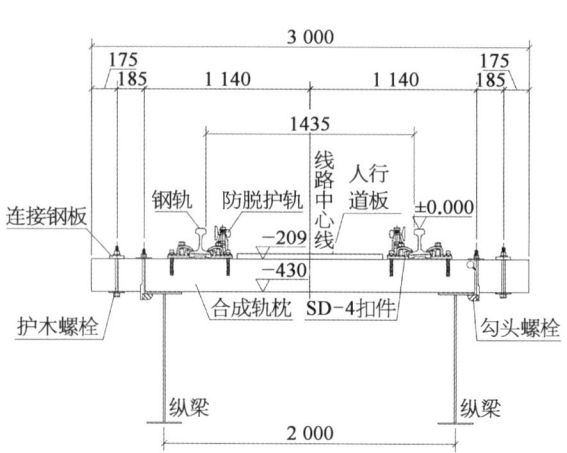

图 3-23 朝天门大桥明桥面道床铺设图　　图 3-24 朝天门大桥明桥面道床断面图(单位：mm)

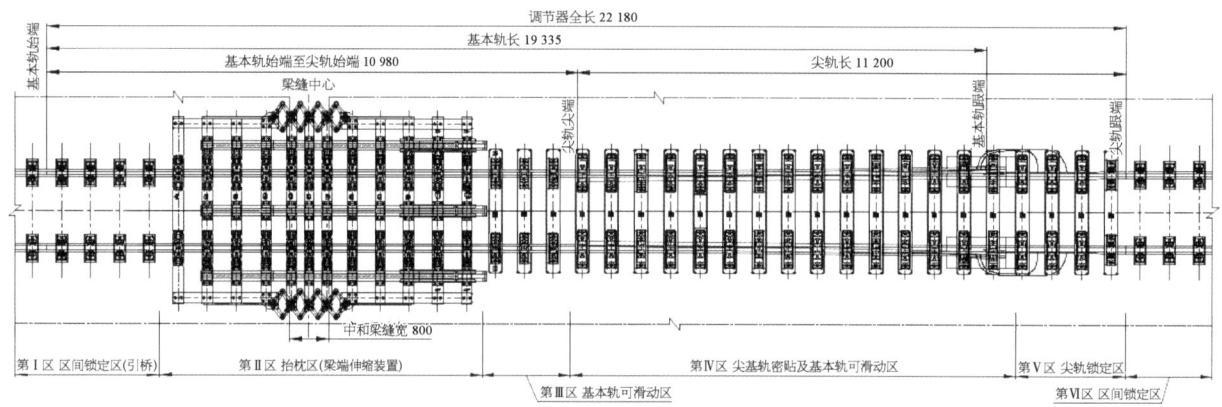

图 3-25 大量程钢轨伸缩调节器与梁端伸缩装置一体化设备平面布置图(单位：mm)

2) 技术亮点

(1) 该设备为目前国内城市轨道交通应用中最大伸缩量的国产化钢轨伸缩装置与上承式梁端伸缩装置一体化设备。钢轨伸缩调节器的伸缩量应不小于桥梁的伸缩量，普通型钢轨伸缩调节器伸缩量一般不大于±600 mm，而钢轨伸缩装置通过对基本轨跟端进行特殊设计，伸缩量可达(−600～+800)mm，满足了鹅公岩大桥的大伸缩量需求。

(2) 钢轨伸缩调节器及上承式梁端伸缩装置中采用了多种先进技术，调节器采用了轨撑式扣件，提供了较大的横向及竖向支撑刚度，能够满足大跨度柔性桥梁端转角的要求。尖轨尖端至梁端伸缩装置采用了可滑动扣件，能够保证基本轨的自由伸缩，同时不影响其竖向刚度。铁垫板采用了硫化弹性垫板，刚度为 25 kN/mm，降低了铁垫板整体刚度，提高了轨道弹性。基本轨采用 60 kg/m、U75V 在线热处理钢轨制造，尖轨采用 60AT1、U75V 在线热处理钢轨制造。尖轨线形采用了与高速铁路相同线形，尖轨尖端藏尖 3 mm，确保了钢轨伸缩调节器的平顺性和安全性。

(3) 为适应大梁缝、对钢轨提供连续支承，并满足梁缝两侧钢轨垂向及横向刚度的均匀性，采用了大位移上承式梁端伸缩装置，是目前国内城市轨道交通采用的最大伸缩量的上承式梁端伸缩装置。该设备具有以下特点：

① 采用上承式"4-3-5"结构,共12根钢枕,中间3根(即⑤⑥⑦枕)钢枕为悬空钢枕,其余为埋入式钢枕。

② 采用具有低摩擦组件的纵梁(即扁担梁),一端固定,另一端可滑动。

③ 采用高强度剪刀叉结构,并采用精密销轴和剪刀臂防锁紧装置。

④ 引桥侧采用480X型大阻力扣件,梁缝及主桥侧采用480型可滑动扣件。

⑤ 纵梁活动端安装有防跳装置。

(4) 该设备的施工技术要求高,使用条件复杂。钢轨伸缩调节器一般位于直线地段,困难情况下,可用于曲线半径不小于1 500 m地段。本工程受边界条件限制,梁缝位置为曲线半径2 000 m的缓和曲线,同时需考虑曲线超高及顺坡的影响。曲线型钢轨伸缩调节器需保证基本轨与尖轨的贴合度及相对滑移的平顺度,对施工精度提出了较高要求。铁垫板采用了偏心缓冲调距块,一股钢轨水平调整量为±20 mm,高低调整量为-4~+20 mm,提高了钢轨的调距能力,为施工铺设曲线型调节器提供了便利条件。

钢轨伸缩调节器与梁端伸缩装置一体化设备,平衡了鹅公岩大桥的梁轨纵向相互作用力,解决了轨道结构跨越大梁缝的问题,也促进了大跨度柔性桥无缝线路技术的进一步发展。设备国产化降低了工程建设及运营、维护成本,提高了国产化水平。

3.2.3 措施与建议

3.2.3.1 落实"动态环评"跟踪设计的建议

轨道减振降噪措施是保证轨道交通沿线环境质量的重要措施,减振等级及减振长度是关系轨道建设投资和运营后环境质量的重要因素。轨道减振降噪设计的首要依据是环境影响报告书,环评单位一般是在工可阶段根据工可线路资料、线路周边敏感点情况及规划拆迁情况开展环境影响评估工作。但至施工图阶段,受多种因素影响,环评预测的结果可能与实际情况产生较大偏差,主要因素如下:

轨道交通工程从工可、初设到施工图阶段是一个由粗入细的设计过程,其间受多种因素影响,施工图阶段的线路及站位,相比工可阶段会发生变化。当线路调整较大时,则会对周边敏感点的环境影响范围及程度偏离原环评预测的结果,直接影响减振措施及投资费用。

轨道交通工程建设时期较久,一般为3~5年,时隔几年,线路周边环境也可能发生较大变化,导致原预测的敏感点可能会拆除或者新增,这与城市规划及拆迁情况有关,动态跟踪,密切关注周边环境变化十分重要。

对于线路周边规划开发区域地段,环评报告未进行预测的范围应考虑在内,特别是规划开发为居住、医疗、教育等性质用地。规划开发用地的建设期可能晚于轨道交通的施工期,但轨道交通建成后,再根据规划开发落实情况进行减振改造,较为困难,特别是在运营期间,投入资金较大,因此有必要在设计阶段将规划开发地块考虑周全。

对于特殊地段,如大跨度钢梁桥,距离岸边建筑区较远,一般环评不列入预测范围之内,但由于土建结构(桥梁)的特定属性,钢桥面受到的列车振动激励响应更加明显,二次结构噪声较为突出,大桥地段周边空旷,噪声传播距离较远,影响较大。因此,类似钢桥等特殊地段的减振降噪需求应得到重视。

其他特殊情况如划红线范围内的建筑物,是否能在工程开通之前顺利完成拆迁,如未能完成拆迁是否有必要设置减振降噪措施,诸如此类的情况应具有一定的预判和应对措施。

基于以上因素的影响,建议在设计过程中采取动态环评实时跟踪设计的模式,不断完善和优化减振降噪设计方案。随时跟踪各设计阶段线路平纵断面的调整、沿线规划条件的变化、振动敏感点的增减及特殊地段的需求等情况,按照环评报告设计原则及相关规范要求,分析线路与振动敏感点之间的变化,及时调整、完善减振方案。对于特殊地段,可开展专题研究讨论,进行专家评审咨询,来确定最优设计方案。尽快落实并稳定线路下穿规划红线地段的拆迁计划,并结合环评报告要求采取合理可行的轨道减振降噪措施。对于变化较大的地段,及时向建设单位提议,开展补充环评工作,进一步确定减振方案,为土建工程开展设计工作提供稳定条件。

3.2.3.2 开展预制轨道板一体化设计的建议

目前轨道交通道床施工技术最通用的是现浇轨排法,其施工精度受施工作业面及环境因素影响较大。后期运营中存在大量道床沉降变形、开裂破裂等较为普遍的病害现象,改造实施工程量巨大,对线路运营的影响较为突出,特别是道岔地段,是线路中的薄弱环节,对铺设精度要求更高。

开展预制轨道板一体化设计可从源头上解决问题,能够提高轨道交通工程的施工质量,便于运营后的养护维修,改造更换等。预制轨道板是采用标准化设计、工厂化预制、机械化铺设的一种单元板式无砟轨道结构,是在高速铁路板式轨道的基础上,研发适用于城市轨道交通的新型轨道结构形式,可分为预制道床板、预制浮置板及预制道岔板。

预制轨道板整体道床目前已在上海、广州、深圳、天津等多地有成功铺设的经验,工程应用效果良好。该结构形式能够满足列车运行安全性、平顺性、稳定性和美观性等要求,有利于控制轨道工程的施工质量,提高道床观感度,国内其他城市轨道交通新线中也在逐步推广使用。预制浮置板解决了现浇浮置板因道床钢筋密度大,混凝土浇捣不密实的问题,保证了轨道板的施工质量,充分发挥了浮置板道床的减振降噪性能。预制道岔板结构整体性好,铺设精度高,能够提升道岔的铺设质量,明显降低运营后道岔失表的风险,保障线路运营的可靠性及准点率。

但预制轨道板在施工工艺、技术方面也提出了较高的要求:在地下隧道较差的通视空间内,轨道板精调施工难度大,对施工要求较高;自密实混凝土性能指标受原材料品质、配合比、浇筑时周围环境影响因素较多,较普通混凝土施工难度大;预制板轨道对轨道结构高度要求较高,目前多应用于大盾构隧道或大断面隧道;投资造价比现浇普通道床高约 200 万元/km。目前,随着施工技术在施工装备、工艺方面的提升,施工效率得到提高,相应工程造价逐渐降低。预制轨道板成为目前城市轨道交通轨道工程发展的大趋势,建议在条件成熟的工程中考虑进行一体化设计与应用。

3.2.3.3 开通前进行钢轨预打磨的建议

钢轨预打磨是提高纵断面平顺程度、改善轮轨关系的重要养护维修方法。在新线开通前进行钢轨预打磨,可消除或减少钢轨生产及运输过程中产生的原始不平顺、轨头表面脱碳层、恢复钢轨横断面标准廓形或目标廓形等,延迟钢轨疲劳的发生时间。

为全面提高运营品质、有效延长钢轨使用寿命、减轻钢轨大修成本压力,开展科学的钢轨预打磨可实现优化轮轨接触关系,进而减缓轮轨磨耗、降低车体振动,延长钢轨使用寿命;有效消除运营前钢轨表面浮锈或损伤,尽量优化轮轨匹配关系,有效延迟钢轨初期疲劳,可同时检测轨面形位,提高验收的效率和工程初期精度。根据 2019 年 2 月交通运输部办公厅发布的〔2019〕17 号文《城市轨道交通初期运营前安全评估技术规范 第 1 部分:地铁和轻轨》相关要求,对城市轨道交通工程的轮轨关系进行动态测试与验收,相比原来静态验收标准更加严格,进行钢轨预打磨,提高轮轨接触关系,也有利于动态验收的顺利通过。

第4章 车站建筑

4.1 概述

重庆是我国国家级历史文化名城,四大直辖市之一。城市主城区历经多年发展形成了"一城五片,多中心组团式"的城市格局。在城市公共交通网络日趋完善的背景下,重庆主城区亟须一条串联城市各大功能组团的轨道交通线,将各区域之间的城市功能和客流联系紧密地结合起来。

环线是重庆主城区范围内一条重要的交通干线,以重庆西站为起点,顺时针方向依次衔接了沙坪坝、渝北、南岸和九龙坡区。全线共33座车站,其中地下车站28座、高架车站3座、地面车站2座,共与11条运营、在建和近期规划线路形成换乘关系。全线车站规模概况详见表4-1。

表4-1 环线车站规模概况表

序号	车站名称	车站类型	施工工法	车站主体规模	备注
1	重庆西站	地下三层双岛四线式	明挖	443.9 m×49.55 m	与5号线衔接,可跨线运营
2	上桥站	地下二层岛式	暗挖	206 m×21 m	—
3	凤鸣山站	地下二层岛式	明挖	226.5 m×20.2 m	—
4	重庆图书馆站	地下二层岛式	暗挖	209 m×21 m	马家岩停车场接轨站
5	天星桥站	地下二层岛式	暗挖,局部明挖	226 m×21.1 m	—
6	沙坪坝站	地下二层岛式	暗挖	179.2 m×25.4 m	—
7	沙正街站	地下二层岛式	暗挖	294.4 m×21 m	—
8	玉带山站	地下三层岛式	明挖	160 m×20.8 m	—
9	南桥寺站	地下四层叠岛	明挖	294 m×21.7 m	正线外侧设停车线
10	体育公园站	地下二层岛式	暗挖	305.5 m×22.6 m	—
11	冉家坝站	地下暗挖六层局部明挖七层侧式	暗挖	246.9 m×21.6 m	—
12	动步公园站	地下四层岛式	明挖	228.5 m×23.4 m	—
13	洪湖东路站	地下二层局部三层岛式	暗挖	616.5 m×22.6 m	站后设停车线

续 表

序号	车站名称	车站类型	施工工法	车站主体规模	备 注
14	民安大道站	地下三层叠岛	暗挖	242.6 m×25.8 m	与4号线衔接,可跨线运营
15	重庆北站站	地下五层明挖岛式	明挖	254.9 m×22.2 m	—
16	渝鲁站	地下二层岛式	明暗挖结合	613 m×23.6 m	站前正线间设停车线
17	五里店站	地下三层叠岛	明挖	240.2 m×24.2 m	与10号线衔接,可跨线运营
18	弹子石站	地下二层侧式	明挖	342.7 m×38.5 m	—
19	涂山站	地下二层双洞分离岛式	暗挖	426 m×(18.8 m+18.8 m)	正线外侧设停车线
20	仁济站	地下二层岛式	暗挖	268 m×21 m	涂山车辆段接轨站
21	上新街站	地下三层岛式	明挖	217.5 m×22.7 m	—
22	上浩站	地下四层岛式	明暗挖结合	218.5 m×(20.7~22)m	部分暗挖地下二层
23	海棠溪站	地上三层岛式	高架	161 m×20.7 m	—
24	罗家坝站	地上二层岛式	高架	162 m×20.6 m	四公里停车场接轨站
25	四公里站	地上三层岛式	高架,部分明挖	165.9 m×25.8 m	—
26	南湖站	地下二层岛式	暗挖	395.0 m×22 m	设联络线与10号线衔接
27	海峡路站	地下一层,地面一层,局部二层侧式	明挖	161.3 m×29 m	正线间设停车线
28	谢家湾站	地下一层,地面一层岛式	明挖	222.2 m×37.9 m	—
29	奥体中心站	地下二层岛式	明挖	300.7 m×24.3 m	—
30	陈家坪站	地下二层岛式	暗挖	209 m×21 m	—
31	彩云湖站	地下二层岛式	暗挖	220 m×21 m	—
32	二郎站	地下二层岛式	暗挖	590.4 m×21.8 m	站前正线间设停车线
33	华龙站	地下二层叠岛	明挖	435 m×22.3 m	车站正线外侧设停车线

环线作为重庆市中心的一条骨干轨道线,依次穿越重庆四大主城核心区,沿线各站点涵盖了包括地下、地面、高架,以及地下与高架结合等多种站型,配线种类较多,其车站整体的复杂程度和多样性在世界范围内实属罕见。

环线还与已运营和在建线路形成换乘关系。同时,随着重庆市第二轮、第三轮建设规划的推进及线网规划的完善,远期线路的规划和节点预留工作开始提上了日程,在这其中也包括多条与环线发生直接换乘的规划线,在后期建设过程中需针对既有车站进行相应的换乘改造工作。环线车站最新规划换乘统计见表4-2。

表 4-2 环线车站规划换乘统计表

序 号	车站名称	换乘线路	换乘方式
1	重庆西站	5 号线、12 号线	同台换乘
2	沙坪坝站	1 号线、9 号线	通道换乘
3	冉家坝站	5 号线、6 号线	十字换乘
4	民安大道站	4 号线	同台叠岛换乘
5	重庆北站	3 号线、10 号线	工字换乘
6	五里店站	6 号线、9 号线	同层叠岛换乘
7	弹子石站	18 号线延伸段	通道换乘
8	上新街站	6 号线	十字换乘
9	四公里站	3 号线	通道换乘
10	南湖站	10 号线	L 形换乘
11	谢家湾站	2 号线	通道换乘
12	奥体中心站	18 号线	通道换乘
13	二郎站	24 号线	通道换乘

4.2 设计原则

车站充分借鉴了国内外已建轨道交通线路的设计经验,并结合城市环线和重庆山城特点,本着"以人为本、经济适用、简约美观"的原则,为乘客提供舒适的乘车环境,体现出新世纪重庆市轨道交通设计的新理念和地方特色。

车站总体设计应符合重庆市城市总体规划和城市设计要求,同时因地制宜,与地面建筑环境相协调。针对每座车站周边区域的地下管线、工程地质、水文地质条件、地面建筑的拆迁,地下构筑物之间的关系等作综合考虑,减少施工时对地面交通及市民的影响。

车站规模应根据预测客流量、设备用房的布置进行控制,并根据车站所处位置的重要性及该地区远期发展规划等因素综合考虑确定。

车站出入口、风亭、垂直电梯、冷却塔等地面附属设施的布置应根据周边环境及城市规划要求进行合理设计,满足工艺、规划、消防、人防、环保和城市景观要求。

轨道交通车站设计应充分利用地上、地下空间进行综合开发,尽可能考虑与地下过街道、地下商场、物业开发建筑等进行结合或连接,整合城市资源,最大限度地增加轨道交通的辐射范围。

车站的防灾设计要满足《地铁设计规范》《建筑设计防火规范》等相关规定。除考虑车站自身的消防设计,还应注意出入口、风亭等地面建(构)筑物和相邻建筑的防火间距。同时车站考虑平战结合,满足按防护等级进行平战转换设计条件。车站出地面口部满足防洪要求,尤其应注意城市强降雨状态下,大坡度地形下的冲刷水对地下车站出入口和风亭口部的防护要求。

凡与远期规划线网相交的车站应根据换乘客流量及线路、站址等具体条件合理选择便捷的换乘方式;不能同步实施时,应预留接口条件。

车站的装修形式和风格既要满足车站功能使用,又要体现各车站的标识特征,尤其需要体现出地域文化特色;要广泛采用新工艺、新材料,满足防火、防潮、防霉、耐擦洗、便于维修等要求。

全线须统一考虑无障碍设计。车站应设无障碍电梯、无障碍专用卫生间及盲道等无障碍设施。无障碍电梯一般应设在付费区内,并靠近宽通道闸机,以便为更多的乘客提供服务。

车站内应具有良好的通风、照明、卫生等条件,积极采用新技术、新工艺、新材料、方便施工,减少干扰,降低成本。

车站设计注重节能与环保,尽量减小对周边环境的影响,考虑可持续发展,体现"绿色地铁"的设计理念。

结合重庆轨道交通在建线路及近远期规划线路的相关设计和建设标准,针对轨道交通进行深入研究,在提升其运营服务水平的同时形成地方性轨道交通设计标准和城市快线设计标准,为远期轨道交通网络化运营提供设计依据。

4.3 建筑设计特色及主要技术标准

4.3.1 建筑设计特色

环线作为山地城市轨道交通的骨干线路,需考虑与城市既有运营线路和规划线路之间的跨线运营模式,形成较多的联络线衔接以及主体叠岛站型。

环线因地制宜,结合线路埋深、周边地形,形成如双线叠岛站型、三线节点明暗挖结合站型、地面站厅地下站台等车站形式。

利用深埋暗挖断面的拱顶空间,在车站竖向空间内设置设备夹层,布置相应设备管理用房,提升空间利用率。

受山城地形影响,环线深埋暗挖车站数量较多,导致车站公共区至室外地面提升高度较高,由此形成多段式提升出入口通道。

环线串联了重庆主城四大核心组团区,不仅与既有和规划线路形成诸多换乘节点,同时与城市周边功能地块形成空间衔接,提升了环线对周边地块的客流吸引力。

环线经过重庆三大高铁枢纽(重庆西站、沙坪坝站、重庆北站)及两大公交枢纽(重庆北站公交枢纽、四公里交通枢纽),通过建立轨道交通与城市、城际长途交通模式的衔接,强化了环线作为轨道交通骨干线路地位和作用。

4.3.2 技术标准

4.3.2.1 建筑设计标准

1)站厅层

(1)地坪装修面至结构顶板底的净高:公共区≥5 500 mm(明挖车站)、≥7 500 mm(暗挖车站)。

(2)公共区地坪装修面至吊顶净高:明挖车站公共区≥4 000 mm、暗挖车站公共区≥6 000 mm、高架车站公共区≥3 300 mm。

(3)公共区地坪装修层厚度:130 mm。

(4)内部管理区走道净宽:单面布置房间≥1 500 mm、双面布置房间≥1 800 mm。

(5) 内部管理区走道净高：≥2 400 mm。

2) 站台层

(1) 装修后吊顶面至装修地面：地下站≥3 600 mm、高架站≥4 500 mm。

(2) 站台边缘到线路中心线：1 600 mm。

(3) 线路中心线到侧墙净距：2 250 mm。

(4) 站台装修面至站厅装修面：5 650 mm。

(5) 地下车站纵坡：0.2%。

(6) 地坪装修层厚度：80 mm。

(7) 轨道高度：560 mm。

3) 车站设施

(1) 自动扶梯。

① 两台相对布置的自动扶梯工作点之间净距：≥16 000 mm。

② 与步行楼梯相对应时扶梯工作点与楼梯第一级踏步的净距：≥12 000 mm。

③ 自动扶梯工作点至前方任何障碍物净距：≥8 000 mm。

④ 自动扶梯分段设置时，两扶梯扶手带端部之间距离：≥5 000 mm。

⑤ 自动扶梯踏步面至上部任何障碍物的最小高度：≥2 300 mm。

(2) 人行楼梯。

① 单向客流楼梯宽：≥1 800 mm。

② 双向客流楼梯宽：≥2 400 mm。

③ 与上下行扶梯并列设置的楼梯：≥1 200 mm。

④ 安全出口楼梯宽度：≥1 200 mm。

⑤ 车站内公共区楼梯每个梯段的踏步级数：3～18级。

⑥ 楼梯休息平台宽：1 200～1 500 mm。

⑦ 踏步高：乘客使用150～162 mm，工作人员使用150～175 mm。

⑧ 踏步宽：乘客使用280～300 mm，工作人员使用250～300 mm。

4) 出入口、风亭

(1) 独立修建的出入口，在统筹考虑其体量、建筑形式的同时，还应注意与城市环境相协调，建筑形式、位置应符合城市规划要求。

(2) 地下出入口通道力求短、直，需弯折的通道不宜超过三处，弯折角度宜大于90°。

(3) 出入口第一跑和最后一跑楼扶梯下端应设300 mm宽横截沟，横截沟应通过预埋套管与自动扶梯下的集水坑连通，靠近横截沟的通道地面和无障碍电梯口部地面应向截流沟找坡。

(4) 出入口通道长度＞60 m时，应采取排烟措施；＞100 m时，应设消防疏散口、排烟、降温等设施，满足消防要求。

(5) 地下车站出入口原则上应采用有盖出入口。

(6) 出入口装修后净宽度（且满足疏散宽度要求）：≥3 000 mm（地下站通道）。装修后净高（如通道长度大于60 m时需考虑机械排烟的高度）：≥2 500 mm（地下站通道）。纵向坡度：≤3%。

(7) 风亭应尽量设于道路红线以外，外界环境污染不超标、不影响交通，对附近居民不造成污染，且开阔、空气流通的地方；风亭通风口不得正对邻近建筑物的门窗，风亭进、排风口距邻近建筑物门窗直线距离应不小于10 m。

(8) 风亭与建筑物合建时,应考虑该建筑物开发时不致影响其功能;独立修建的地面风亭,应注意与周围环境协调,其建筑形式应符合本区域的统一要求。

(9) 风亭开口底部距地面高度小于 2 m 时,应在风亭周围设置不窄于 3 m 的绿篱;同时,其高度应满足防淹及安全的要求。

(10) 位于道路范围内的风亭应综合考虑规划、景观、交通等因素,必要时应设计为低矮敞口风亭形式。

5) 无障碍设计

每个车站从站厅到站台应设置无障碍电梯;至少一个出入口设无障碍设施,有条件的出入口可设坡道,无障碍通道坡度宜采用 1∶12。

在自动检票机附近应设一处能通过残疾人轮椅的专用检票口,其宽度不应小于 900 mm。此专用检票口可与工作人员通道口及付费区安全疏散栏杆门合用。

出入口、通道、楼梯、站厅及站台宜设地面盲人导向带,盲人导向带在车站内应设置完善,还应与车站外城市道路的市政盲道系统连通,其具体要求应符合现行无障碍设计的有关规范。

4.3.2.2 专业接口

轨道交通是一个复杂的系统工程,各专业、系统相互间关系错综复杂,总体与土建,土建与机电系统之间,土建与装修、导向标识之间等都存在大量接口关系。车站建筑接口衔接可以分为两类,一类是建筑与设备系统专业,另一类是建筑与土建专业。

(1) 建筑与设备系统专业。建筑设计最终的目标是满足使用功能需求。建筑专业在接收各专业工艺、功能、布局、房间面积等需求资料,综合分析和处理进行车站建筑局部设计。建筑专业除了满足各专业基本功能需求以外,还应从总体设计角度,对车站各区域按照功能划分,同时融合各专业功能,提升车站整体服务能力。

(2) 建筑与土建专业。主要为车站结构、区间、桥梁等专业。建筑专业应结合结构柱网的布局,进行建筑房间分割的再优化,在保证结构安全、合理的原则下,优化建筑方案。

4.4 特色车站方案设计

4.4.1 地下站

4.4.1.1 明挖特色站——南桥寺站

环线全线共有 13 座地下明挖车站,分布于四大核心城区。在第一轮建设规划既有明挖车站实践的基础上,结合重庆市轨道交通标准化设计需求,环线针对地下明挖车站站型、站内布置等进行了整体优化和提升。针对个别站点站址周边地形条件复杂,设计中实行综合考量,并进行整体优化。本节以南桥寺站为例,对环线明挖特色站点的空间布局特征做全面的介绍。

1) 整体规模

南桥寺站位于渝北区,现状盘溪路与武江路交叉口下方,沿盘溪路呈南北走向,如图 4-1 所示。站位周边地块以商业、医院设施用地为主,近期沿盘溪路东西向将规划建设上跨高架桥,沿武江路将规划建设下穿地道。

车站主体为地下四层明挖叠岛车站,西侧为停车线,车站主体规模为 294.0 m×20.9 m,有效站台

第 4 章 车站建筑

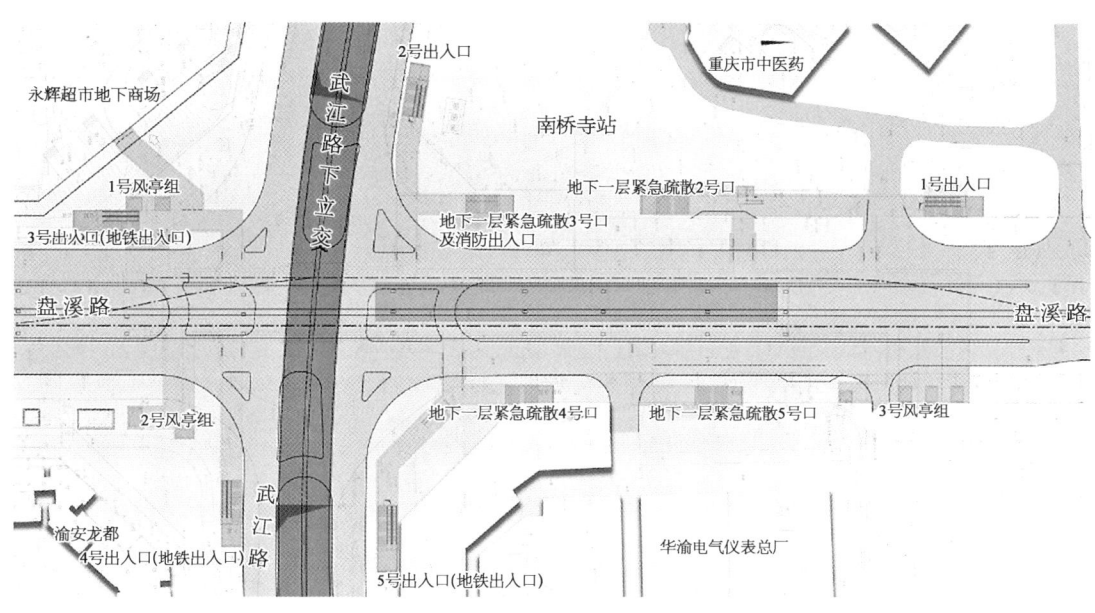

图 4-1 南桥寺站总平面图

规模为 140 m×13.2 m，为双柱三跨钢筋混凝土框架结构，其中上下行线分别布置于不同标高的站台层。

2) 公共区

地下一层为待开发空间，预留远期商业开发条件，南侧设 1 组楼扶梯与车站非付费区相联通，并在开口部位设置相应的防火分隔措施，如图 4-2 所示。

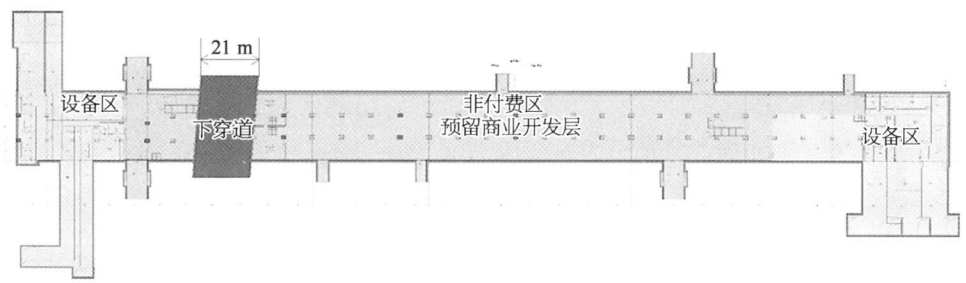

图 4-2 地下一层平面图

地下二层为站厅公共区，通过隔离栏杆划分为付费区和非付费区。中部付费区共设置 5 组楼扶梯沟通站台层，除中部为 1 部无障碍电梯和 1 组交叉型剪刀扶梯外，其余均为 2 部自动扶梯和 1 部人行楼梯的组合形式。付费区和非付费区之间采用中间进站、两侧出站的检票模式，靠近两侧楼扶梯洞口安全栏杆处布置自动售票机，同时在车站中央布置 1 处客服中心，如图 4-3 所示。

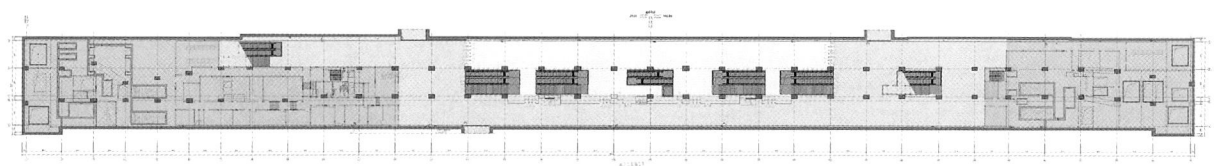

图 4-3 站厅层平面图

地下三、四层分别为环线上、下行线站台层，与两侧轨行区之间通过全高封闭式站台门形成空间分隔，上下站台层公共区两侧分别设 1 组楼扶梯与站厅公共区联通，在站台层中部设 1 部无障碍电梯和 2 组交叉布置的楼扶梯。其中，地下四层下行线站台的交叉楼扶梯与地下三层站台衔接，地下三层上行线站台的交叉扶梯分别与地下四层站台，以及地下二层站厅层衔接，如图 4-4 所示。

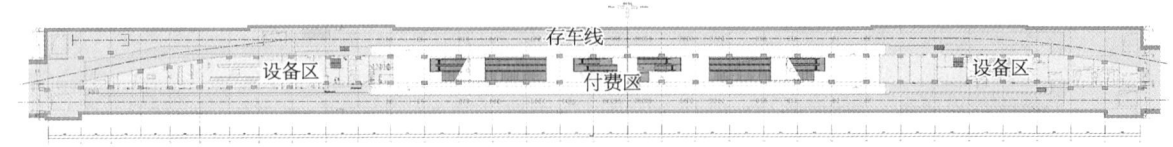

图 4-4 站台层平面图

车站为地下四层明挖车站，如图 4-5 所示。主体结构为双柱钢筋混凝土框架结构，预留层净高为 7.5 m，站厅装饰完成面至结构顶板净高为 6.52 m，至站厅层吊顶最低点为 4 m。上下行线站台层至站厅层提升净高分别为 6.13 m 和 13.13 m，上下行线站台层之间提升净高为 7.2 m。车站主体基坑埋深为 34.5 m。

3）设备区

南桥寺站设备区在地下一至四层均有相应布置，其中集中设备管理用房布置于地下二层站厅层南侧，包括车站控制室、站长室、警务室、票务室、更衣室、通信设备机房、环控电控室、配电间、气瓶间等车站管理用房；地下三、四层站台层集中端布置牵引混合变电所、屏蔽门设备室、配电间、气瓶间等设备用房。其余空间主要布置通风空调机房、配电间、环控电控室及区间通风机房等设备用房。

图 4-5 横剖面图

4）创新设计特色

（1）与市政设施合建。根据规划的武江路立交设计方案，武江路立交有上跨桥和下穿地道两个工程，如图 4-6 所示，其中武江路主线采用地道形式下穿盘溪路，盘溪路主线采用桥梁形式上跨武江路。

图 4-6 武江路立交立体效果图

盘溪路上跨桥为双向 4 车道规模,采用 8 跨连续钢箱梁结构形式,总长度约 320 m。上跨桥与车站叠层平行布置,共有 5 排 15 根桥墩柱落于车站顶板上,上跨立交桥桩通过车站顶部大梁将桥面荷载传递至车站结构柱。武江路下穿道部分暗埋段与环线南桥寺站十字重叠。为减少路面重复开挖、减少废弃工程量对周边环境影响,故考虑重叠部分与南桥寺站合建,且同步实施。

(2) 优化设计。根据环线行车组织要求,南桥寺站定为设置存车线的车站,结合线路在该段范围内的轨面埋深及环线车站同期建设的盘溪路上跨桥的建设计划,车站结构形式由初设阶段的暗挖形式调整为施工图阶段的整体明挖结构,为满足线路埋深,站台调整为上下布置的"叠岛实侧"模式;在结合线路越行模式的功能后,最终确定为站台西侧为存车线兼顾越行功能,东侧为正线的布置形式。在该模式下,根据线路的埋深,优化运营模式和配线设置,最终将主体长度优化为较经济合理的 294 m。

市政立交和轨道交通车站共建既能节约用地,节省投资,又能集约化利用地下空间,减少二次施工对环境的影响,符合"环保、绿色建造"的理念。车站设置停车线有利于运营,行车交路组织灵活,满足不同时段运营需求,提高运营效率,体现出新世纪重庆市轨道交通设计的创新理念和地方特色。

4.4.1.2 矿山法暗挖站——仁济站

环线全线共有 15 座暗挖车站,分布在环线沿线所经过的所有主城区组团。受重庆山城地形和线位影响,全线深埋暗挖车站轨面标高距地面不小于 25 m,结合重庆地质特征和区间工法,本次工程暗挖站采用大跨度曲墙拱形结构,并利用拱顶空间布置设备管理夹层。本节将以一期工程中的仁济站为例,对环线采用暗挖工法车站的特点和创新措施做全面系统的介绍。

1) 整体规模

仁济站原名莲花村站,位于南岸区现状莲花山山体下方,呈南北向布置,如图 4-7 所示,为地下二层暗挖岛式车站,车站站前设至涂山车辆段的出入场线,车站主体规模为 268 m×21 m,大里程端头局部扩大至 21.65 m,有效站台规模为 140 m×12 m。站位周边以规划居住用地为主。

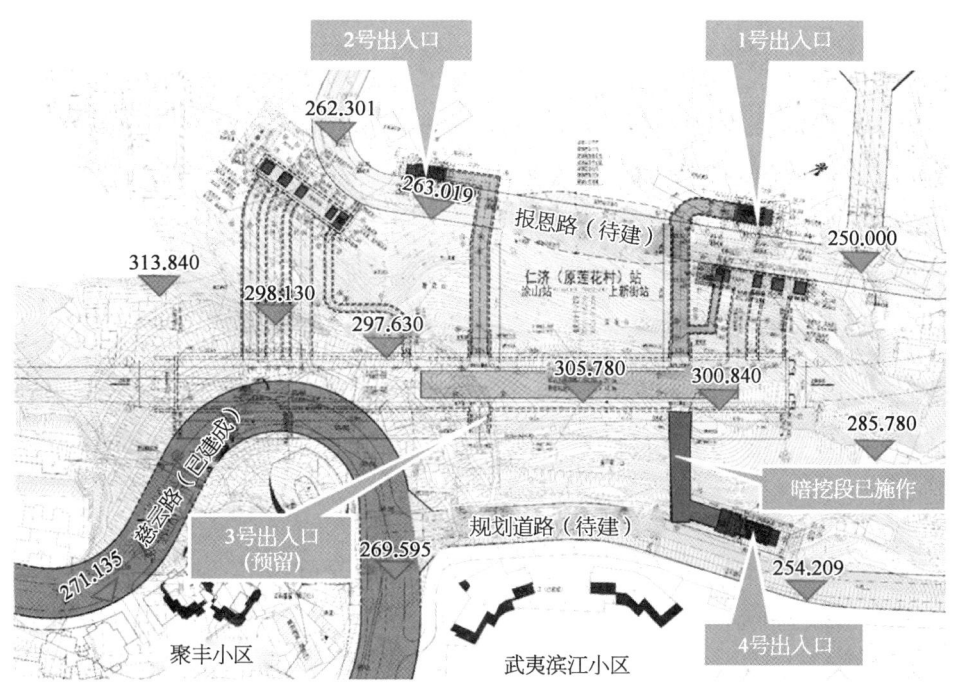

图 4-7 仁济站总平面图(单位:m)

2) 公共区

车站公共区包括站厅层与站台层公共区。地下一层为站厅层公共区,通过隔离栏杆划分为付费区和非付费区。中部为付费区,共设置3组楼扶梯沟通站台层,其中两侧为2部净宽1.75 m的上下行自动扶梯和1组直行楼梯,中央为2部剪刀型上行自动扶梯和1部无障碍观光电梯。车站采用中间进站、两侧出站的检票模式,靠近两侧楼扶梯洞口安全栏杆处布置自动售票机,同时在中心里程处布置1处客服中心。

地下二层为岛式站台层公共区,有效站台宽度为12 m,与两侧轨行区之间通过全高封闭式站台门形成空间分隔,中部设3组楼扶梯与站厅层形成交通联系,并在北侧有效站台端部布置一处公共卫生间。

车站为深埋暗挖车站,中心里程处轨面距现状地面约76.6 m。车站整体采用矿山法施工,主体结构顶面为单圆拱顶,从而使站厅层公共区形成了通透开敞的无柱空间,如图4-8所示。拱顶最高点至站厅地面完成面净高为9.3 m,拱侧离壁墙至地面不低于2.4 m。车站吊顶利用既有结构拱顶形成曲面控制线,最高点距地面7.6 m,最低点按不低于4 m控制。

站台层位于站厅层下层,完成面至中板板底净高为5.02 m,吊顶完成面距地坪为3.2 m。站厅站台提升高度为5.65 m。

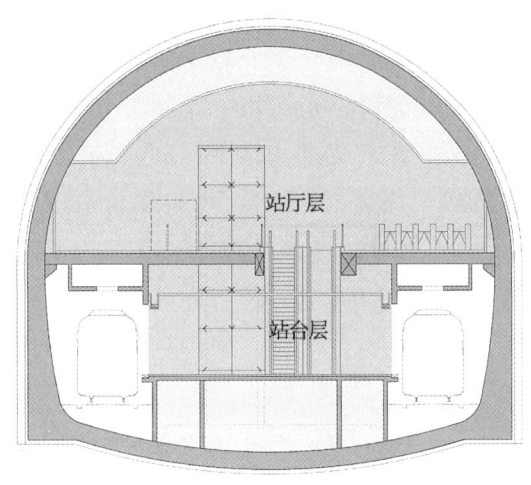

图4-8 公共区横剖面图

3) 设备区

仁济站设备区主要布置于站厅、站台层南北两端及北端站厅层上部的夹层区内,车站北侧为设备集中管理区,布置重要的强弱电、通风空调、给排水及牵混变电所。站厅层主要布置车站控制室、站长室、票务室、照明配电间、气瓶间、通信设备室、信号设备室、环控电控室等机电用房。

站台层在南北两端公共区范围外布置设备管理用房,北侧主要布置站台门控制室、污水泵房、配电间、牵引变电所、排热风室和废水泵房;南侧布置工务用房、道岔维修室、配电间、接触网开关柜室、排热风室和废水泵房等。

为充分利用本站拱顶的曲面空间,车站在北侧设备集中端上部增加了设备管理夹层,将车站部分站务管理功能布置于此,主要包括男女更衣室、交接班会议室、值班室等管理用房,以及配电间、气瓶间等设备用房,同时将大系统空调机房布置于该层,如图4-9所示。

图4-9 站厅上夹层设备区平面图

4) 创新特色设计

(1) 拱形空间利用。

该措施主要针对采用矿山法施工的地下暗挖站。站厅上夹层主要位于车站设备集中区一端,利用拱顶距地面 9.3 m 的富余空间开辟独立的功能空间,布置更衣室、交接班室、会议室、值班室、工务站房等管理用房,以及气瓶间、配电间、大系统空调机房等设备用房。上夹层装修完成面至拱顶和站厅完成面净高均为 4.65 m,通过一处消防楼梯间和一处沟通楼梯间与站厅层形成竖向沟通,如图 4-10 所示。

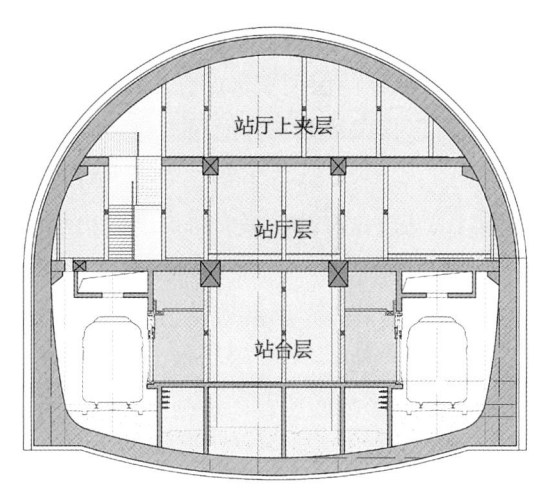

图 4-10 站厅上夹层剖面图(仁济站)

该种布局方式的最大特点在于有效缩短了车站主体的内净长度,地下两层的设备区较地下一层设备区增加了近 60% 的建筑使用面积,因此原本需要在纵向上平铺展开布置的房间改为上下层布置,从而缩短了车站长度,如图 4-11 所示。相比常规的暗挖二层车站,此种布局可缩短车站长度约 12 m。

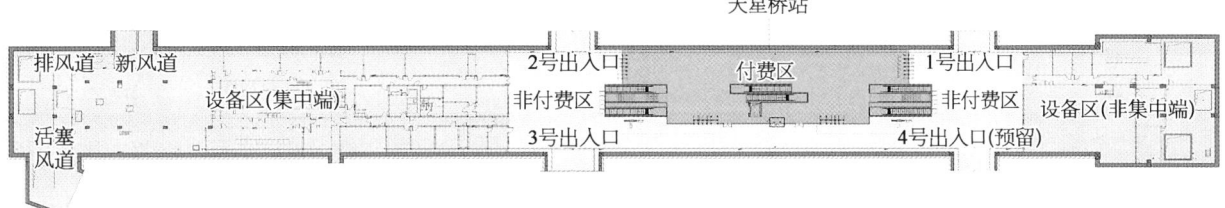

图 4-11 天星桥站站厅层平面图(常规地下二层暗挖车站案例)

同时,该种布局方式将车站内设备用房和管理用房的区域进行划分,针对存在大量区域管理用房的换乘站、中心站和有岔站时作用尤为明显,车站站务用房(司机休息室、轮乘室、中心会议室、维修工区用房等)可以集中布置于上夹层,不仅可简化设备管线的布置路径,同时提高了拱顶空间的使用效率,为类似断面的车站建筑设计提供了范例。

除拱顶空间的利用外,拱形暗挖车站另一个重要点便是拱侧空间的利用。站厅层公共区两侧 2.4 m 净高的离壁墙距拱侧墙壁 0.5 m 的空间相对于明挖车站而言不算夸张,但是站厅上夹层两侧 2.1 m 高度的离壁墙距离拱侧的距离基本不小于 2 m,由此产生了边角空间利用的考虑。仁济站上夹层两侧的空间主要敷设大系统风管,环控机房至车站出入口的冷冻供回水管。同时,为保证设备区走廊敷设管线后的最低净高要求,车站污水管、消防水池进水管、通气管等大管径水管均敷设至上夹层,从拱侧空间进入新排风道;同时靠近新风井的室外冷却塔接出的冷冻供回水管通过风道直接接入车站内冷冻机房,而水管至各出入口的冷冻支管经拱侧三角形空间直达站厅层公共区和出入口通道,所有冷冻管均不经过站厅层和上夹层的设备区走道。在设备区上部管线密集、空间紧张的情况下,这种综合管线布置方法为设备区节省了大量的管线综合空间,典型断面如图 4-12 所示。

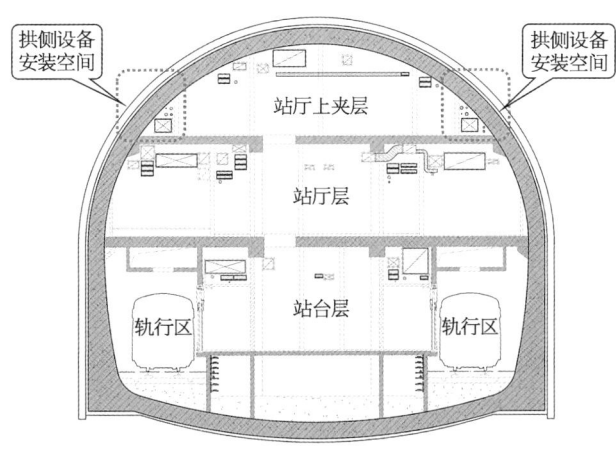

图 4-12 典型车站管线综合横断面

(2) 暗挖双层风道。

标准地下两层明挖车站在车站端头通常采用整体外挂附属大开挖方案,利用侧向外挂空间布置区间风道、新排风道及部分通风设备。但暗挖车站由于埋深过大,不宜采用整体大开挖方案,因此通常利用暗挖法实施风道,从车站主体接至路侧后,再通过明挖竖井设置敞口风井。环线暗挖车站在此原则的基础上更进一步,针对端头风道进行功能合并和工法优化,最终形成1处活塞风道和1处新排风道的组合形式。

以上桥站为例,活塞风道为地下二层结构,采用10.5 m净宽的标准拱形断面接入车站站厅层和站台层轨行区,地下一、二层分别为上下行线独立的机械风道。新排风道为地下二层结构,采用7.8 m净宽的标准拱形断面接入车站站厅层和站台层轨行区,其中地下一层为排风道和新风道,地下二层为集中排烟风道,如图4-13所示。

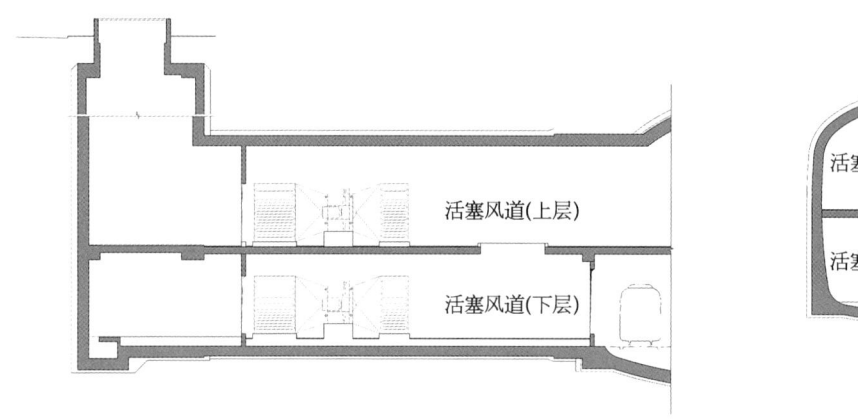

图4-13 上桥站双层风道示意图

该种布置模式最大的创新点在于集中排烟和大小系统排风的竖向分离。在标准地下二层明挖车站中,通常利用站台两端的排热风室,将轨顶集中排烟风道和轨底排热风道集中后向上集中至站厅层排风道内,并通过局部夹层板与站厅小系统排风道相分隔。而在环线暗挖车站模式中,由于列车采用再生能装置,取消了轨底排热风道,将排烟和排热集中于轨顶风道,通过在轨行区侧向开口,在站台层将集中排烟和排热风向外引出至排风井内。在暗挖断面工艺受限的前提下,环线暗挖站附属风道向下拓展功能空间,通过对不同性质风量采取的竖向出风措施,大大简化了车站环控机房的设备布置,提高了暗挖风道的空间利用率。

4.4.1.3 双拱暗挖车站——涂山站

环线涂山站位于南岸区,站址位于海弹路重庆医药研究所大门前的路面下方,呈西北—东南向设置。总平面图如图4-14所示。

车站在原有矿山法单拱暗挖车站的基础上,结合行车组织需求将车站整体站型优化为地下两层暗挖分离岛式(10 m+10 m)车站,有效站台长140 m,车站以配线段端墙内侧计,车站总长为426.022 m(含配线段)。双洞间开挖间距为19.7 m。涂山站横剖面如图4-15所示。

根据全线行车组织要求,涂山站考虑设两股存车线,兼顾越行功能需求,形成双岛四线的平面布置,有效站台规模为140 m×(10+10)m。由于本站轨面埋深较大,在综合比较整体明挖、单拱断面等方案的基础上,最终采用了双拱暗挖断面形式,并通过双拱之间的连接通道形成上下行公共区、设备区之间的客流交通、设备管线的工艺沟通联系,在减小施工风险的同时,优化了工程投资。

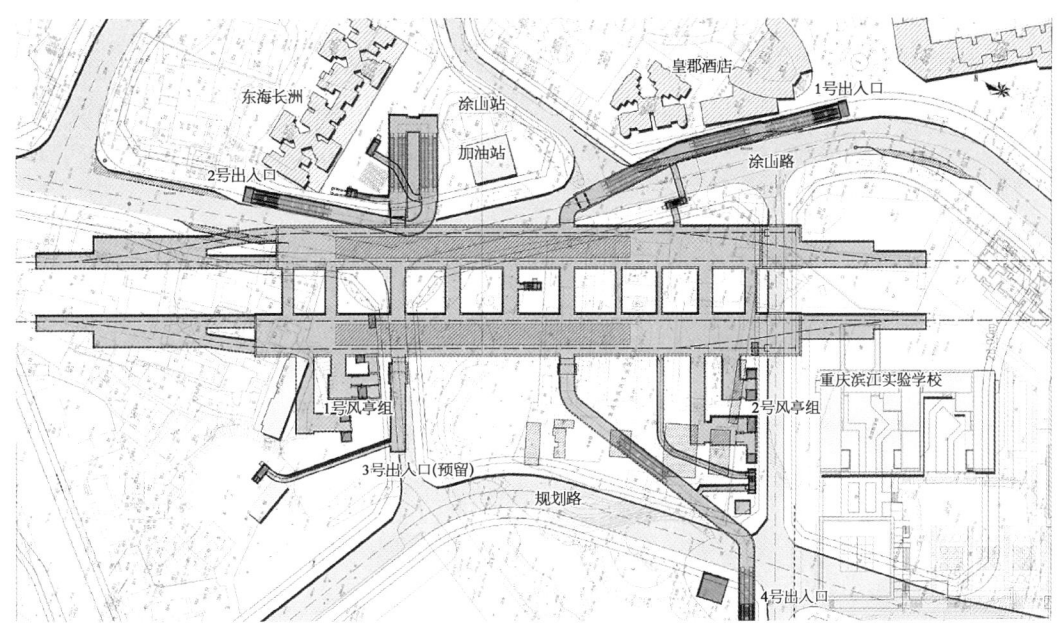

图 4‑14 涂山站总平面图

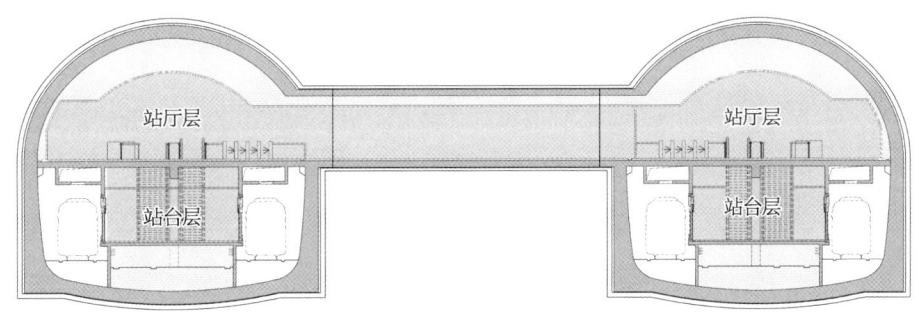

图 4‑15 涂山站横剖面图

4.4.1.4 明暗挖站型区别

深埋暗挖车站在目前国内各大城市还较为少见,主要由于大多数城市位于平原地区,地势起伏不大,在该地势条件下采用明挖法施工更为合理和经济。但重庆为山地城市,区域内道路坡度相对于平原城市更大,且存在较大的高程落差,在该条件下采用明挖法施工意味着更深的埋深和更大的工程开挖量,因此在环线的建设过程中,设计院准确地利用重庆优良的地质条件,大力推广和采用矿山法施工工法,形成全国特有的拱顶暗挖车站,完美地契合了重庆的城市功能和地形特色。

采用矿山法暗挖站型相对于重庆城市具有特殊的优势和意义,同时对于其余城市轨道交通建设具有一定的参考价值,但各地仍应结合各自站内的地质、水文和环境条件进行合理选型,其原因在于暗挖法车站与常见的明挖法车站在工程施工、空间和整体规模上具有较大的区别。明暗挖车站优缺点对比见表 4‑3。

表 4-3 明暗挖车站优缺点对比表

车站类型	明挖车站	暗挖车站
主体工法	整体基坑开挖,两端设区间盾构工作井,采用盾构吊装的形式运送盾构机始发、过站、掉头或出站	整体采用钻爆暗挖法,两端不设区间盾构工作井,采用施工通道形式始发、过站、掉头或出站
主体规模	6A编组12 m站台前提下,降变车站为205 m×19.7 m,牵变车站为214 m×19.7 m	6A编组12 m站台前提下,降变车站为205 m×21 m,牵变车站为214 m×21 m
结构主体	车站顶、底、中板均含结构纵梁,可根据内部管线和市政设施进行上下翻处理	车站中板含结构纵梁,顶、底板采用拱形结构进行承重,取消了顶底板的纵梁
断面变化	整体开挖,分段实施,主体局部侧墙和结构顶、底断面可根据道岔、轨行区设备、市政管线等限制因素进行调整	整体暗挖,侧墙和顶底板的变化将引起模板台车的外轮廓调整,因此暗挖车站宜采取1～2种标准模板断面进行施工
覆土埋深	3～5 m	≥10 m
出入口通道	采用整体开挖的明挖法施工,埋深较浅,多采用一步提升至室外地面,且大多数与车站端头风道合并设置	含明暗挖工法,先通过矿山法暗挖施工至对应土层标高,再转为明挖法与室外地面相衔接。其中暗挖段断面受制于矿山法工法,不应频繁调整
附属风道	采用整体明挖法施工,活塞风道和新排风道为整体结合布置,并可结合内部设备布置、功能需求和道路红线做较为灵活的转折、断面扩缩等变化处理	含明暗挖工法,其中风道段采用暗挖法,风道外墙衬砌之间需保证安全净距,导致无法结合布置。出地面竖井采用整体明挖法,易产生一定面积的空腔
市政管线和交通导改	车站主体和附属建设需开挖基坑,施工期间相应道路区域的市政管线应采取临时搬迁或永久改迁工作,同时对道路进行交通导改、翻交等工作	车站整体埋深较深,且主体施工采用施工通道进入,无须开挖现状路面,因此对既有城市道路和市政管线无影响,管线搬迁和道路翻交工程量较小
施工工期	通过交通疏解可长时间占用道路,且具备管线改迁条件时,明挖法施工工期为18～20个月	暗挖法可避免占用道路和管线改迁工作,但施工通道占用工期较长,总工期为22～24个月
工程投资	重庆地质条件较好,明挖基坑支护结构较简单,同等主体规模下暗挖工法车站土建费用较明挖工法车站高出20%～30%	

4.4.1.5 地下站设计特色

环线暗挖标准站在上一轮规划线路暗挖站既有断面的基础上优化拱形断面尺寸,同时利用拱顶曲面空间形成了环线特有的站厅上夹层设备区空间。

明挖标准站与重庆市既有明挖车站建筑设计保持了一致性,同时在上一轮规划线路车站的基础上进行了功能优化和提升,主要在以下两个方面进行了设计优化和功能提升。

1) 公共区楼扶梯

由于重庆轨道交通早晚高峰客流集聚现象较为显著,早晚高峰客流量占全日客流量比例超25%,且受沿线用地和行车模式影响,地下站台层空间较为封闭,容易产生双向列车到站后公共区客流集聚现象。为提高站厅站台客流运行能力和疏散能力,改善上一轮规划线路车站公共区楼扶梯布置不相统一的现象,在环线以及新一轮规划线路中,针对付费区垂直交通布置方案进行了调整,将两端垂直交通布置改为2部上行自动扶梯和1部人行楼梯的组合形式,将中部垂直交通组合形式调整为1部无障碍电梯和2部上行自动扶梯。

剪刀型交叉扶梯为本次环线车站针对公共区客流通行能力提升的一次创新,普遍应用于地下明暗挖车站。本次环线采用As车辆,标准地下站站台采用140 m×12 m岛式站型。结合站台公共区内单柱双跨的结构体系,车站在付费区内布置3组楼扶梯,其中两侧为2部上下行自动扶梯和1部人行楼梯,中部布置 2 部交叉错位布置的剪刀型上行扶梯(扶梯宽 1 m)和 1 部无障碍电梯,如图 4-16 所示,现场实景如图 4-17 所示。

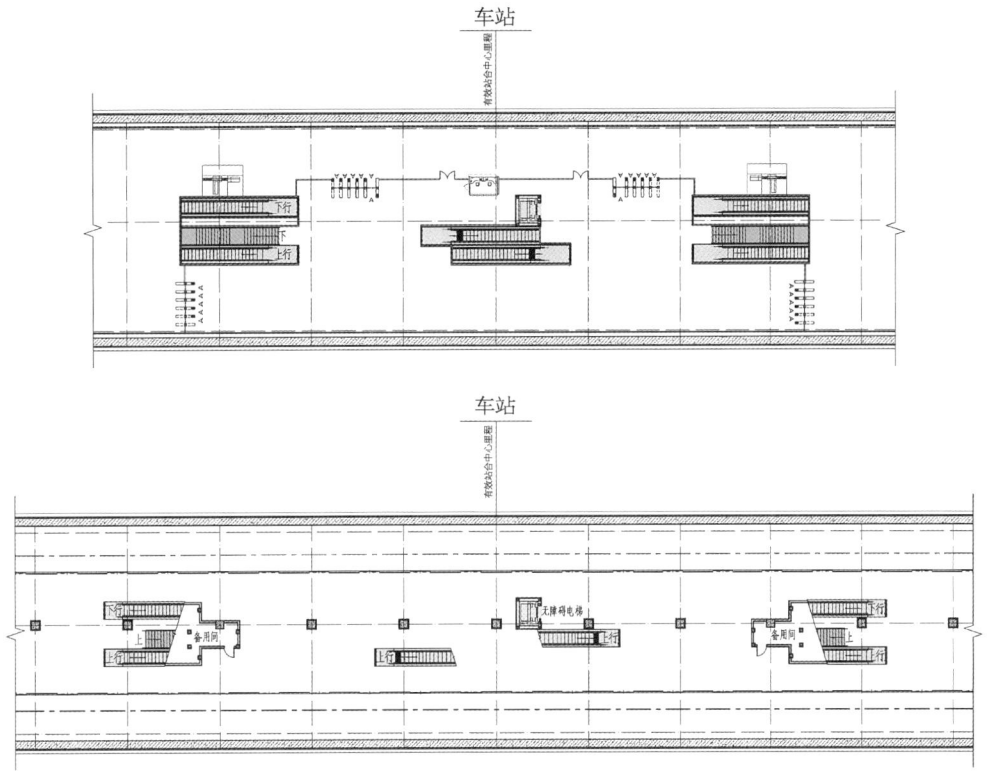

图 4-16　公共区剪刀扶梯布置图

图 4-17　公共区剪刀扶梯实景

该种布置形式主要的特点在于中部垂直电梯与剪刀型扶梯的组合形式,与现阶段地下单柱车站公共区常见的布置方案(T 形楼梯+电梯、1 扶+1 楼+电梯)相比,剪刀型扶梯的布置具有以下两大优势。

(1) 针对上下行客流的服务水平更高。正常运营情况下,在提升高度相同的条件下,乘客多倾向于乘坐自动扶梯。该方案中公共区内自动扶梯,尤其是增加上行自动扶梯更有助于站台层客流的疏解,有利于双向列车同时到站的情况下站台聚集客流向站厅的快速输送。同时,站台在站台门有效长度范围内较为均匀地分布有 4 组垂直交通的快速联系通道,客流疏解更为均衡。

（2）相同时间下公共区疏散能力更大。与 T 形楼梯的方案相比，2 部自动扶梯的组合方案优势在于更强的客流运送能力。根据规范数据，标准 1 m 净宽自动扶梯的运送能力为 8 190 人/h，1 m 净宽人行楼梯通行能力为 3 700 人/h，通行净宽按疏散客流每股净宽 0.55 m 计算，标准 1 组用于疏散的上行扶梯疏散能力略大于 2.2 m 净宽的人行楼梯的疏散能力，因此在保证站台公共区疏散半径的前提下，增加上行扶梯的数量有利于火灾工况下站台层疏散能力的提升。

车站楼扶梯通行能力的提升主要指日常运营阶段的通行能力和紧急工况下的疏散能力，以该两项数据为标准，在付费区两端楼扶梯布置相同的前提下，将环线公共区剪刀型扶梯方案和其余城市轨道交通地下站公共区中部的楼扶梯方案进行了对比，公共区楼扶梯布置方案和疏散能力对比见表 4-4。

表 4-4 公共区楼扶梯布置方案和疏散能力对比

方　案	方案一：T 形楼梯（2.2 m 净宽）+电梯	方案二：人行楼梯（1.8 m 净宽）+1 组上行扶梯+电梯	方案三：2 组上行扶梯+电梯
通行能力	14 080 人/h	13 470 人/h	16 380 人/h
疏散能力	16 280 人/h	14 295 人/h	16 380 人/h

根据数据比选可知，采用剪刀型交叉扶梯布置方案的车站，其公共区客流输送能力和消防疏散能力均为最大。考虑到环线是重庆市中心重要的轨道交通干线，因此采用该种布置方案，可以有效提升车站的运营服务水平。

2）公共卫生间

根据环线设计标准，增加了公共区卫生间男女厕位数量，同时对无障碍卫生间的布置进行了固化，提升了服务水准。

第一轮建设规划线路中，针对轨道交通站内卫生间布置尚无明确的标准规定，因此各车站卫生间布置呈现多样化特征，卫生间布置于站厅、站台、付费区与非付费区，乃至站内无卫生间布置的情况多有存在。环线作为第二轮建设规划的重点线路和最早开工工程，在研究全国各地轨道交通客流分布及公共卫生间设计方案的基础上，从人性化角度出发，结合使用频率、效率等多方面因素综合考量，形成了重庆本地轨道交通卫生间标准化设计。

环线地下站标准卫生间布置于站台层公共区，靠近设备集中端一侧，并结合污水泵房布置。男女卫生间入口位于一侧。男女卫生间空间内各布置两处洗手盆，与坑位之间利用半高墙形成空间视觉分隔，保护了乘客隐私。女卫生间内布置 5 处蹲坑，男卫生间布置 3 处蹲坑、4 处小便池。无障碍卫生间及其入口错开男女卫生间进出口路径布置，形成了路径分离，同时内部设无障碍洗手盆、无障碍坐便器及多功能台，布置如图 4-18 所示。

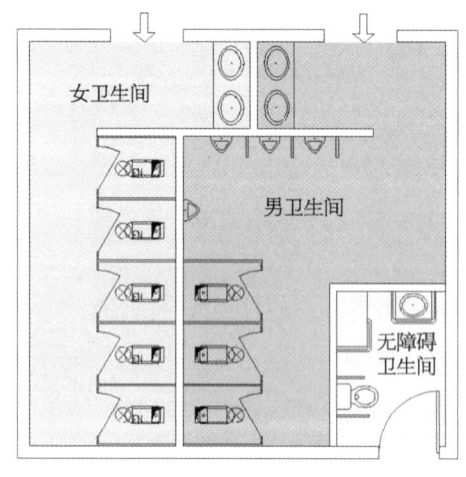

图 4-18 公共卫生间标准布置图

4.4.2 地面及高架站

环线全线共有 5 座地上站，且 5 座站型不尽相同，其中海棠溪站为路侧高架站；海峡路站和谢家湾站为路侧地面二层,局部地下一层站型,其中谢家湾站与既有2号线形成通道换乘;罗家坝站为标准路中高架岛式站;四公里站为路中半地下半高架站型,并与既有3号线形成通道换乘。本节将针对环线高架特色站的设计作全面系统的介绍。

4.4.2.1 路侧高架站——海棠溪站

1) 车站概况

海棠溪站为路侧高架岛式站。车站位于四海支路与四海路交叉口,沿四海支路东侧南北向布置,为三层岛式路侧高架车站,整体规模为161.0 m×20.7 m,有效站台规模为140 m×12 m。车站周围为南岸区青少年活动中心及配套设施以及和记黄埔地产杨家山项目(一期)基地,海棠溪站总平面如图4-19所示。

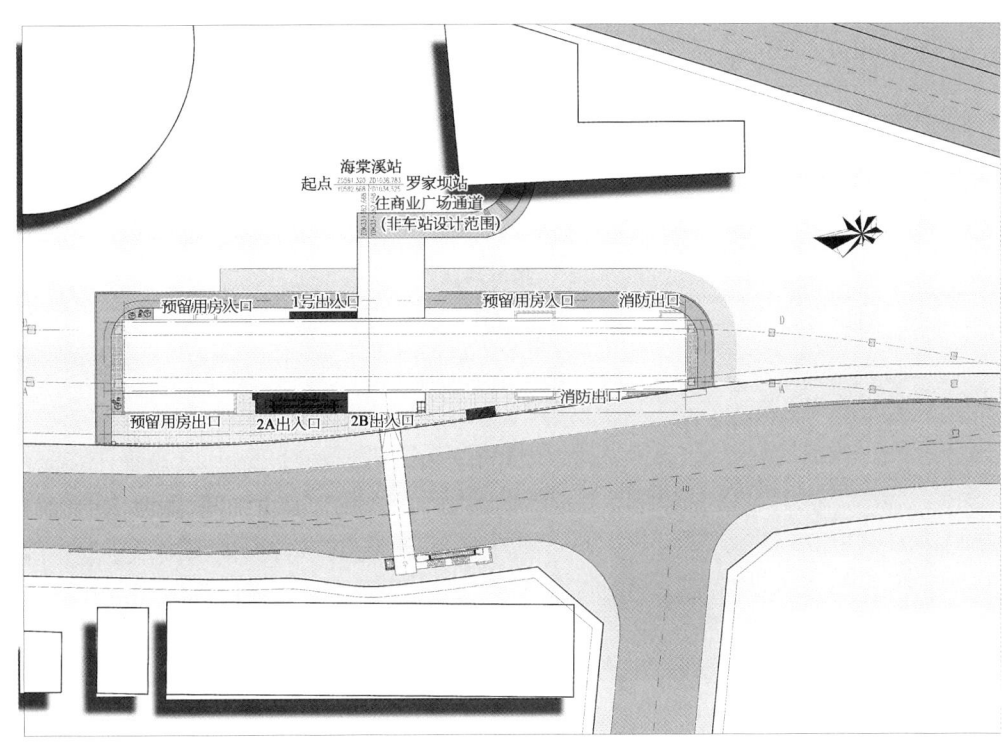

图4-19 海棠溪站总平面图

2) 公共区

地面一层为预留层,仅设置车站出入口、消防泵房和水池等车站相关配套设施,其余区域均为预留空间,并预留相应的设备接口条件。预留层与车站站厅层之间通过西侧的2号出入口和1部无障碍电梯形成客流联系。

地面二层为站厅层。中部非付费区设置2组自动售票机和1处客服中心;北侧付费区设置1组上下行自动扶梯、人行楼梯组合梯,1部无障碍电梯;南侧付费区设置1组上下行自动扶梯和1组上下行自动扶梯、人行楼梯组合梯,沟通站厅站台层。同时,站厅北侧付费区设置1处公共卫生间,站厅平面如图4-20所示。

地面三层为站台层,公共区与两侧轨行区之间通过半封闭式站台门形成空间分隔,站台宽度为12 m,有效长度为140 m,公共区设3组楼扶梯和1部垂直电梯与站厅层形成交通联系,站台层平面如图4-21所示。

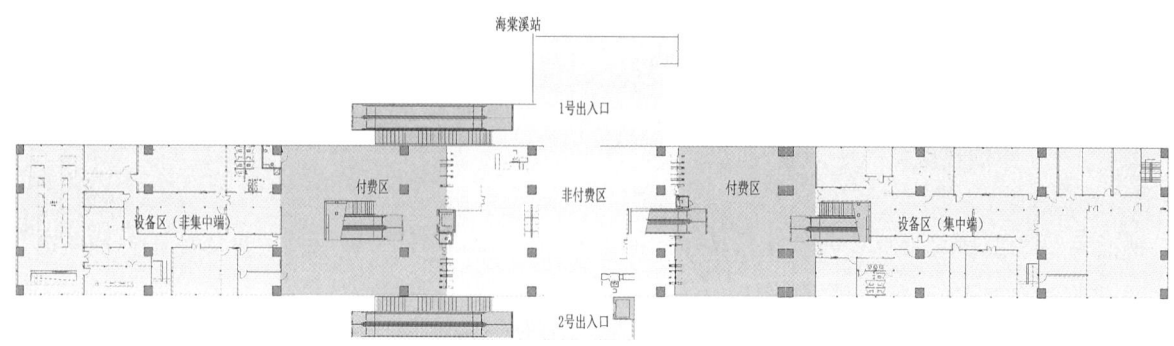

图 4-20 站厅层平面图

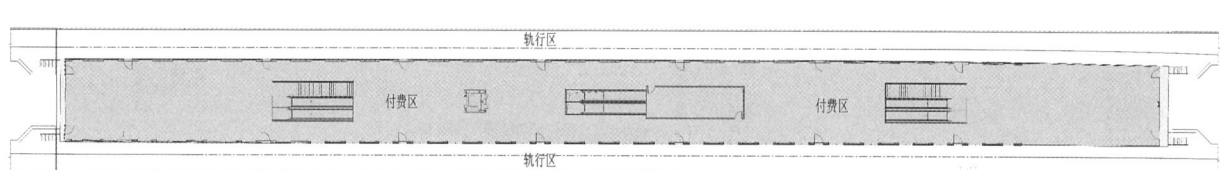

图 4-21 站台层平面图

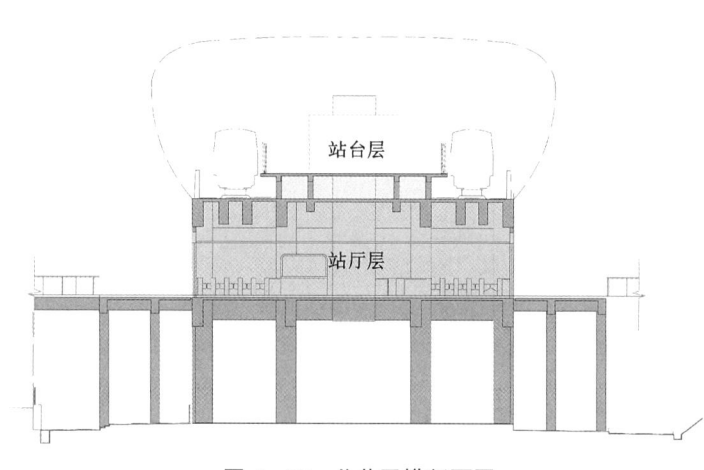

图 4-22 公共区横剖面图

车站为路侧三层岛式高架车站,中心里程处轨面距现状地面 15.09 m,车站总宽度为 20.6 m,总高度为 22.8 m。地面一层为预留层,净高为 6.03 m,地面层东西两侧均设有硬质铺地广场,因四海支路北低南高,西广场南端设有楼梯上至四海支路。地面二层站厅层公共区完成面至中板板底净高约为 4.3 m,吊顶下净高为 3.3 m。地面三层站台层采用敞开式无吊顶形式,屋面采用轻型钢结构体系。车站整体为建桥合一的双柱三跨框架体系,公共区横剖面如图 4-22 所示。

3) 设备区

海棠溪站设备区主要布置于站厅层南北两侧。车站南侧的设备管理用房主要有车站控制室、站长室、综合监控设备室、AFC 票务室、站台门控制室、通信设备机房、配电间、交接班、更衣室、卫生间、通风机房、通信电缆间等房间,并设置 1 处消防楼梯直通地面。车站北侧的设备管理用房包括车站变电所、通风机房、配电室、清扫间、公安派出所、警务室及公共卫生间等,并设置 1 处消防楼梯直通车站外。

4) 创新特色设计

(1) 建桥合一的结构体系。

环线高架站均采用建桥合一的结构体系,避免了建桥分离体系下桥梁结构与框架结构之间衔接面接口处理等问题,同时还具备降低车站总高、减少站内立柱和梁的数量、简化车站结构体系、改善乘车环境等工程优势。

(2) 空间利用的高度。

海棠溪站站址场坪与城市道路面之间存在着一定的高差起伏的关系，车站位于路侧山体边坡开挖范围内，受线路轨面高程影响，站厅层位于地面二层，地面一层结合用地规划和路侧交通接驳设施布置公共交通中转空间，并预留远期开发空间。

本站地势北低南高，坡度明显，故利用独有的"山城"地貌，将本站打造成地上三层岛式路侧高架车站。地面一层为敞开式大空间，通过西侧四海支路的过街天桥和东侧预留的和记黄埔商业广场通道，将车站周边零散的商业地块串联起来，打造成组团式的区域中心，提高其商业价值。

同时，为节省轨道交通建设用地规模，海棠溪站设备管理用房尽可能利用车站长度，在车站内部解决各类机电设备和站务管理用房的功能布置。

4.4.2.2 路侧地面站——海峡路站

1) 车站概况

海峡路站位于南岸区南城西路海峡路交叉口东南侧地块，沿海峡路东西向布置，为地下一层、地面二层的路侧侧式车站。地下车站部分整体规模为 160.0 m×27.8 m（内净），地面车站部分整体规模为 161.3 m×29.0 m。车站东北侧为嘉本花园小区，西北侧为金色欢童幼儿园，南侧为天盈首原小区，海峡路站总平面如图 4-23 所示。

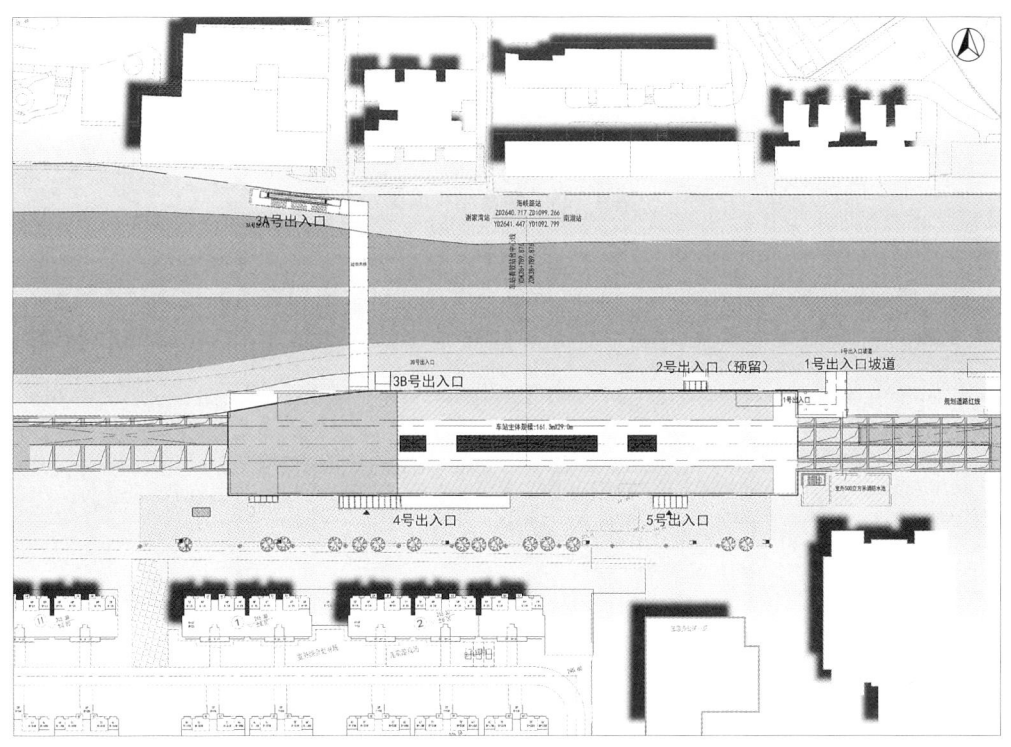

图 4-23 海峡路站总平面图

2) 公共区

地面一层为站厅层，中部公共区由栏杆与检票机划分为付费区与两侧非付费区。付费区靠外墙两侧各设置 2 组楼扶梯、1 组上下行自动扶梯及 1 部无障碍电梯沟通站厅站台层。在付费区东、西两侧各设置 1 个客服中心，同时在站厅层非付费区东侧设置 1 处公共卫生间，站厅层平面如图 4-24 所示。

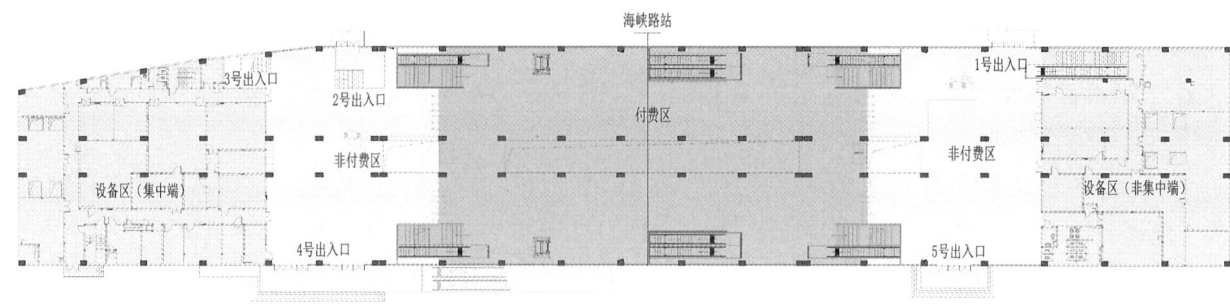

图 4-24 站厅层平面图

地下一层为站台层,公共区与轨行区之间通过半封闭式站台门形成空间分隔。单侧站台宽度 7.5 m,有效长度为 140 m;在站台公共区范围内共设 6 组楼扶梯、1 部垂直电梯与站厅层形成交通联系,如图 4-25 所示。

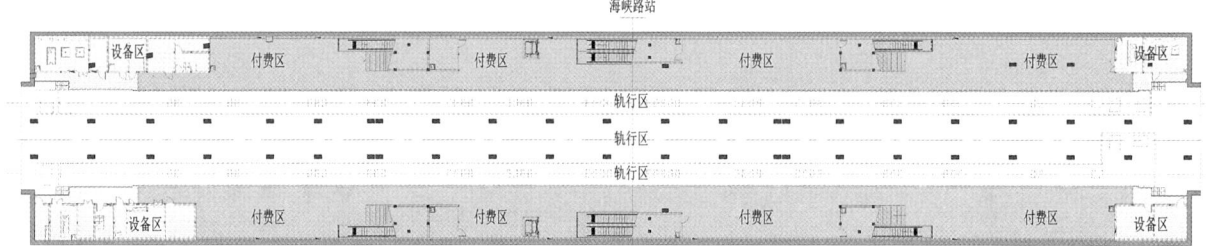

图 4-25 站台层平面图

车站中心里程处轨面距现状地面 6.4 m,车站总宽度 29.0 m,地面建筑高度为 14.84 m。地面二层为屋面广场,西侧局部布置设备用房,净高 5.0 m。地面一层站厅层净高 4.9 m,吊顶下净高为 3.6 m,同时中部设 3 处采光天井,通过引入自然光形成通透明亮的公共空间。地下一层站台层完成面净高度 4.85 m,吊顶下净高为 3.6 m,公共区横剖面如图 4-26 所示。

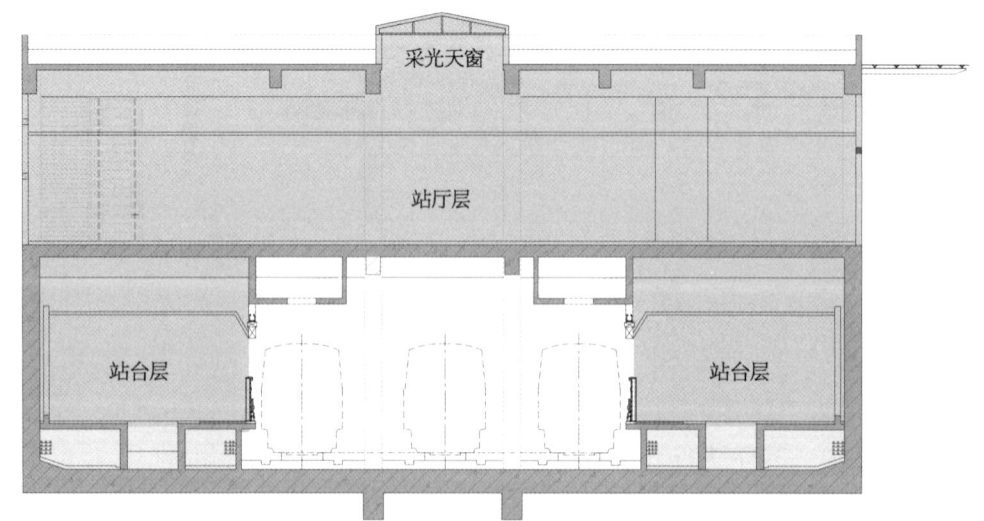

图 4-26 公共区横剖面图

4.5 防灾设计

轨道交通防灾设计主要包括消防、防淹、抗震和人民防空等内容。针对环线车站,由于全线站位埋深普遍较深,且站型和结构形式不同于常见的明挖站型,因此在消防、防淹等方面做出了环线特有的设计处理(抗震处理详见后续章节)。

4.5.1 特殊消防设计

4.5.1.1 暗挖车站站厅上夹层

设置站厅上夹层是环线暗挖车站重要的创新点,利用结构拱顶的富余空间设置了独立的管理用房区域,将车站设备和管理两大功能区域进行了区分。就防火分隔和消防疏散而言,该层划分为独立的防火分区,面积按不大于 1 500 m² 控制,与公共区和下部站厅层之间应以耐火极限不小于 3 h 的防火墙和不小于 1.5 h 的楼板予以分隔。该分区内共设置两处疏散口,其中一处通过防烟前室接入车站设备集中端的消防走道,并最终通过消防楼梯间到达室外地面;另一处接入站厅层与上夹层之间的沟通楼梯间,最终达到相邻的站厅层防火分区。

4.5.1.2 长通道深埋出入口

环线工程存在较多数量的深埋暗挖车站,随着埋深的加深,出入口提升高度和长度也随之增加。对照规范进行环线出入口的梳理,全线的暗挖车站中出入口埋深最深的为民安大道 4 号出入口,距地面高度达 54.5 m;通道长度最长的为上桥站 1 号出入口,从站厅层口部至出入口尾部直线段长度为 251.3 m。因深埋暗挖车站所形成的出入口通道通常具有"长""深"两大特点。针对该两大特点,消防设计中采用以下对策。

1) 针对"长"

为消除长通道带来的走行距离过长等不利因素,通过增设自动人行步道的措施,有效地提高乘客在长距离通道行走过程中的感官体验品质,为乘客提供了短暂的休憩时间,同时还提高了长通道内的空间利用率。消防上严格按《地铁设计规范》中的条文内容设置防火分隔措施和消防疏散路径。在出入口通道内设置安全疏散通道,保证通道内任意一点至疏散通道的距离不大于 50 m。疏散通道在端部设置 1 处防烟前室和 1 处防烟楼梯间,并根据排烟和通风需求增设排烟井道和正压送风道。当出入口长度超过 200 m 甚至更长时,依照此原则增设相应的消防疏散口,实景如图 4-27 所示。

2) 针对"深"

为降低车站埋深带来的提升距离过长、提升段过多的不利影响,采用增加无障碍电梯布点的形式,减少乘客在长深通道内的走行时间。消防上针对独立的无障碍电梯出地面布置,通常采用"多部电梯+疏散楼梯间"的组合形式,利用疏散楼梯间作为紧急工况下公共区乘客的疏散点,兼具电梯安全平台功能,既保证了日常使用频率和无障碍通行需求,也满足了消防疏散需求,实景如图 4-28 所示。

4.5.2 防淹设计

车站防淹设计主要包括出入口地面平台和风亭口部的防涝设计。其中,出入口地面平台按照高出

图 4-27 长通道内的自动步道（上桥站）

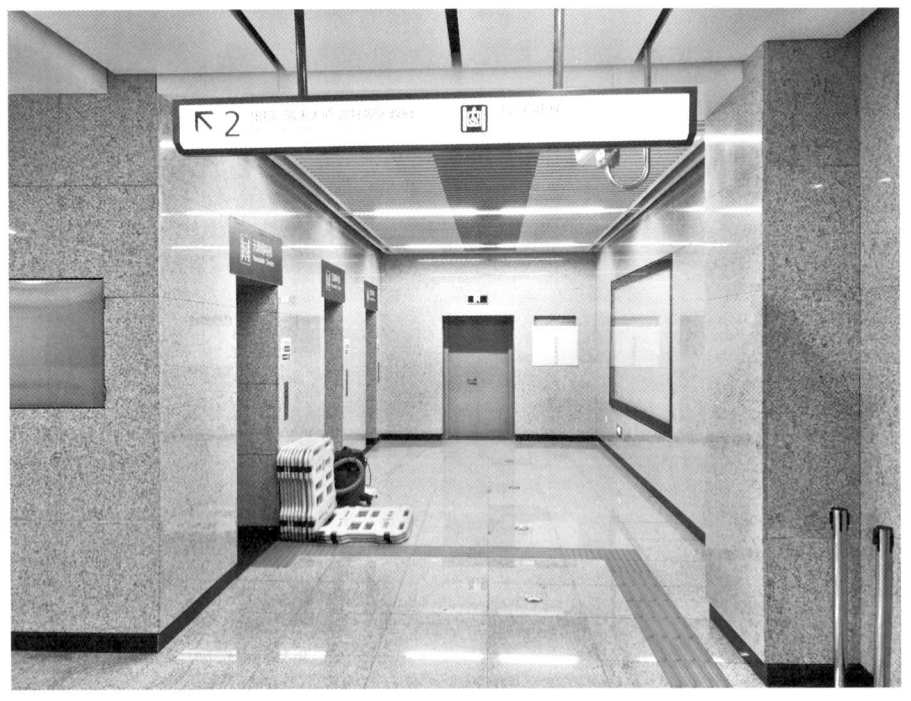

图 4-28 "电梯＋疏散楼梯间"（天星桥站）

室外地面不少于 3 级台阶的高度，同时口部周边路面按往道路方向放坡的原则设计，并在地面平台两侧挡墙预留防淹闸槽。风亭口部按不低于室外地面 2 m 控制，在敞口段底部设置集水泵。若风亭周边含不小于 3 m 净宽的绿化隔离带，则风亭口部按不低于地面 1.2 m 控制。

4.6 绿色节能设计

随着我国绿色发展战略的技术升级和绿色发展理念的深入人心,"绿色"已经不局限于节能减排,而是涵盖了环境健康、安全耐久、资源节约、施工管理、运维服务等五大类指标的综合概念,全方位诠释"美好生活、快捷生活、绿色生活"的内涵。环线工程的绿色节能设计主要体现在车辆选型、环保施工、预制装配和材料选用等方面。

1) 绿色车辆

环线采用具有较强爬坡能力的 As 车辆。对于内装等部件使用的非金属材料,需对环保性能进行严格管控,同时加强对部件挥发性有机物(VOC)释放量的管控,提高部件环保性能。车辆采用轻量化技术,降低自重,可有效降低列车牵引能耗。使用再生制动能量回收装置,合理设置中压供电网络接线形式,既减少系统电缆的长度,也可以减少开关设备数量,降低设备和线路损耗。

2) 绿色施工

区间暗挖隧道机械化施工方案:为减小轨道交通穿越城市核心区钻爆法施工对周边环境的影响,提高施工效率,在具备复合式盾构始发及接收条件的地下区间隧道应优先选择复合式盾构法施工,无始发及接收场地区间隧道采用钻爆法施工。

3) 绿色空间

在绿色轨道交通的实践过程中,营造车站绿色节能空间是重要的环节。通过营造车站节能环境,从而减少设备能耗。环线车站公共空间内绿色空间主要在高架站中得以体现,包括利用车站屋面与城市道路的高差形成的交通绿化广场(海峡路站),借助车站顶部屋面广场在公共区设置采光天井(海峡路站、谢家湾站),公共区采用开敞通风、自然排烟等措施,既完善轨道交通与城市交通接驳,同时往车站内引入自然光,补偿绿化率,并改善了小范围生态环境。地下站绿色空间主要集中于地面出入口和风亭,通过减小地面建筑体量,拉开两两之间的距离,从而使得地面附属建筑与城市道路、地块环境之间形成和谐的尺度关系。

4) 绿色材料

车站材料的选取本着节能环保、就地取材、因地制宜的原则,在进行站点内装修和外立面设计过程中采用突出重庆本地特色的材料,撷取城市特有的历史文化肌理元素和符号,结合整体装修效果,产生低耗、高效的绿色设计成果。

5) 绿色运维

通过对建设阶段各个专业系统优化、选择节能型设备后,运营阶段应对各个系统,如智能照明、通风空调、水系统进行智能控制,监测各系统设备运行状态,并基于多系统间信息融合的大数据分析,实现分散采集、集中统计分析等信息化管理,实时掌握能耗状况,全面提升轨道交通的绿色运营水平。同时,基于分类、分项、分户统计数据,准确梳理轨道交通能耗状况,明确能耗构成及来龙去脉,建立科学的能耗模型,对能耗状况进行评估,发现用能过程中的趋势、异常及节能潜力,优化能源系统运行方式,为节能管理提供决策。

4.7 山地城市人性化设计

人性化设计是轨道交通设计环节的一项重要组成部分。本着"以人为本"的设计原则,轨道交通车站应为城市各个不同群体的乘客,尤其需对老弱病残孕等弱势群体乘客提供便利快捷的乘客服务,塑造温馨和谐的社会人文环境。就环线而言,由于地处山地城市,沿线各站点周边的城市道路存在较大坡度,对于城市和车站之间的无障碍路径体系也有了更高、更人性化的需求。本线主要从站内外无障碍设施、车站室外广场、城市交通接驳和站内便民服务设施等四个方面贯彻落实以人为本的设计理念。

4.7.1 无障碍设施

1) 无障碍电梯、坡道

环线车站无障碍电梯按每座车站不少于2部设置,一部设置于站厅层付费区,联系站厅与站台公共区,采用观光电梯形式;另一部设置于出入口通道内,其中明挖站较多地采用与出入口通道结合的方案。暗挖站由于出入口通道长度较长,因此在出入口底层通道侧边设无障碍支通道,地面电梯采用玻璃观光梯形式。部分站点存在跨城市主干道和快速路时,在道路两侧的出入口均设置无障碍电梯,提升了车站和市政无障碍服务水平。同时,无障碍电梯在地面出入口处通过一组无障碍坡道与市政路面相衔接,保证轮椅使用者的使用需求。部分暗挖法车站受制于埋深和地面布置影响,无法形成直通式出入口通道,故采用无障碍电梯结合消防楼梯间的布置形式,既减少了地面占地,又提高了车站无障碍通行设施的使用率。

2) 公共卫生间

环线车站的公共卫生间原则上均设置于站台层公共区靠近设备集中端一侧,共包含男女卫生间和一处无障碍卫生间。为提升乘客的乘车服务体验,卫生间内男女厕位数量按1.4∶1执行(男3蹲位+4小便位,女5蹲位),并增添烘手机、空气清新剂等提升卫生间空间环境的服务设备。

无障碍卫生间布置于公共卫生间内,主要满足视弱者、盲人、行动不便者人士使用,内部含无障碍坐便器、无障碍小便器、无障碍洗手盆、多功能台等设施,并且配备呼叫按钮,方便站务管理人员为相应人员提供快捷的服务。

3) 无障碍构件系统

车站内无障碍构件系统主要包括地面盲道系统、盲文、栏杆扶手等。

车站在站厅站台公共区、出入口通道和地面平台设置连续的盲道系统,同时在出入口广场处与市政盲道系统相衔接,保证车站与城市道路形成完整闭合的无障碍通道。另一方面,为提高人性化服务水平,车站在无障碍通行路径上增设安全扶手,并在栏杆局部位置增加盲文标志。

4.7.2 室外广场

车站出入口多与市政人行道、绿化带相结合,并通过地面层平台与城市外部环境形成空间和交通上的衔接。通过对出入口平台外部广场进行整体环境景观设计,扩大绿地面积,增添景观小品和公共设施,可以大大提升车站周边的生活水准和社区人气。由于重庆的山地地形削弱了出入口室外广场的客流集散功能,同时增加了施工难度,室外广场还可结合出入口布置进行场坪平整,利用场坪与边坡之间的高差设置坡地式或退台式出入口广场,形成"山重水复疑无路,柳暗花明又一村"的景观效果(图4-29和图4-30)。

4.7.3 交通接驳

轨道交通是城市公共交通的大动脉,衔接了短途的步行、助动车交通的同时,与中长途的城市公交、有轨电车,以及城际国铁、水运、空港等交通模式形成了网络化联通,缩短了都市生活圈的通勤时间,扩大了城市建成区辐射范围,同时在网络上的各个接驳换乘点通过站点的开发建设也带动了周边居住、商业、娱乐、休憩等配套功能地块的发展,形成了节点化、组团化的城市区域性功能节点。

图 4-29 南桥寺站广场

图 4-30 重庆大学站广场

为方便轨道交通与城市人行系统、社会车辆、公共交通之间的快捷、零距离衔接,环线各车站在出入口周边布置固定的交通接驳换乘点,并且针对出入口周边的用地性质、城市功能和客流层次,对交通接驳的功能布置形成一个有层次、有明确功能导向的详细规划,同时制定了轨道交通与其余交通模式之间换乘距离的要求,见表 4-5。

表 4-5 轨道交通车站与其他交通方式衔接的距离

换乘衔接方式			步行距离(m)	备 注
轨道交通车站出入口	个人交通	步行直达	—	—
		人行天桥、地下通道	$d \leqslant 100$	
		机动车停车换乘	$d \leqslant 200$	至停车场的入口所处道路距离
		助动车、摩托车停车换乘	$d \leqslant 50$	宜紧邻出入口主体布置
		出租车停车换乘	$d \leqslant 100$	宜设置港湾式停车点
	公共交通	公交车站换乘 顺向线路	$20 \leqslant d \leqslant 50$	
		公交车站换乘 垂直线路	$d \leqslant 200$	宜设置于路口同一侧
		长途汽车换乘	$d \leqslant 200$	
		火车站换乘	$d \leqslant 500$	
		综合枢纽	$500 \leqslant d \leqslant 800$	—

另一方面，在贯彻落实绿色出行、公交优先的原则基础上，结合各站点周边用地规划和城市布局，对全线各个站点的等级分类，并针对不同等级进行相应的交通衔接配置和规模；同时结合重庆滨水、湿热多雨的地理气候特征，以及山地地形，地势起伏较大，助动车、摩托车交通较为发达的特点，形成适应重庆本地特有的交通接驳和配套衔接设计原则。

4.7.4 便民服务设施

为提高轨道交通运营服务水平，环线在车站站厅、站台公共区利用剩余空间考虑便民设施的布置，同时控制其规模和位置对乘客日常通行和紧急疏散路径不相冲突。根据设施内部功能的不同，便民设施主要分为小型便利营业点、自助设备、爱心小屋等。

4.8 车站装修

环线车站装修设计以"功能为主、文化点睛、简洁大方、经济环保"为设计思路，在保证轨道交通便捷高效的前提下，营造整体明亮、时尚、简洁、舒适等感觉效果，通过与空间环境的交流、渗透，将材质、灯光、造型等元素融合，合理运用到设计理念内，营造独具人文特色的空间氛围。

4.8.1 概况

环线共设车站33座，全线车站站型种类丰富，覆盖了主城区四大核心组团，周边分布了文化、行政、商业、交通、城市绿地等多个重点发展的功能区域，包括巴国城、华岩寺、涂山寺、洪崖洞、朝天门多个历史景点，重庆图书馆、重庆大学多个人文地点，同时穿越了南坪商圈、杨家坪商圈、沙坪坝商圈、江北商圈、中央商务区(CBD)等多个商圈组团，以及沙坪公园、石子山体育公园、动步公园、龙头寺公园、江北嘴中央公园等大小10余个公园。

4.8.2 设计原则

安全性是根本：设计中应满足消防要求，栏杆围护应全方位的保障乘客安全。在人流量较大的地方做好乘客分流,防止踩踏事故发生。乘客公共空间应做防护处理,避免刮伤、撞伤等,确保车站的安全运营。

便捷性是保障:车站装修和导向标识系统的引导是迅速、顺利和安全地完成整个进站、乘车和出站过程的重要保障。

实用性是核心:车站装修应对站内服务品质进行提升,提供乘客急需的服务,合理设置服务设施,如自动售货机、ATM、小型茶点商铺等。

舒适性是品质:秉持以人为本的原则,装修设计可通过背景音乐、背景香味、轻松活泼的艺术小品等,带给来往乘客舒缓心情,缓解压力效果。

特色性是亮点:装修设计可结合建筑及周边环境特征划分标准站和特色重点站,利用材料特性融入文化元素,营造具有灵活性、趣味性的空间,继而突出线路特色,起到画龙点睛的作用。

4.8.3 空间环境设计

1) 暗挖站

暗挖标准站以线路特色和风格特点作为支撑,以重庆城市的"雾都"特征作为装修设计元素,车站公共区顶面设计过程中体现"雾凇飘散"的设计主题。在满足通风专业需求的情况下对穿孔铝板的组合方式进行优化调整,使得造型铝板及板缝整齐排布,尽最大可能降低因随机变化而对车站空间产生的影响。此外,为确保车站的照度均匀,造型区域内随机排布的灯具应严格按照纵向阵列排布。不仅如此,在确保满足设计规范的前提下,对顶面各种设备进行一体化整合,提升装修效果,实景如图 4-31 所示。

图 4-31 暗挖站公共区

2) 明挖站

明挖车站整体方案简洁大气,公共区中跨空间采用整体铝板造型,辅以点光源形式的筒灯;两侧空间布置以纵向圆通和条形节能灯带,形成错落有致、整体对称的视觉效果。结合明挖站站型特点合理运用线与面的结合、对叠的方法,既遵循标准化车站模块化、标准化原则,又通过局部点、面色彩变化进行区别,错落有致,在稳重中又透出一丝活跃,在满足实用性与识别性的情况下强调其统一性与经济性。明挖站公共区效果如图4-32所示。

图4-32　明挖站公共区

3) 高架站

高架站装修方案符合环线总体风格定位。站厅公共区大空间上承袭地下站公共区的装饰效果,运用空间层次,块面起伏交错,颜色、材质拼接的变化产生空间感,简单而明快的线条勾勒出富有韵律的几何图形,体现轨道交通简洁大气、以人为本的特点,将重庆轨道交通的快捷文化巧妙地融入现代都市生活中去。站台层为整体敞开式空间,同时尽可能减少设备用房的布置,配合车站轻钢屋面结构体系,形成了站台开敞通透,与城市天际面融为一体的空间效果,如图4-33所示。

图4-33　高架站公共区

4.9 人防工程

4.9.1 设防范围

经重庆市民防办批准,环线工程共 24 个地下车站设防,分别是奥体中心站、陈家坪站、彩云湖站、二郎站、华龙站、上桥站、凤鸣山站、重庆图书馆站、天星桥站、沙坪坝站、沙正街站、玉带山站、南桥寺站、体育公园站、冉家坝站、动步公园站、洪湖东路站、民安大道站、渝鲁站、五里店站、涂山站、仁济站、上浩站、南湖站。上新街站和重庆北站为已建换乘车站,且因技术原因未设防;弹子石站因紧接朝天门大桥且线间距仅为 4 m 无法设置区间人防门而未设防;重庆西站因站台层与高铁共用站厅等空间未设防。

4.9.2 设计原则

在不过多增加工程投资的原则下,充分利用轨道交通工程已有的有利条件,对地下段关键部位、重要设施参照人民防空战技要求的有关规定兼顾设防。设防段在核武器、生化武器、常规武器袭击和袭击后的城市次生灾害作用下,作为城市人民防空疏散干道和人员的紧急掩蔽部。

凡钢筋混凝土门框墙、临空墙、防护密闭隔墙、密闭墙、人防防护门扇等,均与轨道交通施工同步实施和安装到位。

人员出入口和通风采取一次安装到位的防护措施和防护功能平战转换技术后,既满足了平时使用要求,又保证了临战时在较短的规定转换时限内达到战时使用要求。

工程的风、水、电等专业安装平时使用的设备,战时的设备系统平时不安装,仅预留位置及相应接口,在临战转换时限内安装到位。

4.9.3 设防标准

1) 地下段设防标准

本工程地下段设防范围,均按人防甲类工程,常 6 级、核 6 级,抗力等级兼顾设防。防化级别为丁级。

2) 防护单元的划分

本工程基本按一个车站加一个相邻的区间隧道作为一个防护单元。车站作为战时人员的紧急掩蔽部,每个防护单元掩蔽人数约 1 000 人。整个地下段设防后,战时成为人防疏散干道并纳入城市人防疏散体系。

相邻防护单元间在车站一端隧道口设防护密闭隔断门,设防区间的出地面段设置 1 道防护密闭门和 1 道密闭门。

3) 战时人员出入口的防护设置

每个车站一般设 2 个战时出入口,战时出入口与平时出入口结合。选择其中平时人流量较大的作为一个为战时主要出入口,另一个为次要出入口,主次要出入口一般选择对角设置。战时出入口设直通式密闭通道,密闭通道两端分设防护密闭门和密闭门各 1 道。直通式密闭通道中,在藏门空间的隔水墙上设检修门,密闭通道内设独立的洗消污水集水坑。战时人员出入口应位于房屋倒塌范围之外或有相应的防倒塌措施。战时出入口门洞净宽之和按每 100 人不小于 0.3 m 计,并符合平时使用宽度要求。

仅供平时使用的出入口通道一般采用临战战时门式封堵的平战转换措施。

4) 结构设计

按防常规武器6级和核武器6级进行结构强度验算。动力分析采用等效静载法,结构等效静载按有关设计规范取值,并做到各部位抗力协调。在6级人防动荷载作用下,保证结构各部位(如出入口、主体结构、临空墙等)都能正常地工作。

战时按武器一次作用设计,在战时荷载作用下,只验算结构承载力,不验算结构变形,裂缝开展及地基承载力与地基变形,取平时及战时两者的控制条件作为设计依据。

除对主体结构验算之外,特别注意孔口部位门框墙、临空墙、临战封堵的墙体及相关的构件,并加强构造措施。

4.9.4 实践与建议

轨道环线沿用之前3号线、1号线、6号线的设计原则,活塞风道战时均采用板式水平封堵。现场解决方案是加强对储存封堵板的场地的落实和管理,临战前转换提前考虑封堵板的运输和安装时间。新线建设要求活塞风道人防段采用战时门式封堵,其他战时不使用的人防孔口尽可能采用门式封堵。

第 5 章 车站结构

5.1 全线车站结构概况

环线线路全长 50.88 km,线路敷设方式基本以地下线路为主,其中高家花园轨道交通专用桥跨嘉陵江及朝天门大桥下层轨道交通专用层跨长江,海峡路站—四公里站区间、鹅公岩轨道交通专用桥上跨长江段为高架敷设,长约 2.764 km,南湖站—海峡路站区间受地形控制采取路堑式敷设,长约 1.087 km,其余均为地下线路。

地下车站是整个轨道交通系统的重要组成部分,车站施工方法的选择,受沿线工程地质、水文地质条件、环境条件(周边地面建筑物和地下构筑物的现状、道路宽度、交通状况、环境保护等)、轨道交通的功能要求、线路平面布置、车站埋置深度及开挖宽度等多种因素的制约,方案的选择不仅要满足轨道交通工程本身的使用功能,同时也要合理开发利用地上、地下有效空间,并考虑由于施工给周围环境带来的不良影响。地下车站采用的施工方法主要有明挖法和暗挖法两类。

5.1.1 明挖法

明挖法一般适用于车站顶板覆土浅、有条件敞口开挖,且有足够施工场地的情况。当车站站位设在现状道路范围外或站位设在现状道路内,但交通允许临时封路或有条件临时改道,使地面交通车流有条件疏散,就可考虑采用明挖法进行施工。

明挖法是地下车站诸多施工方法中较为经济,且技术安全可靠的一种施工方法。在条件允许的情况下,应优先选用明挖法施工。

明挖法主要施工步序为:施作基坑围护结构,由上向下开挖基坑,待开挖至基坑底设计标高后,再由下向上浇筑主体与内部结构,然后回填土方,恢复路面。

5.1.2 暗挖法

在地面场地条件不具备明挖或车站埋置深度较大的情况下,可采用暗挖法。暗挖法施工全部作业均在地下进行,因此对地面交通和人员出行影响较小,但与明挖法相比,施工难度较大,风险较高,工期较长。

在重庆的岩石地层中,暗挖地下结构一般采用钻爆法进行开挖。钻爆法的基本工序为:钻孔、装药、放炮散烟、出碴、初期支护、施作二衬。隧道的开挖方法一般有全断面法和分步开挖法。分步开挖法又分为台阶法、导洞法、CD 法、CRD 法和双侧壁法等。隧道开挖方法应根据具体的围岩条件、断面大小、支护方法等综合确定。

对于围岩级别为Ⅰ~Ⅲ级小断面隧道(如出入口隧道、单洞单线隧道,开挖跨度在 7 m 以内),可采用全断面开挖;对于中等断面隧道(如单洞双线隧道、分离岛式车站隧道等)及围岩分级为Ⅲ级以上的小断面隧道,可采用上下台阶分步开挖;当地质条件复杂或隧道断面较大(如暗挖车站隧道、区间喇叭口隧道等)时,可采用导洞法分步开挖施工法(如弧形导洞法、品形导洞法等)。这样可以减少超挖,断面较圆滑规则,易于安装锚杆和钢丝网,减少喷射混凝土数量和围岩的松动。当车站隧道处于浅埋状态,周边建(构)筑物保护等级较高时,也可采用双侧壁法进行断面开挖及支护,这样拱墙二衬可以采用模板台车施工,结构封闭速度较快,施工缝少,对围岩的稳定及隧道防水均较有利。

当地下车站为大跨度、大空间地下结构时,应采用分步开挖形成隧道及初期支护和二次衬砌。根据围岩级别、断面的大小等因素,分别选用不同的分步开挖方法,以控制地面沉降,保证施工安全。

5.1.3 施工方法的选择

当地面有足够的施工场地、通过交通疏解可较长时间占用道路、地下管线具备改移条件时,地下车站应首先采用明挖顺筑法施工。

重庆地区特殊的地形、地质状况——地形起伏大,地层以中风化泥岩和砂岩为主,基岩埋深浅且整体性较好,局部有较深的冲沟和回填区,地下水不发育且有一定的腐蚀性,为地下工程采用矿山法暗挖施工创造了较好的客观条件;相对于其他城市而言,在重庆采用钻爆法暗挖施工难度相对较小,造价相对低,且不干扰地面交通。其缺点是工作面相对较窄,钻爆时对周围环境有一定影响。

综上所述,在周边场地、地面条件允许的情况下,地下车站优先选择采用明挖法施工;如果地面条件不允许,则应进行多种工法的综合比选,经充分论证后再确定采取暗挖法施工。环线全线车站施工方法及结构见表 5-1。

表 5-1 环线车站施工方法及结构形式汇总表

序号	车站名称	车站埋深(至轨面,m)	地质情况	结构形式	施工方法	备注
1	重庆西站	16.25~25.6	素填土,砂质泥岩	三层框架结构	明挖法	双岛四线式站,站内设交叉渡线及与5号线衔接道岔,与5号线、12号线换乘
2	上桥站	34.90~37.0	素填土,砂质泥岩,局部砂岩	单拱双层复合式衬砌	暗挖法	—
3	凤鸣山站	16.8~22.60	素填土,砂质泥岩	双层双柱三跨框架结构	明挖法	—
4	重庆图书馆站	30.1~42.20	局部素填土大冲沟,砂质泥岩	单拱双层复合式衬砌	暗挖法	马家岩停车场接轨站
5	天星桥站	25.30~37.4	素填土,砂质泥岩	单拱双层复合式衬砌	暗挖法、局部明挖法	位于凤天路立交下
6	沙坪坝站	43.6~44.90	素填土,砂岩	单拱双层复合式衬砌	暗挖法	与1号线(已建)、9号线通道换乘
7	沙正街站	34.10~41.7	素填土,砂岩	单拱双层复合式衬砌	暗挖法	站内设单渡线

续 表

序号	车站名称	车站埋深(至轨面,m)	地质情况	结构形式	施工方法	备 注
8	玉带山站	23.3~27.5	素填土,砂岩	三层双柱三跨框架结构	明挖法	—
9	南桥寺站	42.0~44.8	素填土,砂质泥岩,砂岩	四层双柱三跨框架结构	明挖法	叠岛式车站,站内设停车线
10	体育公园站	35.4~40.7	素填土,砂质泥岩,地表起伏较大	单拱双层复合式衬砌	暗挖法	站后设单渡线
11	冉家坝站	41.5~45.4	素填土,砂岩,砂质泥岩	单拱双层复合式衬砌	暗挖法	与5号线、6号线(已建)十字换乘
12	动步公园站	24.9~30.8	素填土,砂质泥岩	四层双柱三跨框架结构	明挖法	
13	洪湖东路站	29.6~32.1	素填土,砂岩	单拱三层复合式衬砌	暗挖法	站后设停车线
14	民安大道站	67.6~73.6	素填土,砂质泥岩,地表起伏较大	单拱双层复合式衬砌	暗挖法	叠岛式车站与4号线同台换乘,并设联络线
15	重庆北站	25.1~32.1	素填土,砂质泥岩,砂岩	三层双柱三跨框架结构	明挖法	与3号线(已建)、4号线、10号线换乘
16	渝鲁站	16.6~29.1	素填土,砂岩	双层双柱三跨,框架结构,局部四层,配线区单拱双线断面	明挖、暗挖	站前正线间设停车线
17	五里店站	10.7~13.20	素填土,砂质泥岩	三层双柱三跨框架结构	明挖法	6号线车站预留、9号线换乘
18	弹子石站	19.4~22.40	素填土,砂质泥岩	双层三柱四跨框架结构	明挖法	站后设单渡线,与11号线通道换乘
19	涂山站	38.4~45.4	素填土,砂质泥岩	双拱双层复合式衬砌	暗挖法	分离岛式车站,正线外侧设停车线
20	仁济站	59.6~87.6	素填土,砂质泥岩	单拱双层复合式衬砌	暗挖法	涂山车辆段接轨站,出入段线在两正线间
21	上新街站	15.2~30.3	素填土,砂质泥岩	双层双柱三跨框架结构(局部三层)	明挖法	与6号线(待建)十字换乘
22	上浩站	35.6~46.1	素填土,砂质泥岩	四层双柱三跨框架结构,局部单拱双层复合式衬砌	明挖、暗挖	
23	海棠溪站	—	素填土,砂质泥岩	三层路侧高架站	高架	
24	罗家坝站	—	素填土,砂质泥岩	双层路中高架站	高架	四公里停车场接轨站
25	四公里站	—	素填土,砂质泥岩	三层跨道路高架站,局部地下三层	高架+明挖	与3号线(已建)通道换乘
26	南湖站	28.7~44.1	素填土,砂质泥岩	单拱双层复合式衬砌	暗挖法	与10号线换乘,站前设渡线及与10号线联络线道岔
27	海峡路站	6.0~6.5	素填土,砂质泥岩	地下一层地上一层四柱三跨框架结构	明挖法	站内正线间设停车线

续 表

序号	车站名称	车站埋深(至轨面,m)	地质情况	结构形式	施工方法	备 注
28	谢家湾站	6.5～7.1	素填土,砂质泥岩	地下一层地上两层四柱三跨框架结构	明挖法	与2号线(已建)换乘
29	奥体中心站	13.2～22.2	素填土,砂质泥岩,局部起伏较大	双层双柱三跨框架结构,局部三层	明挖法	与规划5号线支线通道换乘
30	陈家坪站	34.60～53.6	素填土,砂质泥岩	单拱双层复合式衬砌	暗挖法	下穿陈家坪立交桥
31	彩云湖站	31.3～37.3	素填土,砂质泥岩	单拱双层复合式衬砌	暗挖法	
32	二郎站	30.2～37.7	素填土,砂质泥岩	单拱双层复合式衬砌	暗挖法	站前正线间设停车线,与规划12号线换乘
33	华龙站	16.10～19.30	素填土,砂质泥岩,地表起伏较大	双层双柱三跨框架结构,局部单拱双层复合式衬砌	明挖、暗挖	叠岛式车站,正线外侧设停车线

5.2 岩土工程勘察

环线位于重庆市主城区,地貌上位于中梁山、铜锣山之间的槽谷浅丘区,属构造剥蚀丘陵区。沿线多数地段均经人工后期改造,人类活动强烈,大部分地段为城市主干道,地形平缓、起伏小。2次穿越长江河谷,1次穿越嘉陵江河谷,河谷段地形起伏较大,岸坡陡立。

全线构造上位于川东南弧形地带,华蓥山帚状褶皱束东南部的次一级构造,构造骨架形成于燕山期晚期褶皱运动。轨道线路主要行进在重庆弧形褶皱束复式向斜内,全线走向与地质构造线呈近平行～近垂直。沿线未发现断层,岩体结构面一般为2～3组,岩层受构造应力作用轻微,构造裂隙不发育,基岩完整性较好。

全线地层由第四系全新统松散土层和侏罗系中统沙溪庙组砂质泥岩和砂岩组成。第四系松散土层中除长江、嘉陵江河谷为河流冲积层外,其余地段一般为城市建设过程中的人工填土。第四系松散层厚度0～30 m不等,河谷冲积层一般5～10 m,局部可达20 m;人工填土厚度一般小于5 m,局部原始地貌为沟谷段厚度可达30 m。

沿线除人工填土多具有强透水性外,其余均为弱～微透水层。砂岩透水性相对较高,为基岩裂隙水的主要含水层,黏性土、砂质泥岩则为隔水层。地下水对混凝土具有微腐蚀性。

沿线抗震设防烈度为6度,设计基本地震加速度值为0.05g,地震动反应谱特征周期为0.25～0.35 s。覆盖层主要为中软土,场地类别为Ⅰ～Ⅱ类,属抗震有利地段或可进行建筑的一般地段,沿线无不良地质现象发育。

全线为重庆主城核心区,建筑密集,轨道相邻建(构)筑物多,与轨道建设相互影响较大。

沿线场地总体稳定,岩土工程条件为中等复杂～复杂,总体适宜建设。

5.3 地下车站结构

5.3.1 明挖法车站

明挖车站围护结构选型应结合周边环境、地质条件、工期、投资等具体情况进行充分的计算和论证，经综合比较后确定。

根据重庆市岩石地层特点及相关基坑工程经验，并考虑到控制周边构筑物及地表位移的情况下，可采用桩锚结构支护，桩间土采用混凝土板挡墙护壁。具体做法是施作完成围护桩，边开挖基坑，边对两侧基坑土(岩)体壁面设钢筋网，喷混凝土，设置锚杆(锚索)，锚杆(锚索)穿过滑裂面将坑周土(岩)体加固，约束土(岩)体变形，保持基坑稳定。该法充分利用围岩的自稳能力，施工简单，不用横撑，施工空间大，开挖速度快，费用较低。喷射混凝土板还可以加设纵横向的肋梁以增大横向刚度。局部地质较差，素填土深度较大地段可采用排桩+内支撑的支护形式，出入口等埋深较浅地段可采用土钉墙或板肋式锚杆挡墙支护形式。常见的围护结构形式适用条件及优缺点见表5-2。

表5-2 基坑工程支护结构适用条件及优缺点

序号	支护结构形式	适用条件	优 点	缺 点
1	桩+内支撑	场地条件受限不能放坡；桩后地层无条件锚固	在基坑工程中适应性较强	造价高、基坑内部设有支撑，对土石方开挖有影响
2	排桩式锚杆(索)挡墙	场地条件受限不能放坡；桩后地层有锚固条件	不受基坑宽度限制，可用于永久支护体系	桩后地层需有锚固条件，基坑肥槽需后期回填
3	板肋式或格构式锚杆挡墙	地质条件较好，岩质边坡无外倾层面	不需要大型设备、造价低	严格要求逆作法
4	坡率法放坡	场地条件不受限，有条件施工	造价低、速度快	土石方开挖及回填量大

5.3.2 矿山法暗挖车站

采用矿山法施工的车站，对于围岩级别较好的深埋车站，可采用施工相对简单的上导坑先拱后墙法，以节约造价，缩短工期；对于围岩条件稍差、埋深中等的暗挖车站，宜采用较为安全可靠的下导坑"品"字形开挖先墙后拱法施工；对于围岩条件较差的浅埋车站，周边环境保护要求较高时，宜采用更可靠的双侧壁导坑法施工。

采用矿山法施工的地下车站，车站埋深较大，且车站隧道位于Ⅲ级～Ⅴ级围岩中，结构形式一般为双层单拱复合衬砌结构。中楼板为双跨或多跨单向板结构，两端简支在边拱结构上。根据底板下围岩级别、有无地下水及断面跨度的不同，采用钢筋混凝土平板或混凝土仰拱。为加强复合衬砌的防水效果，同时防止二次衬砌在初期支护的约束下产生裂缝，在初期支护与二次衬砌间铺设了连续封闭的夹层防水层。

双侧壁导坑法，其施工步序如图5-1所示。

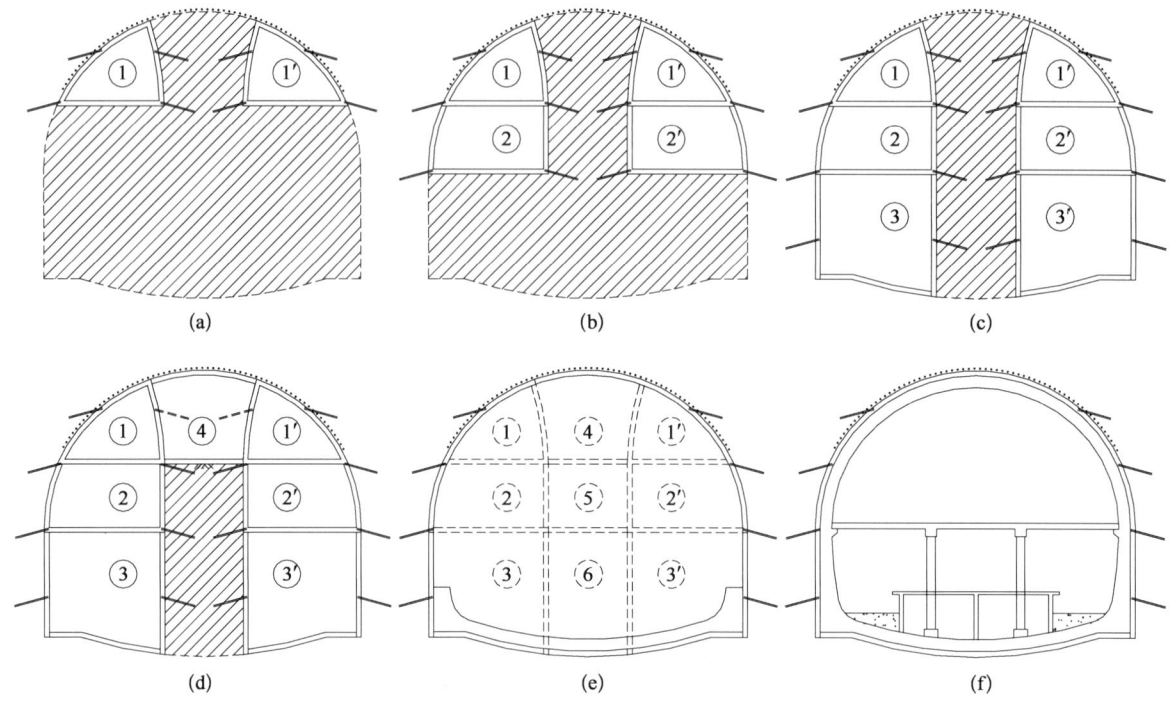

图 5-1 暗挖车站双侧壁导坑法施工步序图

在传统的先拱后墙工法的基础上吸收了 PBA 工法的理念,并结合岩石地层的特点研发了托梁拱盖法。托梁拱盖法主要用于浅埋大跨度车站隧道,托梁拱盖法主要施工步序如图 5-2 所示。

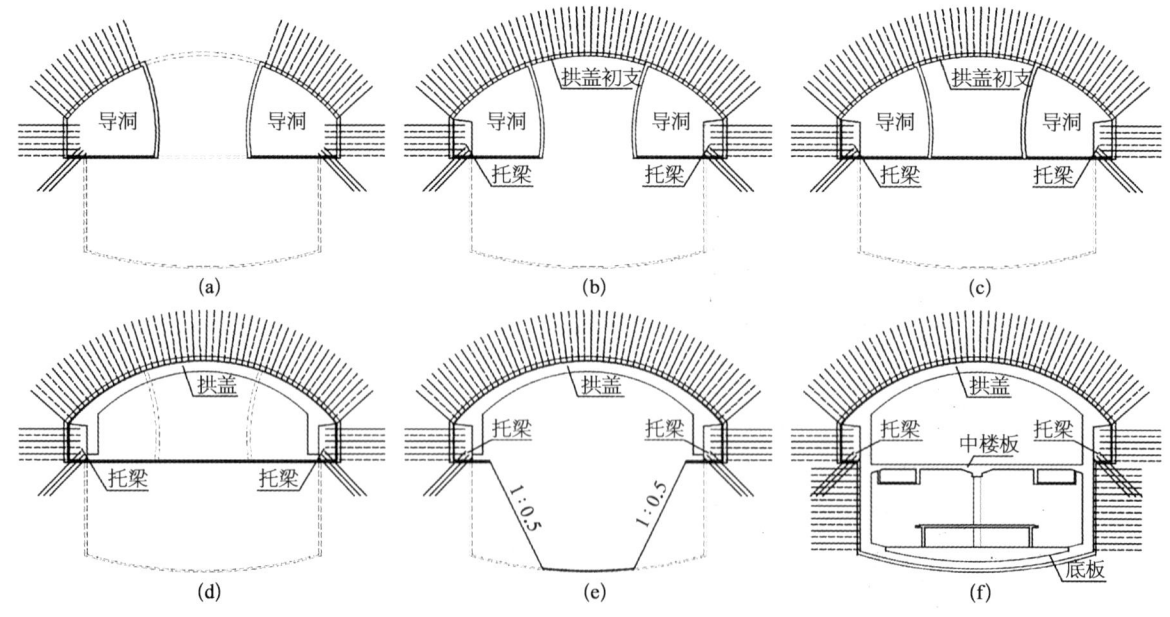

图 5-2 暗挖车站托梁拱盖法施工步序图

对于深埋条件下的车站主体隧道等大断面隧道,宜采用"地层—结构"模型的平面有限元法,计算毛洞状态下围岩的应力、应变及地面沉降量,并结合初衬后的状态进行分析,从而对围岩的稳定性及初期支护的参数做出评价。计算时应考虑不同的开挖及衬砌步序对围岩变形及衬砌稳定性的影响。

"荷载—结构"法模型是将结构模拟为杆单元或板壳单元,并将结构所受荷载进行计算并作用于模型上,以计算出结构的受力及变形情况,主要用于下列情形:松散地层中的初期支护及二次衬砌的受力计算;二次衬砌需按承载结构设计时,如浅埋隧道、承受地下水头的隧道等;结构形式复杂、空间受力作用明显的形式,如车站与出入口、风道结构相接处的马头门等。

5.3.3 明挖车站典型案例

5.3.3.1 南桥寺站

1)工程概况

南桥寺车站位于盘溪路正下方,呈南北走向,南接玉带山站,北接体育公园站。车站西南侧为在建永辉超市;东南侧为维丰南桥苑住宅小区;西北侧为重庆市中医院;东北侧为华威汽车城。车站为地下四层叠岛式明挖车站,车站左线与右线在高度方向上叠置。车站两侧区间均为钻爆法区间隧道。车站长294.0 m、宽22.9 m。车站设置5个轨道交通出入口、3组风亭。

根据规划方案,武江路立交有上跨桥和下穿地道两个工程,其中武江路主线采用地道形式下穿盘溪路,盘溪路主线采用桥梁形式上跨武江路。上跨桥位于车站正上方,下穿道与车站垂直,底板位于车站地下二层,均与车站共建,如图5-3所示。

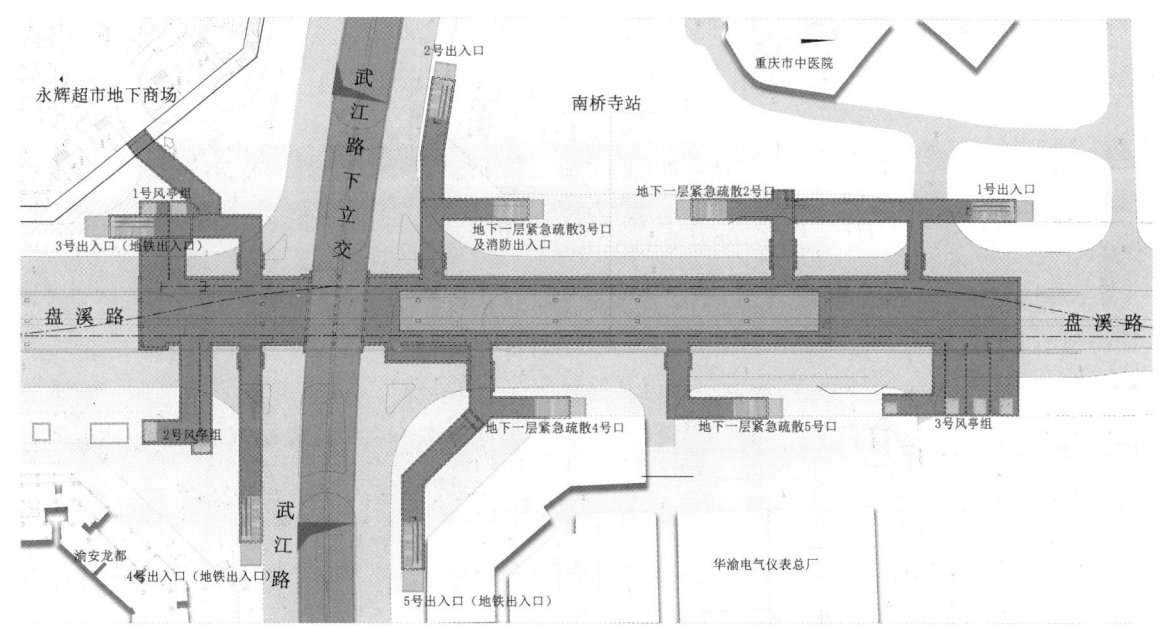

图5-3 南桥寺车站总平面图

2)工程地质概况

拟建环线南桥寺站附近地貌宏观上属嘉陵江Ⅳ级阶地,地形总体较平缓,后来在长期地质作用下,呈构造剥蚀浅丘地貌。因地处城区,人类活动频繁,原始地形遭到破坏,地面经人工改造成城市道路或城市绿化用地,在原始地貌区,仍可见卵石分布,具有典型的阶地沉积特征。现状场地地形平缓,地形总体趋势北高南低,地形总体坡角2°~3°,现状地面高程301~304 m,相对高差约3 m。

3) 车站围护结构设计

车站采用明挖法施工,基坑长为294.0 m,宽为22.9～24.35 m,深为35.2～37.284 m,基坑下部为砂岩,为土岩混合边坡。

针对场地"上软下硬"的特性,车站标准段基坑采用"上部土层桩锚+下部岩层板肋式锚杆挡墙"的吊脚桩模式(图5-4),上部土质边坡开挖深度约15.4 m,采用桩+锚索(ϕ1 000@2 500 支护,7ϕS15.2预应力锚索);下部岩质边坡开挖深度约19 m,采用板肋式锚杆挡墙,受外倾结构面的影响,西侧边坡采用锚杆(3ϕ32),东侧岩质边坡采用锚索(14ϕS15.2预应力锚索)。

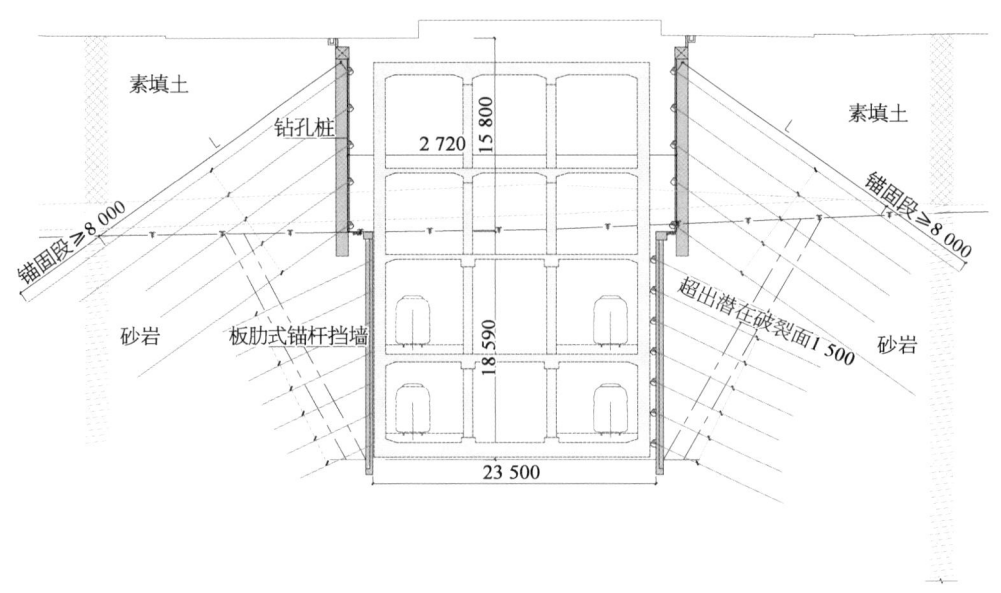

图 5-4 围护结构标准横剖面图(单位:mm)

上下两种支护中间设置2 m宽平台,考虑到上部土层锚拉桩的稳定性,在距离平台0.5 m位置设置一道锁脚锚索,且锚索位置设置整体连梁,从而保证吊脚桩的结构安全。

"吊脚桩"对桩底岩层强度要求较高,尽管砂岩强度高,但透水性较好。当桩底为强度相对较低的泥岩、砂岩等岩层时,或者地下水较为丰富的地方,建议谨慎使用此围护结构,容易造成墙脚失稳,局部变形较大,且在条件允许的情况下,尽量加大平台的宽度,从而保证结构安全。

4) 车站主体结构设计

南桥寺站为地下四层叠岛越行车站,可实现慢车停靠上下客,左线与右线在高度方向上叠置。武江路立交有上跨桥和下穿地道两个工程,其中武江路主线采用地道形式下穿盘溪路,盘溪路主线采用桥梁形式上跨武江路。上跨桥位于车站正上方,下穿道与车站垂直敷设,车站柱网布置需综合考虑上跨桥与下穿道的影响。位置关系如图5-5和图5-6所示。

车站结构柱兼作桥梁基础,为满足车站结构柱承载力,桥梁上部结构采用连续钢箱梁,以减轻桥梁自重,桥梁全长131 m,桥梁跨度需结合车站柱网进行设计,桥梁荷载作为集中力直接传递到桩顶。下穿道净宽为19.5 m,车站结构柱根据下穿道的走向微调,下穿道在轨道交通车站结构边线外侧采用变形缝断开。车站内力计算结果如图5-7所示。

作为重庆首例轨道交通车站与高架桥共建项目,共建方式从整体上既节约造价,又解决空间冲突问题,建设过程中需做好对接,满足上下工程的需求与空间布置(图5-8)。

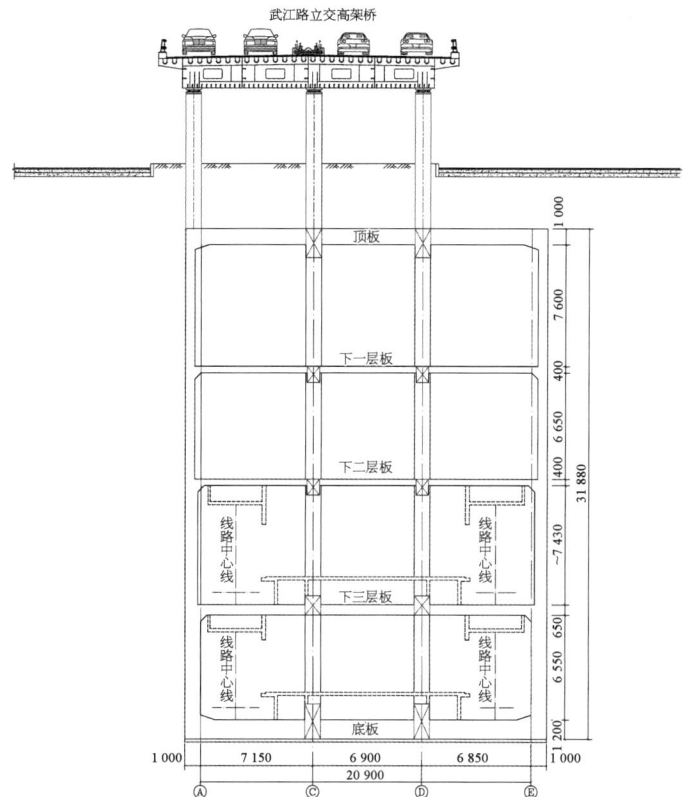

图 5-5 车站与立交共建横剖面图(单位: mm)

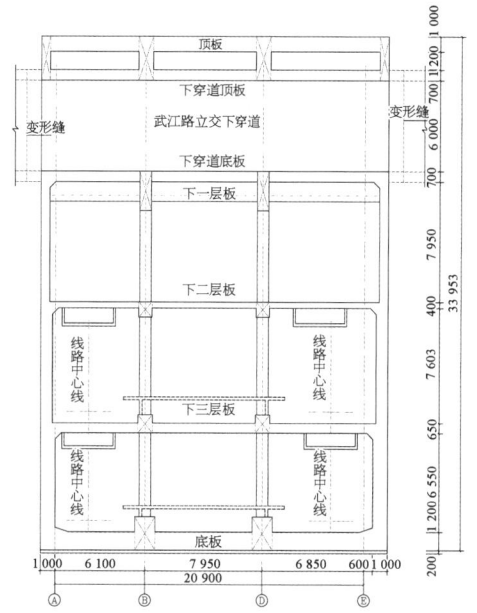

图 5-6 车站与下穿道共建横剖面图(单位: mm)

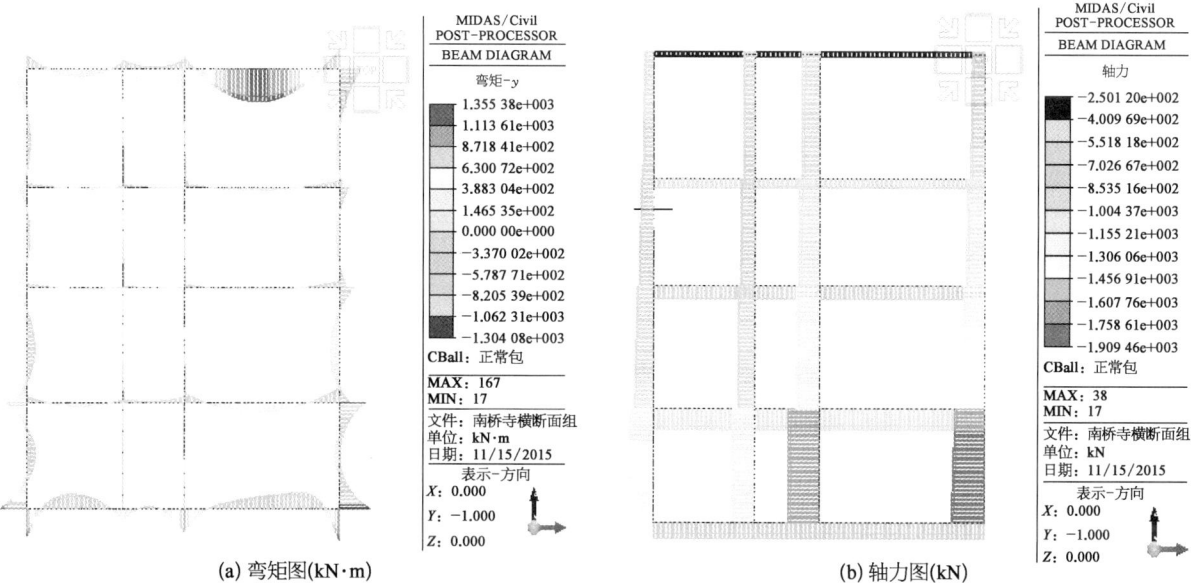

(a) 弯矩图(kN·m)　　　　　　(b) 轴力图(kN)

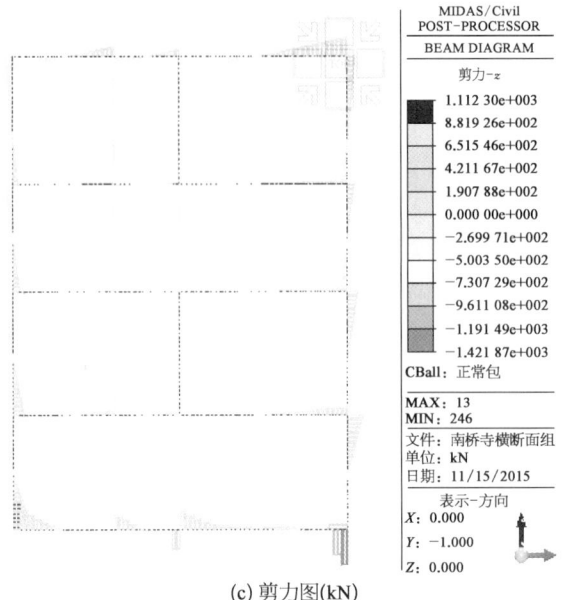

(c) 剪力图(kN)

图 5-7 车站主体内力计算结果

图 5-8 现场实景

5.3.4 暗挖车站典型案例

5.3.4.1 上桥站

1）工程概况

上桥站为环线工程第二座车站，位于凤中路正下方，大致呈南北走向，南接重庆西站，北接凤鸣山站。车站东侧为科能技校和上桥二村,西侧为新桥街道办事处和西环高速。

车站两端区间隧道采用复合式盾构施工,为满足标段整体工期,上桥车站盾构过站方式为初支工况留核心岩柱步进过站。车站两端区间设置过站导洞,作为接受和始发盾构用。

2) 工程地质概况

上桥站地貌宏观上属构造剥蚀丘陵地貌,地形总体趋势南高北低,地形总体坡角2°～5°,目前地面高程286～301 m,相对高差约15 m。

3) 车站结构设计

车站全长206 m,车站站台区为地下双层标准岛式暗挖车站,采用12 m宽的岛式站台,有效站台长度为140 m。车站主体为单洞双线标准暗挖隧道,内部结构采用单柱和双柱两种形式。标准断面开挖宽度为23.540 m,开挖高度为20.76 m,拱顶岩土层厚度为12.10～20.52 m(中风化岩层厚度为9.04～17.45 m),为浅埋隧道,局部为超浅埋隧道。车站采用矿山法施工,开挖断面为直墙圆拱形。

4) 车站初支状态下核心岩柱的施工期稳定对策

车站两端区间隧道采用复合式盾构施工,为满足各标段整体工期,上桥车站采用盾构初支步进过站的方式,车站两端区间设置过站导洞,作为接收和始发盾构使用,区间扩大断面采用矿山法施工。其具体的实施组织方案为:复合式盾构机自凤鸣山车站始发,经上桥站步进过站,至重庆西站端头明挖吊出。

盾构机初支过站,将导致大断面车站开挖、初支施工后,较长时间无法浇筑二次衬砌,无法形成稳定的受力结构。过站期间初支结构将承担主要的围岩压力,可能会产生较大的变形,同时由于岩层产生蠕变会有较大的安全风险。

对暗挖车站隧道进行三维块体定性分析,可以直观看出核心岩柱分别有两处主要滑动块体。核心岩柱工况下,岩柱左右侧壁分别存在滑动块体(图5-9)所示。

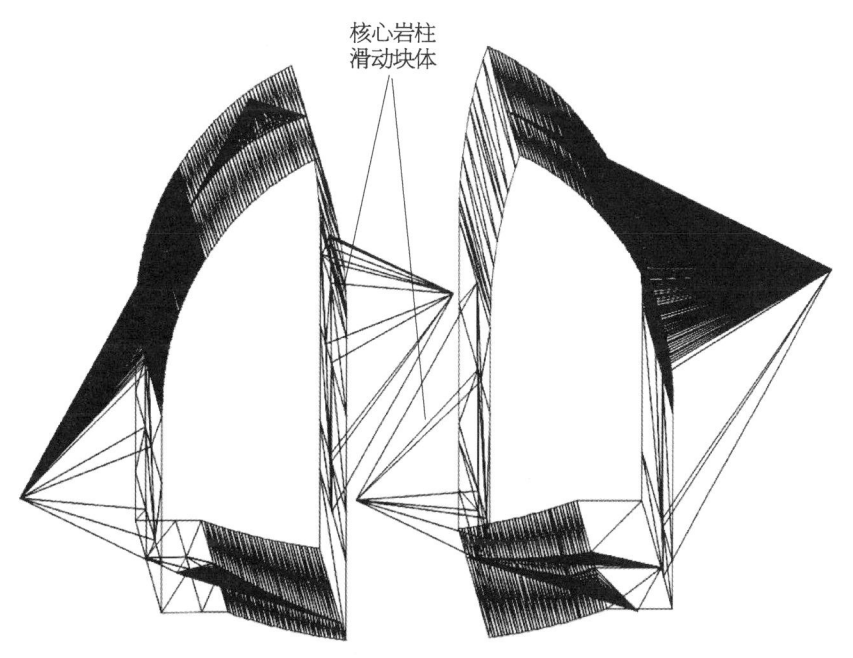

图5-9 三维块体图(核心岩柱工况)

核心岩体在支撑拱顶不稳定块体，保持洞室整体稳定性中有着非常重要的作用，需考虑岩体间层面及岩体内部贯通结构面（层面）、主裂隙面模型对岩体稳定性的影响。根据赤平投影分析，层面、J1为与隧道走向大角度相交，为影响夹持岩柱稳定性的主要结构面，如图5-10和图5-11所示。

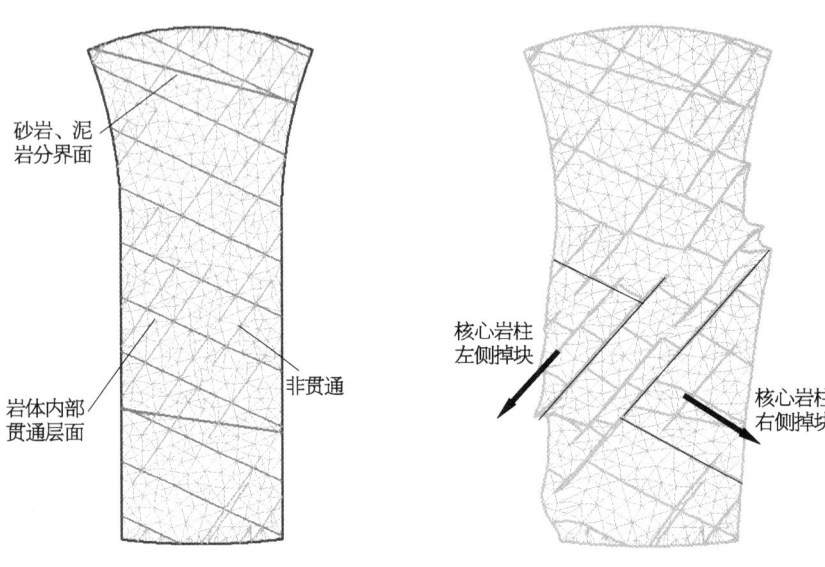

图 5-10　核心岩柱网格图　　　　图 5-11　核心岩柱变形图

分别对核心岩柱采用强度折减法计算其安全性系数，其结构安全系数为 0.41，破坏模式为结构面破坏。岩体中的结构面，贯通的层面与非贯通的裂隙面对岩体的稳定性有着极大的影响。从计算结果可以看出隧道核心岩柱在无支护的情况下，无法自稳，破坏后的结构面将岩柱切割成相应的块体，在竖向荷载作用下分别沿着结构面向两侧滑动，结构面切割形成的块体与三维块体分析是相吻合的。

侧壁导洞开挖后，核心岩柱的应力状态由初始应力中的三向应力状态变为两向应力状态，临时支护施作后，支护结构对核心岩柱有一定的约束作用，岩柱又恢复三向应力状态。

对拉锚杆可以施加约束力于核心岩柱，从而提高岩体最小主应力的值，减小岩体受到的剪应力，同时对拉锚杆杆体材料一般为钢筋，具有较好的延展性，在较小的应变下不会出现失效而导致岩体失稳，可与横向支撑共同充当岩体中的支点。在支护结构的约束力不够的情况下，由于水平向膨胀后，可能产生张裂缝，岩体应力状态较大，又有层面、裂隙等节理薄弱层，极易沿着节理面产生剪切破坏。

为了判断隧道开挖过程中的初期支护对核心岩柱稳定性的作用，分别针对无系统锚杆、打设短系统锚杆、对拉锚杆，有、无横向支撑工况，两两组合后共计6种工况进行对比计算，将核心岩柱稳定性系数整理如图5-12所示，同时针对对拉锚杆的承载力极限值的不同，分别计算其稳定性系数如图5-13所示。

对拉锚杆在提高核心岩柱稳定性的重要作用，采用对拉锚杆的核心岩柱稳定性较未打设锚杆与短锚杆相比有了大幅度的提升；核心岩柱破坏情况下，对拉锚杆基本也进入塑性变形，因此对拉锚杆的承载力极限值的改变，对岩柱的稳定性也有极大的影响。施加横支撑后，核心岩柱的稳定也有了较大的提高，说明横向支撑在稳定核心岩柱有较大的作用，施工过程中应注意横支撑跟进。

针对过站过程中可能存在的难点和风险，对车站进行加强设计，初支格栅钢架由原设计间距 0.75 m 调整为 0.6 m，系统锚杆间距也做了相应调整，通过施工期间监测初支变形、内力满足安全要求；

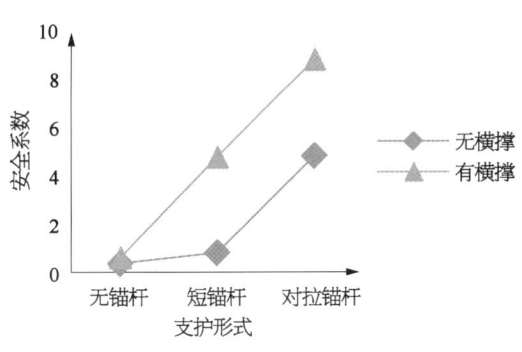
图 5-12 支护不同工况下稳定性系数

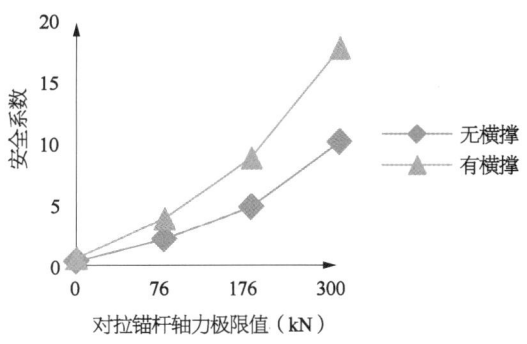
图 5-13 锚杆承载力不同的岩柱稳定性系数

为避免盾构过站期间隧道底部松散岩土体承载力和抗变形能力较低的情况，采用 30 cm 厚 C15 素混凝土进行回填，能够对初支边墙形成有效支撑同时提供较高承载力满足盾构过站要求，过站期间中间岩柱约保留 9 个月。

车站施工各阶段情况如图 5-14～图 5-17 所示。

图 5-14 车站上导洞开挖现场

图 5-15 复合盾构初支过站

图 5-16 车站中岩柱拆除

图 5-17 车站中板施工完成现场

5.3.4.2 天星桥站

1) 工程概况

天星桥车站为环线第五座车站，位于凤天大道与天马路交汇处，为地下两层暗挖岛式车站。车站位于凤天大道天马路下立交下方,下穿凤天路下立交 A、B、C 匝道,侧穿凤天路下穿道和凤天路高架桥。

车站主体隧道处重叠多层交通设置,如图 5-18 所示,自上而下分别为凤天路立交上跨桥,轨道环线工程马家岩出入场线桥梁(与车站工程同期实施),凤天路立交人行天桥,天马路路面交通,凤天路立交 A、B、C 地下匝道,凤天路下穿道隧道;天星桥车站所影响到的构筑物,除轨道环线马家岩出入场线桥梁与天星桥车站同期实施外,其余均已完成建设,并投入使用。

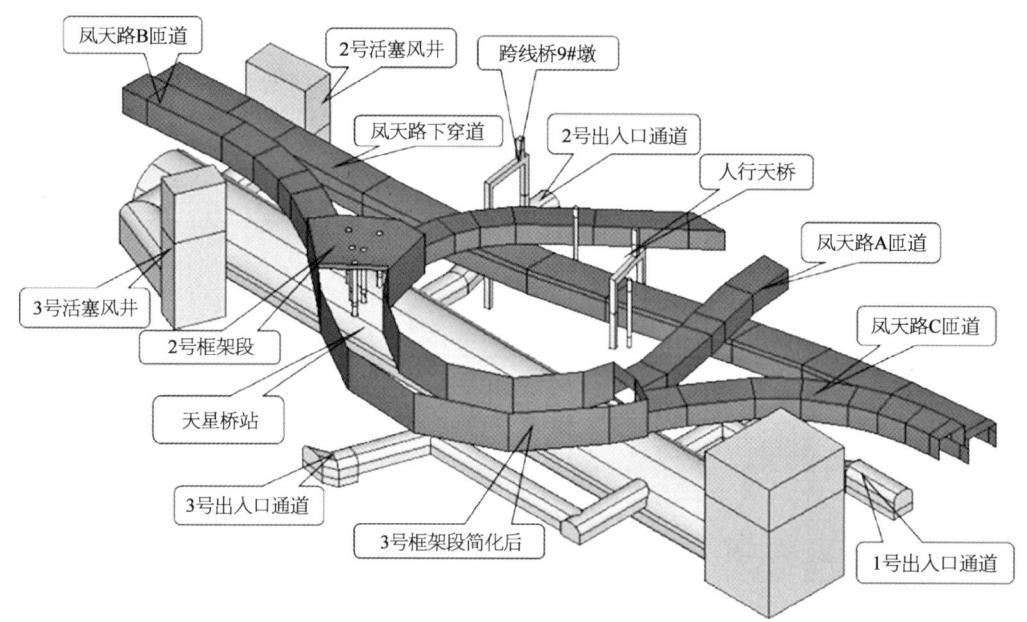

图 5-18　与周边构筑物空间位置关系图

2) 工程地质概况
(1) 地质概况。

本场地原始地貌为构造剥蚀浅丘沟谷地貌,原多为耕地农田,后由于城市发展回填改造成城市建筑及市政道路,现状场地地形平坦,地形坡角 0°~3°。场地内地层由第四系全新统松散层和侏罗系中统沙溪庙组岩层组成。基岩以厚层砂质泥岩为主、夹薄层砂岩。

(2) 岩石块体稳定性分析。

勘察区位于沙坪坝背斜倾末端,岩层呈单斜产出,岩层倾向为 130°,岩层倾角为 8°左右。场地大部分为土层覆盖,局部段基岩出露。收集场地相邻区的岩体裂隙,产状分别为:

J1:倾向 310°,倾角 70°~75°,闭合,裂隙面凹凸不平,无充填。延伸 3~10 m,裂隙间距 1~3 m,为硬性结构面,结合一般。

J2:倾角 230°,倾角 75°~80°,闭合,裂隙面弯曲呈波状,无充填。延伸 5~8 m,裂隙间距 3~5 m。与上述第一组共轭"X"裂隙,为硬性结构面,结合一般。

根据地层的节理产状,对岩体块体稳定性进行定性分析,分析周边岩体最不利楔块滑落形式,其中左侧岩石块体稳定性由 J1、J2 裂隙组合面控制,右侧岩石块体稳定性由 J1、岩石层面组合面控制,拱顶局部掉块;岩石块体稳定性分析的结论与采用有限元强度折减法定量分析趋势一致(图 5-19 和图 5-20)。

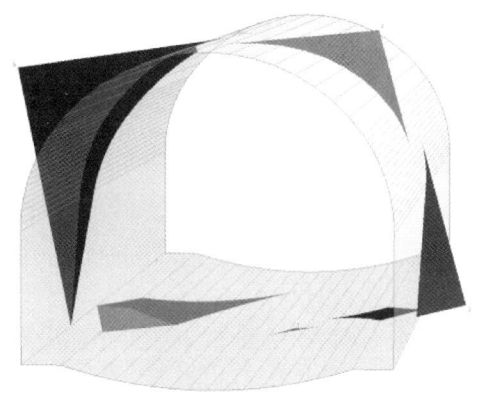
图 5-19 岩体块体稳定性分析

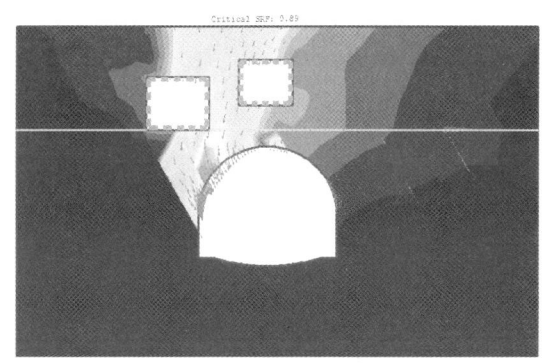
图 5-20 强度折减法计算

3）车站结构设计

车站总长为 214 m，站台宽为 12 m。根据周边环境条件和地质情况及工筹安排，采用暗挖法、明挖法分段施工。

车站主体矿山法暗挖段位于道路正下方，地下两层岛式，长度为 196.74 m，拱顶覆土为 17～21 m，最薄覆岩约 3.5 m，暗挖断面采用单拱双层复合衬砌，断面开挖高度约 20.0 m，开挖宽度约 23.68 m，断面开挖面积约 400 m²，采用双侧壁导坑法进行隧道开挖。

车站主体明挖段位于轨道环线工程马家岩停车场（与车站工程同期实施）范围内，明挖地下四层框架结构，为车站风井兼作区间复合盾构始发井使用；明挖段基坑开挖深度约 37.9 m，采用桩＋内支撑支护形式，根据岩层产状分析后，西南、东南侧采用 $\phi1200@2500$ 旋挖桩支护，西北、东北侧采用 $\phi1200@3000$ 旋挖桩支护，自上而下共设置 5 道混凝土支撑，随挖随撑。

4）工程难点及对策

（1）穿越构筑物风险及处理方案。根据车站隧道与周边个构筑物及地质情况，车站施工的主要风险点见表 5-3。

表 5-3 车站风险点列表

序号	位置里程	名　　称	风险源描述	顶埋深(m)	风险分级
1	K5+940	车站主体与凤天路立交下穿道、B匝道重叠段	车站主体结构顶距离凤天路下穿道 6.43 m；匝道 B 线 6.17 m	覆盖层厚度 20.17 m（覆岩 12.3 m）	一级
2	K6+006	车站主体下穿 A、B 匝道交汇段框架、侧穿下穿道	车站主体距离凤天路下穿道 9.63 m，A、B 匝道交汇段 6.33 m	覆盖层厚度 20.13 m（覆岩 11.68 m）	一级
3	K6+035	车站侧穿 A 匝道	车站主体距离匝道 A 线 17.39 m	覆盖层厚度 19.08 m（覆岩 5.53 m）	二级
4	K6+064	马家岩出入场线位于天星桥车站上方段	马家岩出入场线桥梁桩基位于车站顶	覆盖层厚度 15.38 m（覆岩 6.14 m）	二级
5	K6+100	车站主体正穿 A、C 匝道汇合区	车站主体距离 A、C 匝道汇合区 6.74 m	覆盖层厚度 15.86 m（覆岩 8.65 m）	一级
6	K6+053	车站主体正穿人行天桥	车站主体距离人行天桥桩底 7.01 m	覆盖层厚度 18.64 m（覆岩 4.58 m）	二级

对于上述主要风险点,通过多轮的方案比选、论证,采取的主要处理措施如下:

① 调整车站设计方案,增加拱顶覆岩厚度。针对车站开挖断面较大、覆岩厚度较薄、距离风险源较近的问题,采取如下两条优化措施:

　　a. 压缩车站设备夹层空间。通过合理选择设备型号、设备摆放位置等,站厅层层高压低 1 m。

　　b. 压低车站隧道埋深,环线工程由于采用山地 As 车,车辆爬坡能力更大,车辆极限爬坡能力≥50‰,调整前后两个区间的线路纵剖可以使车站埋置更深,经过线路方案比选,重庆图书馆站—天星桥站区间线路纵坡调整为 36‰,天星桥站—沙坪坝站区间的线路纵坡调整为 28‰。

综合上述两种措施,车站拱顶覆岩厚度增加了 3.5 m。

② 不良地质处理。考虑到地表天马路交通不具备地面注浆的可能性,采用洞内长导管超前注浆的方式。洞内打设超前长导管,既作为泄水管将地质冲沟内的地下水提前引流出来,又可以向内注浆,填充岩体裂隙,加强岩体强度,如图 5-21 所示。

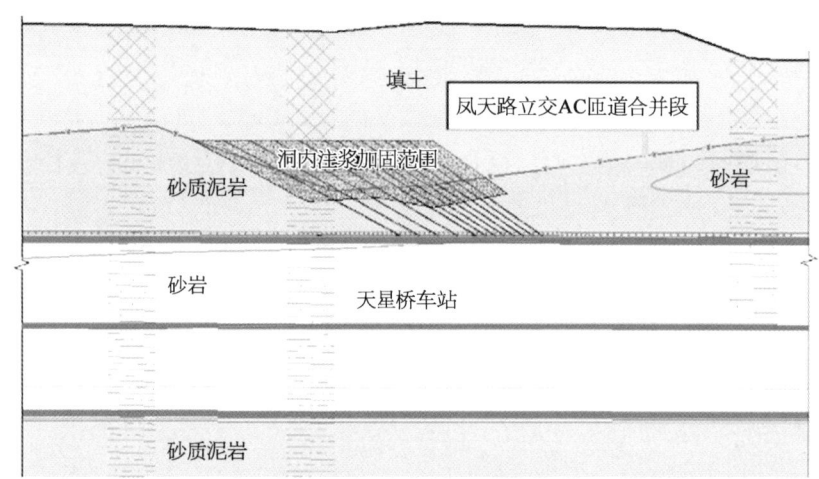

图 5-21　洞内加固措施

③ 对既有凤天路立交(隧道、桥梁)影响的计算分析。车站隧道断面较大,采用双侧壁导坑法分九步开挖,开挖过程中由大断面开挖转化为小断面开挖明显减少围岩扰动,避免了隧道开挖过程中侧壁、掌子面的不稳定问题。为了减小爆破开挖对围岩及上部下穿道及匝道的扰动,上导洞采用非爆破开挖,下半断面爆破开挖时形成反射面,爆破开挖产生的震动对拱顶上部围岩扰动基本可忽略。对重点风险源车站下穿凤天路立交下穿道 A、C 匝道交汇段及人行天桥段分析如图 5-22～图 5-26 所示。

经过有限元计算分析,车站开挖引起围岩沉降影响范围主要集中在车站洞体及上方至地表较小的范围内。车站开挖引起的拱顶下沉主要发生在核心土开挖后,最大值为 6.88 mm。车站两边边墙水平位移在车站开挖时表现为向内收敛,在两侧导坑开挖后,达到最大值,其值为−6.61 mm(收敛);在后期施工中,周边收敛在减少,在仰拱施作完,其收敛量为−4.26 mm(收敛)。

A、C 交汇段在施工过程中最大沉降量为 5.18 mm,出现在 A 匝道底部;下穿道最大沉降量为 1.29 mm;天桥桩基最大沉降量为 3.79 mm,水平位移最大为 2.22 mm,出现在天桥桩基靠近地表位置。A、C 匝道和下穿道的两侧边墙的水平位移表现为向车站中轴线方向移动,A、C 匝道和下穿道最终最大水平位移分别为 1.36 mm、0.73 mm,A、C 匝道和下穿道的周边收敛小于 1 mm。

第 5 章 车 站 结 构

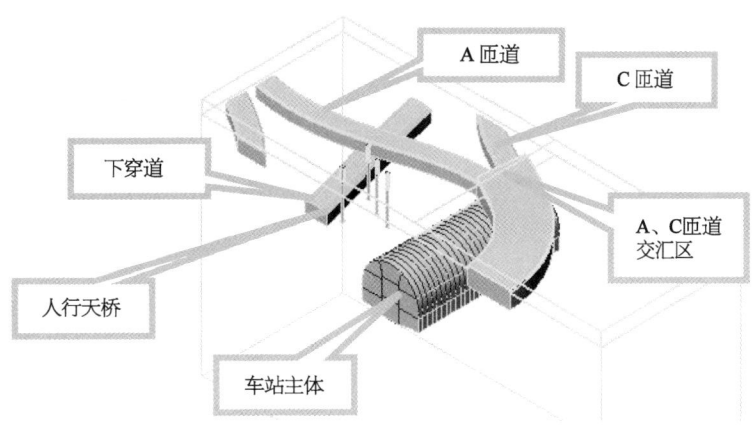

图 5-22　天星桥站主体与 A、C 匝道交汇段及人行天桥的空间关系图

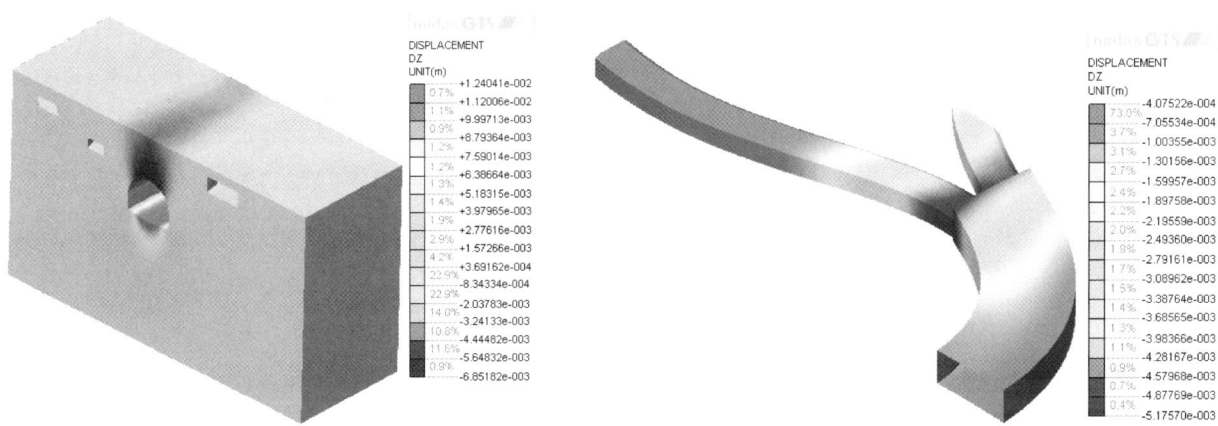

图 5-23　核心土开挖后的竖向位移场云图　　　图 5-24　车站施工后 A、C 匝道交汇段竖向位移场云图

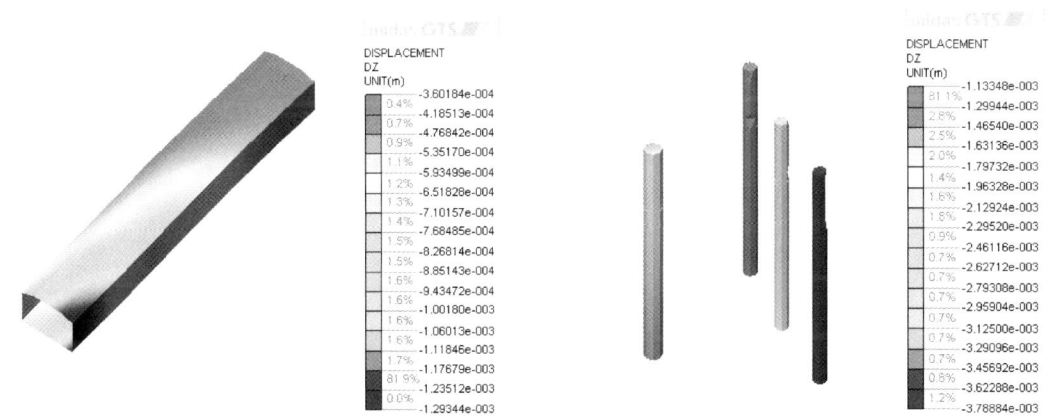

图 5-25　车站施工后下穿道竖向位移场云图　　　图 5-26　车站施工后天桥桩基竖向位移场云图

经理论计算分析，车站所穿越风险段工程，风险可控，满足上部构筑物的变形控制。

④ 马家岩出入场线桥梁（同期建设）横跨车站的方案。本工程上部马家岩出入场线桥梁，在地面斜跨车站隧道。为了避免在车站隧道范围内设置墩柱，桥梁采用门式墩（约 30 m 跨）将桥梁桩基础设置在车站隧道两侧，同时要求先隧后桥的建设时序，如图 5-27 所示，工程现场情况如图 5-28～图 5-31 所示。

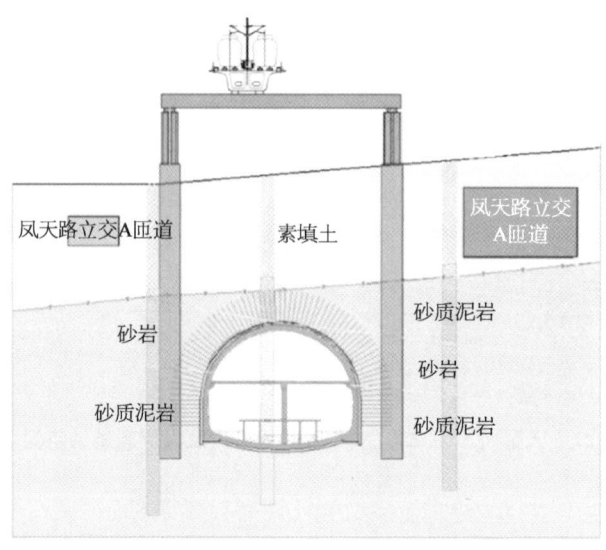

图 5‑27 出入场线桥梁门式墩横跨车站隧道

图 5‑28 车站侧导洞开挖现场

图 5‑29 车站二衬施工现场

图 5‑30 车站二衬施工完成现场

图 5‑31 车站中板施工完成现场

5.3.4.3 民安大道站

1）工程概况

民安大道站为环线和 4 号线跨线同台换乘的地下三层暗挖岛式车站，车站站台宽度为 15 m。车站位于重庆市渝北区人和立交以南,泰山大道西段,呈东西走向。车站范围内环线左右线呈上下叠置,位于车站北侧;4号线线路左右线呈上下叠置,位于车站南侧,左右线线间距(竖向)为7.2 m,环线与4号线线间距为18.2 m,如图5-32所示。

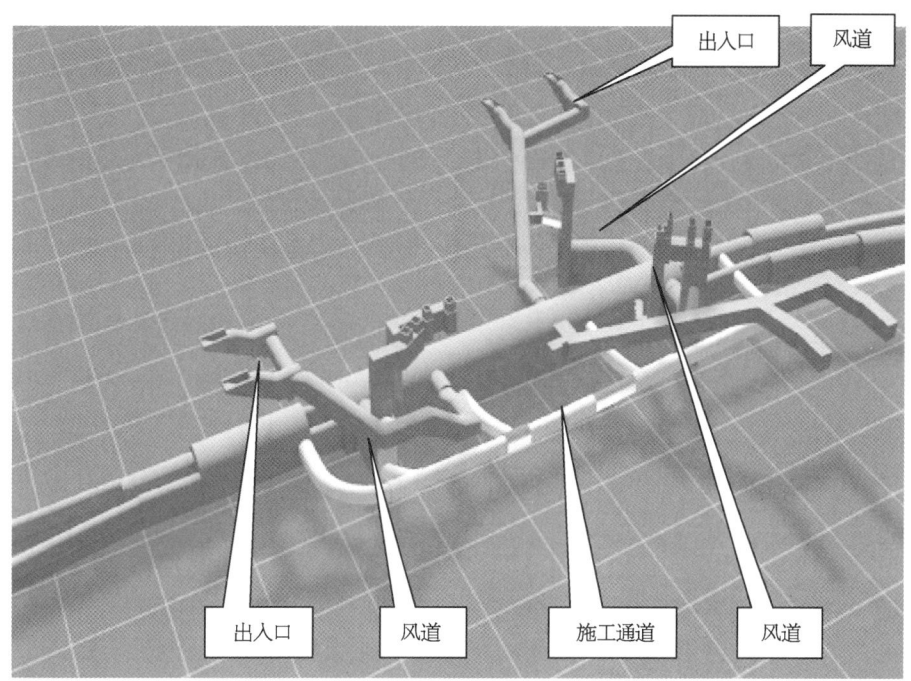

图 5-32 民安大道站地下空间立体展示图

民安大道站共设出入口4座(含1座预留出入口),设置风亭4座。民安大道站车站断面开挖宽度为25.7～30.053 m,开挖高度为30.053 m,车站开挖断面面积最大为693.5 m²,属于超大断面隧道。车站轨面埋深为58～68 m,属深埋隧道。

车站周边环境复杂,其中车站北侧为既有锦上华庭小区、贝蒙盘古商业区,车站南侧为锦上华庭小区和重庆邮区中心局。

民安大道站是国内轨道交通第一座采用拱盖法施工的地下三层暗挖车站,创造性地提出并设计了"软质岩地区基于拱盖法的超大断面暗挖隧道洞内逆作工法",并成功应用于工程实践中。

2) 工程地质概况

(1) 地形地貌。由于地处城市中心地带,人类工程活动对地形和地貌都有较大的改变,地表多为城市道路及建筑物,地面高程一般在310.0～334.0 m,地形平缓,相对高差24 m,地形宏观坡角一般在5°左右。

(2) 地质构造。拟建场地在构造上位于龙王洞背斜西翼,岩层呈单斜状构造,岩层倾向为270°～300°,倾角为10°～12°,区内无区域性断层通过,构造条件简单。

3) 车站结构设计

民安大道站与4号线同台换乘,上行线轨面埋约为75.5 m,隧道埋深约58 m,环线轨道线间距为18.2 m,站台板宽度为15 m,环线与4号线垂直线间距为7.2 m,车站长度约240 m。开挖高度为28.895 m,上部开挖宽度为30.907 m,下部开挖宽度为25.9 m,整个断面开挖面积为693.5 m²,属于超大地下洞室。

4）工程难点及对策——基于拱盖法的超大断面隧道工法

传统拱盖法对于围岩强度要求较高，而本工程隧道主体位于砂质泥岩为主的软质岩中，确保大拱脚基础和高边墙稳定是软质岩地区拱盖法成功应用的关键。为解决软质岩地区超大断面隧道建设难题，提高工效、节约投资、降低工程风险，针对民安大道站的工程特点，本工程采用了基于拱盖法的洞内逆作工法。

（1）拱部开挖及大拱脚拱盖设计方案。

拱部开挖设计以新奥法基本原理为依据，隧道断面拱部分为6个小断面，采用双侧壁导坑法进行开挖，挖除中部核心土之后，采用衬砌台车施作拱部大拱脚衬砌拱盖。同时，在大拱脚部位内置暗梁，起到变形协调和受力传递作用，使得局部的变形突变或受力集中能沿隧道纵向传递，加强隧道整体稳定性。由于设置大拱脚的需要，拱部隧道断面开挖宽度达到了29.9 m，为城市轨道交通领域暗挖隧道最大开挖宽度。施工步序如图5-33和图5-34所示。

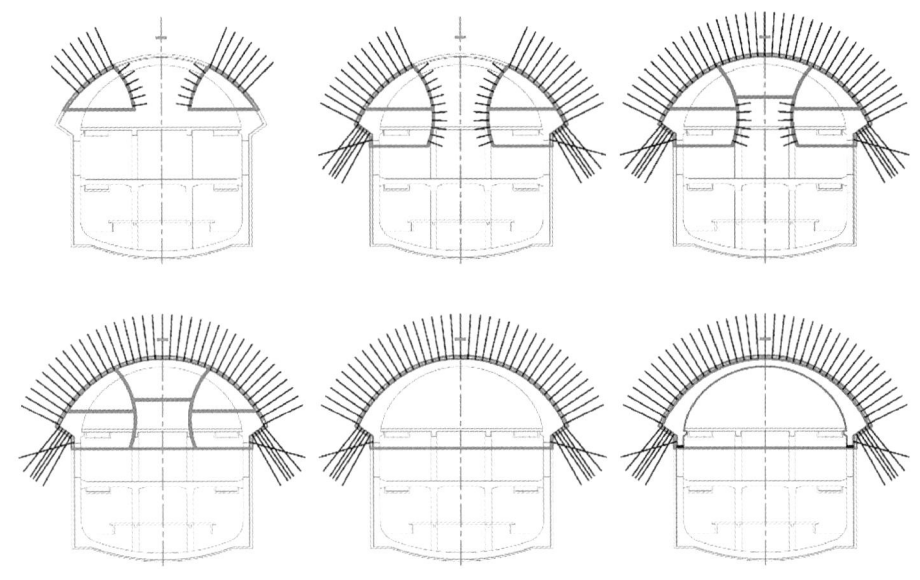

图5-33 拱部开挖及拱盖施工步序图

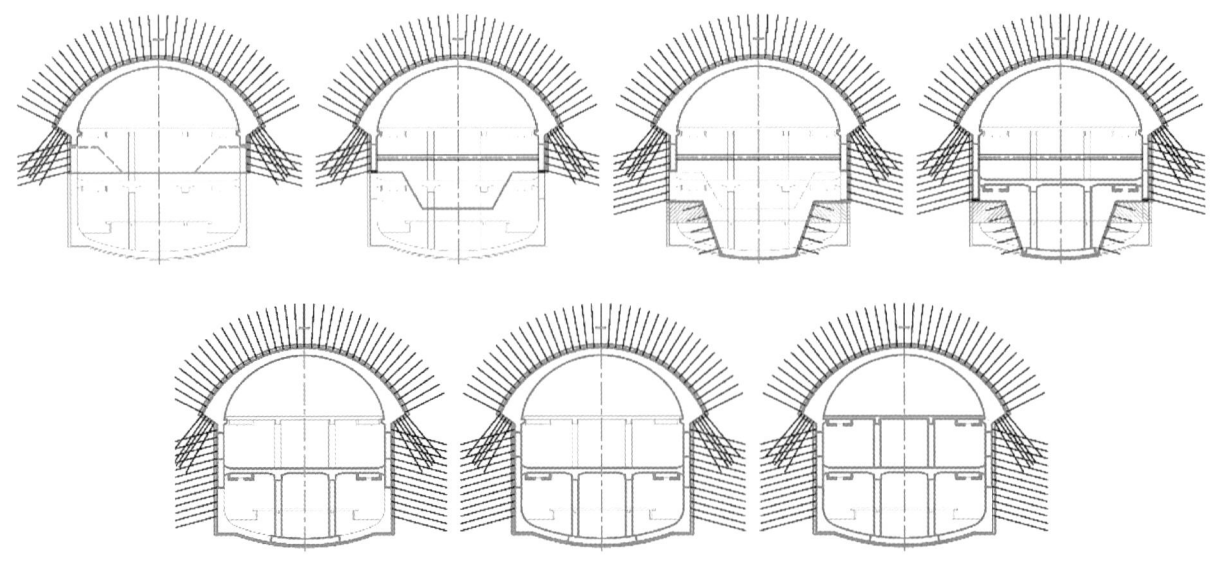

图5-34 隧道中下部断面施工步序图

(2) 关键工况计算分析。

民安大道车站为深埋隧道结构,沿隧道纵向方向隧道开挖截面、地质条件基本保持不变。采用平面有限元方法计算,通过模拟拱盖洞内明挖逆作法施工过程中周围围岩应力、应变场的变化和衬砌支护对围岩开挖变形的约束,判断施工方法是否稳定,如图5-35和图5-37所示。

从围岩位移场分析,拱顶位移呈漏斗状分布,拱部开挖支护完成后隧道沉降为24.98 mm,由于及时施工拱盖以及侧墙结构,拱顶位移对下部开挖并不敏感,待整个隧道封闭成环,拱顶沉降达到最大约为27.34 mm,施工下部A区、B区、C区,拱顶沉降仅增加约2.36 mm。拱部开挖过程中,由于洞周水平位移小,仅为4.40 mm,下部开挖过程中,开挖A区、B

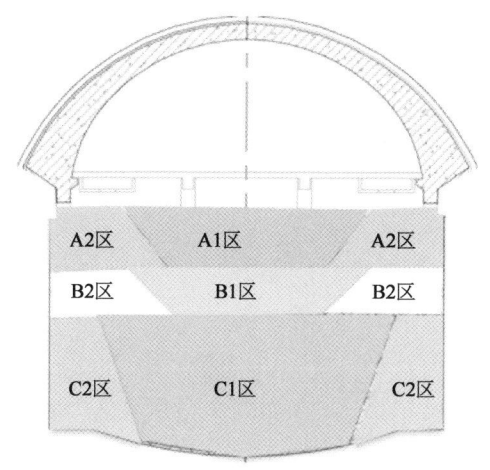

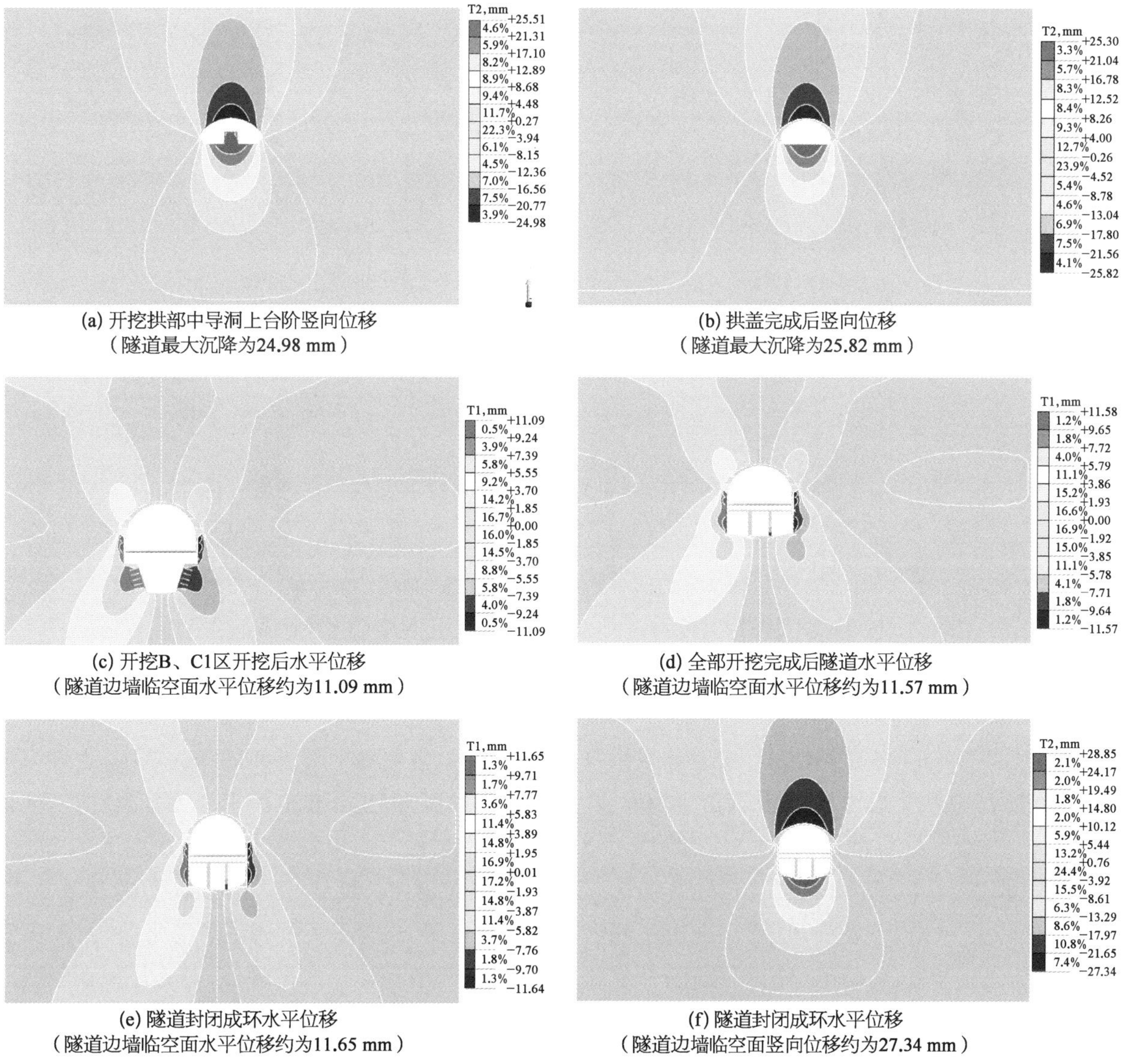

图5-35 隧道中下部断面分区开挖示意图

(a) 开挖拱部中导洞上台阶竖向位移
（隧道最大沉降为24.98 mm）

(b) 拱盖完成后竖向位移
（隧道最大沉降为25.82 mm）

(c) 开挖B、C1区开挖后水平位移
（隧道边墙临空面水平位移约为11.09 mm）

(d) 全部开挖完成后隧道水平位移
（隧道边墙临空面水平位移约为11.57 mm）

(e) 隧道封闭成环水平位移
（隧道边墙临空面水平位移约为11.65 mm）

(f) 隧道封闭成环水平位移
（隧道边墙临空面竖向位移约为27.34 mm）

图5-36 隧道开挖关键步骤位移图

区、C区边墙临空面分别为 8.30 mm、11.12 mm、11.65 mm,由于隧道采用逆作法施工,及时支护,断面下部开挖,造成上部水平位移的进一步发展不多,侧墙水平位移等值线呈波浪形,而非传统工法的水平位移等值线凹凸状,说明逆作法施工对于控制高边墙变形是有利的。

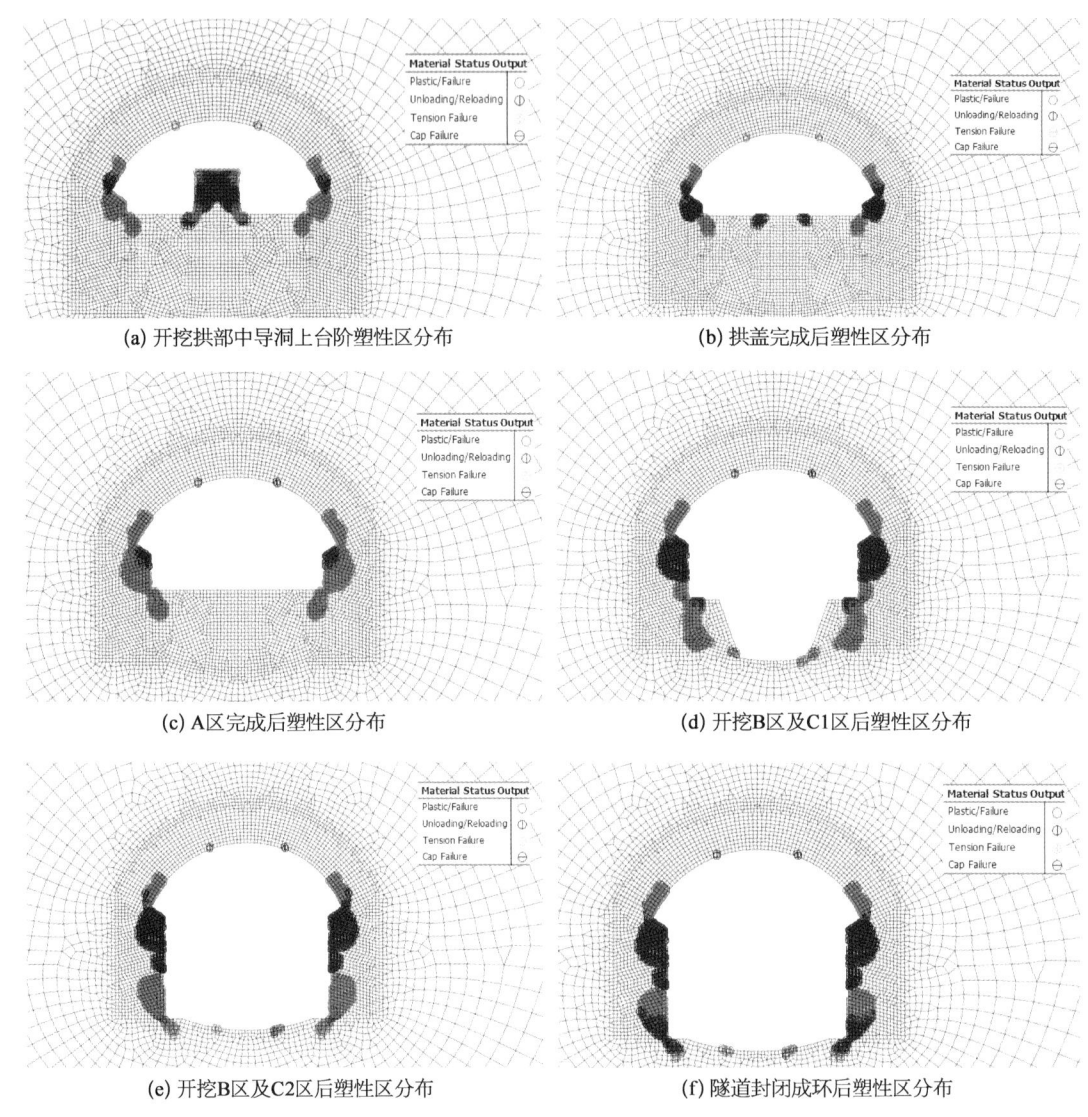

图 5‑37 隧道开挖关键步骤周边岩体塑性区分布图

隧道拱部开挖时,隧道塑性区主要分布在拱脚位置,该部位主要为上部拱圈的承载范围,表现为最小主应力减小,最大主应力增加,从而产生塑性应力,形成塑性区,但是分布范围不大,洞周径向延伸长度约<3 m;继续开挖断面 A 区,拱盖下部侧墙产生临空面,围岩由三向应力状态,变为接近于二维应力状态,大拱脚以下围岩塑性区进一步发展,分布范围洞周径向延伸长度约<5 m;接着开挖 B 区及 C1 区,塑性区间进一步向下发展,但是 A 区由于侧墙和钢支撑作用,改善了大拱脚围岩受力条件,A 区侧墙塑性区未进一步发展;隧道塑性区主要分布在盖拱的拱脚、侧墙和仰拱的拱脚处,尤其是保证侧墙的稳定是本工程支护的重点。

(3)软质岩中拱盖法的大拱脚围岩稳定性。

在软质岩地区采用拱盖法施工,关键是确保拱部大拱脚部位围岩的承载力和稳定性,对于大拱脚稳定性所采用的主要技术措施有：

① 大拱脚部位小范围岩土开挖采用非爆开挖以保证岩体完整性。

② 大拱脚岩面开挖完成后及时封闭岩面，以避免泥岩风化或遇水泥化。

③ 上部拱盖浇筑完成后要求观测大拱脚部位岩土体基岩裂隙水渗漏情况，对于存在岩体基岩裂隙水渗漏的区域，采用导管将地下水引出，保证地下水不在拱脚部位汇集而降低岩体强度，并使岩体呈天然强度工作状态。

④ 垂直于拱盖大拱脚岩面设置锚杆，以便增强岩体抗剪强度，保证岩体稳定性。

⑤ 大拱脚部位下部侧墙设置临时钢支撑，并施加预应力，使得拱脚部位岩体呈三向受力状态以增加岩体承载能力和稳定性。

⑥ 采用洞内逆作法施工，随挖随支，同时重视高边墙支护以确保隧道高边墙稳定性，进而确保拱盖结构安全。

（4）软质岩中拱盖法的高边墙稳定性。

民安大道站埋深约为 43.5 m，依据相关规范判断车站主体隧道为深埋隧道。越来越多的工程研究和实践表明深埋隧道侧墙塑性区发展范围较大，深埋隧道的破坏往往表现为侧墙失稳，因此侧墙的稳定显得非常重要。而本工程隧道侧墙高度高，为高边墙地下结构，由于采用拱盖法施工，进一步增加了侧墙工程的风险。同时，车站右侧发育的岩层构造裂隙为隧道侧墙稳定性带来了不利影响。如何确保高边墙的稳定是本工法设计和研究的重难点。

永临结合的高边墙支锚体系是确保高边墙稳定性的关键，主要技术措施有：

① 侧墙分区分段跳槽施工，隧道中下部竖向按照 A 区、B 区、C 区三层进行分区，每层又按照中间纵向拉槽，两侧分段开挖进行施工组织，化整为零，每一分区成为一个独立的施工单元和支护体系。

② 初期支护结构按照逆作法施工，每一分区开挖自上而下，随挖随支，严格控制每步竖向开挖高度，每步开挖高度根据施工监控量测数据控制为 1 根或 2 根锚杆竖向间距，侧墙喷射混凝土内设置竖向肋柱，每步开挖初支及时支护。

③ 隧道边墙锚杆采用长锚杆，锚杆通过潜在破坏区（塑性区）后锚入稳定岩层，同时密布的侧墙锚杆起"插筋"作用，能够起到提高围岩抗剪强度值，并能加固因隧道开挖造成的隧道松动圈，从而提高侧墙的稳定性。

④ J1 裂隙对于隧道右侧侧墙为外倾结构面，边坡稳定受到 J1 裂隙控制，针对右侧高边墙锚杆支护予以加强，锚杆锚入外倾结构面破裂角。

⑤ 每开挖一层后，施作一层侧墙二衬，并在侧墙端部预留钢筋接驳器，同时在侧墙底部设置工字钢，使得侧墙与下部未开挖岩层楔紧，从而避免上部拱盖塌落风险。

⑥ 竖向第一段侧墙施工完成后设置钢支撑一道，并施加预应力，以控制围岩变形，加强侧墙和拱盖拱脚的安全。

⑦ 采用逆作法开挖第二层岩土体后，对于第三层中部岩土进行拉槽开挖，开挖完成后，施作底板、内部结构（梁、板、柱）及第二段侧墙，使得全断面开挖完成前，内部结构得以提前实施。内部结构可以作为支撑体系，从而减小侧墙一次性开挖高度，加强了侧墙稳定性。

⑧ 洞内逆作法施工：隧道断面中下部通过永临结合的支锚体系，实现了开挖与衬砌结构的逆作法施工，初期支护自上而下随挖随支，二次衬砌自上而下分段浇筑，实现了洞内逆作法施工，降低了工程风险和施工难度。

⑨ 轨道行车板与隧道侧墙实现了整体浇筑，避免了在行车板与隧道侧墙之前设置施工缝，增加了

结构安全度。

现场施工情况如图 5-38～图 5-40 所示。

图 5-38 拱盖施作完成

图 5-39 中下部开挖

5.3.4.4 涂山站

1) 工程概况

环线涂山站位于南岸区,站址位于海弹路重庆医药研究所大门前的路面下方,呈西北—东南向设置,车站东侧有一座中国石油加油站,东海长洲小区 A2(33 层住宅楼)、A3(16 层皇郡大酒店)号大楼,车站东侧重庆市医药工业研究所。车站南侧为重庆市 7 层的金山城大厦。

车站为地下两层双岛(10 m+10 m)双洞暗挖车站,有效站台长为 140 m,车站总长为 426.022 m(含配线段)。车站主要断面(A 型支护断面)单洞开挖跨度为 21.56 m,开

图 5-40 纵向分区分部施工站内结构

挖高度为 20 m,开挖面积为 375.26 m²,双洞间开挖间距为 19.7 m。涂山站总平面如图 5-41 所示。

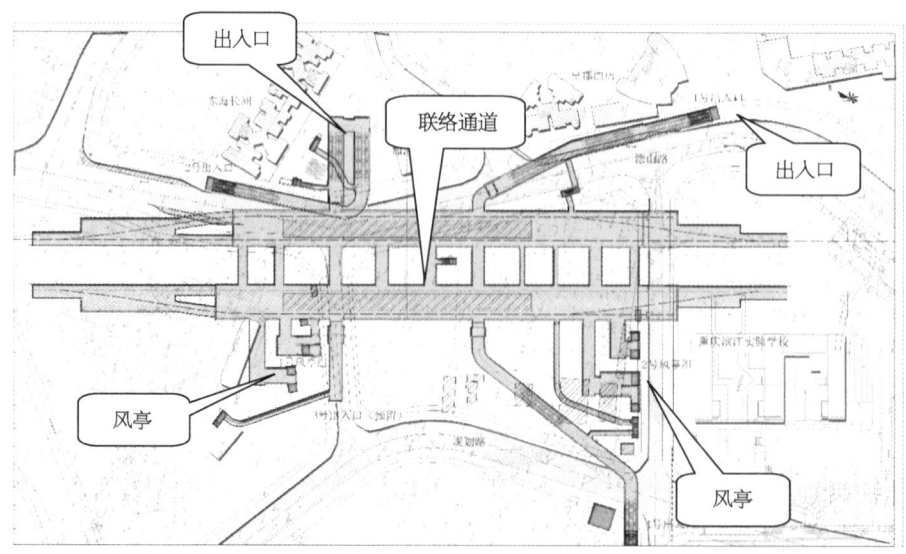

图 5-41 涂山站总平面图

2）工程地质条件

（1）地形地貌。涂山车站所在地段的原始地貌属构造剥蚀丘陵地貌，线路位于长江右岸上部的宽缓台地上；由于地处城区，人类活动频繁，经人类活动改造为道路、厂房或建筑地坪，目前场地地势较平缓，地形坡角一般为 3°~8°，地面高程为 256~270 m，高差约 14 m。

（2）沿线地层特性。场地原始地貌属构造剥蚀丘陵地貌，岩土界面随原始地形上下起伏，总体呈现北高南低的特点；基岩面坡角一般为 0°~15°，局部受工程建设挖填的影响，基岩面坡角达到 20°，岩土界面高程为 244.7~277.6 m，相对高差约 33 m。

（3）地质构造。根据地面地质调绘，岩体裂隙特征如下：

岩层：场地岩层产状 250°~280°∠45°~55°，优势产状 265°∠50°，岩层呈单斜产出，局部变化，区内无断层，地质构造简单。岩层中斜层理和交错层理较发育，贯通性好。砂岩或砂质泥岩内部层面为硬性结构面，结合差，层面多闭合，无充填物。车站处地质横断面如图 5-42 所示。岩体中主要发育两组构造裂隙：

① J1：65°~100°∠50°~60°，优势产状 80°∠55°，延伸 5~7 m，微张，平直，间距为 1.0~2.0 m，偶见钙质充填，结合差，属硬性结构面。

② J2：200°~220°∠50°~55°，优势产状 210°∠53°，延伸 3~5 m，一般闭合~微张，舒缓波状，局部偶见翻转现象，间距为 3~5 m，偶见泥质充填，结合差，属硬性结构面。

（4）地质评价。车站隧道采用直墙圆拱断面，隧道走向（161°）与岩层面走向（175°）小角度斜交，现对隧道边墙稳定性进行分析。隧道左侧壁倾向 251°，裂隙 J1 倾向边墙内，裂隙 J2 倾向与边墙临空面大角度斜交（交角 41°），岩层面倾向边墙外，与左侧壁倾向小角度斜交（交角 14°），岩层面为外倾不利结构面；左侧边墙稳定性受岩层面控制。左侧边墙开挖后存在顺层偏压问题，车站隧道偏压计算模式如图 5-43 所示。应严格控制开挖进尺加强初期支护，并注意由层面和 J2 切割形成的块体向洞内滑塌；左侧边墙边坡岩体类型Ⅳ，岩体破裂角 48°。

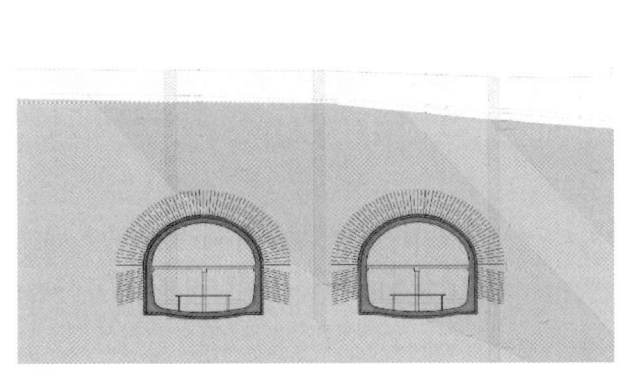

图 5-42 地质横断面

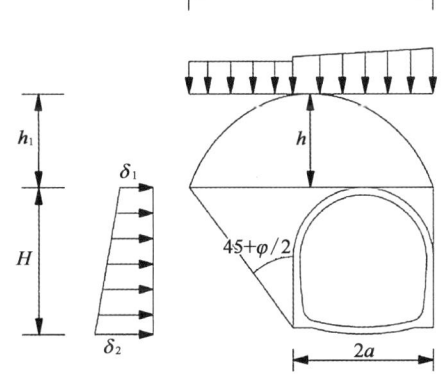

图 5-43 偏压计算模式

3）车站结构设计

（1）数值模拟计算。

采用 MIDAS/GTS 有限元分析软件进行地层结构法三维数值分析。隧道围岩采用弹塑性理论并采用摩尔-库伦屈服准则，衬砌结构采用弹塑性各向同性材料模拟，锚杆采用全长黏结式杆材料模拟，为植入式桁架单元，初支和二衬均采用板单元模拟，如图 5-44 和图 5-45 所示。

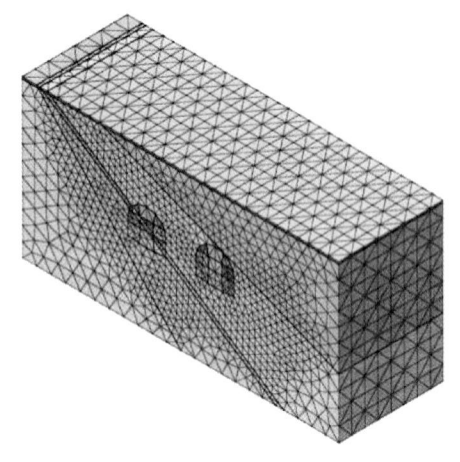

图 5-44 有限元三维模型

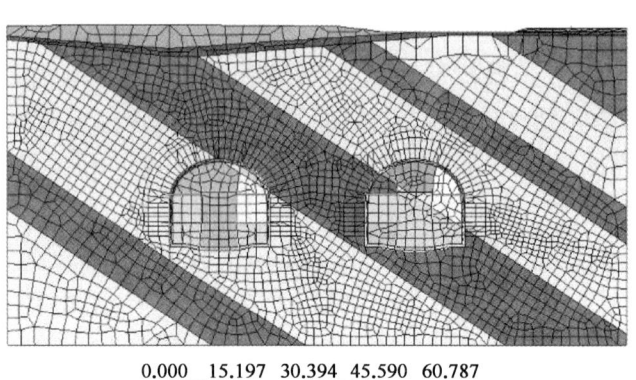

图 5-45 网格划分剖面图

(2) 计算结果。

开挖过程中竖向(Z 方向)位移如图 5-46 所示。

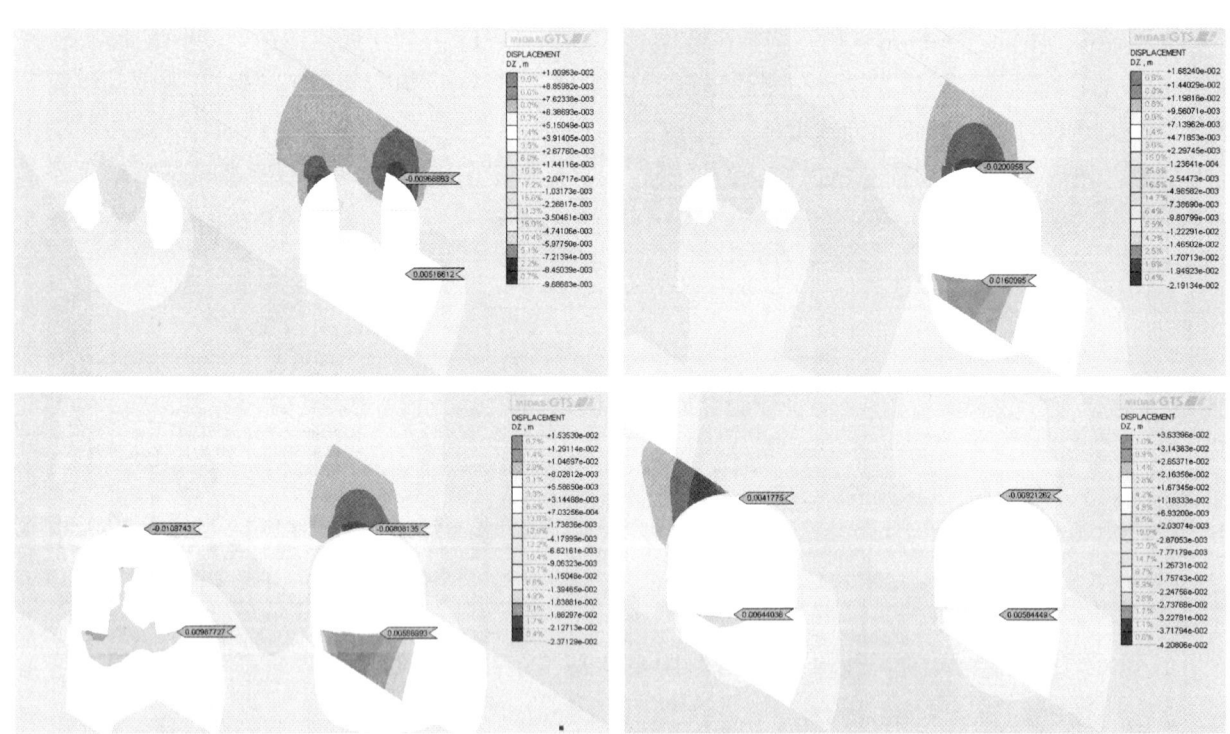

图 5-46 开挖阶段位移图(单位: m)

根据对车站隧道开挖模拟计算结果：围岩最大垂直位移为 26 mm，最大水平位移为 14 mm，地表沉降最大 15 mm。

围岩塑性区主要分布在左洞左侧直墙墙趾处和拱部结构面交界处，左洞拱部最大竖向变形位置均在结构面与拱部交汇处，左侧两倾斜结构面之间围岩的竖向变形均较大，结构面处岩体有顺层滑向洞室内部的破坏趋势。这两处均为结构面顺层滑动的迎压侧墙及拱顶，支护措施需特别加强。可增设中空锚杆大角度穿过结构面注浆加固,并增加偏压和迎压侧墙背部的围岩压力监测。

左洞与软弱结构面相交,右洞与硬性结构面相交,结果显示,左洞拱部变形远大于右洞,可见结构面的物理力学性质对围岩稳定性影响较大。为保证施工安全,首要的是对软弱结构面进行加固处理。

通过合理安排两隧道的开挖步序,减小两小净距隧道开挖过程的影响,工序要求为同一断面上左侧隧道左右上导坑完成后停止施工,待右侧隧道二衬施工完毕后,再行开挖左侧隧道剩余部分及施作二衬。通过上述措施,对涂山车站开挖模拟,其位移及应力变化均在控制范围内,隧道整体稳定。

5.3.4.5 施工通道设计

结合了重庆市特有的地形地貌特征,为了减少对周边环境的影响,车站和区间工程多采用地下暗挖结构形式,为解决其施工出碴、材料运输、人员进出等问题,设置施工通道,作为辅助主体结构建设的临时结构物。

1)施工通道设计原则

(1)施工通道选址应根据结构主体结构类型、使用条件、施工工艺等条件进行,并考虑沿线各车站和区间隧道所处区域的工程水文地质、总体规划、环境(周围地面既有建筑、地下障碍物、管线等)条件和道路交通状况,经对技术、经济、工期、环境影响和使用效果的综合比较,选择合适的平面布置和路由。

(2)为满足建设工期和主体工序安排,标准车站可采用一主一辅双通道形式,主通道长度应控制在350 m以内为宜,通道总长应控制在500 m以内为宜;带配线等非标准车站可以根据土石方出碴总量适当增加出碴通道数量。

(3)施工通道等结构净空尺寸应结合施工要求和场地环境情况确定,在设计中需结合地质情况并充分考虑施工期间的结构受力特点和使用要求。

(4)通道设置应尽量结合车站附属结构布置,考虑后期利用及可改造性。仅施工需要的施工通道可按临时结构设计,当主体结构施工完成废弃不用时,要有可靠的回填或封堵措施,回填质量要达到相应的要求,确保其上部或附近的设施在今后的使用中不受影响。

(5)施工通道纵断面设计需考虑重载出碴车辆的爬升要求,一般最大坡度宜≤13%,连续爬升段超过150 m时加设一处错车道,错车道长度约为20 m,设置为2%坡度的平台段。通道转弯半径≥20 m。

(6)施工通道采用直墙拱形断面,断面尺寸需满足车辆及通风要求,其支护参数需根据地质情况进行针对性设计。

(7)施工通道洞口段及特殊地段可考虑增设二衬以确保结构安全,洞口前明槽部分应考虑采取支护措施。施工通道接入车站及区间结构主体时空间转换较为复杂,应采取必要的结构措施,详细交代接口工序图。

(8)由于施工通道一般坡度较大,需考虑设置泵房进行排水。

2)施工通道结构设计

环线工程中,暗挖车站及区间隧道一般均设置施工通道,长度为360~380 m不等,均设置一主一辅,采用直墙拱形断面,标准断面净宽为6 m,净高为5.5 m,错车道断面净宽为7.5 m、净高为5.5 m。

3)施工通道进主体隧道体系转换

轨道交通暗挖车站一般断面较大,施工通道接入后挑顶高度大,挑顶时间长,影响后续主体施工进度;挑顶工序复杂,同时挑顶巷道拱顶部分岩土体开挖安全风险较高。

为缩短施工通道挑顶转入车站主体的施工时间、降低施工风险,同时减小车站主体隧道后期开挖阶段多作业面展开时的相互干扰,一般采用一主一辅双通道形式进入车站主体隧道,其中辅通道结合车站永久出入口设置,由站厅层挑顶进入车站隧道暗挖大断面,缩短挑顶施工时间,挑顶后分别向车站大、小里程开挖双侧壁左右导洞上、中台阶,待开挖至主施工通道处,主施工通道由站台层直接接入车站隧道。

施工辅通道进入车站主隧道挑顶施工采用正挑顶施工方案,即当施工辅通道施工到与主体隧道接口时,从通道拱顶起沿主体隧道外轮廓线扩挖一个断面为矩形的垂直于正洞的弧形巷道,在巷道初期支护(其两侧为临时支护)的保护下施作巷道内主体隧道初期支护,然后向两侧开挖主体隧道导洞转入正洞施工。主施工通道在车站上、中台阶开挖以后再接入车站主体,因而不存在挑顶施工的情况,如图5-47和图5-48所示。

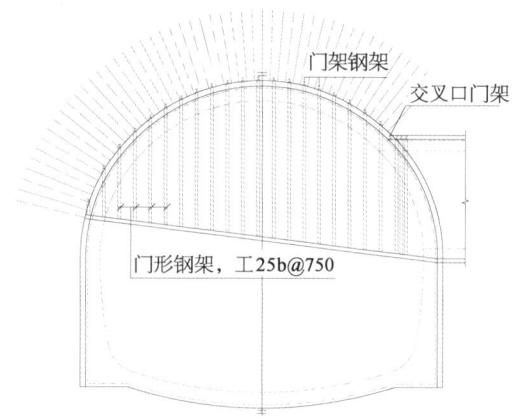

图5-47 施工通道挑顶施工方案

图5-48 主隧道挑顶段初期支护施工

施工通道与主体隧道相交部分是结构薄弱点,周边围岩应力集中,支护变形较大,而车站主体隧道断面较大,且涉及临时支护与永久支护的受力转换。施工通道进入主体隧道挑顶按新奥法原理充分发挥围岩自身承载力,上挑采用矿山法施工临时与永久结合的支护系统,通过增加各种辅助支护措施加强初期支护,保证施工安全及施工的顺利转换。以"弱爆破、短开挖、强支护、早封闭、勤量测、速反馈"为指导方针,分步开挖,及时支护,实施信息化管理,根据监控量测信息反馈指导施工,确保安全、稳定。

5.3.4.6 盾构过站

为了提高区间隧道施工的效率和机械化率,通过前期论证,环线工程首次在重庆地区大规模地采用盾构工法施工区间隧道。环线工程中,在暗挖车站较多且车站端头无法设置盾构工作井的情况下,盾构方便、快速、安全地通过暗挖车站显得尤为重要,有助于提高区间隧道的施工效率,减少盾构转场的费用和时间。

复合式盾构过站方式,按照盾构过站时车站的施工时序分为三种过站方式,本次环线工程对实现盾构"灵活过站"及同步实施车站二次衬砌浇筑与盾构过站等有助于加快工期的方式进行了研究,解决了暗挖车站与盾构工法组合在工程实施中的难题。

1) 盾构过站的原则及方案研究

(1) 过站原则。复合式盾构过站应遵循"安全、快速、投资少"的原则,综合考虑暗挖车站及盾构施工进度初排工筹,减少盾构过站对车站工期的影响;施工时过程中,应跟踪现场施工进展,根据实际工程进展情况做出必要的调整,最终获得整体工程进度的最优化。

(2) 暗挖车站的施工工序。重庆地区轨道交通矿山法暗挖车站,根据建筑的使用及行车限界的要求,标准 12 m 岛式暗挖车站结构内净空尺寸为 21.0 m×18.490 m(跨度×高度);重庆地区基岩面较浅以中风化砂岩、泥岩为主的地质条件,参照既有线的实施经验及环线工程的相应工程条件,环线工程暗挖车站主要采用双侧壁导坑法施工,共分九步开挖。

(3) 盾构过站方式及适用性分析。盾构过站方式的选择应与其过站时暗挖车站所处的工况阶段相匹配,经过分析,复合式盾构通过暗挖车站有如下两个难点:

① 矿山法暗挖车站自身工程体量大、施工难度大、风险高、受力体系转换多、步序复杂,暗挖车站主体工程的工期通常是控制性节点工期。

② 复合盾构在暗挖车站接收后通过车站洞身,开始掘进下一段区间隧道,已完成的隧道及车站洞身需作为盾构出碴、管片运输、电力、通风、供水的通道且不能中断,直到盾构掘进完成全部区间隧道。

根据盾构通过时暗挖车站所处的不同施工阶段,过站方法主要分为如下三种:

① 盾构掘进过站(先隧后站):盾构到达车站范围时,车站主体结构尚未施工,盾构可选择正常掘进并拼装管片通过车站,后期暗挖车站施作时再破除管片。盾构掘进过站示意如图 5-49 所示。

② 盾构初期支护步进过站:盾构到达车站范围时,车站尚处于导坑开挖阶段(即上述暗挖站施工步序第3阶段),盾构空推步进(不拼装管片)通过已完成的暗挖车站初期支护导洞,待盾构过站完成后,再进行车站的后续阶段施工。盾构初期支护步进过站示意如图 5-50 所示。

③ 盾构二次衬砌步进过站:盾构到达车站范围时,车站主体隧道的二次衬砌已经浇筑完成,盾构空推步进通过车站(不拼装管片)。盾构二次衬砌步进过站示意如图 5-51 所示。

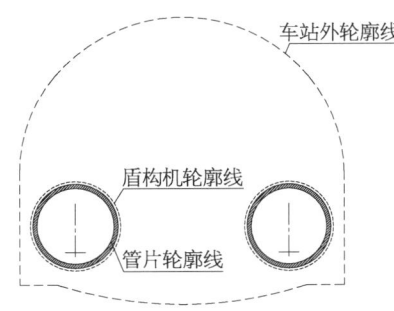

图 5-49 盾构掘进过站示意图

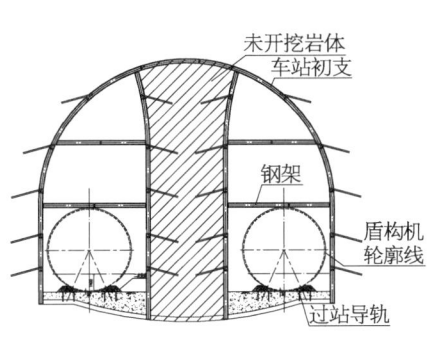

图 5-50 盾构初期支护步进过站示意图

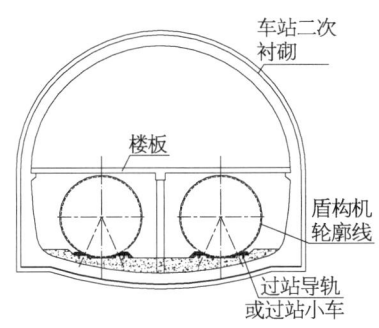

图 5-51 盾构二次衬砌步进过站示意图

经初步分析,三种过站方式的优缺点见表 5-4。

表 5-4 复合式盾构过站方式优缺点比较表

序号	比较内容	盾构掘进过站方式	盾构初期支护步进过站方式	盾构二次衬砌步进过站方式
1	作业步序	先区间,后车站,盾构掘进拼装管片	车站边导坑完成后,盾构在导洞中空推步进	先车站,后区间,盾构在车站二次衬砌中空推步进
2	对车站主体结构的要求	对车站结构无要求	边导洞内临时横撑、临时竖撑的设置需满足盾构过站的净空需求;初步分析,最下一道临时横支撑需要上抬 1.5 m;预留核心岩柱宽度不得大于 6.30 m	车站端头需设置扩大端接收盾构,根据盾构步进操作净空要求,扩大端衬砌内净空较车站断面外放约 1.5 m;盾构步进路线上的结构构件不得侵入盾构净空

续 表

序号	比较内容	盾构掘进过站方式	盾构初期支护步进过站方式	盾构二次衬砌步进过站方式
3	过站技术难度	技术难度小	技术难度较大,初期支护导洞临时工况下盾构步进通过,风险较高	技术难度小
4	对车站后续施工的影响	对车站后续施工影响大,需待区间隧道贯通后,方可进一步施工车站主体;车站施工需要破除已拼装的隧道管片	对车站后续施工影响大,需待区间隧道贯通后,方可进一步施工车站主体;且车站后续核心岩柱开挖风险较高	盾构过站前,需将车站主体二次衬砌施作完成;对车站后续施工影响小
5	工期筹划	盾构应尽早始发;区间贯通后再进行车站施工	安排较灵活,但盾构过站后,对车站后续施工有较大影响	需要尽快施作完车站二次衬砌,盾构可相对较晚始发
6	工程费用	隧道掘进、管片拼装及拆除约1 911万元(按照标准车站200 m长度估算)	车站初期支护加强,约180万元	车站端头设置扩大端,约150万元
7	比选结论	费用较高,工筹安排简便	工筹安排、施工调整灵活,施工风险较高	费用低、安全,对车站施工进度要求较高

2)环线沙坪坝区段盾构过站施工实践

(1)工程概况。

以环线工程经主城沙坪坝区的7站7区间为例,结合施工组织筹划,统筹研究盾构过站方案。本段线路全长约9 925.561 m,均采用地下敷设方式,共设地下站7座(其中明挖站2座、矿山法暗挖站5座),平均站间距1 411 m,车站情况详见表5-5。

表5-5 沙坪坝区段车站概况一览表

序号	车站名称	中心里程	轨面埋深(m)	车站长度(m)	车站形式	施工工法	备注
1	重庆西站	K0+775	21.8	481	地下三层双岛车站	明挖法	与5号线、高铁换乘,盾构接收
2	上桥站	K2+776	36.0	214	地下两层岛式车站	矿山法暗挖	盾构过站
3	凤鸣山站	K3+844	18	232	地下两层岛式车站	明挖法	盾构始发
4	重庆图书馆站	K5+099	41.0	209	地下两层岛式车站	矿山法暗挖	盾构接收
5	天星桥站	K6+153	36.1	214	地下两层岛式车站	矿山法暗挖	站后风井兼顾盾构始发井
6	沙坪坝站	K7+757	43.8	178	地下两层岛式车站	矿山法暗挖	与1号线、9号线换乘,盾构过站
7	沙正街站	K9+242	36.4	283	地下两层岛式车站	矿山法暗挖	配线站,盾构过站
8	嘉陵江隧道洞口	K9+926	—	—	—	矿山法暗挖	接轨道嘉陵江专用桥(高家花园大桥),盾构接收

本段区间均为地下线,且位于重庆中心城区,根据前期的专题论证成果,除了马家岩停车场接轨区间(重庆图书馆站—天星桥站区间)采用矿山法施工外,其余6段区间均采用复合式盾构进行施工。

(2)盾构过站方式筹划。

本段区间筹划以重庆图书馆站—天星桥站矿山法区间为界分为南、北两段进行盾构施工筹划;南段为重庆西站(不含)—上桥站—凤鸣山站—重庆图书馆站(不含)段,北段为天星桥站(不含)—沙坪坝站—沙正街站—嘉陵江隧道洞口段,均为两站三区间。

南段重庆西站—重庆图书馆站区段工程筹划,利用明挖凤鸣山站作为盾构始发场地,分别向重庆图书馆站和重庆西站方向掘进,上桥站需采用盾构过站方式。初期工程筹划的考量点如下:

① 盾构要于暗挖重庆图书馆站接收并经暗挖风道吊出,需考虑盾构在风道中平移的难度且场地提供较晚。

② 上桥站—凤鸣山站区间长度853 m,盾构始发之后,掘进约3个月即可到达上桥站,要通过正在施工暗挖主体的上桥站。

充分考虑上述影响因素后,工程筹划采用盾构自明挖凤鸣山站小里程端头井始发,经上桥站过站后于重庆西站端头井接收,预判盾构到达上桥站时,车站尚处于暗挖主体隧道开挖阶段,按照初期支护步进过站方式预排定(若现场上桥车站工期进展顺利,则采用二次衬砌步进过站);盾构至重庆西站盾构井接收后转场至凤鸣山站大里程端头井二次始发,于凤天路站接收,并经暗挖风道吊出(图5-52)。本段工筹筹划,盾构共计掘进3 384双线延米,初期支护步进通过一座暗挖车站约214 m。

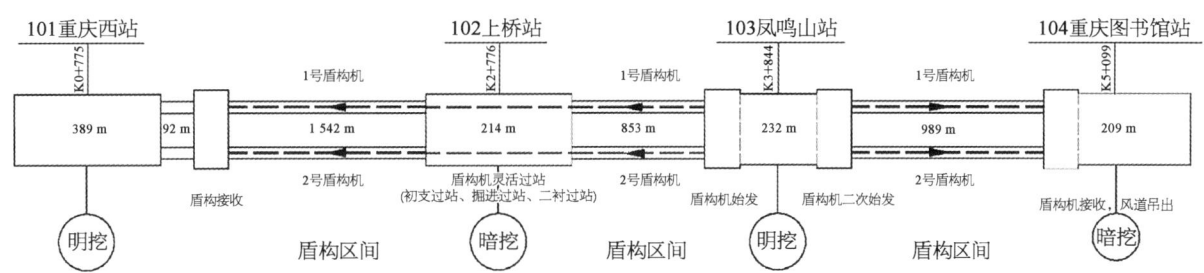

图5-52 重庆西站—重庆图书馆站区段盾构施工筹划图

北段天星桥站—嘉陵江隧道洞口段,盾构自天星桥站大里程端头井始发,经沙坪坝站、沙正街站过站后于嘉陵江隧道洞口接收(图5-53);本段工程难点为盾构要通过正在施工中的暗挖沙坪坝站、沙正街站,两座车站均为暗挖车站,暗挖车站的施工状态决定了盾构过站方式的选择。

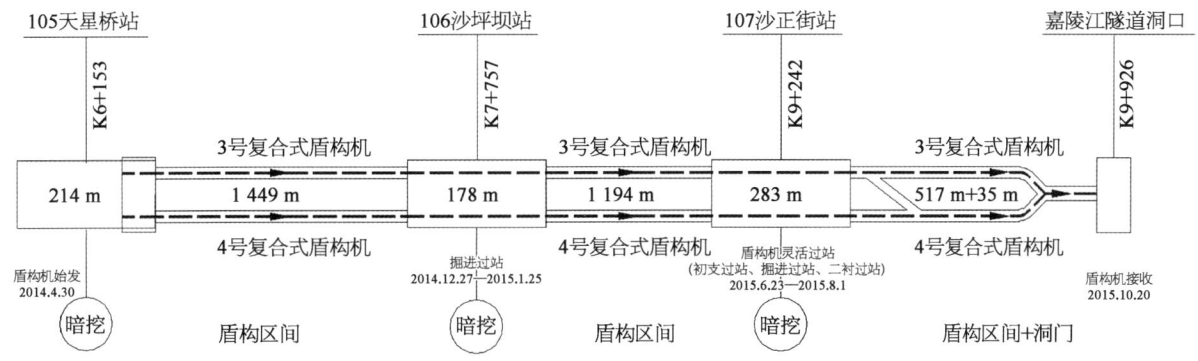

图5-53 天星桥站—嘉陵江隧道洞口区段盾构施工筹划图

初步的工程筹划，沙坪坝站为三线换乘车站，车站断面大且车站施工通道场地的选取困难，初步判断盾构推进至车站时主体尚未开挖，拟定本站采用盾构掘进过站，待区间隧道贯通后，暗挖车站开挖时破除车站范围内区间管片；沙正街车站为暗挖配线车站，工程量较大，考虑到车站距离盾构始发端较远且施工通道场地条件较好，预判盾构达到时，车站主体开挖已完成，故采用盾构初期支护过站的方式。本段工筹筹划，盾构共计掘进3 338双线延米，通过两座暗挖车站，其中掘进过站1座长约178 m、初期支护步进过站1座长约283 m。

③ 工程实践及相应调整。在工程实施过程中，因外部条件的改变，盾构到达暗挖车站主体时，车站主体施工阶段与前期设计阶段预判有所不同，需对施工筹划进行调整。

南段重庆西站—重庆图书馆站区段，工程进度满足筹划要求，采用盾构在车站隧道初期支护状况下步进过站（图5-54），待上桥站—重庆西站区间贯通后，再进行车站隧道核心岩柱解除及后续车站主体结构施工；工程的风险主要在于中隔岩柱高约20 m，需待区间隧道贯通后方可开挖岩柱，施作隧道衬砌结构，该风险工况持续约6个月。

图5-54 盾构初期支护步进过站现场实施

北段天星桥站—嘉陵江隧道洞口段，因为盾构始发场地较晚提供，无法按照计划始发盾构，而沙坪坝站、沙正街站施工较计划有所提前；考虑到沙坪坝站主体隧道结构最大开挖跨度为26.1 m，初期支护过站风险不可控。经过多方论证，适当延后盾构始发时间，加速完成沙坪坝站、沙正街站的主体二次衬砌，最终盾构均采用二次衬砌步进过站的方式，通过沙坪坝站和沙正街站；并采用了高净空模板台车的方式，预留了盾构通过模板台车的空间。

3）盾构过站方式的优化与重点技术探讨

(1) 盾构"灵活过站"方式的实现。

盾构过站方式虽然在工程初步筹划时会有一个预判方案，但在工程实施中，因诸多边界条件的变化，预判方案与现场进度会有较大的差异，需预留接口工程满足三种过站方式，以便根据现场实际进度，灵活安排过站方式，实现"灵活过站"；接口工程不仅要考虑工序转换的方便，而且应尽量与永久工程相结合，应尽量避免废弃工程量的产生。

环线工程中，复合式盾构刀盘直径6 860 mm，根据限界要求，车站结构线路中心线距离车站二次衬砌内表面为2 250 mm，小于一半的盾构直径（3 430 mm）；车站初期支护内表面距离线路中心线约3 820 mm；故在不偏移隧道中心线的情况下，盾构外壳距离车站初期支护约380 mm，盾构与隧道二次衬砌结构冲突约860 mm（图5-55）。因此，若暗挖车站二次衬砌完成后，则盾构无法沿线路中心线通过已完成的车站，而盾构掘进过站或初期支护过站时，因二次衬砌尚未施工，故盾构可沿设计线路通过

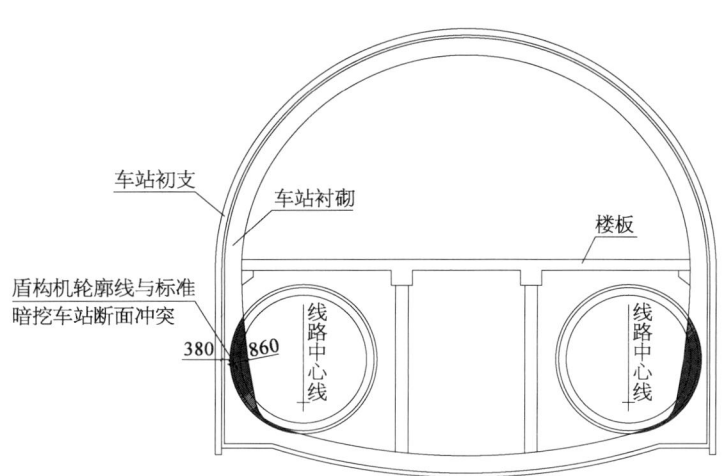

图 5‑55 盾构与暗挖车站标准断面结构关系图(单位：mm)

车站隧道。

在采用盾构二次衬砌步进过站方式时，不能简单地通过加大车站暗挖隧道的跨度来满足盾构步进过站的尺寸要求，主体隧道的安全性、经济性均无法得到保证。通过多方案的比选研究，在环线工程中，在暗挖车站端头增设分离式的盾构接收(始发)洞(图5‑56)，在接收(始发)洞中可以实现盾构的接收、平移和步进以适应暗挖车站主体隧道的尺寸，详见盾构过站工序平面图(图5‑57)。同时，所增设的接收(始发)洞可兼作车站人防段或站端废水泵房，实现工程"零废弃"的目标。

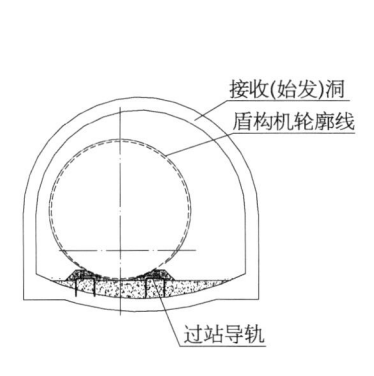

图 5‑56 过站导洞(后期兼作人防段)

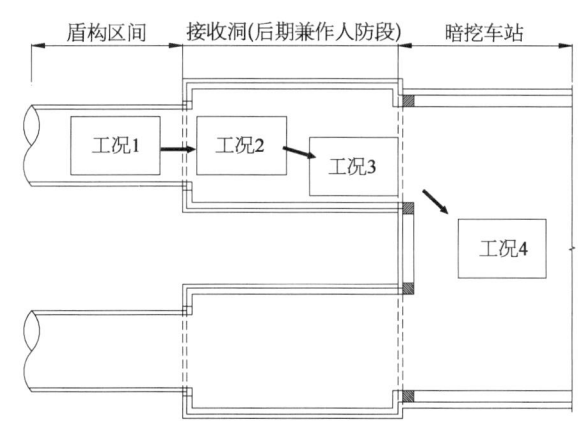

图 5‑57 盾构过站工序平面图

工况 1：盾构接近接收洞端头，做好接收准备。
工况 2：盾构进入站端接收洞。
工况 3：在接收洞中平移盾构，以便其进入已完成二次衬砌的暗挖车站。
工况 4：进入车站断面后的盾构，继续调整其位置，通过铺设好的临时轨道，通过车站。

(2) 同步实施车站二次衬砌浇筑与盾构过站。

暗挖车站二次衬砌的浇筑是一个系统的过程，常规流程是"拆除临时钢撑→铺设防水卷材→钢筋绑扎→混凝土浇筑"；由于车站隧道断面较大，为了提高施工效率，一般需定制钢筋绑扎台车和二次衬砌模板台车;在天星桥站—嘉陵江隧道洞口区段实施时,盾构通过的沙正街站正好是车站二次衬砌浇筑的时段,为了不打乱车站二次衬砌施工的节奏,在模板台车设计加工阶段,考虑台车下预留盾构通过的净空(图5-58),采用新型高净空桁架式模板台车,做到车站二次衬砌和盾构过站同步进行(图5-59)。

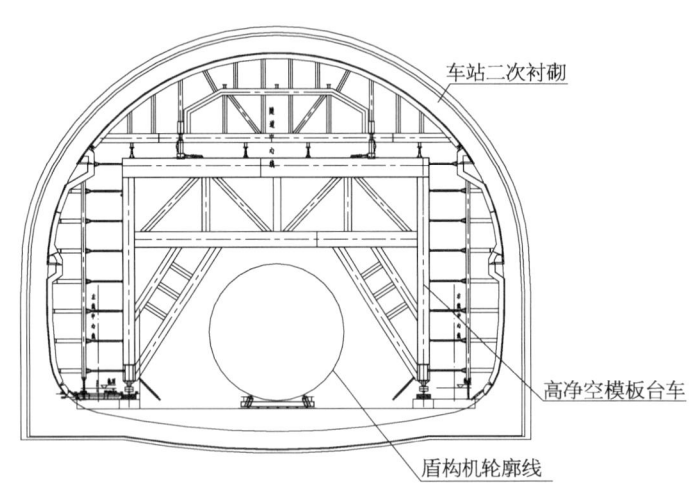
图5-58 车站高净空模板台车示意图

图5-59 盾构下穿模板台车现场

4)结论与建议

(1)环线工程是重庆地区在主城范围内首次大规模应用复合式盾构工法的项目,通过研究盾构通过暗挖车站的工法,解决了暗挖车站与盾构工法组合在工程实施中的难题,可为类似工程提供有益的经验。

(2)盾构通过暗挖车站有掘进过站、初期支护步进过站、二次衬砌步进过站三种方式,通过比选和工程实践,在整体工期可控的前提下,首推盾构二次衬砌步进过站方法,而掘进过站方式因工程废弃量较大,应尽量避免。

(3)在暗挖车站端头增设接收(始发)导洞、高净空桁架式模板台车等新工艺的应用,可增加盾构过站方法的灵活性,提高工程筹划的精准度。

(4)过站工况有较大的不确定性,前期应重点加强对过站方式的预留工程的"灵活性"与"永临结合"进行多工况考虑,避免废弃工程的产生;实施过程中应加强工期跟踪,对各工序的实施步骤及时了解,可以尽早从总体筹划角度来决策、优化。

(5)初期支护步进过站工法灵活性比较高,但其所带来的超高中隔岩柱稳定性及过站后对岩柱的破除对车站常规正常施工带来了干扰,应选用合适的支护参数。

5.3.5 明暗挖工法结合车站典型案例

5.3.5.1 上浩站

1)工程概况

上浩站位于龙黄路与海棠溪新街交叉口处的科瑞药厂地块内,北侧为龙黄路,紧靠上新街菜市场,西侧为海棠溪新街,紧靠消防支队,南侧为和记黄埔建设用地,同时紧靠区人民法院,东侧为科瑞药厂地块。

车站所处老城区,地形高差30 m,周边建筑物众多,岩层走向与车站走向小角度相交近于平行,综合地形地貌、动拆迁量、工程风险等因素,经比选该站采用明暗挖结合工法施工。车站总平面如图5-60所示。

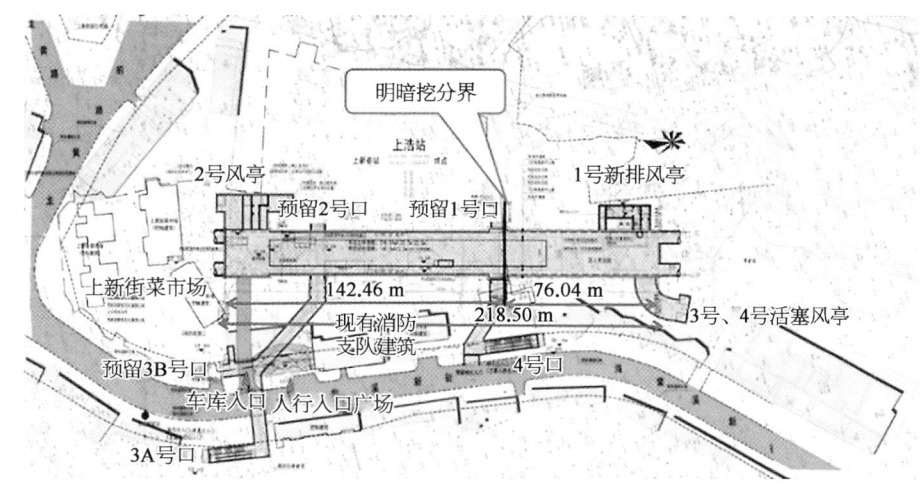

图 5-60　上浩站总平面图

2) 工程地质概况

环线上浩站原始地貌为构造剥蚀浅丘地貌。勘察区位于川东南弧形构造带,华蓥山帚状褶皱束东南部,场地位于南温泉背斜西翼,岩层倾向280°～290°,倾角为65～70°,层间结合差,尤其在砂岩与砂质泥岩交界处,往往存在薄层状泥化现象。

3) 车站结构设计

车站为宽13 m岛式车站,全长218.5 m。上浩站采用明暗挖结合方案实施,其中明挖段为地下四层框架结构,长约为142.46 m;地下两层暗挖段,长约为76.04 m,采用双侧壁导坑法开挖,开挖断面尺寸24.58 m×21.03 m,如图5-61所示。

车站所处场地原始地貌标高为229.05～259.90 m,整体地势东西高差较大,并存在东西向的顺层边坡,车站明挖段为地下四层明挖车站,分三台阶直立开挖,第一阶将形成长约151 m,高约3.5～17.8 m的环境边坡,第二阶将形成长约151 m,高15 m的环境边坡,第三阶将形成长143 m,高约29.5 m的基坑;各段边坡支挡形式如下:环境边坡采用锚拉式桩板挡墙支护,基坑采用排桩+内支撑支护。

暗挖段车站开挖计算分析:车站隧道断面较大,采用双侧壁导坑法分九步开挖,考虑地形地质偏压影响采用二维模型计算分析。车站暗挖穿越房屋段计算结果如图5-61~图5-64所示。

上述分别是隧道开挖引起的地层竖向位移、水平位移及最大主应力等值线云图。从结果可以看出,隧道开挖引起的拱顶最大下沉为−20.1 mm,最大水平收敛位移为11.6 mm,均小于规范的允许值。计算结果表明,隧道开挖后围岩塑性区主要集中在层面处。经理论计算分析,车站所穿越风险段工程,风险可控,满足上部构筑物的变形控制。

车站现场施工如图5-65~图5-68所示。

根据监测结果,上浩站明挖范围永久边坡最大水平位移9 mm,基坑最大水平位移5 mm,暗挖段最大拱顶沉降约5 mm,内净空收敛约4 mm,爆破振速为0.1～0.9 cm/s,未对居民的生活产生较大干扰,整个施工期间周边建筑物无损伤。

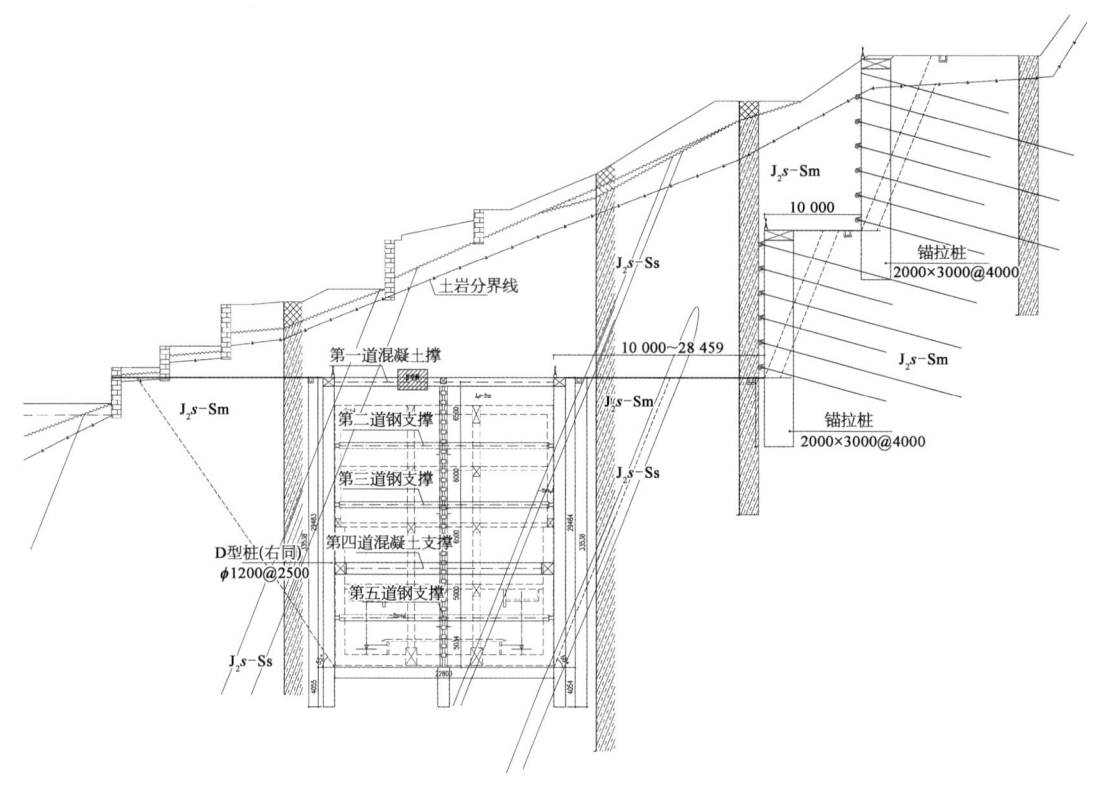

图 5-61 暗挖段衬砌断面图(单位：mm)

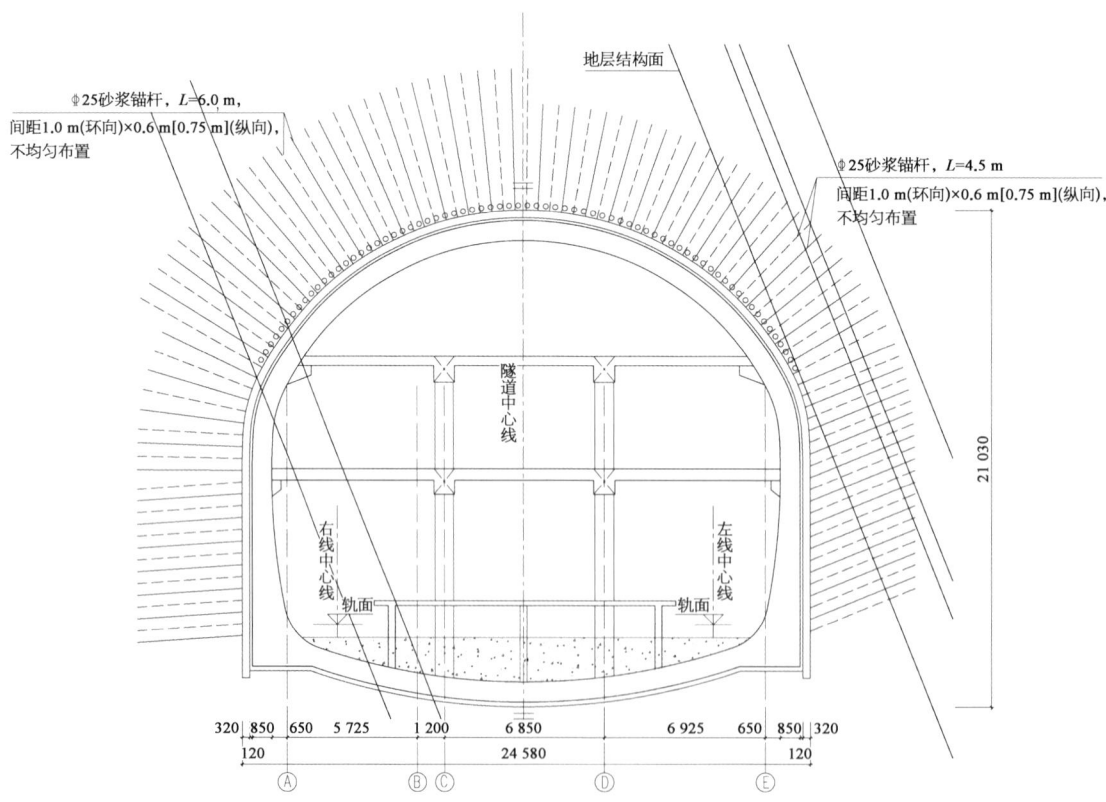

图 5-62 明挖段基坑支护剖面图(单位：mm)

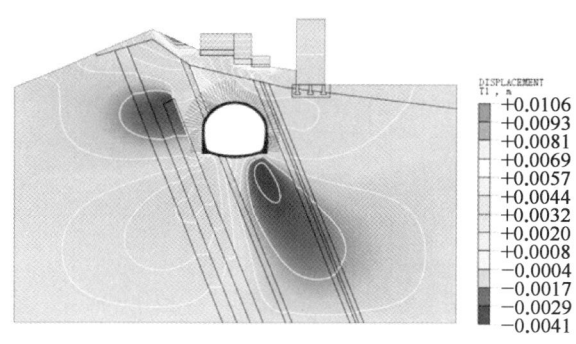
图 5-63 暗挖隧道开挖水平位移云图

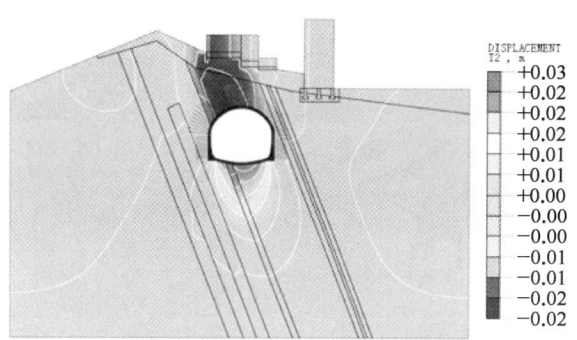
图 5-64 暗挖隧道开挖竖向位移云图

图 5-65 车站边坡现场

图 5-66 车站基坑施工现场

图 5-67 明挖主体结构施工

图 5-68 暗挖段二衬结构施工

5.3.5.2 四公里站

1) 工程概况

四公里站站址北侧为四海花园小区,南侧为江南立交,东侧为四公里交通枢纽,西侧为既有3号线四公里站及四公里站—南坪车站高架区间、学府大道。车站整体呈东北—西南布置,高架段上跨烟雨路、明挖段局部下穿学府大道。另设一换乘通道与3号线四公里站衔接,换乘通道下穿学府大道,侧穿江南立交桥台、桥墩及3号线区间高架墩柱。环线四公里站—南湖站区间下穿3号线四公里站—南坪站高架桥区间。

环线四公里站周边环境复杂,主要有3号线四公里站—南坪站区间高架、四公里站端头墩柱、江南立交桥及四公里交通枢纽等控制性构筑物,车站端头塞入山体,刷坡形成,边坡高约20.2 m,车站端头边坡距最近桥墩约12 m,距离江南立交桥台约6.2 m,如图5-69所示。

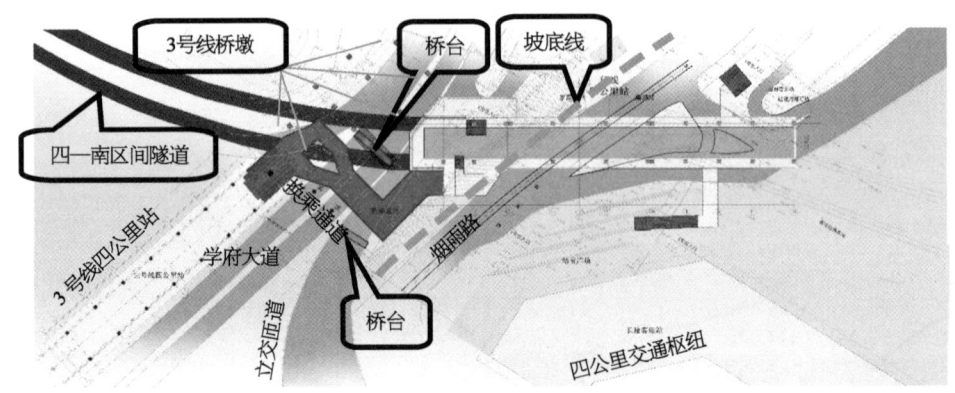

图5-69 四公里站总平面图

四公里站根据车站周边环境进行了多个方案的比选,最终确定采用半明挖半高架的结构形式。其中,车站大里程端为明挖段,依山而建,从下到上依次为局部"吊脚"架空层、站台层、站厅层、设备层和屋面层;高架段接明挖段,从下到上依次为道路架空层、站台层、站厅层和钢雨棚屋面层。

2) 工程地质概况

本场地原始地貌宏观上属于构造剥蚀丘陵区,地形波状起伏,呈现沟丘相间分布的地貌特征,经人类后期工程活动,场地现状原始地形已经破坏;在场地西侧存在一岩质边坡,该范围的地形总体坡角为40°~55°,现状地面高程为246.70~274.00 m,高差约为28.00 m。

场地内地层由第四系全新统松散层和侏罗系中统沙溪庙组岩层组成。基岩以砂岩、砂质泥岩为主。

3) 车站结构设计

车站总长为165 m,站台宽13.5 m。综合考虑建筑布置、结构抗震及温度效应,在6~7轴间和11~12轴间设两条变形缝,其中1~6轴为地下段、7~16轴为高架段。

(1) 车站主体(地下段)结构设计。

车站主体地下段紧邻学府大道,局部下穿,地下四层,长度约50 m,边坡高约21.9 m,采用桩板锚索挡墙支护,局部采用盖挖半逆做法施工,抗滑桩尺寸为2×3@4方桩、φ3@4圆桩、1.5×3@3方桩;嵌入完整中风化岩层为7 m;锚索竖向间距为2.5 m,入射角为25°,锚索束数由上向下递减。其剖面图如图5-70所示。

(2) 车站主体(高架段)结构设计。

由于受下方烟雨路的影响,高架段结构轨道层采用独柱或双柱作为转换层,站厅层布置为规则的框架结构。横向转换梁大部分为双柱单跨,9轴因道路影响只有居中布独柱的条件,转换盖梁双边悬挑。转换层以上横向为3跨,跨距为7.8 m+6.7 m+7.8 m,纵向柱距同转换层。站厅层屋盖选用钢结构屋盖。

(3) 换乘通道结构设计。

环线四公里站与3号线四公里站通过换乘通道连通,换乘通道下穿江南立交,侧穿立交桥台、墩柱及3号线区间高架墩柱。

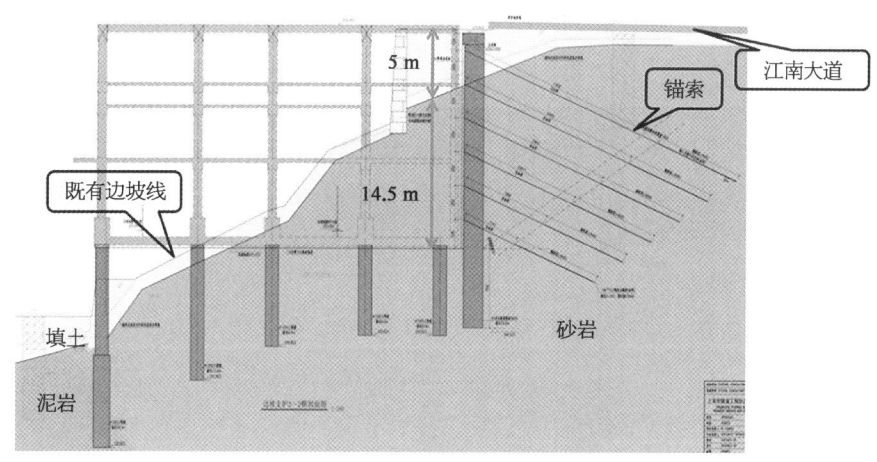

图 5‑70 明挖段边坡支护剖面图

西侧边坡：边坡为反向坡，J1 为外顷结构面，边坡稳定性主要由裂隙 J1 控制，岩体类型为Ⅳ类，岩体等效内摩擦角为 52°，岩体破裂角取 38°，直立切坡后会沿着破裂角剪切破坏。采用桩板挡墙，抗滑桩尺寸为 2×3@4 方桩，嵌入完整中风化岩层约 11.7 m。

换乘通道下穿立交边坡为切向坡，裂隙 J2 为外倾结构面，边坡的稳定性主要受裂隙面 J2 控制，岩体破裂角为 60°，考虑到桥台及墩柱对位移比较敏感，采用桩+内支撑的支护形式，设置一道混凝土撑。围护桩尺寸为 $\phi1.2@2.5$，嵌岩深度≥2 m，混凝土支撑断面为 0.8 m×0.8 m，间距约为 5.5 m。其剖面图如图 5‑71 和图 5‑72 所示。

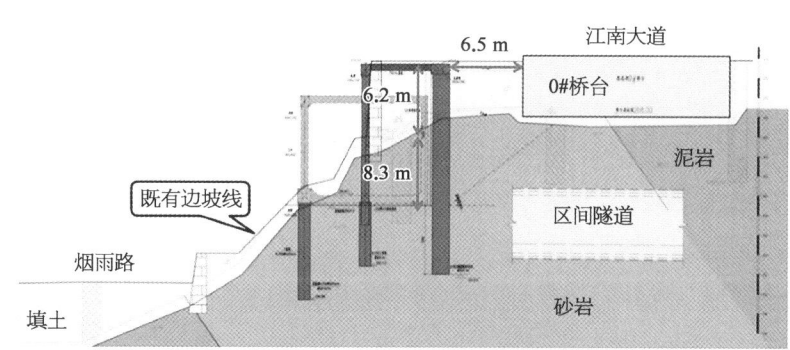

图 5‑71 换乘通道边坡支护剖面图

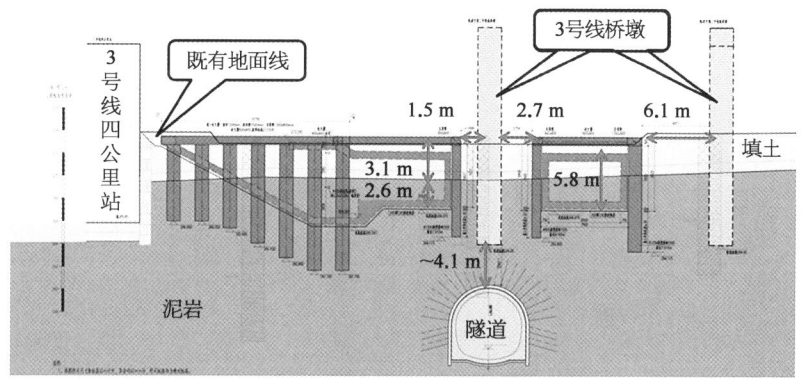

图 5‑72 换乘通道边坡支护剖面图

4) 工程难点及对策

(1) 穿越构筑物风险及处理方案。

3 号线四公里站为轻轨高架站,位于江南立交(原四公里立交)南北高架桥的西侧绿化带上,车站南侧为海峡路,向西通往鹅公岩大桥,向东通往向家坡,交通繁忙,为四层框架结构高架站,墩柱间距为 16 m、16.7 m,基础采用人工挖孔灌注桩。

3 号线四公里—南坪区间高架起于南岸区四公里立交,沿南坪南路向前延伸,止于南坪旧车交易市场,全长为 820.563 m,其中受影响的轨道桥墩为 D01~D04,墩柱基础为方桩,桥墩尺寸为 2.1 m×2.1 m 和 2.1 m×2.4 m 两种,如图 5-73 所示。

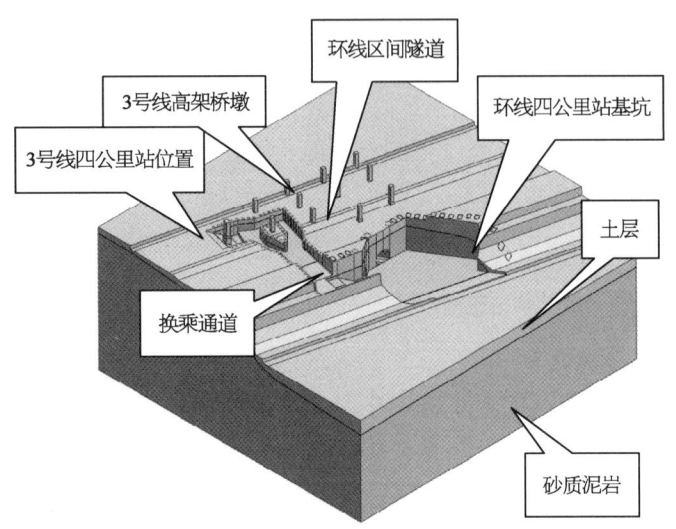

图 5-73 周边重点风险源相互关系

对于上述主要风险点,通过多轮的方案比选、论证,采取的主要处理措施如下:

① 调整车站及换乘通道方案,减小基坑深度,远离风险点。

② 车站受不平衡约束处理措施。

大里程端车站主体结构因两面紧贴土体,另外两面悬空,造成主体结构承受不平衡土压力,针对此特点,通过采用桩筏基础,且在底板通过掏槽设置"十"基础梁,使基础与山体形成整体,增加整体抗滑移能力,确保车站整体稳定性,同时对吊脚桩加强抗震构造措施。

换乘通道一侧紧邻山体,另一侧悬空,通过借用"棚洞"的设计理念,通过设置抗滑桩基,使主体结构与山体合二为一,共同承受不平衡土压力。

(2) 对既有 3 号线四公里高架站和区间桥梁的保护。

车站大里程端边坡高约 20 m,距离 3 号线高架桥墩较近,且环线四公里站—南湖站区间和换乘通道下穿江南立交及 3 号线高架,针对以上风险,通过采取不同的开挖顺序和必要的工程措施进行处理,主要为:

先施工区间隧道且二衬需浇筑完毕,后开挖四公里站换乘通道基坑、浇筑换乘通道内部结构。3 号线 3#桥墩由于换乘通道基坑开挖形成"孤岛",桩基嵌岩深度减少,为保证周边土对墩柱的约束作用,其周围冠梁整体浇筑成钢筋混凝土板。

(3) 车站各阶段现场情况如图 5-74~图 5-77 所示。

图 5-74 车站边坡原状现场

图 5-75 车站主体结构地下段施工现场

 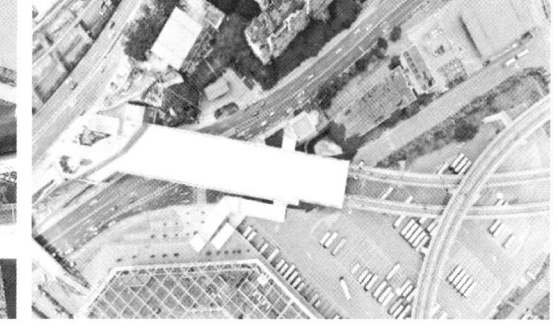

图 5‑76 车站主体结构高架段施工现场　　图 5‑77 车站完工后俯瞰图

5.3.6　高架车站结构设计

5.3.6.1　结构选型

高架车站的站房结构不同于一般的房屋建筑，它既有列车通过又有列车制动停留在站内的工况，它是桥梁和房建融汇在一起的结构体系，在车站主体结构选型时，有以下两种方案：一种为"建桥合一"型方案，另一种为"建桥分离"型方案。方案各有优、缺点及适用性。

"建桥合一"的结构体系是把桥墩作为房屋框架结构的一部分，框架纵、横梁对桥墩均能起到约束作用，减少了桥墩计算高度，降低了线路标高和建筑标高，且柱网简单、柱子设置较少，便于使用。建筑内外结构缝较少，对于防水和美观都十分有利。

"建桥合一"结构体系同时具有房建结构和桥梁结构的特点，建规和桥规采用的设计基本思路不同。建规采用以基于概率理论的极限状态设计法，而桥规采用容许应力法。设计计算时安全度及设计指标不同，难以控制，计算时同时采用两种方法，常用电算软件亦不同时兼容，计算颇为繁复。直接和间接承受列车的构件亦需要同时满足两套规范的各种构造措施，要求设计施工人员对两种规范的要求均十分熟悉。同时，两种规范在抗震设计方面有部分矛盾之处，建规的抗震设计思想为"强柱弱梁"，而桥规正好相反，为"强梁弱柱"。

"建桥分离"的结构体系是把车站房建和高架桥分离成两个完全独立受力系统，传力明确、简洁，桥与建各有比较成熟的结构设计、计算方法和设计软件，且各有现行的国家规范可循，建、桥分别进行独立的设计计算，结构设计大为简化。同时分离的结构避免了列车动力荷载及振动对车站房屋结构的不利影响，也改善了车站的使用环境。"建桥分离"体系的缺点有以下几个方面：一是需增加柱网，柱子设置较多，在站厅中影响美观，对建筑布置不利；二是桥梁与房建结构间需要设缝，影响使用功能，列车振动容易造成结构缝构造失效，引起漏水等问题。

国内外及轨道交通的建设中对两种车站结构形式均有较多实践案例。通常在车站体量较大，服务水平要求高，以车站建筑功能为主进行设计时多采用"建桥合一"型车站，反之多采用"建桥分离"型车站。

本工程在方案比选时主要考虑以下几点：一是对于路中车站，由于相应道路规模较小，采用横向独柱或双柱的"建桥合一"车站对于道路及周边环境影响小，容易实施；二是本工程各站受线路等因素制约，层高普遍受限，采用"建桥合一"结构形式轨道梁与横向盖梁高度较小，有利于控制总层高的同时提高建筑净高。

本工程高架车站选用"建桥合一"结构形式,路侧车站采用纵横向多柱的框架结构体系,路中车站采用横向独柱或双柱桥梁结构体系。

根据车站上部结构形式、地质情况和沉降控制要求,对路侧地面站,采用整体筏板基础,持力层选择中风化砂岩或砂质泥岩层;对高架车站,采用柱下独立承台桩基础,桩基采用嵌岩桩,持力层同样选择中风化砂岩或砂质泥岩层。

5.3.6.2 谢家湾站(路侧岛式半地下车站)

谢家湾站位于九龙坡区,龙腾大道南侧与谢家湾正街东侧的地块内,沿龙腾大道东西向布置。车站1～7轴设地面二层,由换乘通道层和屋面组成;车站8～32轴为车站主体,总长186.24 m,横向最宽处为37.9 m,建筑总高度为14.8 m,由地下一层、地面二层组成,其中地下一层为站台层,地面二层由换乘通道层及局部设备夹层和屋面组成。车站内站台线路部分为直线段,两端头有部分缓和曲线及圆曲线。谢家湾站换乘全局示意如图5-78所示。

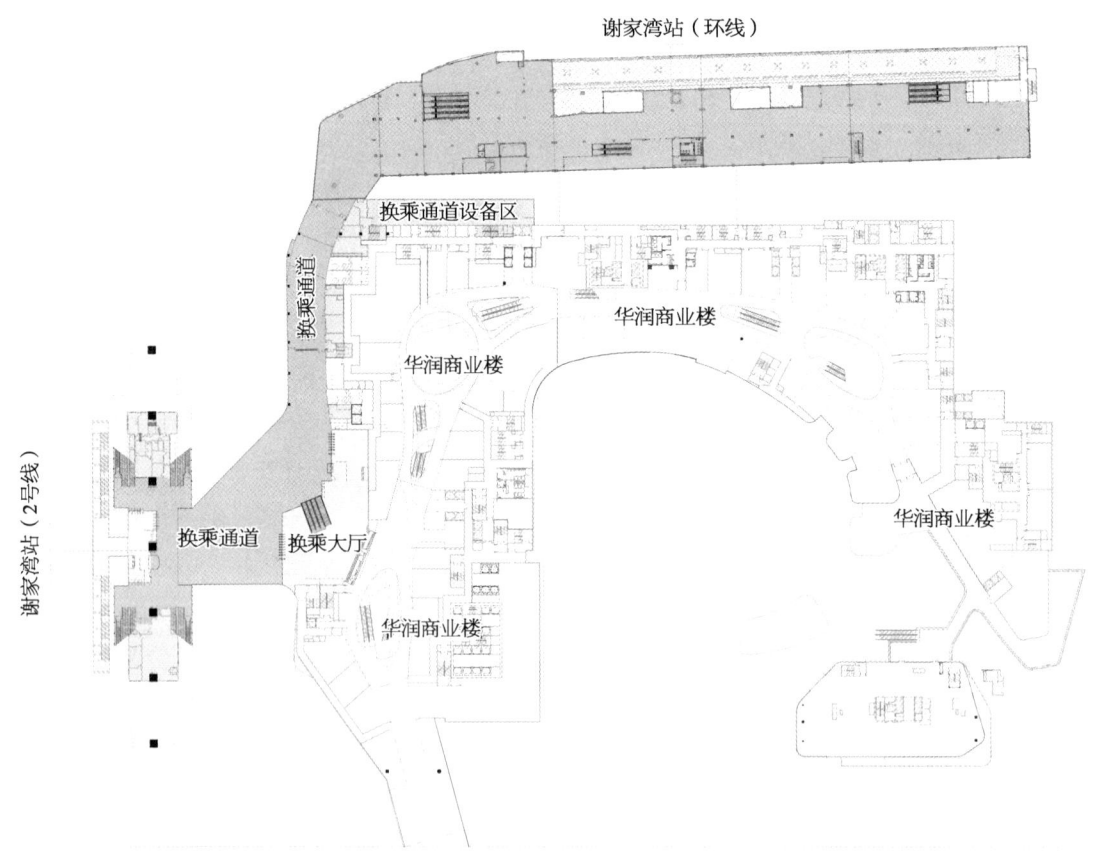

图5-78 谢家湾站换乘全局示意图

1) 车站主体结构设计方案

(1) 基础形式。

① 1～7轴为车站外换乘通道及接相邻商业开发地块过渡区域,地面二层,基础采用柱下独立桩基承台的形式,采用 ϕ1200 mm 旋挖成孔灌注桩,桩端持力层为中风化砂岩。车站主体结构剖面如图5-79所示。

② 8～32轴为半地下车站,地下一层为站台层,底板埋深地面下8 m,基坑采用明挖法施工。挖

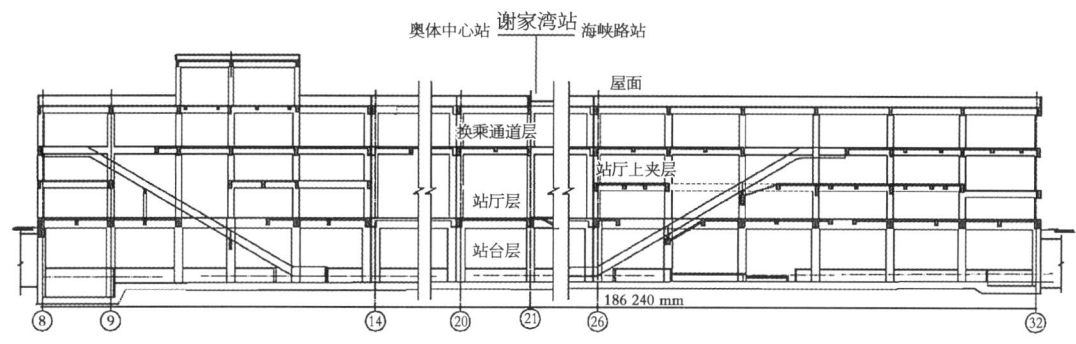

图 5‑79　车站主体结构纵剖面

方后基底为中风化岩层,该岩层地基承载力特征值≥1 500 kPa,承载力较高,车站基础采用柱下筏板基础。

(2) 上部结构。车站上部结构主要采用纵横向连续多跨的空间混凝土框架结构体系。本工程建筑抗震设防类别为乙类。抗震设防烈度为 6 度,设计基本地震加速度值为 0.05g,所属的设计地震分组为第一组,建筑场地类别为Ⅰ类,特征周期值为 0.35 s。框架抗震等级三级,抗震构造措施等级三级。

2) 工程难点与对策

本站作为一个半地下车站,车站两侧均与明挖区间相接,其中东端场地较空旷,具备放坡开挖的条件,故车站与明挖区间同期实施;车站西端明挖区间需下穿谢家湾立交桥,不具备放坡开挖的条件,采用板肋式锚杆挡墙支护结构,故在两端接口处车站先放坡开挖实施车站基坑及主体结构,放坡以外的明挖区间部分再实施板肋式锚杆挡墙。

本站结构设计难点与特点:

(1) 车站①~⑦轴结构位于区间明挖段上方,需合理布置柱位和承台,以避让区间结构(图 5‑80 和图 5‑81)。

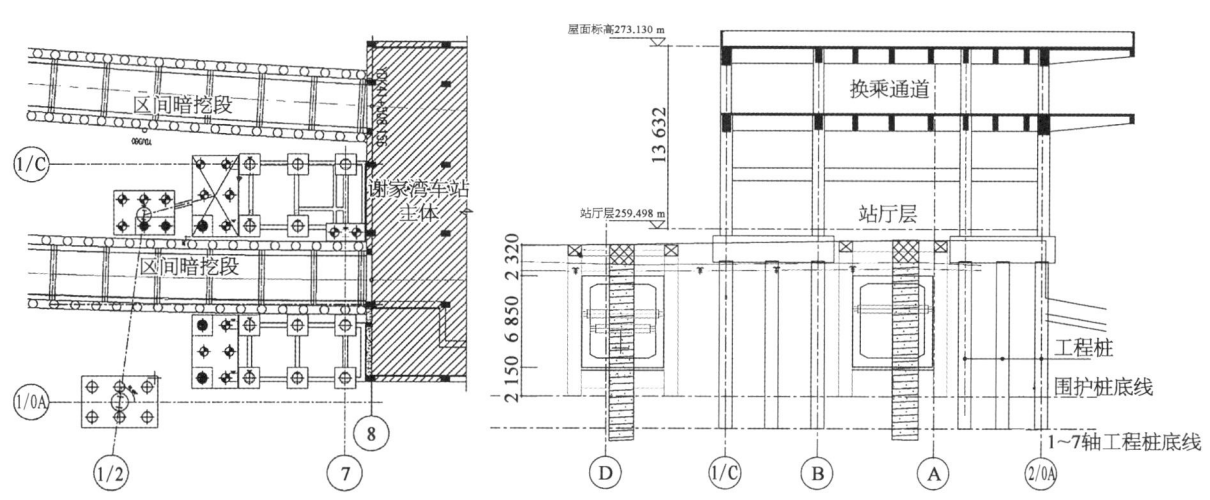

图 5‑80　车站 1~7 轴基础平面布置图(单位:mm)　　图 5‑81　车站①~⑦轴结构横剖面图(单位:mm)

(2) 车站①～⑦轴同时兼顾毗邻商业开发地块需求,作为商业中心主出入口,采取了大跨度框架结构,最大宽度为 21.164 m,如图 5-82 所示。

针对大跨度混凝土梁柱,采用了型钢混凝土柱和型钢混凝土梁,同时针对单跨结构,提高了结构的抗震等级,保证了结构的稳定性。

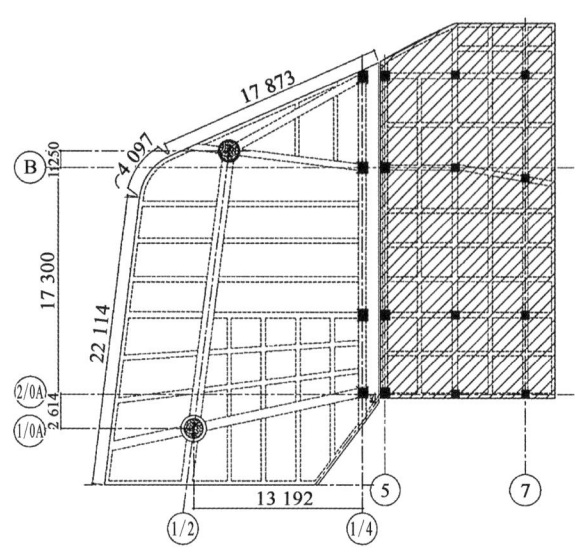

图 5-82 车站①～⑦轴结构平面布置图(单位:mm)

5.4 地下工程防水和耐久性

5.4.1 设计原则及标准

5.4.1.1 设计原则

1) 结构防水设计原则

根据《地铁设计规范》(GB 50157)及《地下工程防水技术规范》(GB 50108)的要求,地下车站与区间隧道结构防水设计应遵循"以防为主,刚柔结合,多道防线、因地制宜、综合治理"的原则。

确立钢筋混凝土结构自防水体系,现浇混凝土结构以自防水为根本,以施工缝、变形缝等接缝防水为重点,辅之以附加外防水层加强防水。复合盾构法区间隧道以高精度钢模制作高精度管片,以混凝土管片自防水为根本,以管片接缝防水为重点,确保隧道整体防水。

2) 耐久性设计原则

应根据确定的环境类别和环境作用等级采取相应的耐久性设计要求。采用合理的结构构造,便于施工、检查和维护,减少环境因素对结构的不利影响。对于局部区段可能出现的腐蚀环境条件下的钢筋混凝土结构,除了对混凝土本身提出严格的耐久性要求外,还应提出可靠的附加耐久性措施。

5.4.1.2 设计标准

地下车站(包括出入口通道)及机电设备集中区段应达到防水等级一级的要求,车站风道、风井等附属结构及区间隧道应达到防水等级二级的要求。

5.4.2 明挖法结构防水

5.4.2.1 混凝土结构自防水

明挖法车站及区间现浇混凝土结构应采用防水混凝土满足结构自防水要求,防水混凝土的抗渗等级根据结构的埋置深度确定,且不得小于 P8。结构混凝土强度等级应按结构计算要求确定,但应≥C40以满足长期致密、耐久性的要求。结构防水混凝土均应掺加聚羧酸类减水剂,以减少混凝土收缩开裂。

防水混凝土结构底板的混凝土垫层,其强度等级不得小于 C20,厚度不得小于 200 mm。

防水混凝土结构厚度不应小于 250 mm,正常使用极限状态验算的明挖结构裂缝宽度限值为 0.2 mm。

5.4.2.2 防水层

明挖法车站及区间结构迎水面应设置柔性防水层,其中顶板及放坡开挖段侧墙防水层材质为单组分聚氨酯防水涂料,厚度为 2.5 mm。底板及有围护结构的侧墙防水层材质为预铺防水卷材 P 类,厚度为 2.0 mm(图 5-83 和图 5-84)。

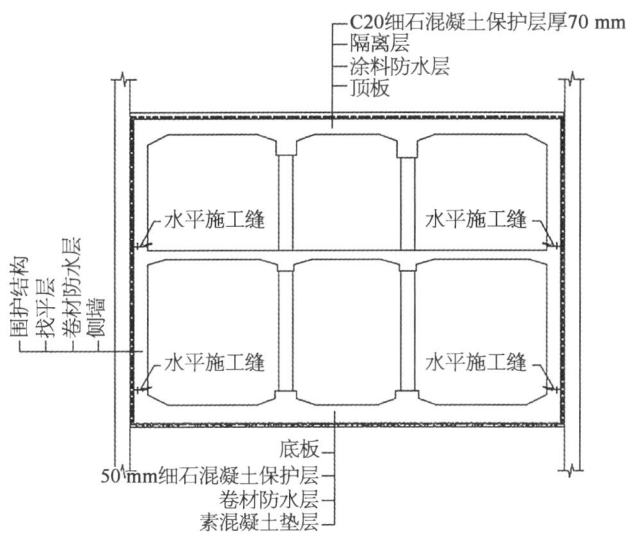
图 5-83　明挖法车站标准段防水构造

图 5-84　明挖结构顶板涂料防水层施工现场

顶板防水层采用 70 mm 细石混凝土作保护层，并于保护层与防水层之间设置 200 g/m² 无纺布隔离层。底板防水层采用 50 mm 细石混凝土作保护层，放坡开挖段侧墙采用 240 厚砖墙保护。

5.4.2.3　接缝防水

横向垂直施工缝采用中埋式钢边橡胶止水带结合全断面出浆的注浆管作为防水措施（图 5-85）；纵向水平施工缝采用镀锌钢板止水带结合全断面出浆的注浆管作为防水措施（图 5-86）；车站主体与附属结构接口等无法预埋止水带的施工缝采用遇水膨胀止水胶结合全断面出浆的注浆管作为防水措施；所有施工缝表面凿毛并清理干净，涂刷水泥基渗透结晶型防水涂料，用量为 2.0 kg/m²。

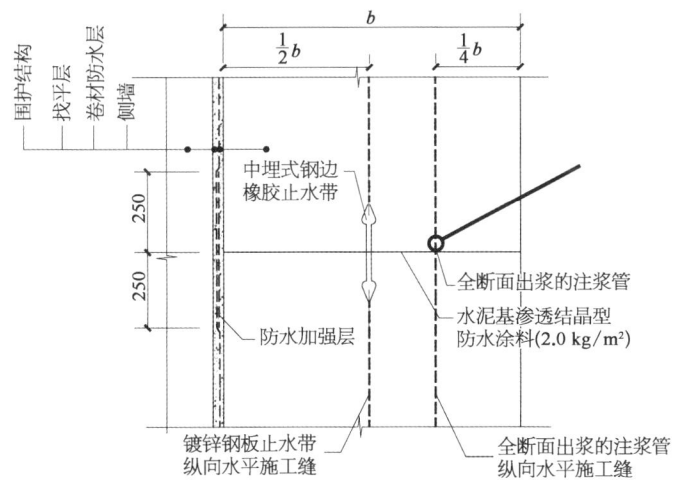

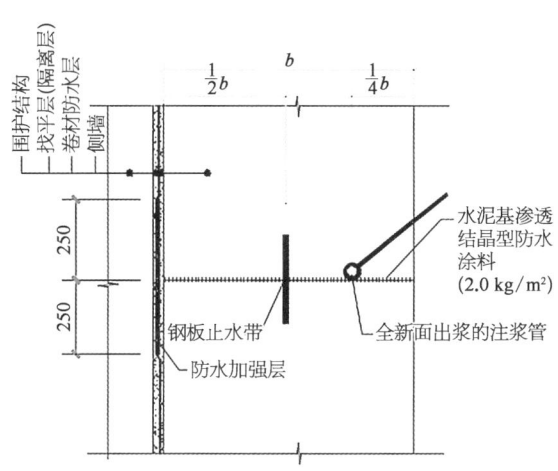

图 5-85　横向垂直施工缝防水构造（以侧墙为例）（单位：mm）　　图 5-86　纵向水平施工缝防水构造（单位：mm）

车站主体与附属结构接口处及明挖区间设置变形缝，变形缝处采用如下三道兜绕成环的防水措施：底板及侧墙迎水面设置外贴式橡胶止水带，顶板迎水面采用低模量聚氨酯密封胶，并与侧墙外贴式止水带搭接封闭；变形缝中设置中埋式钢边橡胶止水带，并沿底板、侧墙、顶板封闭成环；结构背水面采用高模量聚氨酯密封胶嵌缝，并于顶板及侧墙内侧预留凹槽，设置不锈钢接水盒（图 5-87）。

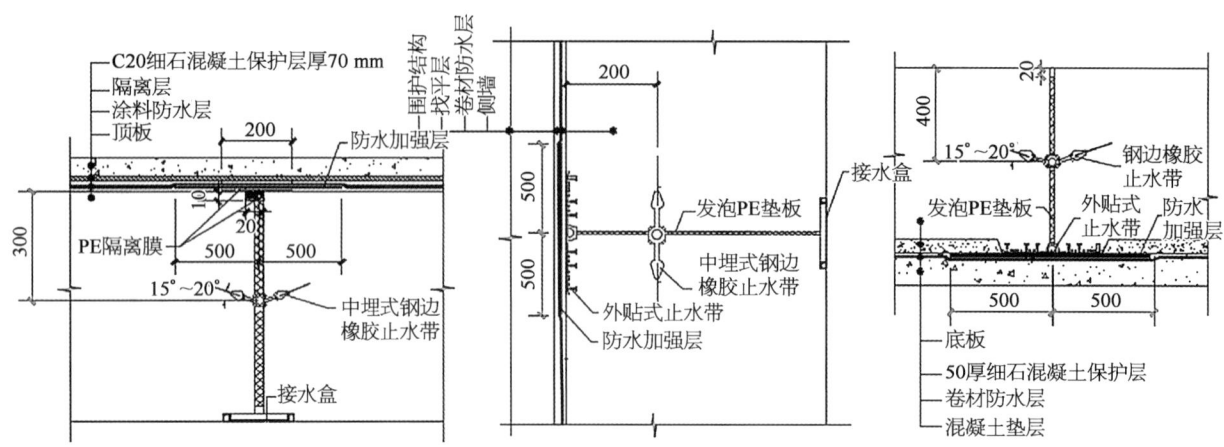

图 5-87 变形缝防水详图(从左至右依次为顶板、侧墙、底板;单位:mm)

5.4.3 矿山法结构防水

5.4.3.1 混凝土结构自防水

矿山法车站及区间现浇混凝土结构应采用防水混凝土满足结构自防水要求,防水混凝土的抗渗等级均为P12,其余要求同明挖法结构。

5.4.3.2 防水层

矿山法车站及区间在初支喷射混凝土与二衬模筑钢筋混凝土之间设置柔性全包防水层。防水层采用能与结构二衬混凝土黏结的预铺防水卷材 P 类(2 mm 厚),并在卷材与初支喷射混凝土之间设置 400 g/m² 无纺布作为缓冲层(图 5-88)。

图 5-88 矿山法结构防水层施工现场

5.4.3.3 接缝防水

环向施工缝采用中埋式钢边橡胶止水带结合全断面出浆的注浆管作为防水措施(图 5-89);纵向施工缝采用镀锌钢板止水带结合全断面出浆的注浆管作为防水措施(图 5-90);车站主体与附属结构接口等无法预埋止水带的施工缝采用遇水膨胀止水胶结合全断面出浆的注浆管作为防水措施;所有施工缝表面凿毛并清理干净,涂刷水泥基渗透结晶型防水涂料,用量为 2.0 kg/m²。

图 5-89 环向施工缝钢边橡胶止水带现场

图 5-90 纵向施工缝钢板止水带现场

车站主体与附属结构接口处及明挖区间设置变形缝，变形缝处采用如下三道兜绕成环的防水措施：结构迎水面设置外贴式橡胶止水带；变形缝中采用中埋式钢边橡胶止水带；结构背水面采用高模量聚氨酯密封胶嵌缝，并于拱顶及边拱内侧预留凹槽，设置不锈钢接水盒（图 5-91 和图 5-92）。

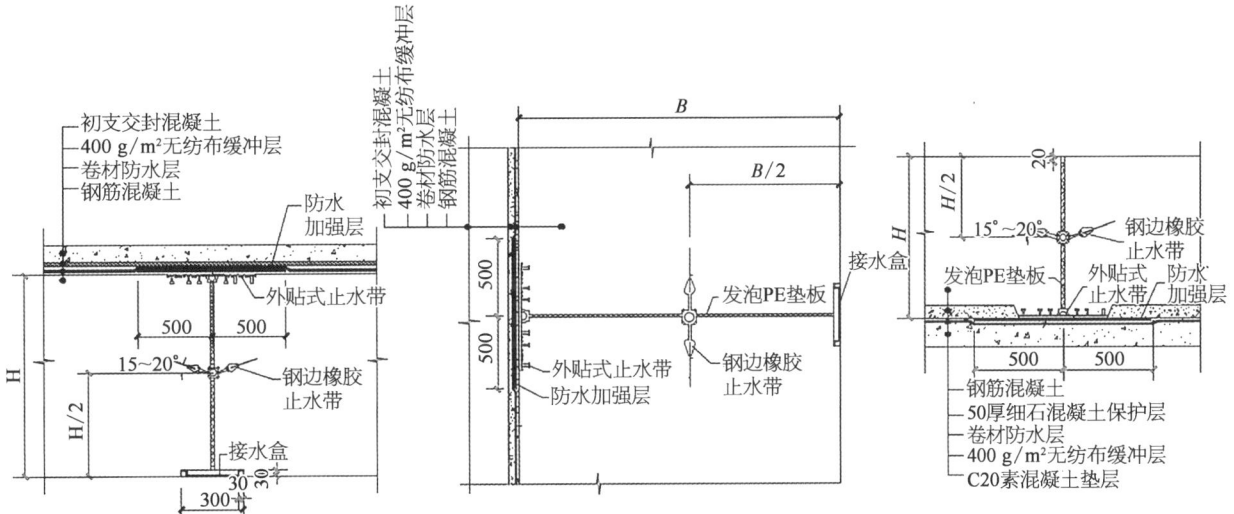
图 5-91 变形缝防水详图（从左至右依次为顶板、侧墙、底板；单位：mm）

图 5-92 变形缝接水盒现场

5.4.3.4 矿山法结构排水

根据工程结构埋深及重庆当地的水文地质条件,全线矿山法车站及区间均考虑设置排水措施来降低水压。在全包防水层铺设前,沿结构的环、纵向设置软式透水管,形成排水系统。

1) 矿山法车站排水设计

矿山法车站在初衬施工完毕后,环、纵向分别设置软式透水管(图 5-93),软式透水管宜采用圆形断面。环向软式透水管的设置间距为 6~8 m,直径约为 50 mm。车站纵向两侧各设置一道纵向软式透水管,直径约为 80 mm。环、纵向软式透水管采用 PVC 三通构件连为一体(图 5-94)。三通构件与透水管之间的间隙采用高模量聚氨酯密封胶封填,填充深度为 20 mm。

图 5-93 软式透水管

图 5-94 软式透水管连接做法

车站的风道也设置环、纵向软式透水管,风井与出入口通道沿仰拱四周设置纵向软式透水管。当初衬出现较大渗漏水时,宜首先进行堵漏处理,在无明显渗漏情况下设置环向软式透水管,且设置间距宜加大至 3~4 m。初衬内宜采用开槽方式设置软式透水管。

车站主体原则上不设横向排水管,车站与矿山法区间(及复合盾构区间导洞)的纵向软式透水管相连接。在矿山区间与车站相接的 30 m 范围内设置横向排水管,间距为 4~5 m。

2) 矿山法区间排水设计

矿山法区间在初衬施工完毕后,环、纵向分别设置软式透水管,软式透水管宜采用圆形断面。环向软式透水管的设置间距为 6~8 m,直径约为 50 mm。区间纵向两侧各设置一道纵向软式透水管,直径约为 80 mm。环、纵向软式透水管采用 PVC 三通构件连为一体。三通构件与透水管之间的间隙采用高模量聚氨酯密封胶封填,填充深度为 20 mm。

图 5-95 横向排水管

矿山法区间每隔 10 m 设置一横向排水管(图 5-95),将水引至道床排水沟。横向排水管采用 PVC 三通构件与纵向软式透水管连为一体,具体位置应尽量靠近环向软式透水管。排水管引出二衬混凝土的标高低于纵向软式透水管中心标高 10 mm、低于设计轨顶面标高 220 mm,排水管引出二衬的距离为 200 mm。

矿山法区间与矿山法车站相接的工况下,区间与车站的纵向软式透水管相连接。在矿山区间与车站相接的

30 m 范围内,横向排水管间距为 4～5 m。当初衬出现较大渗漏水时,宜首先进行堵漏处理,在无明显渗漏情况下设置环向软式透水管,且设置间距宜加大至 3～4 m。初衬内宜采用开槽方式设置软式透水管。

5.4.4 结构耐久性设计

5.4.4.1 环境类别及环境作用等级

根据《混凝土结构耐久性设计规范》(GB/T 50476)及相关地质勘察报告,全线环境类别均为一般环境,环境作用等级为 I-B(局部为 I-C)。

5.4.4.2 混凝土结构耐久性技术要求

1) 材料要求

(1) 水泥应达到《通用硅酸盐水泥》(GB 175)的要求,采用水化热较低的硅酸盐水泥、普通硅酸盐水泥,所用的水泥铝酸三钙含量控制在 8% 以内,比表面积控制在 300～350 m²/kg。

(2) 粉煤灰应符合《用于水泥和混凝土中的粉煤灰》(GB/T 1596)标准中规范的 II 级灰以上标准。矿粉符合《用于水泥和混凝土中的粒化高炉矿渣微粉》(GB/T 18046)中 S95 级以上要求。

(3) 不得使用碱活性细骨料,应使用中砂,品质符合《建设用砂》(GB/T 14684)的规定,细度模数 2.3～2.9 符合 II 区颗粒级配,砂中含泥量≤1.5%,泥块含量≤0.5%,不得使用海砂、山砂及风化严重的多孔砂。

(4) 不得使用碱活性粗骨料,要求使用碎石,品质符合《建设用卵石、碎石》(GB/T 14685)的要求,级配良好,最大粒径不得大于 38 mm,建议粒径为 5～25 mm,碎石中含泥量≤0.7%、泥块含量≤0.3%,吸水率≤1%。

(5) 混凝土拌和用水应使用不含有影响水泥正常凝结、硬化或促使钢筋锈蚀(Cl^- 含量<250 mg/L)的饮用水,其品质符合《混凝土用水标准》(JGJ 63)的要求。

(6) 外加剂应符合《混凝土外加剂》(GB 8076)及相关规范规定,外加剂的使用应符合《混凝土外加剂应用技术规范》(GB 50119)的要求。根据混凝土性能要求,选择聚羧酸类高效减水剂,并且它应与水泥、掺合料等胶凝材料的匹配性能良好,现浇混凝土减水率≥15%,管片混凝土减水率≥25%。

2) 结构设计构造要求

所有结构接缝处应采取抗裂防渗的加强措施,防止渗漏。工程的设计使用年限为 100 年时,不能使用冷加工钢筋作为受力钢筋,直径≤6 mm 的钢筋也不能作为受力钢筋。

现浇钢筋混凝土结构不得出现贯穿裂缝,裂缝宽度限值为 0.2 mm(环境作用等级 I-B 时)。

施工缝、诱导缝、变形缝的位置应尽量避开可能遭受的最不利局部环境作用下的部位,并应有专项的抗裂防水设计。

3) 附加措施

当采取耐久性设计基本措施不能满足设计使用年限要求时,应对结构裂缝渗水做止水、补强等必要的附加措施,以满足相应的设计要求,其中结构补强可采用亲水环氧注浆等措施,聚氨酯注浆仅限于非结构裂缝的堵漏处理。

5.4.5 设计难点

重庆地区地质条件特殊,对线路埋深较浅的常规车站、区间、穿杂填土层段一般采用以防为主的设计原则,结构迎水面设置全包防水层;对于设计水压较大的深埋矿山法车站及区间或穿越山岭的区间隧道,国内轨道交通通常采用的全包防水模式不能完全满足其要求,因此提出了限量引排的观点,即对埋深较大、地质条件好、有重力自排条件,以及贫水地段、围岩渗透系数小、排水不会对周围环境及地面建筑物造成影响的区段,可选择全包防水加排水系统的方式,综合采用堵、防、排结合。

根据环线车站及区间的实际埋深及地质条件,全线矿山法车站及区间设置排水系统来降低水压。在全包防水层铺设前,沿结构的环、纵向设置软式透水管,形成排水系统,并在矿山法区间内设置横向排水管,将水排至道床排水沟。

第 6 章 区间结构

6.1 地下区间

6.1.1 区间结构设计概况

施工方法的选择对区间隧道结构形式和轨道交通土建工程造价有决定性影响。根据线路埋深、工程地质、水文地质条件及线路所经过地区的环境条件,全线区间隧道的施工方法可基本分为暗挖法和明挖法。

6.1.1.1 明挖法

明挖法主要有敞口明挖和盖挖法两大类。明挖法施工的特点是可以适用于各种不同的地质情况,减少线路埋深,施工工艺简单,技术成熟,但明挖法需事先对地面交通进行导改、迁改地下管线,前期工作量较大,这也是明挖法的关键因素。

明挖法施工的区间隧道,在条件允许的情况下,基坑应尽量采用放坡开挖,以降低工程造价。在主城区内实施时,当施工场地受到限制或放坡开挖会造成附带动迁过多时,宜采用边坡支护,其支护结构可根据区间所处环境情况、地质条件及基坑深度等确定,一般可选取桩板式锚杆挡墙、板肋式锚杆挡墙或土钉墙等支护形式。

根据本线的实际情况,采用明挖法施工的区间隧道主要为出入场线埋深较小的区段,地下与高架区间过渡的区段和鹅公岩大桥接线区间,一般采用单线单孔和双线双孔矩形断面形式。

6.1.1.2 暗挖法

当隧道埋深较深,且地面的施工场地受限,或者受地下构筑物的制约,不具备明挖法施工条件时,可采用暗挖法施工区间隧道。

全线地下线路大部分在现状道路下方或在建筑物下方敷设。现状地面道路交通繁忙,地下管线较多,为了减少施工对地面交通及地下管线的影响及对周边环境的影响,大多数区段地下区间采用暗挖法施工。

暗挖区间隧道需针对不同的工程地质、水文地质条件及地表环境、场地条件等,分别采用钻爆法和隧道掘进法施工。

1) 钻爆法

钻爆法是在围岩中,采用由初期支护和二次衬砌及中间防水层组成的复合衬砌作基本支护结构,埋置深度较深的隧道的暗挖施工方法。暗挖法有基本的适用条件:不允许带水作业和开挖面地层具有相当的自立性和稳定性。当地层难以达到所需的稳定条件时,必须通过地层预加固和预处理,来提高开挖面地层的自立性和稳定性。经常采用的预加固和预处理措施有超前小导管注浆、工作面前方深孔注浆和大管棚超前支护。以上方法视具体情况可以单独使用,也可以配合使用。钻爆法施工工艺灵活,可以根据不同地层条件及时修正、变更。其断面根据轨道交通限界要求一般设计为马蹄形断面,局部地区也可设计成圆形断面,采用复合式衬砌。

2) 隧道掘进机

隧道掘进机法是另一种暗挖隧道的施工方法,此法是在掘进机钢壳体的保护下,依靠其前部的刀盘或挖掘机开挖地层,并在掘进机壳体内完成出碴、衬砌结构、推进等作业。

按开挖方式的不同可以分为以下几种:① 人工开挖掘进机;② 半机械开挖掘进机;③ 机械掘进机。其中,机械掘进机又可分为开放型机械开挖掘进机、泥水加压掘进机、土压平衡掘进机、复合式掘进机和局部气压掘进机等。环线工程通过前期的相关专题研究,推荐采用复合式盾构施工区间隧道。

3) 复合式盾构法与钻爆法的比较

复合式盾构法和钻爆法均已广泛应用于工程实践中,各自显示出了一定的优越性,表 6-1 中分别对这两种施工方法进行简单的比较。

表 6-1 钻爆法和复合式盾构法比较表

项次	钻 爆 法	复合式盾构法
1	技术、工艺简单,无须大型机械	需要有专用掘进机及其配套设备,技术、工艺较复杂
2	施工灵活,尤其适用于断面的变化	固定断面尺寸,断面变化时需特殊处理(如岔线等)
3	人工开挖支护,支护封闭前,安全性差	在掘进机钢外壳的保护下进行掘进、出碴,管片的拼装等,安全性好
4	作业环境恶劣	作业环境较好
5	作业环节多,施工速度慢,2~4 m/d	机械化程度高,施工速度快,8~10 m/d
6	作业人员多	作业人员少
7	喷混凝土、支护质量较难控制	预制管片精度高,质量可靠
8	一般需要二次衬砌	单层衬砌即可
9	防水质量不易保证	防水可靠
10	无须降水地段,施工造价低,在地下水位高的地层,需降水,造价高	不需降水
11	一般需超前支护,遇特殊地段需采取地层加固措施	除掘进机始发和接收范围外,不需进行地层改良和预支护
12	无须特别附属设施	需要配套的管片预制厂
13	地表沉降不易控制,尤其在遇到不良地层时,易塌方,对沉降控制更难	能够有效地控制地表沉降,受地层影响小
14	需要增设临时竖井用地	可合用车站施工用地
15	可多工作面施工,施工周期较长	掘进速度较快,可达到 8~10 m/d;通过合理配置掘进机数量,可合理筹划施工周期

隧道掘进机作为隧道施工的专用设备,自问世以来已有 100 多年历史,经过技术的不断进步和迭

代,技术成熟、工法先进,虽然造价较高,但施工安全,进度快。在松散含水地层中及城市中心区域,施工条件困难地段,采用盾构法施工,对沿线居民生活、地下和地面建构筑物影响小,更能体现其优越性,其结构形式一般为单层圆形衬砌结构。

本工程暗挖区间隧道根据沿线不同的工程地质、水文地质情况,施工场地布置、区间穿越建(构)筑物、工期筹划和已有盾构机数量,分别采用了复合式盾构法或钻爆法施工。全线区间工法统计见表6-2。

表6-2 区间施工方法汇总

序号	区间段落	区间埋深(至轨面,m)	区间长度(双线延米)	施工方法
1	重庆西站—上桥站	25.9~36.5	1 555.343	复合盾构法
2	上桥站—凤鸣山站	21.15~34.06	853.63	复合盾构法
3	凤鸣山站—重庆图书馆站	31.28~40.57	988.89	复合盾构法
4	重庆图书馆站—天星桥站(含马家岩出入场线隧道)	27.18~34.29	854.428(含马家岩出入场线隧道段)	明挖法+钻爆法
5	天星桥站—沙坪坝站	23.19~45.84	1 440.59	复合盾构法
6	沙坪坝站—沙正街站	37.62~52.01	1 194.192	复合盾构法
7	沙正街站—玉带山站	−51.96~44.19	2 092.92	复合盾构法+洞门+过江大桥+钻爆法
8	玉带山站—南桥寺站	19.04~35.75	1 420.76	钻爆法
9	南桥寺站—体育公园站	41.75~54.86	652.69	钻爆法+复合盾构
10	体育公园站—冉家坝站	35.05~45.9	820.194	钻爆法+复合盾构法
11	冉家坝站—动步公园站	27.84~34.89	763.155	钻爆法
12	动步公园站—洪湖东路站	34.61~47.57	683.961	钻爆法
13	洪湖东路站—民安大道站	31.04~68.36	1 006.96	钻爆法
14	民安大道站—重庆北站	32.57~58.4	1 887.63	钻爆法
15	重庆北站—渝鲁站	28.74~43.44	1 495.8	钻爆法
16	渝鲁站—五里店站	10.46~36.64	1 275.825	钻爆法
17	五里店站—弹子石站	−70.0~7.15	2 065.93	钻爆法+高架+过江大桥
18	弹子石站—涂山站	−8.57~50.63	1 120.27	钻爆法
19	涂山站—仁济站(含涂山车辆段出入段线隧道)	39.8~86.5	945.79(涂山车辆段出入段线隧道段:593.753)	钻爆法
20	仁济站—上新街站	10.98~47.52	798.74	明挖+钻爆法
21	上新街站—上浩站	23.75~36.32	946.75	钻爆法
22	上浩站—海棠溪站	−22.4~53.44	1 203.96	钻爆法+明挖+高架
23	海棠溪站—罗家坝站	−11.33~21.2	1 048.13	高架
24	罗家坝站—四公里站	−20.3~−6.6	1 051.44	高架
25	四公里站—南湖站	19.75~45.72	1 624.16	钻爆法+隧道洞门

续　表

序号	区间段落	区间埋深 (至轨面,m)	区间长度 (双线延米)	施工方法
26	南湖站—海峡路站	5.2～38.372	936.42	钻爆法+明挖法
27	海峡路站—谢家湾站	−88.9～10.2	2 582.14	明挖法+高架
28	谢家湾站—奥体中心站	1～25	1 702.74	钻爆法+明挖
29	奥体中心站—陈家坪站	16.23～52.66	917.133	钻爆法
30	陈家坪站—彩云湖站	23.55～51.95	1 765.078	钻爆法
31	彩云湖站—二郎站	35.79～52.03	1 162.91	钻爆法
32	二郎站—华龙站	25.41～46.4	1 634.164	钻爆法
33	华龙站—重庆西站	10.54～37.51	1 069.777	钻爆法

6.1.2　区间施工工法的选择

根据线路埋深、工程地质、水文地质条件及线路所经地区的环境条件，全线区间隧道的施工方法可分为明挖法和暗挖法。

6.1.2.1　明挖法

明挖法主要有敞口明挖法和盖挖法两大类。明挖法施工的特点是可以适用于各种不同的地质情况，减少线路埋深，施工工艺简单，技术成熟，但明挖法对地面交通疏解及管线干扰较大，这也是明挖法能否实施的关键。

6.1.2.2　暗挖法

当隧道埋深较深，沿线地面又没有足够的施工场地，或者受地下构筑物的制约，不具备明挖法施工条件的情况下，则采用暗挖法施工区间隧道。

全线地下线路大部分在现状道路下方或在建筑物下方通过。现状道路交通繁忙，地下管线较多，为了减少施工对地面交通及建筑物的影响，除上述地段采用明挖法施工外，其余地下区间隧道均采用暗挖法施工。

暗挖区间隧道可针对不同地段的工程地质条件、水文地质条件及地表环境、场地条件等，分别采用钻爆法和隧道掘进机法施工。

（1）钻爆法。钻爆法施工工艺灵活，可以根据不同地层条件及时调整。其断面根据轨道交通限界要求一般设计为马蹄形断面，局部地区也可设计成圆形断面，采用复合式衬砌。

（2）隧道掘进机法。盾构法是一种采用机械暗挖隧道的施工方法，主要用于断面和功能较单一的区间隧道的施工方法。

根据勘察资料，环线盾构区间隧道一般均埋设在砂岩和泥岩中，砂岩所占比例为70%～80%、泥岩或砂质泥岩所占比例为20%～30%，岩体较为完整，砂质泥岩的强度为8～15 MPa，破碎后遇水易软化，砂岩的最大强度为50 MPa；沿线无地表水体和地下暗河，岩层中存在基岩裂隙水，其涌水量低于10 L/(min·10 m)。针对该类自立性较好的地层，环线盾构区间均采用复合式盾构进行推进。该工法采用双模式盾构，具备土压平衡盾构和单护盾盾构两种模式，两种不同模式主要体现在刀盘形式和出碴方式的差异，在不同的地质条件下采用不同的出碴方式。当水压力比较大，水流量比较多或在泥岩等地层条件下可采用土压平衡盾构模式掘进；在完整性较好的砂岩地质条件下，则采用单护盾盾构模式掘进。

6.1.3 复合式盾构区间设计

6.1.3.1 圆隧道区间结构设计原则

(1) 工程结构的安全等级按一级考虑。

(2) 结构按 6°抗震烈度设防,按甲类、核 6 级、常 6 级人防荷载验算。

(3) 圆形隧道衬砌结构变形验算:计算直径变形≤2‰D(D 为隧道外径)。

(4) 隧道结构采用防水混凝土,防水混凝土抗渗等级不小于 P10。

(5) 混凝土结构允许裂缝开展,管片混凝土裂缝宽度≤0.2 mm;矿山法接收隧道结构背水面≤0.3 mm、结构迎水面≤0.2 mm。

(6) 区间隧道结构抗浮安全系数:施工阶段≥1.05、使用阶段≥1.10。矿山法接收隧道当考虑侧壁摩阻力时,抗浮安全系数≥1.15。

(7) 结构设计使用年限按 100 年考虑。

(8) 两条单线区间隧道之间应设联络通道,相邻两个联络通道的距离不应大于 600 m,联络通道内应设甲级防火门。

(9) 隧道结构防水等级为二级。

(10) 区间结构主要构件的耐火等级为一级。

6.1.3.2 衬砌结构基本形式

按已有的设计、施工经验,综合考虑建筑限界、设备布置、隧道轴线的施工误差(包括测量误差)及隧道后期不均匀沉降,确定隧道的内径为 5 900 mm、外径为 6 600 mm、标准环宽为 1 500 mm。

衬砌圆环分为 6 块,即 3 块标准块(B)、2 块邻接块(L)和 1 块封顶块(F)。每环管片纵向共 10 根 M27 螺栓,环向共 12 根 M27 螺栓。衬砌圆环如图 6-1 所示。

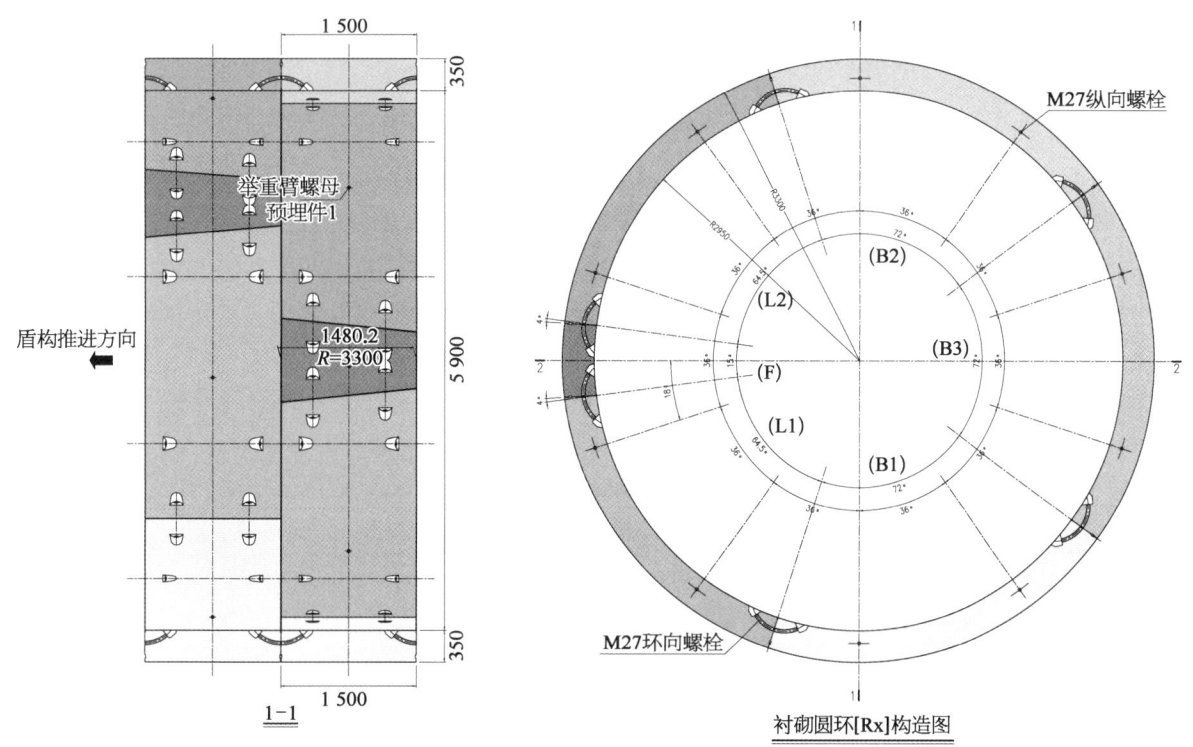

图 6-1 衬砌圆环构造图(单位:mm)

根据工程沿线隧道覆土深度、周围环境、工程地质条件及初步设计技术要求,并经结构计算,钢筋混凝土衬砌的厚度采用35 cm。

楔形衬砌环设计为双面楔形环,因环线工程区间最小曲率半径以$R=350$ m控制,考虑轨道交通全线管片的通用性,楔形量根据转弯半径$R=250$ m进行计算。

为保证装配式结构良好的受力性能,提供符合计算假定的结构工作条件,衬砌制作和拼装必须达到下列精度:

(1) 单块管片制作允许误差:宽度±0.3 mm;弧、弦长±1.0 mm;外半径±2.0 mm;内半径±1.0 mm;环向螺栓孔孔径及孔位±1.0 mm。

(2) 整环拼装允许误差:相邻环的环面间隙≤0.6~0.8 mm;纵缝相邻块块间间隙≤1.0 mm,衬砌对应的环向螺栓孔不同轴度≤1.0 mm。

(3) 衬砌拼装成环的水平、竖向直径偏差≤2‰D。

环线区间隧道防迷流采用隔离法。

衬砌环采用通用环形式。

普通衬砌环为钢筋混凝土管片,混凝土强度等级为C50,抗渗等级为P12,钢筋采用HPB300级、HRB400级钢。

管片连接螺栓的性能等级为5.8级、6.8级。

6.1.3.3 衬砌结构设计计算

隧道衬砌宜采用具有一定刚度的柔性结构,应限制其变形和接头张开量,满足结构受力和防水要求。

隧道结构应对施工和运营阶段不同工况,按承载能力极限状态和正常使用极限状态要求进行承载力、变形和裂缝计(验)算,同时还须满足防水、防腐蚀、安全、耐久等要求。

衬砌结构横向计算模式应根据地层情况、衬砌构造特点、结构的实际受荷条件等确定,并宜考虑衬砌与地层共同作用及装配式衬砌接头的影响。

1) 计算荷载及荷载组合

结构设计时,分别就施工阶段、正常运营阶段和特殊阶段可能出现的最不利荷载组合按承载能力极限状态和正常使用极限状态要求进行结构承载力、变形和裂缝宽度计(验)算。但特殊荷载阶段每次仅对一种偶然荷载进行组合(无须验算裂缝宽度)。

2) 计算模型

圆隧道衬砌按平面问题计算,设计成具有一定刚度的柔性结构,严格限制荷载作用下的结构计算变形≤2‰D、接头张开量<4 mm。接头设计以满足受力、防水和耐久的要求为前提。

采用有限元分析软件MIDAS进行计算。

计算时将单环以匀质圆环分析,但考虑环向接头存在,圆环整体的弯曲刚度降低,取圆环抗弯刚度为ηEI(η为<1的弯曲刚度有效率),如图6-2所示。

对错缝拼装的衬砌结构,还必须考虑整体补强效果,进行弯矩的重分配(图6-3)。衬砌环在接头处的内力如下:

接头处内力:$M_{ji}=(1-\xi)M_i$,$N_{ji}=N_i$;

相邻管片内力:$M_{si}=(1+\xi)M_i$,$N_{si}=N_i$。

式中,ξ为弯矩调整系数,M_i、N_i分别为匀质圆环模型的计算弯矩和轴力,M_{ji}、N_{ji}指调整后的接头弯矩和轴力;M_{si}、N_{si}指调整后的相邻管片本体的弯矩和轴力。根据错缝拼装管片的试验结果,参数取值

第6章 区间结构

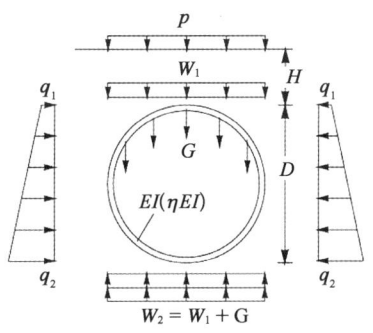

图 6-2 圆形衬砌环计算简图

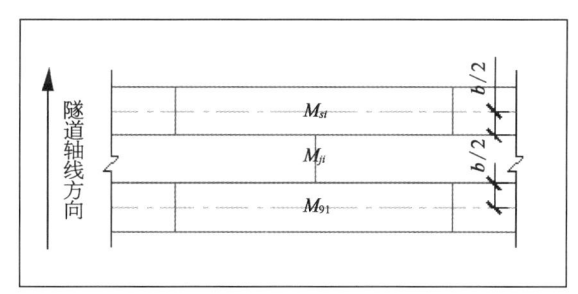

图 6-3 错缝拼装弯矩分配示意图

为 $\eta=0.7$、$\xi=0.3$。

3) 管片分类计算分析

根据《铁路隧道设计规范》(TB 10003),深埋与浅埋洞室原则上以同级别围岩厚度 2 倍(Ⅰ~Ⅲ级)或 2.5 倍(Ⅳ~Ⅵ级)倍荷载高度 H_q 为划分界限。以Ⅳ级围岩为例,洞室埋深 $h \geqslant 2.5H_q$ 为深埋洞室,$H < h < 2.5H_q$ 为浅埋洞室,$h < H_q$ 为超浅埋洞室。

4) 计算结果及分析

圆形区间隧道的结构计算应根据各区段结构所处工程地质和水文地质条件、埋置深度、结构特点、施工条件、隧道相邻影响等因素,结合已有的试验、测试资料,选用合适的计算参数计算。

(1) 超浅埋隧道计算结果及分析如图 6-4~图 6-6 和表 6-3 所示。

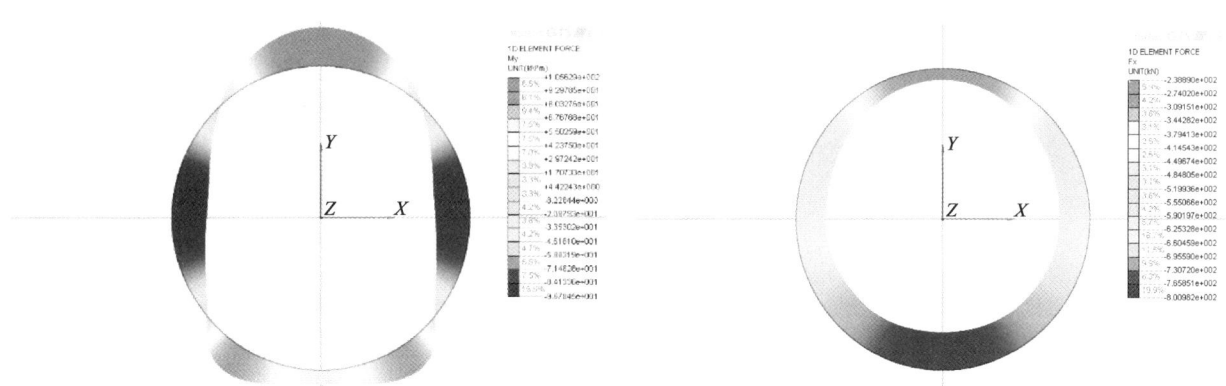

图 6-4 浅埋隧道圆形衬砌环弯矩云图　　　　图 6-5 超浅埋隧道圆形衬砌环轴力云图

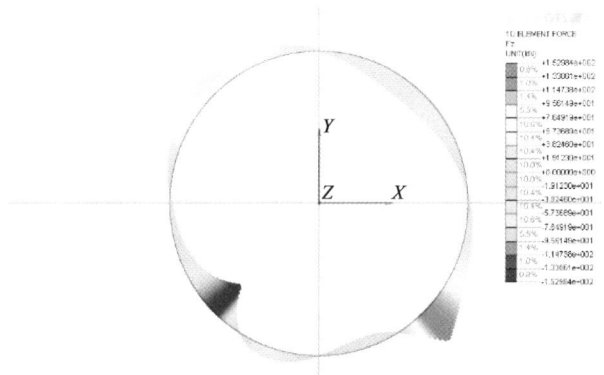

图 6-6 超浅埋隧道圆形衬砌环剪力云图

表 6-3　超浅埋隧道计算结果汇总表

位　　置	计算弯矩 M(kN·m)	调整管片弯矩 M^*(kN·m)	轴力(kN)
最大正弯矩处(顶部)	105.63	137.319	−238.89
最大负弯矩处(左右侧)	−96.78	−125.814	−640.13

(2) 浅埋隧道计算结果及分析如图 6-7～图 6-9 和表 6-4 所示。

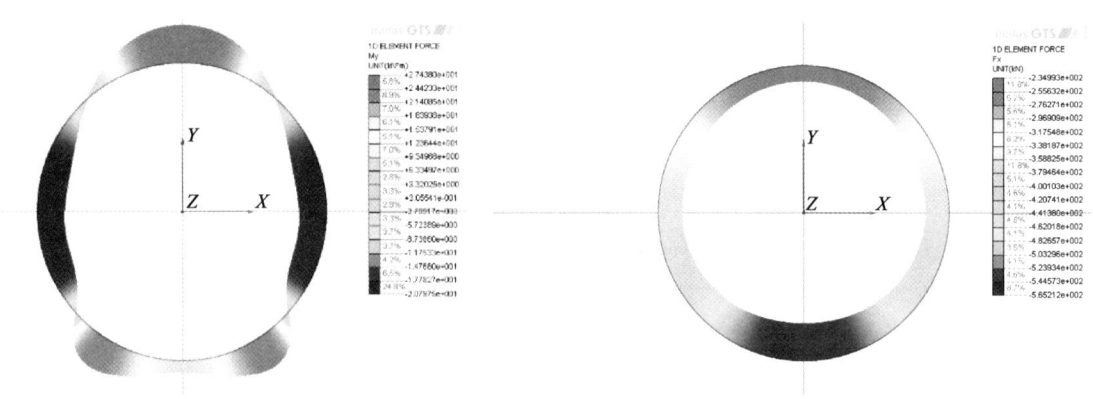

图 6-7　浅埋隧道圆形衬砌环弯矩云图　　　图 6-8　浅埋隧道圆形衬砌环轴力云图

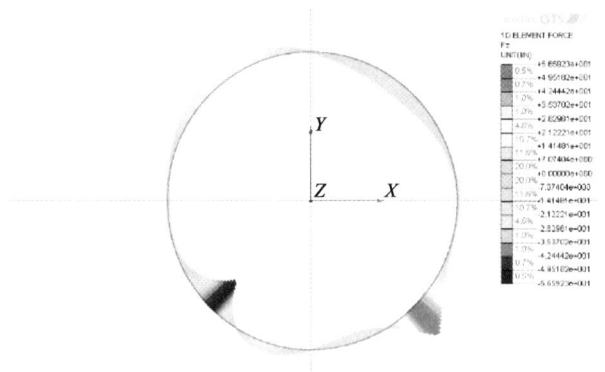

图 6-9　浅埋隧道圆形衬砌环剪力云图

表 6-4　浅埋隧道计算结果汇总表

位　　置	计算弯矩 M(kN·m)	调整管片弯矩 M^*(kN·m)	轴力(kN)
最大正弯矩处(顶部)	27.44	35.672	−235
最大负弯矩处(左右侧)	−20.8	−27.04	−363.2

(3) 深埋隧道计算结果及分析如图 6-10～图 6-12 和表 6-5 所示。

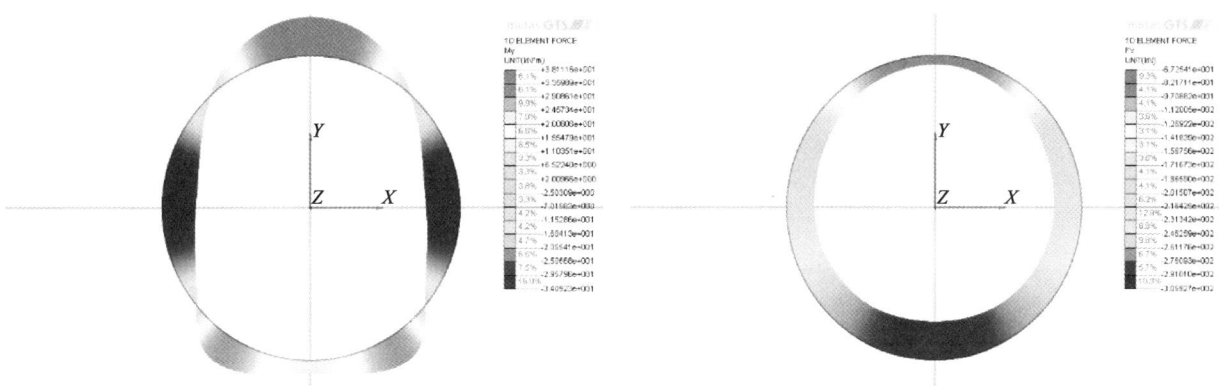

图 6-10 深埋隧道圆形衬砌环弯矩云图　　图 6-11 深埋隧道圆形衬砌环轴力云图

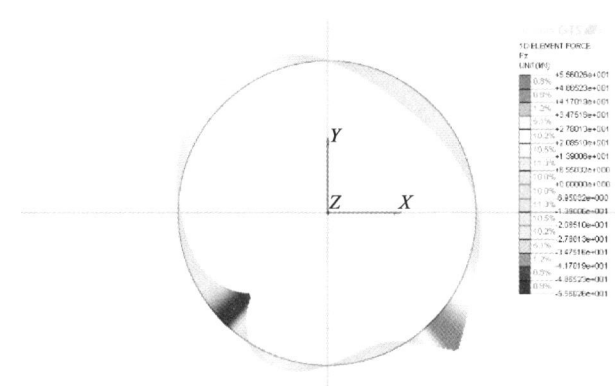

图 6-12 深埋隧道圆形衬砌环剪力云图

表 6-5 深埋隧道计算结果汇总表

位　　置	计算弯矩 M(kN·m)	调整管片弯矩 M^*(kN·m)	轴力(kN)
最大正弯矩处(顶部)	38.11	49.54	−67.25
最大负弯矩处(左右侧)	−34.09	−44.32	−223.1

经计算,浅埋及深埋隧道配筋结果相近,故本次设计采用两种配筋形式,即超浅埋隧道采用一类配筋(内侧主筋 10ϕ25、外侧主筋 10ϕ22)、浅埋及深埋隧道采用二类配筋(内侧主筋 10ϕ20、外侧主筋 10ϕ16)。

6.1.3.4 联络通道结构设计

1) 联络通道结构及特殊管片设计

区间联络通道采用暗挖法施工,根据围岩情况及联络通道埋深情况判定为深埋暗挖,初支采用喷锚支护(即以锚杆、喷射混凝土为初期支护)。

暗挖联络通道为直墙圆拱断面,如图 6-13 所示,初期支护为临时结构,使用年限为 1 年;二衬使用年限为 100 年,结构安全等级为一级。

联络通道处特殊衬砌环采用两环混凝土管片通缝拼装,对开洞的管片进行局部加强,通过管片内暗

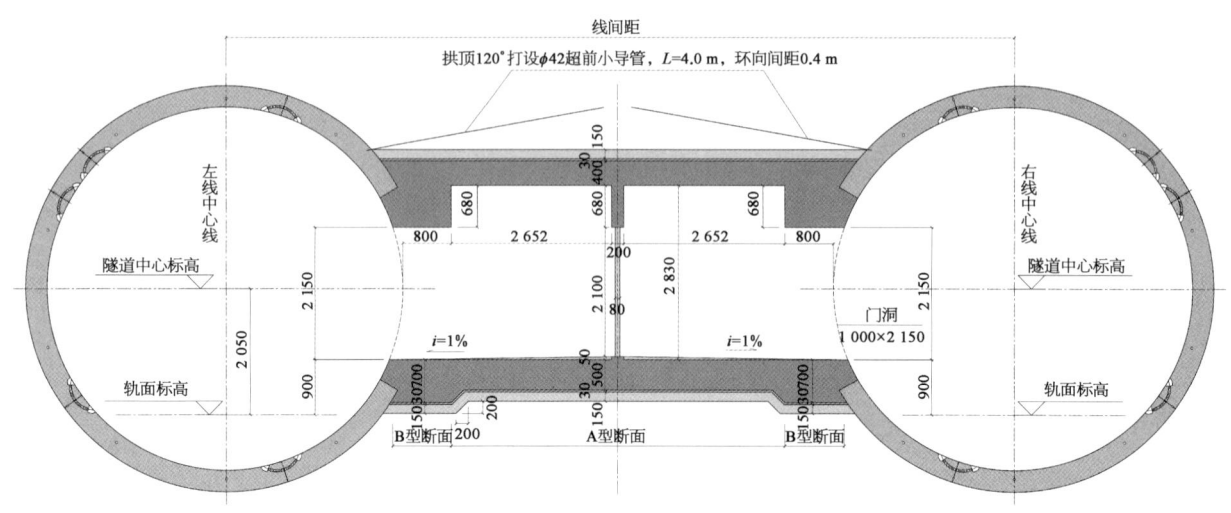

图 6‑13　标准联络通道横断面图(单位：mm)

梁式配筋达到补强的效果。

施工过程中先将两环管片根据设计拼装点位拼装到位,开洞前于隧道内架设临时"米"字形钢支撑,再沿管片开洞范围凿除原管片结构,最后施作现浇混凝土环梁。

2) 实施方案

按同类工程的成功实施经验,根据联络通道所处地点的周围环境,推荐采用矿山法施工联络通道,即预先对联络通道部位的地层通过管片开孔打设超前小导管进行先期支护,然后拆除洞门特殊管片,以边开挖边实施临时支护层的方法建造联络通道。

6.1.3.5　复合盾构区间沿线重大风险源

1) 盾构穿越沿线建构筑物技术措施

(1) 区间沿线建(构)筑物情况。环线共有 7 个区间采用复合式盾构施工,其中区间隧道埋深为 10.2~47.8 m,最小曲线半径为 350 m,最大纵坡为 28‰,下穿大量建筑物,其中较为敏感建(构)物为石新立交、鸿禧酒店、内环快速路、凤天大道下立交、凤鸣山中学人行天桥、重庆市第七中学、沙坪坝区气象局、沙坪坝火车站、既有轨道交通区间等。针对区间隧道下穿沙坪坝区气象局、沙坪坝火车站、既有轨道交通区间进行详细论述。

① 凤鸣山站—重庆图书馆站区间。

凤鸣山站—凤天路站区间线路起于凤鸣山站,于凤鸣山立交处,以右线 R‑359.836 m、左线 R‑349.836 m 的半径向北转向凤天大道,再沿凤天大道一路向北走行,直至第三军医大学附近的重庆图书馆站。

凤鸣山站—重庆图书馆站区间右线隧道单线总长为 996.480 m,其中复合盾构区间长 980.394 m,钻爆区间长 16.086 m;左线隧道单线总长为 981.659 m,其中复合盾构区间长 965.187 m,钻爆区间长 16.472 m;线路平面最小平曲线半径 R‑349.836 m。于里程 YDK4+400.000、ZDK4+382.733 处设 1 座联络通道。

凤鸣山站—重庆图书馆站区间线路纵断面为单坡,最大坡度为 28‰,最小坡度为 2‰,隧道顶部埋深为 12.4~36.8 m。穿越的岩层为 J/2s‑Sm 砂质泥岩、J/2s‑Ss 砂岩。

凤鸣山站—重庆图书馆站区间大部分位于石新路、凤天大道下方,地面交通繁忙,地下管线密集(如

DN600 混凝土污水管、DN1200 混凝土污水管等），沿线主要控制性建（构）筑物有凤天大道下立交、凤林戎居、凤天锦园、凤鸣山中学人行天桥等。具体情况如图 6-14 所示。

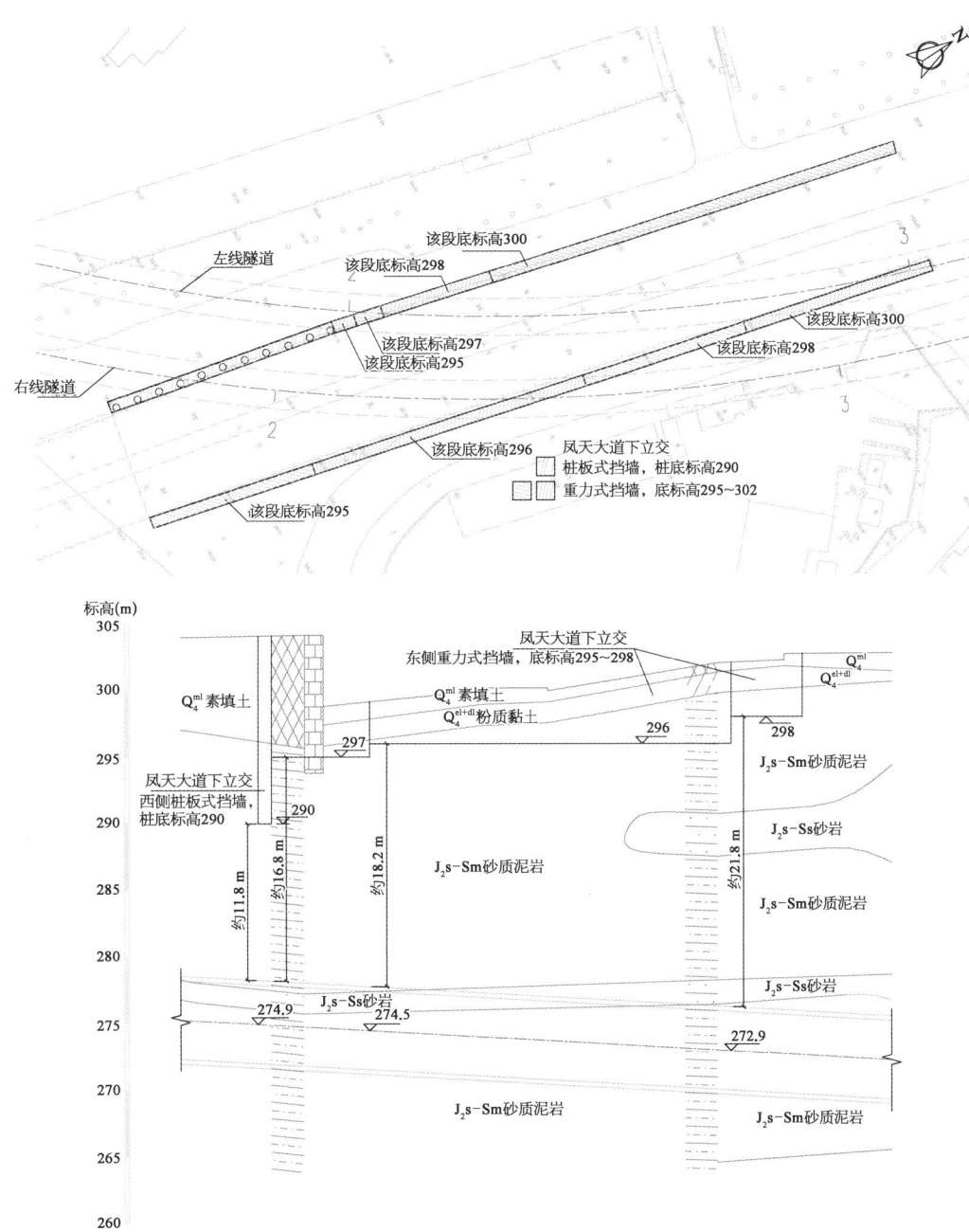

图 6-14 区间隧道与凤天大道下立交相对关系图

② 天星桥站—沙坪坝站区间。

天星桥站—沙坪坝站区间线路自天星桥站出站后，以正反"S"形曲线避让和谐家园还建房后，沿石碾盘正街往北走行，在下穿沙坪坝火车站后，至沙坪坝中心步行街旁的沙坪坝站。

右线隧道单线总长为 1 365.055 m，左线隧道单线总长为 1 360.488 m，于里程 YDK6+800.000（ZDK6+785.565）、YDK7+210.000（ZDK7+202.566）处设 2 座联络通道。

本区间纵断面为单坡，最大坡度为 28‰，最小坡度为 2‰，隧道顶部埋深为 22.5～39.5 m。穿越的岩层为 J/2s-Sm 砂质泥岩、J/2s-Ss 砂岩。沿线主要控制性建（构）筑物有诺丁阳光 9#楼、天星桥正街 17#片区改造、国铁沙坪坝铁路枢纽、9 号线区间隧道等。

具体情况如图 6-15 所示。

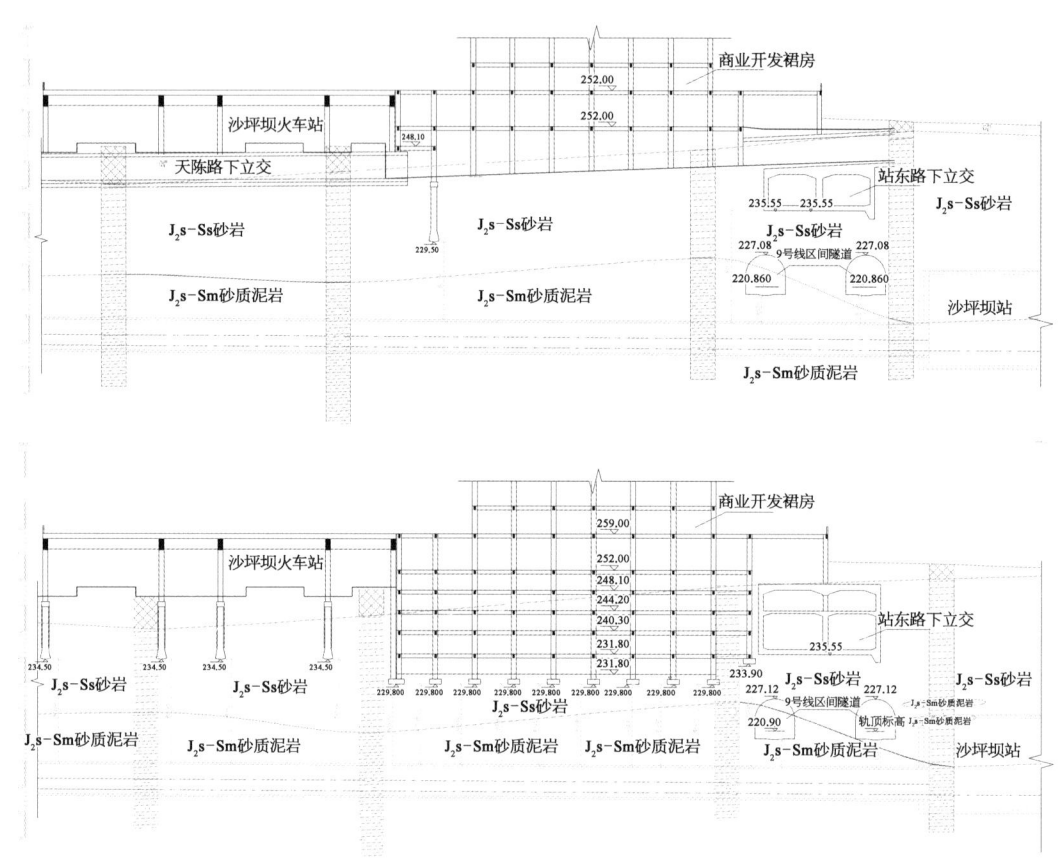

图 6-15　左线区间隧道与沙坪坝铁路枢纽综合改造工程及 9 号线区间隧道相对关系图（单位：m）

③ 沙坪坝站区间—沙正街站区间。

沙坪坝站—沙正街站区间线路自沙坪坝站出站后，一路向北，在下穿多幢高层建筑后，转向沙坪坝正街，直至重庆大学门口的沙正街站。

本区间右线隧道单线总长为 1 278.504 m，其中复合盾构区间长 1 263.504 m，钻爆区间长 15.0 m；左线隧道单线总长为 1 275.388 m，其中复合盾构区间长 1 260.388 m，钻爆区间长 15.0 m。于里程 YDK8+330.000（ZDK8+332.689）、YDK8+720.000（ZDK8+729.499）处设 2 座联络通道。

本区间纵断面为单坡，最大坡度 22‰，最小坡度 2‰，隧道顶部埋深为 25.8~47.3 m。穿越的岩层为 J/2s-Sm 砂质泥岩、J/2s-Ss 砂岩。沿线主要控制性建（构）筑物有 1 号线沙坪坝站、华夏银座、鑫源大厦、南开中学等。具体情况如图 6-16 所示。

（2）盾构穿越沿线建构筑物影响分析。以凤鸣山站—重庆图书馆站区间下穿凤天大道下立交为例进行有限元分析。

① 计算工况。运用建模软件可以得到如图 6-17 所示的模型。模型边界条件为：左右侧约束 X 方向位移，下侧约束 Y 方向位移，整体模型施加重力荷载，引道上施加 10.5 kPa 竖直向下的均布荷载。桩板式挡土墙贯穿杂填土 Q4 和砂质岩层 J2s-Sm，材料参数见表 6-6。

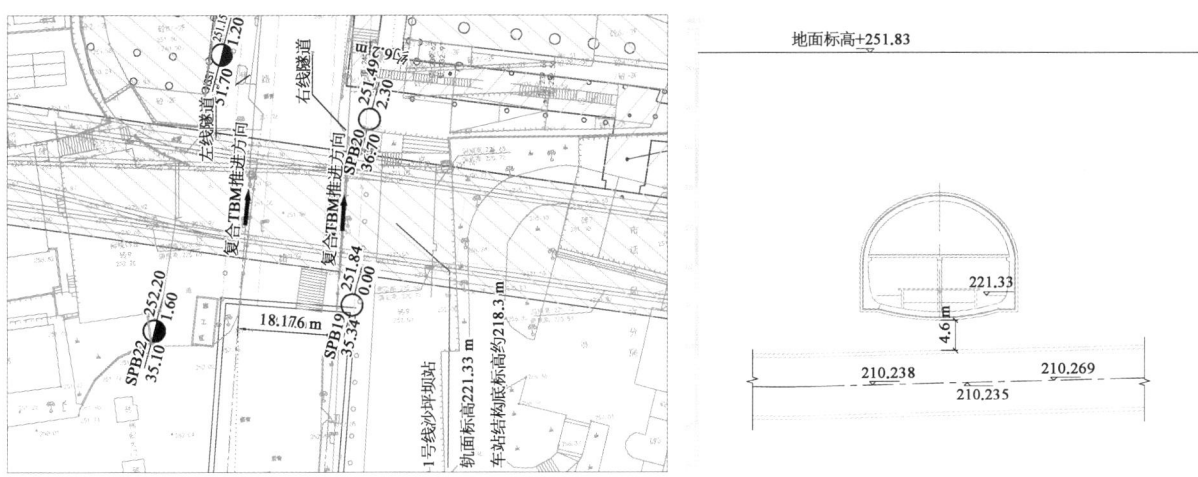

图 6‑16 区间隧道与 1 号线沙坪坝站相对关系图

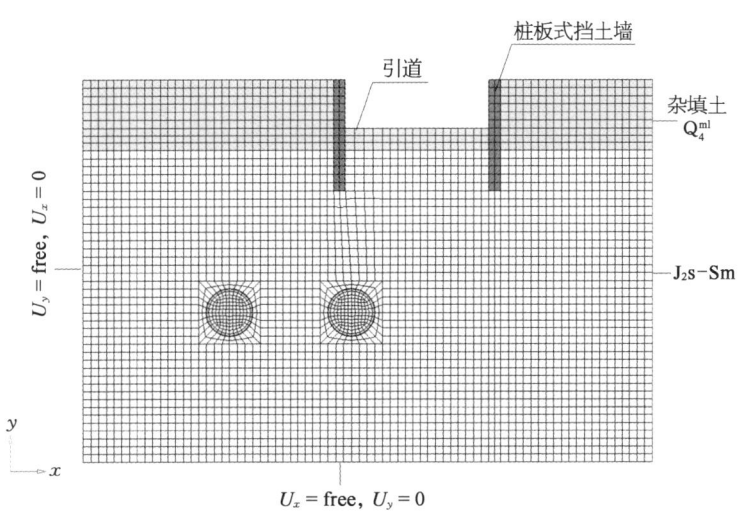

图 6‑17 隧道斜穿南七路高架桥桥台和桩基二维模型

表 6‑6 材料参数

材 料	本构模型	重度 (kN/m³)	弹性模量 (MPa)	泊松比 μ	单轴抗压强度 (MPa)	内摩擦角 $\phi(°)$
隧道衬砌	弹性	26	34 500×0.7	0.2		
注浆层	弹性	14	0.3	0.5		
重力式挡墙	弹性	26	20 000	0.2		
杂填土 Q_4	弹性	20	10	0.3		
J_2s-Sm	D‑P	25.6	1 000	0.4	12	33

② 计算结果。

右线隧道施工完成后：整体模型竖向位移云图、重力式挡墙竖向位移云图、右侧隧道自身竖位移云图分别如图 6‑18～图 6‑20 所示。隧道开挖引起隧道周围地层有少量变形。引道左端处沉降最大，为 8.7 mm，桩板式挡土墙最大水平变形 2.3 mm，最大竖向变形为 8.7 mm；右侧隧道自身水平变形为 1.1 mm，自身竖向变形为 2.1 mm。

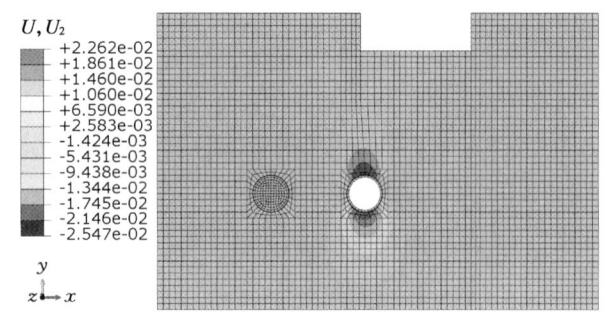

图 6-18 整体模型竖向位移云图

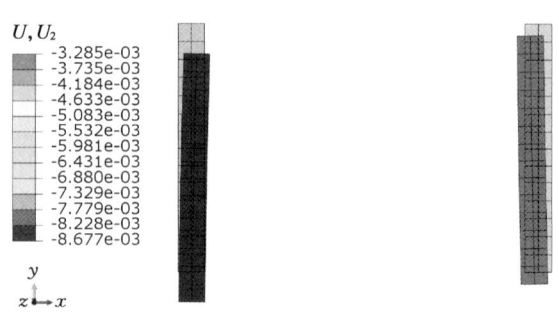

图 6-19 桩板式挡土墙竖向位移云图

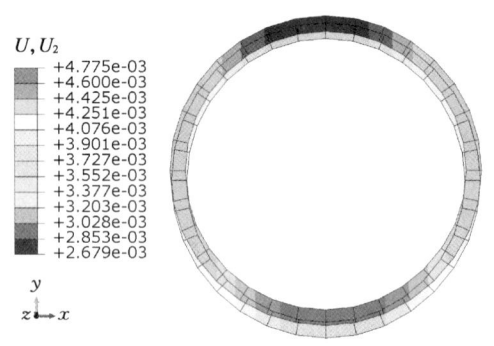

图 6-20 右侧隧道竖向位移云图

左线隧道施工完成后:由计算可以知道(图 6-21~图 6-24),引道左端处沉降最大,为 13.6 mm,桩板式挡土墙最大水平变形增大为 3.9 mm,最大竖向变形增大为 13.7 mm;左侧隧道自身水平变形为 1.49 mm,自身竖向变形为 2.5 mm;右侧隧道自身水平变形略有增加,为 2.14 mm,自身竖向变形略有增加,为 3.2 mm。

(3) 盾构穿越沿线建构筑物采取的措施:

① 采用复合式盾构掘进,优选最佳施工参数,保证开挖面稳定,加强同步压浆与必要的补压浆措施,来控制建(构)筑物沉降。

② 随时调整复合盾构施工参数,减少盾构的超挖和欠挖,以改善盾构前方土体、岩层的坍落或挤密现象,降低地基土横向变形施加于建筑物基础上的横向力。

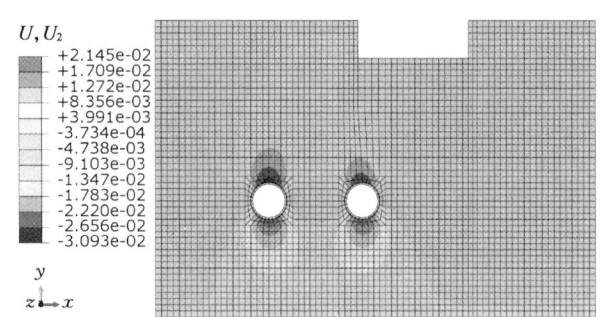

图 6-21 整体模型竖向位移云图

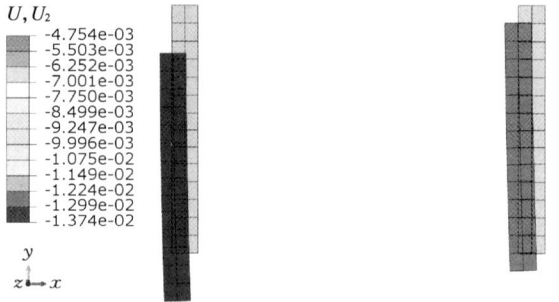

图 6-22 桩板式挡土墙竖向位移云图

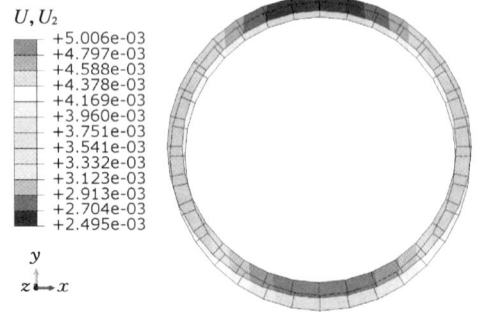

图 6-23 左侧隧道竖向位移云图

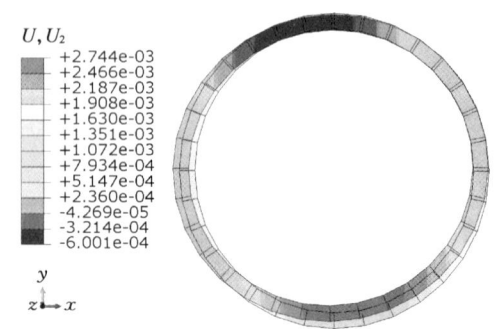

图 6-24 右侧隧道竖向位移云图

③ 采用同步注浆,减少盾尾通过后隧道外周围形成的空隙,减少隧道周围土体的水平位移及因此而产生的对建筑物基础的负摩阻力。

④ 加强监测,采取相应措施,包括对建(构)筑物的变形、沉降的监测,及时反馈信息以调整施工参数。

⑤ 在隧道穿越变形敏感地区时,控制地面最大沉降≤10 mm。

⑥ 在盾构穿越保护建筑区域前,设置模拟施工段,通过事先计算分析,检测拟定的盾构推进主动技术保护措施的实际效果,并对盾构穿越保护建筑工程段的实施风险进行评估、指导施工,规避风险。

⑦ 在隧道下穿保护建筑群基础范围,在上、下两条隧道内管片上全断面设置注浆管,施工中采用信息化施工,在加强同步注浆的同时根据监测数据及时进行壁后注浆,保证施工期间相邻隧道的安全。

⑧ 在与区间隧道距离较近或对沉降变形敏感的建筑物基础周围预埋压浆管,制订基础加固应急预案,加密沉降变形观测点,在区间隧道施工过程中严密监控,盾构通过前后视监测情况跟踪注浆,确保其安全。

⑨ 壁后回填采用豆砾石加回填注浆方式,及时补充浆液,填充壁后间隙,快速稳定管片,减少同步注浆浆液对管片浮力的影响。

通过上述技术措施,环线区间在下穿重要建构筑物时,均能有效控制建筑物的位移和倾斜,使建筑物沉降、变形数据均满足设计要求;且隧道贯通后的轴线和结构收敛值也均符合设计及规范要求。

2)盾构过站技术措施

重庆环线大部分车站均为暗挖施工,地面无盾构吊装条件,故很多区间均采用盾构直接过站施工方案。

盾构过站施工顺序:盾构到达前的准备→盾构到达→盾构接收→步进架反力装置的安装→步进过站→始发前的准备→进行始发。

盾构步进过站流程及施工步骤:

(1)步进流程:盾体推进→提升盾体与步进托架→进步托架前移→放下盾体与步进托架→盾体推进。

(2)步进的原理:利用步进托架与地面的摩擦力提供反力,盾构油缸提供动力进行步进。

(3)步进步骤:

① 使用步进托架、盾构油缸将盾体向前推进至一定距离。

② 采用提升油缸将盾构与步进托架一同提升,提升高度控制在2～3 cm。盾体举升装置如图6-25所示。

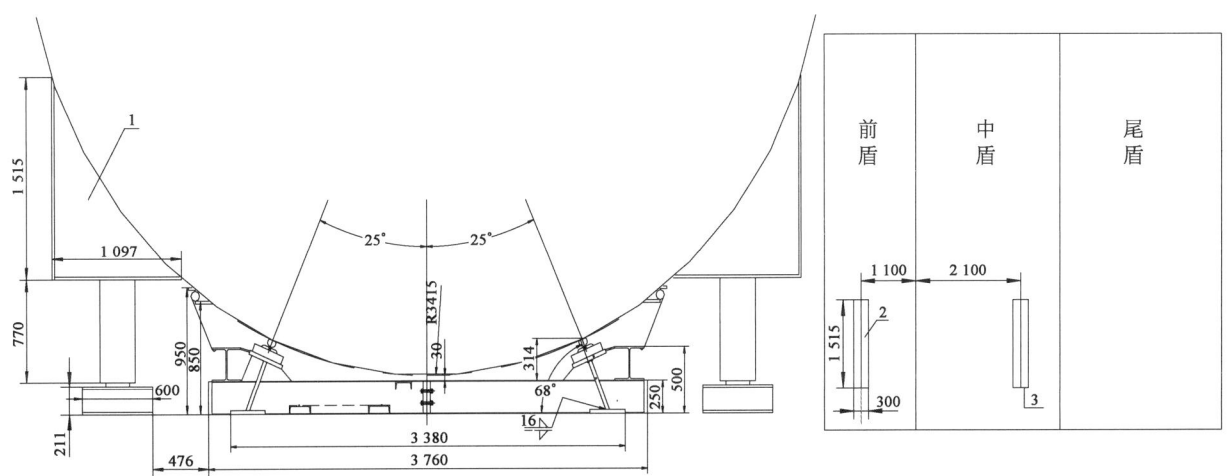

图6-25 盾体举升装置设计图(单位:mm)

③ 回收推进油缸,步进托架向前行走,收起提升油缸,准备下一循环的步进。正常情况下,一次循环时间为 7～10 min,其中盾构油缸将盾体向前推进时间为 30～60 s,提升油缸提升时间为 2～4 min,步进托架前进时间为 30～60 s,提升油缸下降的时间为 3～5 min。

④ 步进到始发洞结束步进,进行二次始发。

3) 区间安装射流风机处特殊衬砌环设计技术

重庆环线沙正街—南洞门区间隧道因通风系统需要须在复合盾构隧道内设置射流风机,即上、下行线区间内各设置 3 组射流风机,射流风机段长度不小于 100 m。根据限界要求射流风机与限界间的间距不得小于 10 cm,因此将射流风机设置于隧道侧边。考虑到将射流风机直接锚固在管片上对后期运营养护要求较高,故在管片侧边设置牛腿,将射流风机安装在牛腿之上。因射流风机底座长度大于 4 m,故设置三环连续通缝拼装管片,施工长 4.5 m 的牛腿。牛腿对应的管片上设置预留接驳器,施工过程中先将牛腿钢筋与管片预留接驳器连接,后浇筑牛腿,如图 6-26 所示。

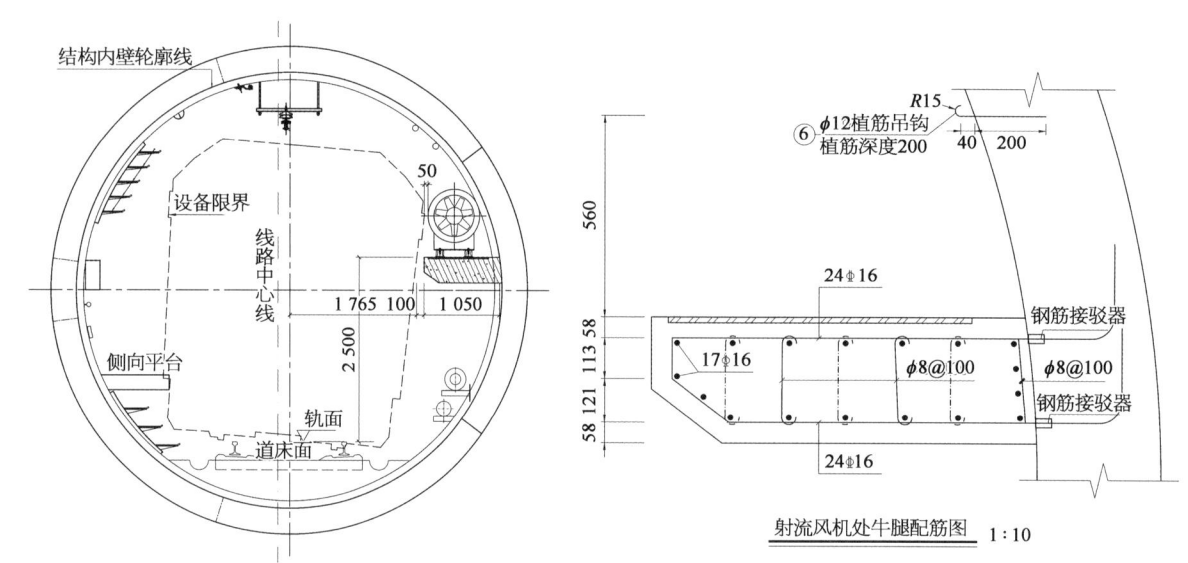

图 6-26 区间射流风机特殊管片衬砌环构造图(单位:mm)

复合盾构隧道内设置射流风机,有效减少了矿山法暗挖隧道连接段的长度,既减小了周边环境影响,又节约了项目工期,节省了投资造价。

6.1.3.6 复合盾构法区间防水

1) 管片混凝土结构自防水

预制管片应采用防水混凝土,抗渗等级≥P10。混凝土管片检漏标准为 0.8 MPa 水压维持 3 h 条件下,渗水进入管片外背高度≤5 cm。混凝土管片检漏频率参照国标《地下铁道工程施工质量验收标准》(GB/T 50299)执行。

2) 衬砌接缝防水

衬砌在环缝张开 6 mm、纵缝张开 6 mm(其中包括密封垫沟槽制作误差、拼装误差、后期接缝变化)时,要求能长期抗 0.6 MPa 水压。衬砌接缝由弹性密封垫与挡砂条组成双道防水线。弹性密封垫的材质为三元乙丙橡胶,挡砂条的材质为遇水膨胀橡胶。变形缝处的挡砂条、弹性密封垫的顶部各加贴 3 mm 厚度的遇水膨胀橡胶薄片。变形缝采用丁腈软木橡胶板作传力衬垫。

进、出口洞各 20 环作整环环、纵缝嵌缝,联络通道钢管片衬砌中心环缝前后各 5 环作整环环、纵缝嵌缝,变形缝作整环嵌缝。其余范围区间隧道拱底块环、纵缝应进行嵌缝处理。整环嵌缝材料采用高模量聚氨酯密封胶,其余范围嵌缝材料采用聚合物水泥防水砂浆。

除道床混凝土浇捣范围内的手孔外,隧道所有手孔均作封堵,道床范围的手孔在浇捣道床时连带封堵。手孔封堵材料为硫铝酸盐超早强(微膨胀)水泥。其中,上半环手孔封堵时应采用塑料保护罩。

3) 井接头防水

盾构进出洞时,采用铰链型出洞防水装置辅以井圈注浆止水进行临时接头防水。后浇混凝土环梁两侧的施工缝均采用遇水膨胀止水胶结合预埋式注浆管作为防水措施。

6.1.4 矿山法区间典型案例

6.1.4.1 重庆图书馆站—天星桥站区间

1) 工程概况

重庆图书馆站—天星桥站区间隧道,为环线马家岩车场接轨区间,长约 828.034 m;区间位于凤天大道及其人行道正下方,周边建筑物较为密集,限制因素较多,道路交通繁忙,管线较多。

线路沿线的重要建筑物主要有第三军医大学校区、三军大辐照研究所、西南医院、沙坪坝区政府、梨树湾至巴山电力隧道,以及天骄年华、易诚国际、芳草地、升伟朝凤苑等各类住宅小区、商业楼、加油加气站(图 6-27)。

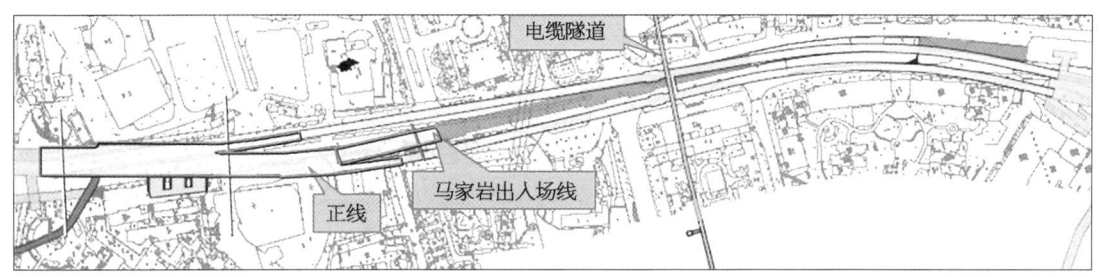

图 6-27 区间隧道结构平面图

2) 工程地质概况

本段原始地貌属构造剥蚀浅丘地貌,后经改造,原始地貌已发生显著变化,形成城市居民建筑区和城市道路,地形较平缓,区间隧道结构纵断面如图 6-28 所示。地形坡角一般为 1°~3°,地面高程为 260~294 m。场地属于石马河向斜西翼,岩层单斜产出,岩层产状:130°∠8°。

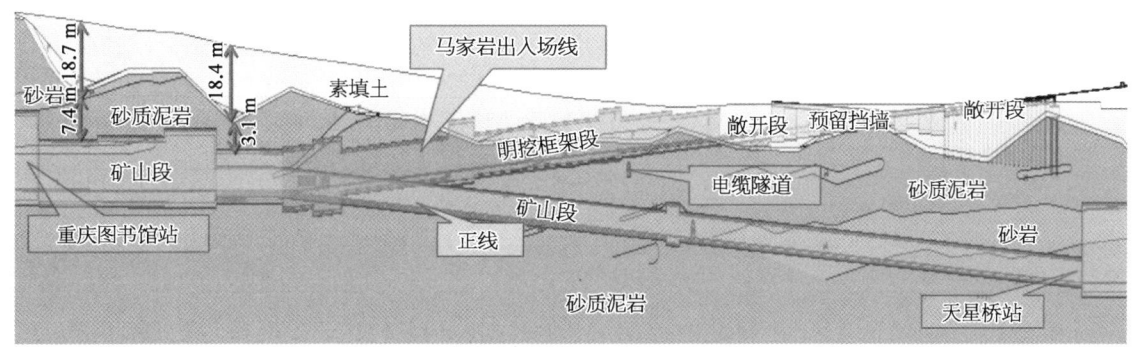

图 6-28 区间隧道结构纵断面图

区间隧道左侧边墙：走向15°，倾向105°。边墙倾向与层面倾向相同，但由于岩层倾角较小，为8°，对整体稳定性影响较小，与J1、J2裂隙大角度相交，故该侧边坡稳定性主要受岩体自身强度控制，破坏模式可能表现为拱顶局部坍塌和边墙局部掉块。

区间隧道右侧边墙：走向15°，倾向285°。边墙倾向与层面倾向相反，和J2裂隙大角度相交，和J1裂隙小角度相交，该侧边坡稳定性主要受J1裂隙及岩体自身强度控制。

3）区间结构设计

区间隧道采用矿山法施工，随着正线与出入场线的展线，大断面隧道转成小净距分离式隧道；正线下坡接入天星桥车站，出入场线上行逐渐爬坡出地面以桥梁形式接入环线马家岩停车场。断面情况见表6-7。

表6-7 区间断面列表

序号	位置里程	断面名称	开挖断面（宽×高，m）	开挖面积（m²）	施工工法	备注
1	YDK5+183.516—YDK5+249.472（YD2K0+000.000—YC2K0+065.046）	A1型断面	24.0×15.1	294.6	双侧壁导坑法	四线断面
2	YDK5+249.472—YDK5+306.629（ZDK5+249.473—ZDK5+306.707）	A2型断面	26.82×17.1	371.5	双侧壁导坑法	四线断面
3	YDK5+306.629—YDK5+358.350（YD2K0+122.203—YC2K0+173.728）	B1型断面	18.8×13.9	216.9	双侧壁导坑法	三线断面
4	YDK5+358.350—YDK5+412.000（YD2K0+173.728—YD2K0+226.162）	B2型断面	21.8×15.1	266.8	双侧壁导坑法	三线断面
5	YD2K0+226.162—YD2K0+306.411 YD2K0+326.411—YD2K0+370.600	C1型断面	12.9×10.0	107.4	CRD法	双线断面
6	YD2K0+306.411—YD2K0+326.411	C2型断面	16.1×11.5	156.0	CRD法	双线断面
7	ZDK5+337.565—ZDK06+011.550 YDK5+433.438—YDK06+011.550	D1（D2）型断面	7.22×7.11（10.02×10.06）	44.31（87.03）	上下台阶法	D2为人防断面
8	ZDK5+306.707—ZDK5+337.565 9（YDK5+412.000—YDK5+433.438）	D1'型断面	7.32×7.16	47.6	上下台阶法	小净距加强型衬砌
9	YD2K0+370.600—YD2K0+583.818	明挖矩形断面	10.9~15.1×7.06~11.908		排桩+内支撑+锚杆	
10	YD2K0+583.818—YD2K0+724.944	既有挡墙改造段			钢管桩	
11	YD2K0+724.944—YD2K0+838.184	U形槽敞开段				

4）工程难点及对策

（1）风险辨识。根据区间隧道所穿越地质情况及周边构筑物的情况，主要风险点见表6-8。

表6-8 区间风险点列表

序号	名称	风险源描述	地质概况	风险分级
1	区间侧穿西南医院人行天桥桩基	区间侧穿西南医院人行天桥桩基础，区间顶与桥桩底标高基本持平	表层素填土10.5 m，底层为砂岩（12.9 m），区间结构顶埋深13.7 m	二级

续　表

序号	名　称	风险源描述	地质概况	风险分级
2	区间正穿梨树湾电缆隧道	隧道底面距离环线隧道顶面约6.0 m,隧道顶面距离出入场线底面约1.0 m	表层素填土9 m,底层为砂岩(14 m),正线区间结构顶埋深23.1 m	二级
3	区间侧穿凤天路立交下穿道	凤天路立交下穿道,下穿道采用明挖框架结构形式,马家岩出入场线位于下穿道侧墙正上方	结构位于素填土区域,大约深9 m	二级
4	单洞四线扩大断面	地质差,覆岩薄,断面净跨比较大	埋深18.7～20.7 m,最小覆岩厚度为4.6 m	一级
5	单洞三线＋单洞单线小净距隧道	中间岩柱最小厚度为0.047 m	埋深约18.7 m,最小覆岩厚度为4.6 m	一级
6	单洞双线断面＋单洞单线小净距隧道	左线右线两侧地质差距比较大,中间岩柱最小厚度为2.2 m,竖向净距比较小	埋深约16.4 m,覆岩深度为9 m	二级

(2) 隧道断面的展线设计。

结合既有的线路情况、地质条件,经过暗挖隧道展线的断面比选,选择合适的隧道分离断面的设置位置,既能保证展线前大断面隧道的安全,又可以满足展线后分离隧道的小净距工况的安全。

区间隧道共有两次展线,分别为四线隧道(A2型断面)展线为三线隧道(B1型断面)、单线隧道(D1'型断面)小净距隧道,隧道初期支护间最小近距约0.047 m;三线隧道(B2型断面)展线为双线隧道(C1型断面)、单线隧道(D1'型断面)小净距隧道,隧道初期支护间最小近距约0.667 m,如图6-29和图6-30所示。

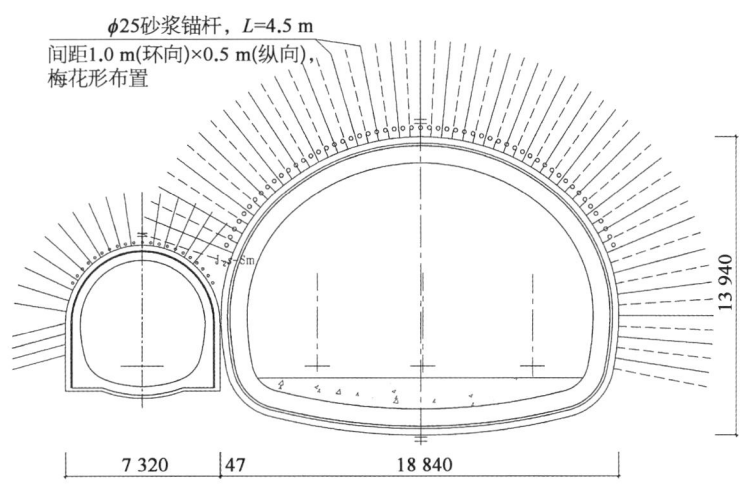

图6-29　三线、单线小净距横剖面图(单位:mm)

(3) 大断面隧道工程措施。针对本区间的四线大断面隧道,所采用的措施为:

① 为确保隧道施工安全,须对地质冲沟进行预加固,受地面交通限制,只能在掌子面进行超前预加固。加固范围主要为填土层及强、中风化岩土分界面以下1 m,冲沟底以上5 m范围。

注浆钢花管采用4～6 m的热轧无缝钢管(内径108 mm、壁厚6 mm),注浆材料采用P.O 42.5水

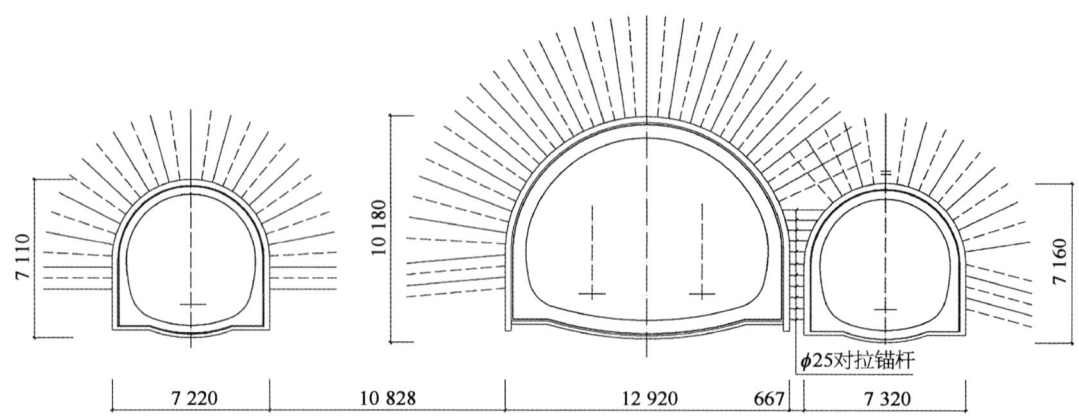

图 6-30 双线、单线小净距横剖面图(单位:mm)

泥单液浆加速凝剂,设计注浆压力一般参考注浆处静水压力加上 0.5~1.5 MPa。注浆压力及注浆量应根据现场实验进行调整,注浆时应加强地表监测,注浆压力不宜过大,以免破坏地下管线和构建筑物等。

② 喷射混凝土采用 C25 钢纤维混凝土 360 mm;工字钢加强,采用工 28b@500 mm,全环设置。

③ 拱顶 120°范围内超前支护为 ϕ108 mm 注浆大管棚。

④ 针对区间隧道断面开挖面积较大,地质较差,覆岩比较薄,采用双侧壁导坑法施工,采用加强初支和设置横向支撑体系,在核心土上台阶开挖及施工拱顶初支之后应及时设置临时竖向支撑。对于覆岩小于 5 m 处,禁止采用爆破开挖,上导洞采用人工开挖,下导洞采用控制爆破减少对围岩的扰动,并控制开挖进尺,二衬需紧跟掌子面。

⑤ 通过赤平投影分析,确定开挖过程中的不利外倾结构面,施工过程中应密切注意围岩变化,主体结构的系统锚杆及拱脚设置的锁脚锚杆应与结构面成大角度相交。

⑥ 施工过程中加强对初支背后进行充填注浆,控制地层变形;加强对地面及建筑沉降进行监测,监测警戒值应按相应的规范和规程允许值从严确定,并及时反馈监测结果,以保证既有建(构)筑物的安全。

(4) 小近距隧道工程措施。针对本区间出现的两处小净距隧道,经过多方论证,最终采用的措施如下:

① 针对小净距隧道,开挖过程须先开挖大断面隧道并完成二次衬砌后,方可实施小断面隧道。

② 开挖轮廓线线间距≤3.5 m 时,在施工大断面隧道初支时,须对隧道侧的岩体做注浆加固,后续开挖的小断面隧道非爆破开挖,小断面隧道初期支护封闭后即对两隧道之间的岩体进行注浆加固,并设置对拉锚杆(R25 砂浆锚杆)。

③ 设计时考虑岩层、地形等偏压作用及两种隧道二衬受力的相互影响。

④ 喷混采用 C25 钢纤维混凝土 300 mm;工字钢加强,采用工 22b@500 mm,全环设置。

⑤ 拱顶 120°范围内超前支护为 ϕ108 mm 注浆大管棚。

⑥ 三线区间隧道采用双侧壁导坑法施工,采用加强初支和设置横向支撑体系,在核心土上台阶开挖及施工拱顶初支之后应及时设置临时竖向支撑。

⑦ 加强初期支护,隧道施工时初支必须及时封闭成环,及时跟进二次衬砌,使内部形成封闭整体从而增强结构的整体稳定性。施工过程中坚持"管超前、严注浆、强支护、短开挖、早封闭、勤量测"的施工原则,确保施工安全。

(5) 重点风险源计算分析。

通过三维有限元数值模拟选取最不利位置进行计算分析,选取四线隧道(A2型断面)展线为三线隧道(B1型断面)、单线隧道(D1'型断面)小净距隧道处,建立三维有限元模型。

主要计算结果如图6-31~图6-35所示。

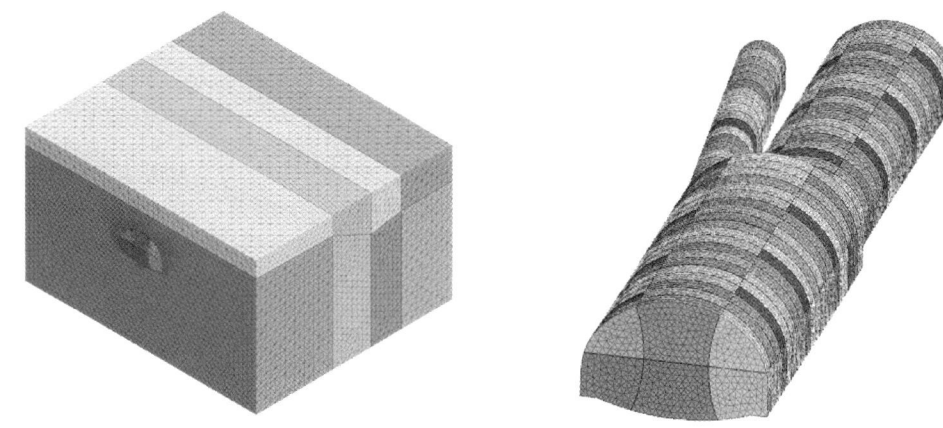

图6-31 有限元模型图

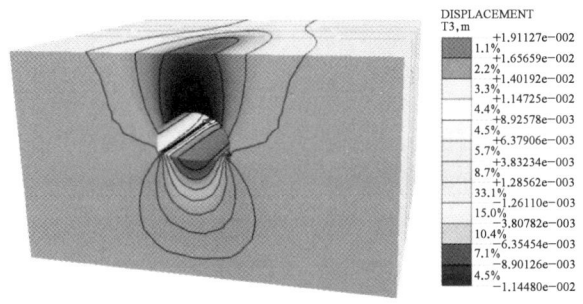

图6-32 A2断面施工后围岩竖向最大位移

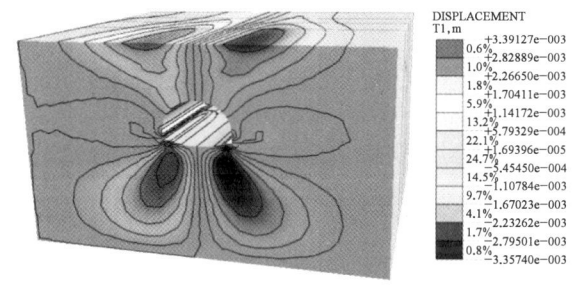

图6-33 A2断面施工后围岩水平最大位移

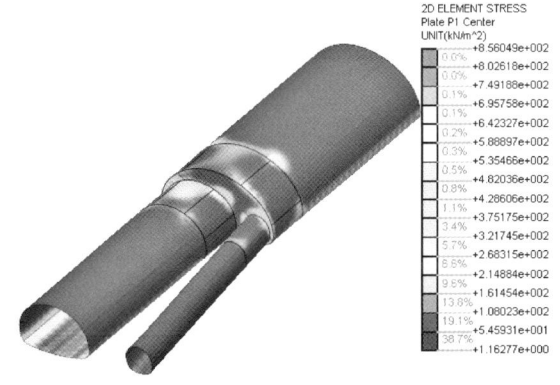

图6-34 施工完后围岩衬砌第一主应力

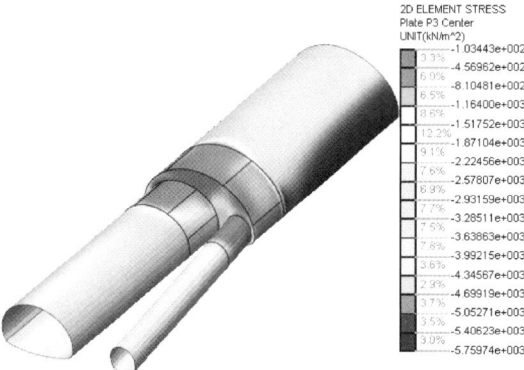

图6-35 施工完后衬砌第三主应力

有限元模拟隧道施工完成后,围岩水平位移最大值3mm,出现在距离堵头墙10m以外的A2型隧道普通段;围岩沉降最大值同样出现在A2型隧道普通段拱顶,为7mm;围岩竖向上位移最大值出现在A2型隧道普通段仰拱中心,为10mm;地表最大水平位移1.8mm;地表最大沉降4.4mm;隧道施工引起的地表横向不均匀沉降坡率0.16‰。地层变形计算值均处于可控范围内。

隧道二衬第一主应力最大值0.856 MPa，出现在堵头墙与B1型隧道衬砌交界处，小于隧道二衬C40混凝土抗拉强度设计值1.71 MPa；第三主应力最大值5.76 MPa，小于隧道二衬C40混凝土抗压强度设计值19.1 MPa。

区间隧道现场情况如图6-36～图6-39所示。

图6-36 四线断面开风道处现场

图6-37 单线、三线隧道展线处现场

图6-38 双线、单线展线处现场

图6-39 二次衬砌完成后现场

6.1.4.2 沙正街站—玉带山站区间

1) 工程概况

根据地形地质条件和工程筹划，该区间线路展线情况为：盾构区间段从天星桥大里程端新增始发井始发，途径沙坪坝站、沙正街站，下穿沙坪坝气象局后到达高家花园大桥南洞门，并结束盾构掘进，经过嘉陵江高家花园大桥轨道交通专用桥连接江北段。到高家花园大桥北洞门后，区间隧道为单洞双线的钻爆段，随后逐渐拉开线间距，最终以单洞单线接入玉带山车站。

沙正街站—高家花园大桥南洞门上方为沙坪坝气象站，属于需保护的建筑物。高家花园大桥北洞门—玉带山站区间正穿还建房山水丽都小区，桩基距离隧道拱顶最小为3 m。

2) 地质概况

该区间场地原始地貌属构造剥蚀丘陵区，丘包和沟谷相间排列。由于受人类活动的改造，拟建线路沿线大部分已被改造为城市道路及居民区，仅进洞口位置为原始地貌区。

进洞口位置为砂岩陡坎，陡坎底高程212.0～216.0 m，陡坎顶部高程230～236.0 m，陡坎走向北西西南，与线路走向近正交，相对高差为14～24 m。其余位置地形总体平缓，起伏小，纵向总体坡角一般小于5°,局部横向地形起伏较大,呈台阶状,沿线地面高程为214~261 m,相对高差约47 m。

隧道总体走向55°左右,根据赤平投影分析,隧道右侧壁岩体,J2裂隙为其外倾结构面,倾角为80°,右侧岩壁稳定性受J2裂隙控制,左侧壁岩体无外倾结构面及不利组合,侧壁稳定性主要受岩体强度控制。

3) 区间结构设计

(1) 沙正街站—高家花园大桥区段。沙正街站—高家花园大桥南洞门区段采用复合式盾构和钻爆法,其中盾构段长为409.279 m,钻爆法长为25.511 m。钻爆法断面开挖宽度为20.3 m、开挖高度为12.94 m,为单洞双线。断面形式如图6-40和图6-41所示。

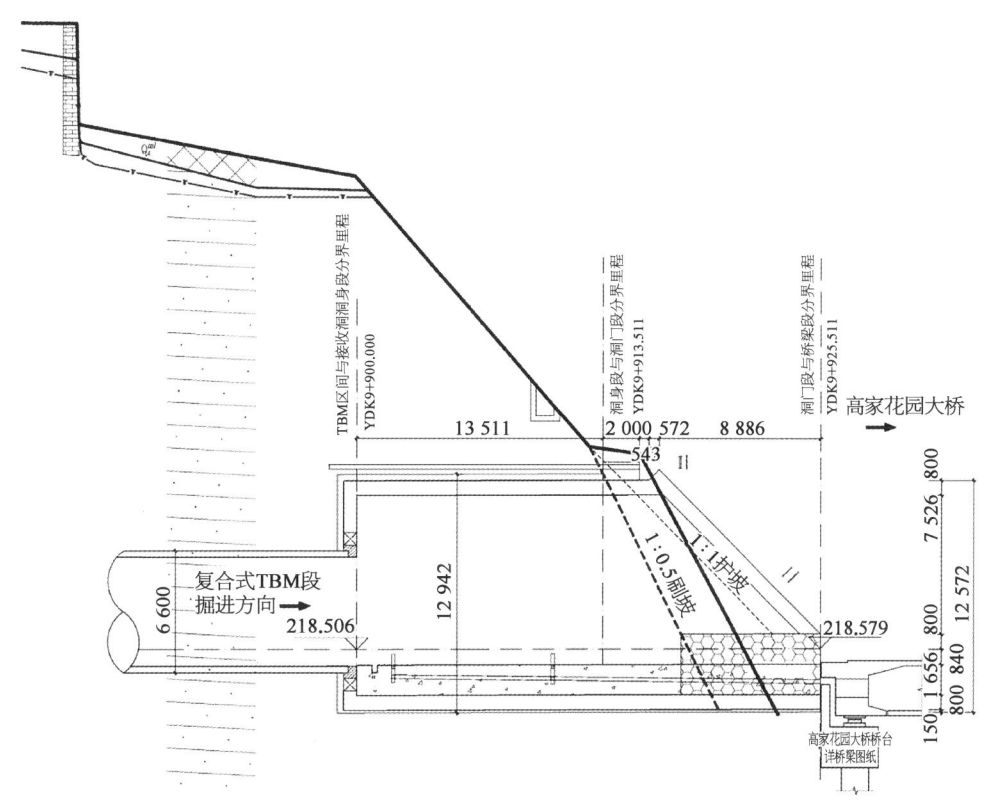

图6-40 钻爆法洞门纵断面图(单位:mm)

(2) 高家花园大桥北洞门—玉带山站区段。北洞门—玉带山站区段全长为655.623 m,根据展线情况,采用单洞双线和单洞单线断面,其中单洞双线长435.214 m,单洞单线长为220.409 m、拱顶覆岩厚度为2.24~25.2 m。下穿山水丽都小区多栋房屋,桩基距离拱顶最小距离为3 m。

4) 工程难点及对策

(1) 盾构机桥头吊出。本区间下穿沙坪坝气象局,结合总体工程筹划,采用盾构下穿掘进施工,并取得沙坪坝气象局书面同意。由于与高家花园大桥桥头接口处地形起伏较大,无法正常吊出,需从桥下使用吊装机械吊出(图6-42和图6-43)。

(2) 区间下穿山水丽都小区。该段隧道埋深12.3~25.00 m,隧顶中等风化基岩厚2.83~24 m;隧道围岩主要为砂岩,岩体较完整。砂岩单轴饱和抗压强度26.9~37.5 MPa,围岩级别按Ⅲ级考虑。本段隧道从山水丽都小区下部穿过,涉及的重要建筑主要有8栋。其中山水丽都3-1栋为框架结构,7层,采用桩基础,基底标高229.0 m,基底距洞顶一般3.05 m,约0.25倍洞跨。

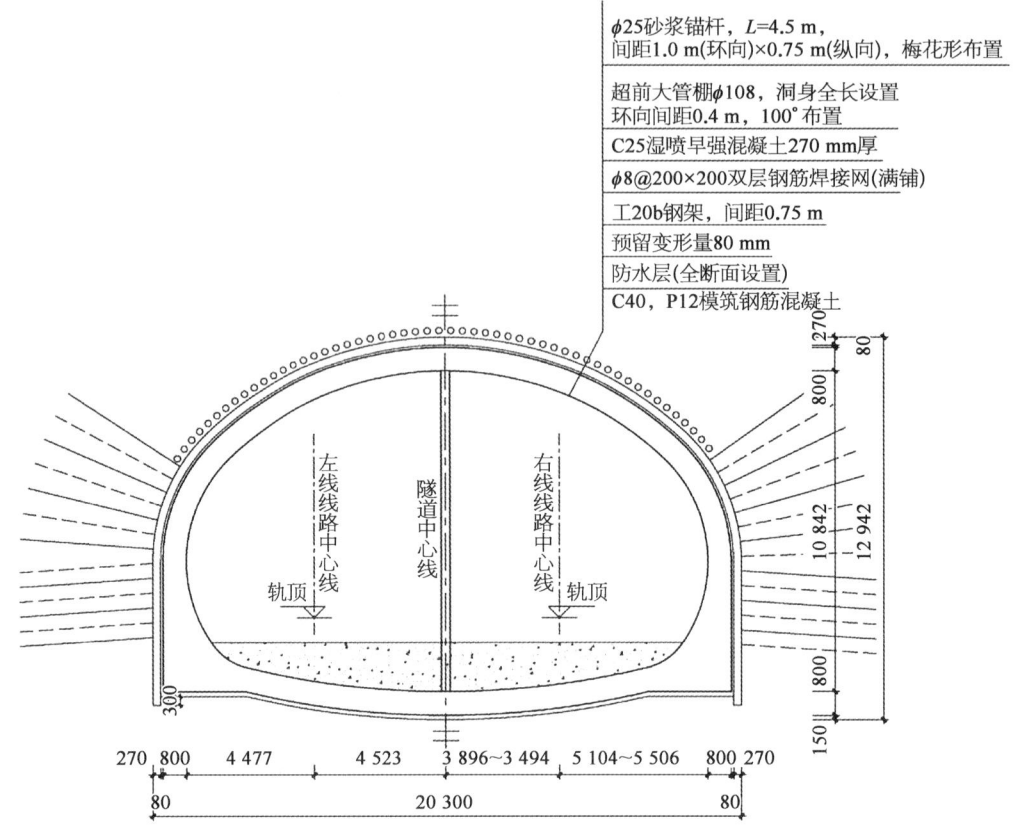

图 6-41 钻爆法衬砌横断面图(单位：mm)

图 6-42 接收洞现场

针对上述风险采取以下措施：

① 下穿建筑物前，施工方应对建筑物的结构、基础及使用功能进行调查，确保结构安全后方可进行施工。

② 隧道施工期间应提高对地面各个建筑物的监测频率，并及时反馈监测结果。

③ 隧道上导坑须采用机械开挖，严禁爆破开挖；下导坑可采用控制爆破，震速应小于 1 cm/s。

④ 隧道施工至本范围之前时，应先实施实验段，便于掌握各项施工控制参数。

⑤ 施工过程中应控制隧道开挖进尺，上下台阶间的间距不得大于 3 m。严禁超挖。

图 6-43 盾构机桥头吊出现场

⑥ 隧道封闭成环后应及时在衬砌背后进行填充注浆,控制地层变形。注浆压力可参照 0.4~0.6 MPa 执行。

⑦ 隧道施工引起的地面沉降和隆起均应控制在环境条件允许的范围以内。应依据周围环境、建筑物基础和地下管线对变形的敏感程度,采取稳妥可靠的措施。采用暗挖法施工时,一般地段地面沉降量宜控制在 30 mm 以内,隆起量宜控制在 10 mm 以内。山水郦都小区建筑物均为框架结构,需满足《建筑地基基础设计规范》(GB 5007)建筑物的地基变形允许值,建筑物基础沉降值控制在 0.2% 以内。

⑧ 应严格按"短进尺、弱爆破、强支护、早封闭、勤量测、速反馈"的原则进行施工,以确保施工安全。

6.1.4.3 玉带山站—南桥寺站区间

1) 工程概况

玉带山站—南桥寺站区间起于玉带山车站,沿松石路向东延伸,在松石路、盘溪路交会处折向北,沿盘溪路接入南桥寺车站。本区间右线长度为 1 469.65 m、左线长度为 1 440.234 m。

区间隧道下穿众多建、构筑物,如已建排水箱涵、220 kV 和 110 kV 高压线塔、通用机械厂宿舍和阳光家园等。

2) 地质概况

场地原属构造剥蚀丘陵斜坡地貌,现状地形起伏较小,地势平缓,地面高程 248.60~303.10 m,高差约 54.5 m。拟建区间场地位于沙坪坝背斜西翼,岩层呈单斜产出。岩层倾向为 260°~290°,岩层倾角为 5°~7°。

场地内地层由上而下依次可分为第四系全新统填土层(Q_4^{ml})、残坡积层(Q_4^{el+dl})和侏罗系中统沙溪庙组(J_2s)沉积岩层。

3) 区间结构设计

区间展线情况:区间隧道自玉带山车站为单洞单线,随后线间距逐渐收缩,左右线高差逐渐增加,在 YDK12+067.011(ZDK12+038.688)处左右线轨面高差调整为 7.2 m,然后双线进一步靠拢,最终在里程 YDK12+034.209 处变为上下重叠断面,接入南桥寺车站。区间设置人防段两处,在叠线段另设置一处疏散联络通道。

该区间的特点是：区间展线情况较为复杂，多次展线为小净距隧道、重叠隧道，断面形式较多，断面支护见表6-9。

表6-9 区间断面支护参数

序号	衬砌类型	开挖断面尺寸(m)	开挖工法	初期支护			超前支护	二衬厚度(mm)
				初支厚度(mm)	锚杆	钢架		
1	A1	7.0×6.9	台阶法	150	$L=3.0\ m@1.0\ m×1.2\ m$ 梅花形布置			350
2	A2	7.2×7.05	台阶法	250	$L=3.0\ m@1.0\ m×1.0\ m$ 梅花形布置	工16@1.0 m		350
3	A3	9.62×9.91	CD	250	$L=3.0\ m@1.0\ m×0.75\ m$ 梅花形布置	工16@0.75 m	小导管 $L=3\ m@$ 0.4 m×1.5 m	450
4	B1	7.9×14.82	台阶法	270	$L=3.0\ m@1.0\ m×1.0\ m$ 梅花形布置	工20a@1.0 m		600
5	B1'	7.9×14.82	台阶法	270	$L=3.0\ m@1.0\ m×0.75\ m$	工20a@0.75 m	小导管 $L=3\ m@$ 0.4 m×1.5 m	600
6	B2	11.18×15.63	CRD	270	$L=3.5\ m@1.0\ m×0.75\ m$	工20a@0.75 m		700
7	B3	15.38×16.43	CRD	270	$L=3.5\ m@1.0\ m×0.75\ m$	工20a@0.75 m		800

图6-44 双层隧道模板台车

为了提高功效与施工质量，针对双层隧道特别研制成功双层隧道模板台车，可以对单洞双线重叠隧道一次成型完成混凝土浇筑，双层隧道模板台车如图6-44所示，区间隧道现场如图6-45所示。

6.1.4.4 上新街站—上浩站区间结构

1) 工程概况

上新街站—上浩站区间采用矿山法施工。区间出上新街站后沿涂山路大致呈西北—东南走向，区间沿线主要有医药公司住宅楼、排水箱及挡墙等建构筑物，在区间距上新街车站约75 m处（里程YDK31+094—DK31+144范围）下穿路堤挡墙，挡墙基础已进入隧道内，挡墙外侧存在医药公司住宅楼（砖5、混凝土11），若挡墙失稳必然对外侧住宅楼构成威胁，极大影响外侧楼房安全性。

2) 地质概况

原始地形为斜坡地形，原始地形坡角为10°～30°，局部可达60°。上覆土层厚1.1～20 m，本段地处沟槽内，雨季降水将汇集于此，并向本隧道场地排汇，因下伏砂质泥岩透水性差，雨水形成的地下水沿岩

图 6-45 单洞单线与重叠大断面接口处

土界面流动,因而隧道成洞条件极差。本段沿涂山路行进,涂山路外侧为 9~10 m 高路堤挡墙。

3) 工程难点

根据物探调查,本区间段 4 块挡墙建于 1981—1989 年,与医药公司住宅同期修建,挡墙采用条石、片石混凝土分期修建,因修建时期物资短缺,在分期修建过程中,局部采用条石替代片石混凝土,由于早期修建的挡墙较矮,挡墙部分段持力层为粉质黏土,挡墙基础稳定性较差。挡墙下部第一层片石混凝土挡墙宽度为 2.5 m。

(1) 现状涂山路与医药公司住宅楼之共有 4 段路堤重力式挡墙,挡墙挡土高度约 10 m,其中 2♯挡墙位于隧道上方 3.3 m 处,3♯挡墙侵入区间隧道结构 3.3 m、4♯挡墙位于隧道上方 0.56 m 处。

(2) 挡墙距离房屋水平净距为 0.96~1.41 m。

(3) 区间隧道距医药公司住宅楼基础水平净距为 0.45~4.15 m。

(4) 排洪箱涵(1.6 m×2.4 m)距离隧道拱顶 2.38 m。

4) 区间下穿挡墙段结构设计

经过多轮方案论证,主要有"钢管桩+锚索加固挡墙方案""隧道锚拉桩加固挡墙方案""抗滑桩隧道组合方案""锚拉桩改造挡墙方案",根据现场实际情况,没有管线改迁、交通导改的空间和房屋也不能拆迁,最终确定采用洞内加固,隧道暗挖通过的方案。

主要施工步序:

① 考虑挡墙背后填土区地下水长期冲刷,存在空洞,采用注浆管对背后土体空腔进行注浆填充。

② 开挖前对隧道开挖轮廓外 3 m 范围填土进行注浆加固。

③ 采用台阶法开挖隧道,尽量减小施工对地层的扰动。

对掌子面开挖轮廓范 3 m 外进行注浆加固土体,以稳定土体和上部挡墙,如图 6-46 所示。

图 6-47 和图 6-48 分别是隧道开挖引起的竖向位移、水平位移及最大主应力等值线云图。从结果可以看出,房屋屋顶最大水平位移为 4.0 mm,隧道开挖引起的挡墙最大下沉为−10.5 mm,均远小于规范的允许值。计算结果表明,房屋整体倾斜较小,不均匀沉降约 7.0 mm。隧道开挖后围岩未出现塑性区。后期施工开挖前,需对隧道上方的房屋进行鉴定,做好人员撤离工作。施工过程中加强监控量测工作。

根据现场监测结果,隧道开挖完成后,挡墙顶最大沉降 5 mm,挡墙最大水平位移 5.7 mm,房屋最大沉降 3.3 mm。根据开挖完成到运营后现场监测结果,房屋、挡墙均处于安全稳定的状态。挡墙

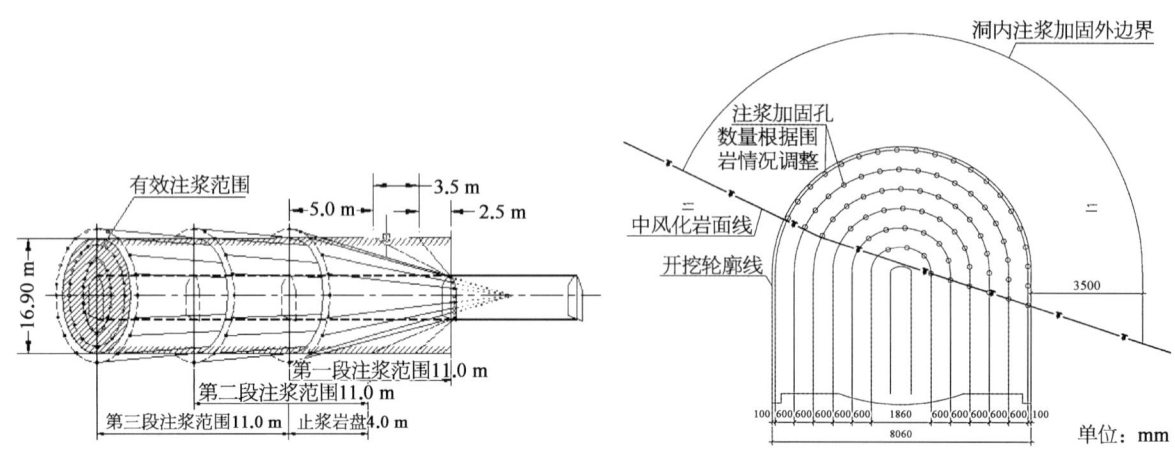

图 6-46 掌子面注浆加固示意图

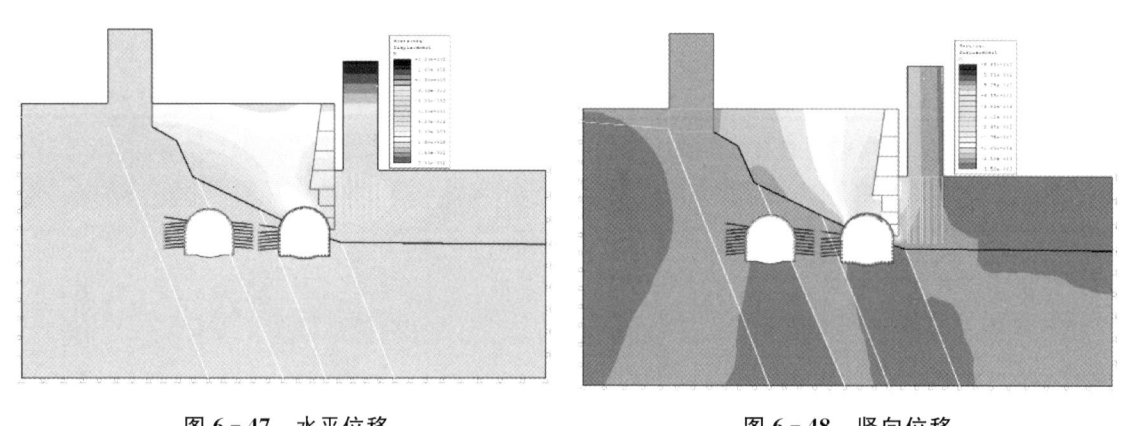

图 6-47 水平位移　　　　　　　　图 6-48 竖向位移

考虑到下部列车运营振动的影响,需加强监控量测,确保结构安全的前提下,在周边条件成熟时进行改造。

6.1.5 明挖法区间典型案例

6.1.5.1 谢家湾站—奥体中心站区间

1) 工程概况

谢家湾站—奥体中心站区间位于龙腾大道旁,沿谢陈路大致呈东西走向,区间沿线主要有谢家湾立交桥、谢家湾排水沟、育才中学教学楼及职工住宅楼、大公馆立交及部分其他建筑物。根据地形、地质条件,区间两端接奥体中心站和谢家湾站均为明挖工法,区间明挖段中间采用矿山法暗挖相连通。

2) 工程地质概况

场地属构造剥蚀丘陵区,丘包和沟谷相间排列,地面高程为 253~280 m,地势西高东低。由于受人类活动的改造,拟建线路沿线大部分地段现已被改造为城市主干道,地形平缓,起伏小,坡角一般小于 10°;局部地段被改造成为居民区或厂区,地形起伏较大,多呈台阶状。

3) 区间结构下穿桥梁桩基托换

根据城市规划需要,谢家湾立交桥 C1 匝道 OC♯墩以东的匝道桥将进行改造,接立交主线的第一跨匝道箱梁与主线是连成一体的 Y 形结构,箱梁支撑于 OC♯双柱墩盖梁上。轨道交通明挖区间隧道下穿立交桥。OC-2#桥墩和柱下独立基础侵入左线明挖区间的隧道范围，需对立交匝道桥下部结构进行托换，最终与明挖区间侧墙合建。桩基托换总平面如图6-49所示。

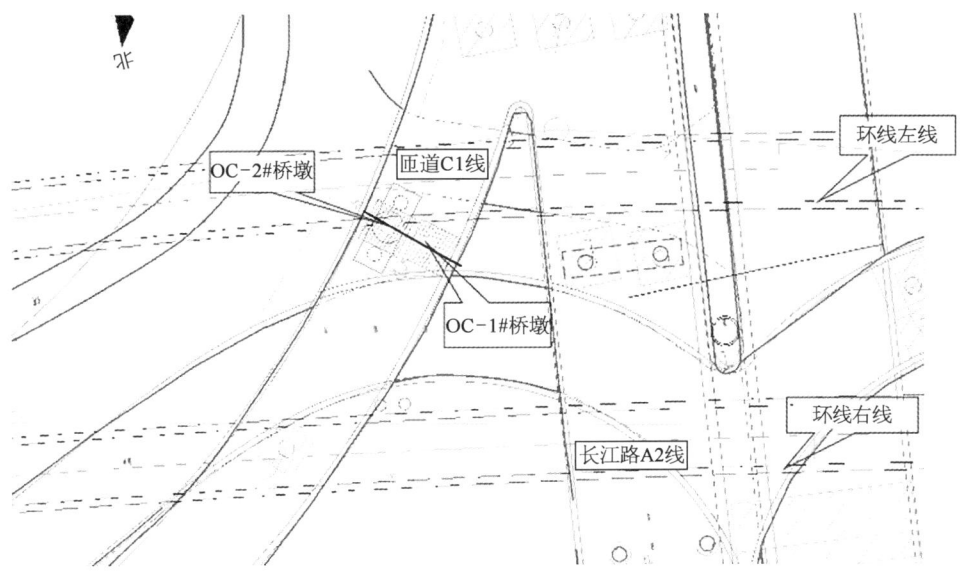

图6-49 桩基托换总平面图

桩基托换施工工艺复杂，与明挖区间隧道交叉作业，对施工组织要求高。保留的OC-2#桥墩对变形较敏感，OC#盖梁顶最大累积竖向变形不得超过2mm，需要通过合理的设计方案及有效的施工措施进行位移变形控制，同时在施工过程中须对桥梁进行严密的监控量测。现场如图6-50所示，三维模型如图6-51和图6-52所示。

（1）桩基托换设计。主要设计思路是将托换梁与桥墩通过植筋浇筑成一体，桥梁上部结构荷载通过桥墩、托换梁、桩向下传递，完成托换后，将桥墩截断并与明挖区间侧墙浇筑成整体，然后拆除临时托换体系。被托换桥墩、托换梁、托换桩区间平面位置关系如图6-53所示。

图6-50 OC-2#桥墩现场

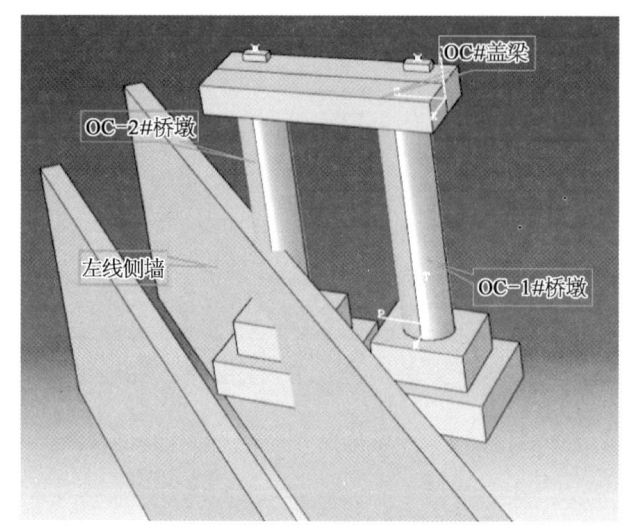

图 6-51 三维模型关系示意图

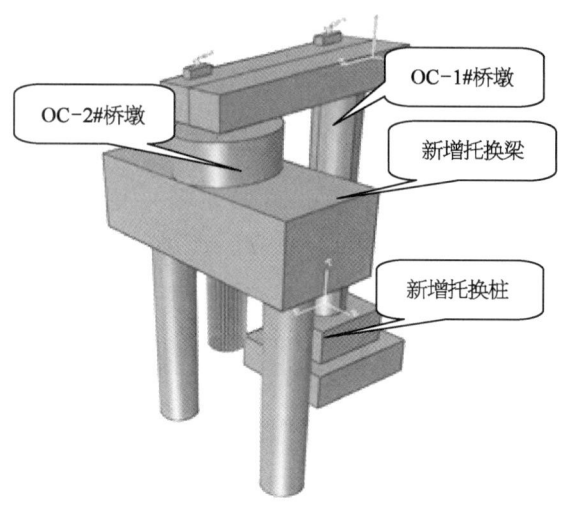

图 6-52 桩基托换系统示意图

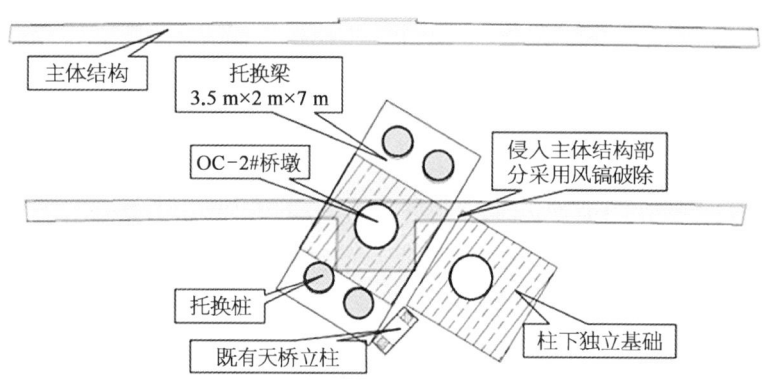

图 6-53 托换体系平面示意图

在原有扩大基础和托换桩桩顶安装千斤顶，采取主动托换方案，采用 PLC 液压同步控制系统同步控制千斤顶，按比例逐级施加顶升反力至理论最大值的 80%，待托换桩沉降趋于稳定后采用自锁装置锁定；然后截断障碍桩，凿除障碍桩，调整千斤顶顶升力，使墩底布置的千斤顶油压表（测力装置）读数逐步减小，托换桩上的千斤顶油压表读数逐步增大，实现墩底竖向荷载由墩底位置向托换桩的转移，然后自锁装置锁定。托换过程中需根据桥面、托换梁等标高监控数据对各托换点的千斤顶顶升力进行微调；最后待下穿轨道交通区间施工完毕及托换桩沉降趋于稳定后浇筑托换桩与托换梁间的后浇 C30 微膨胀混凝土，待达到设计强度后拆除顶升设备。

(2) 托换工序：托换桩施工→被托换桥墩界面处理、植筋→施作托换梁→连接托换桩、托换梁→开挖区间基坑→截断已有的桩→施作区间主体结构并连接被托换桥墩→凿除临时托换梁、托换桩→基坑回填。

(3) 施工要点。基础托换过程中谢家湾立交的桥面和墩底结构竖向变形须控制在 2 mm 以内，确保桥梁的结构安全，顶升作业时墩底荷载转移临时支撑时产生的挠度变形值在 0.5 mm 以内，托换施工完成后，对谢家湾立交桥面标高持续观测 1 个月，竖向变形稳定在 1 mm 内施工方可离场。现场如图 6-54～图 6-57 所示。

图 6‑54　既有桥桩植筋

图 6‑55　托换梁钢筋绑扎现场

图 6‑56　托换系统浇筑现场

图 6‑57　托换系统体系转换完成现场

① 消除桩基先期沉降。为使荷载转换到托换桩时前期沉降趋于稳定，可以对托换桩实施预压，采用逐级增大 10% 油源压力方式加压，预压到设计给定的理论值，将该状态保持 2～3 d 是托换桩的沉降量趋于稳定，而后对千斤顶上的螺旋自锁装置锁死，此时，千斤顶的顶升力可能超过桥梁下传至墩底的荷载值，对托换桩进行超压，此时可以利用原有桥基的部分抗拔力，但同时严密监测原有桥基的应变和应力情况，防止产生裂缝，在对托换桩进行预压的过程中，托换桩会产生沉降，严格监测托换桩的沉降值。

② 原桩植筋。植筋技术是利用黏着和锁键原理产生固结力，从而使钢筋和混凝土之间产生有效、足够强度的黏结力，达到如同预埋钢筋的效果。

既有桩体植筋的技术性较强，在托换过程中，托换梁与既有桩能否有效转换的关键。因此，除对连接面进行凿毛处理外，应采取植筋技术处理方案。本植筋采用 $\phi 22$ mm 钢筋，长 1 330 mm，竖环向间距为 280 mm，锚入原桩内 450 mm。齿键凿制前对原墩柱的混凝土强度进行测定，其强度需达到 C30 混凝土强度，齿键为梯形，高差 35 mm，间距 140 mm。

③ 千斤顶顶升。预顶是通过托换桩（临时支撑系统）与托换梁间施预加力，抵消托换桩的变形和托换梁的挠度，检验托换体系的承载力，并且通过千斤顶进行微调，以确保托换的成功。预顶是托换工程

最为关键的环节。

千斤顶选用：该托换工程选用带螺旋装置的 200 t 液压千斤顶，该千斤顶顶身长度为 395 mm、底座直径为 375 mm、顶帽为 258 mm、行程为 140 mm。千斤顶均配有液压锁，可防止任何形式的系统及管路失压，从而保证负载的有效支撑；该千斤顶所带螺旋装置在负载情况下可以将液压千斤顶锁死，防止了桩基被托换时的沉降和阻止断桩时桩基的沉降。

顶升控制系统：千斤顶的控制采用 PLC 液压同步控制系统，该系统可以实现力和位移的同步控制。

④ 原桥桩的截断。在原桥桩的截断前，将千斤顶的油源压力锁死、螺旋自锁装置所示，利用油压传感器监测千斤顶的压力，同时监测墩底荷载转移临时支撑的应力应变，调整千斤顶的油源压力，确定墩底荷载转移临时支撑的轴力为零，在原桥基的截断过程中，时刻监测托换梁的位移，若产生上挠，立刻减小千斤顶的压力，使托换梁下沉；若产生沉降，立刻增加千斤顶的压力，使托换梁抬升。当原桥基截断完成后，墩底荷载完全转移至临时支撑上，临时支撑上的千斤顶承受全部墩底荷载。

⑤ 托换梁与托换桩的节点连接。在托换梁底和托换桩的混凝土表面涂抹环氧乳液水泥浆界面处理剂，把托换梁和托换桩各自预埋、预留的钢筋施焊连接起来，安装圆形钢模，灌注微膨胀混凝土做整体式支垫，把托换梁和托换桩连接成整体。

⑥ 监测量测。在托换施工过程中，根据既有桥梁的结构特点、工程地质条件布设测点，以对既有桥梁基础的沉降和变形进行监测，同时对桥梁裂缝的产生和发展进行观测。

6.1.5.2 马家岩停车场牵出线边坡

1）工程概况

马家岩停车场位于天马路以北、凤天大道以东、石小路以西的地块内，用地内地面高程为 270.00～288.00 m，与 1 号线马家岩车辆段合建。牵出线采用隧道形式，隧道全长 241 m，明挖段长 82.8 m，暗挖段长 158.2 m。

车场牵出线以路基的形式从既有 1 号线出入线桥梁下穿过，侧穿场地东北角轨道交通 1 号线高填方边坡挡墙，深入边坡岩体内。隧道全长为 234.5 m，其中包含约 30 m 明挖敞开段及 60 m 明挖回填段及 144.5 m 暗挖段。牵出线隧道内净宽 6.2 m，内净高 7.9 m，如图 6-58 所示。

2）工程地质概况

马家岩停车场牵出线隧道所进入既有 1 号线边坡，该边坡原始地貌为鱼塘范围，局部下覆流塑～软塑状粉质黏土，此处边坡高差约 68 m，局部填土厚约 42 m，均为后期城市改造过程中回填，素填土主要由砂岩、泥岩块石和碎石及黏性土组成，局部含有少量的建筑垃圾、生活垃圾，且局部边坡内岩土界面倾向坡内，岩土界面陡，倾角为 34°～51°。

该边坡现状为 1 号线马家岩停车场建设时所进行的支挡，边坡为拱形骨架护坡防护，骨架内草灌结合绿化，边坡坡率 1∶2，每 10 m 一级，每级留 2 m 宽边坡平台，平台上设矩形截水沟，边坡最高处距离现状地面约 45 m。

3）明槽段围护结构设计

1 号线马家岩停车场建设完成后，现状场平标高约 286.28 m，边坡为拱形骨架护坡防护，边坡最高处距离现状地面约 45 m。环线牵出线隧道走向基本与 1 号线填方挡墙平行，牵出线标高 275.00 m 左右，开挖后在既有 1 号线拱形骨架护坡挡墙下方将会形成长约 302 m、深约 10 m 的基坑工程，如图 6-59 所示。

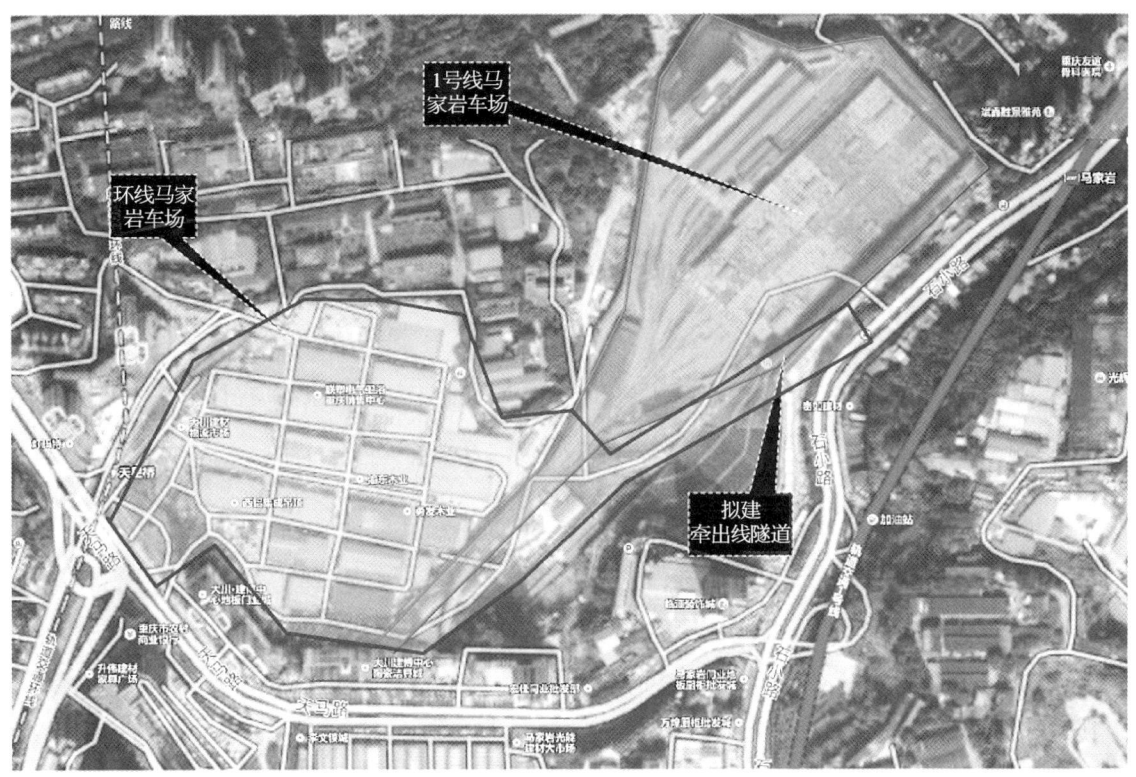

图 6-58 马家岩停车场平面布置图

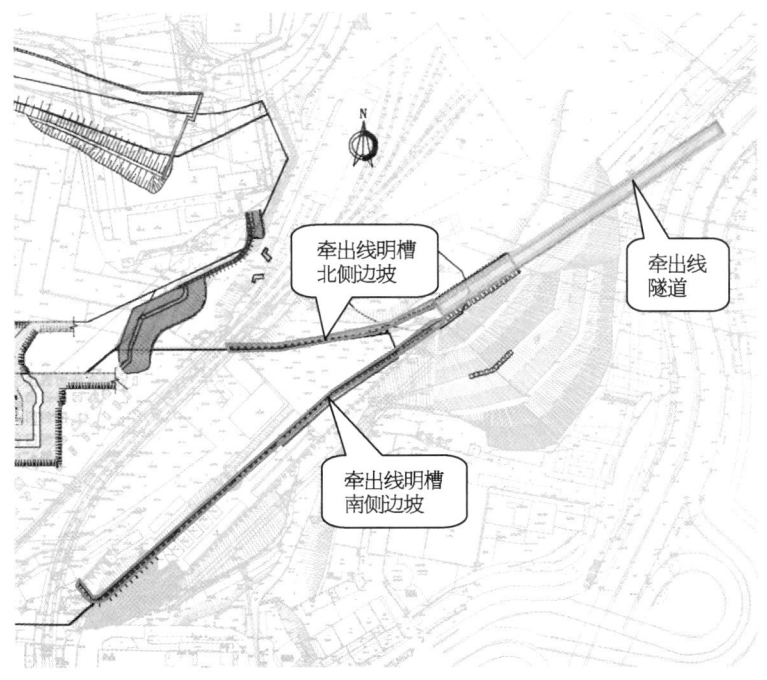

图 6-59 牵出线隧道平面关系图

既有 1 号线边坡内岩土界面倾向坡内,岩土界面陡,倾角为 9°~58°,坡脚土体开挖后上部土质边坡易失稳,受沿岩土界面滑动土层下滑力控制,边坡沿土岩结合面滑动破坏。

受坡顶房屋、市政道路的限制,边坡改造无进一步放坡条件;受深厚回填土的控制,无设置有效的锚固段的条件。经过多轮方案比选,最终决定采用下部基坑设置多排桩增加支护刚度、上部坡体增设抗滑键承担坡体下滑力改造方案。下部桩板挡墙根据坑深与边坡的关系,局部增设 2 000×3 000@3 000 双排桩、三排桩支护;坡体中部设置 10 根 2 000×3 000@3 000 抗滑键;局部边坡采用悬臂挡墙支护。

4) 工程难点及对策

本工程上部坡体为填方坡,无自稳条件,高填方对坡脚开挖的基坑附加下滑力极大;打设抗滑键(抗滑短桩)主要目的在于改变原有滑动面连续性,改变抗滑键以上部分滑体滑动面,抗滑键上部伸入土岩界面约 4 m,下部嵌入中风化基岩 8 m。抗滑键设置后滑体由原土岩界面滑动改变为抗滑键上部部分由土体自身强度破裂面破坏。

打设抗滑键后三排桩仍受下滑力控制,考虑按矩形分布。桩前土体按临空考虑,后排桩受下滑力,中部抗滑桩受下滑力与主动土压力取大值计算。下滑力计算按打设抗滑键后,抗滑键以下土体下滑力进行计算。该部分土体受抗滑键以上土体下滑力应作为第一滑块进行计算。抗滑键的设置,转变下滑力方向,对坡体下滑力进行有效的折减。

通过上述措施,有效的控制边坡开挖过程中的变形,满足了风险构筑物的变形要求,圆满地完成了工程建设。

现场施工情况如图 6-60 所示。

图 6-60 现场施工

6.1.5.3 过江桥、隧接口处理

1) 概况

轨道环线连接沙坪坝、江北、渝北、南岸、北部新区。线路将 3 次跨江,新建长江鹅公岩大桥、朝天门大桥和嘉陵江高家花园大桥三座桥梁,是国内跨江次数最多的轨道交通线路。

由于特殊的地形条件,桥梁两侧均连接隧道,由于桥隧相连段,线路敷设更困难,轨面高程控制更为严格,其洞口高边坡问题、结构构造处理、结构之间的相互关系问题更加突出,也是隧道结构设计的主要技术难点。当桥梁端点与相邻隧道洞门间的距离较近时,在设计、施工和运营安全等方面,必须考虑桥梁和相邻隧道间的相互影响。

目前桥隧相连结构主要根据地质、地形条件来选用,常用的有桥隧串接整体式洞门结构、桥隧串接分离式洞门结构、桥隧独立式洞门结构等,桥隧独立式洞门结构受力明确,设计和施工相对简单,目前三座桥隧相连结构均采用分离式洞门结构。桥隧之间预留变形缝,结构完全脱开处理。

2) 高家花园大桥桥隧接口

轨道交通专用桥高家花园大桥上跨嘉陵江,为双塔双索面混合梁斜拉桥,全长 577 m,分别连接两岸的沙坪坝区高家花园和江北区玉带山,是目前国内轨道交通专用桥中跨径最大的斜拉桥。两侧接口处隧道均为本次环线工程新建工程,采用暗挖双线隧道,削竹式洞口形式,桥隧之间预留 50～320 mm 的变形缝。高架花园大桥及岸边接线实景如图 6-61 所示。

图 6-61 高架花园大桥及岸边接线实景

3) 朝天门大桥桥隧接口

朝天门长江大桥为公轨两用桥,于 2009 年建成并投入使用。朝天门大桥上跨长江,主桥为主跨 552 m 的公轨两用的特大型拱桥。大桥为双层桥面,上层桥面为双向 6 车道,下层桥面为 2 个预留车道和环线过江通道。环线工程需与既有工程预留条件相接。

线路自长江北岸出五里店站后依次经过预留隧道(6 号线已建)、路基和桥梁(本次新建)、对山立交的框架段(已建预留)、北桥台预留框架段(已建预留)、朝天门公轨两用大桥(已建预留,公路已通车)、接入长江南岸高架段(本次新建)、南桥头预留隧道(已建预留),最终接入环线弹子石站。

(1) 对山立交预留通道结构改造。

对山立交段全长 325.634 m,北桥台段全长 12.084 m,对山立交段和北桥台段均为朝天门大桥引桥实施时,已建预留工程,实施过程中预留了环线区间的矩形框架结构。

根据相关资料,对山立交段预留区间结构底板未封闭,隧道底部地层为施工扰动带和回填土,不满足轨道专业对道床下结构沉降小于 30 mm 的要求,需对隧道底部地层进行换填处理,换填深度为道床底面至强风化与中风化岩层分界线以下 0.1 m,换填厚度且不小于 0.2 m。

对山立交隧道段结构每隔 12～15 m 设置一道沉降缝,采用橡胶止水带+遇水膨胀止水胶止水,从现场巡查发现有几处沉降缝存在雨天时少量漏水的情况,需对这些变形缝进行病害处理,处理措施在沉降缝顶部及两侧设置接水槽,将渗漏水排至轨道边沟。接水槽应保证足够的宽度,且与混凝土基面之间采用环氧密封材料或密封胶封闭,接水槽还需增设滴水线。

(2) 朝天门大桥南端新建高架段。

大桥南侧从已完成 P20 桥墩接出,经过一段高架段和明挖暗埋段接入弹子石车站,该区段位于朝天门大桥南端 P20～P21～A22 三个桥墩之间的两跨区间正线结构车行道下方。该区间所处地形较复杂，通过新建箱形结构有效连接桥梁及预留隧道结构，实施的过程中需注意对既有已运营公路大桥的保护。朝天门大桥南端区间正线地质纵断面如图 6-62 所示。

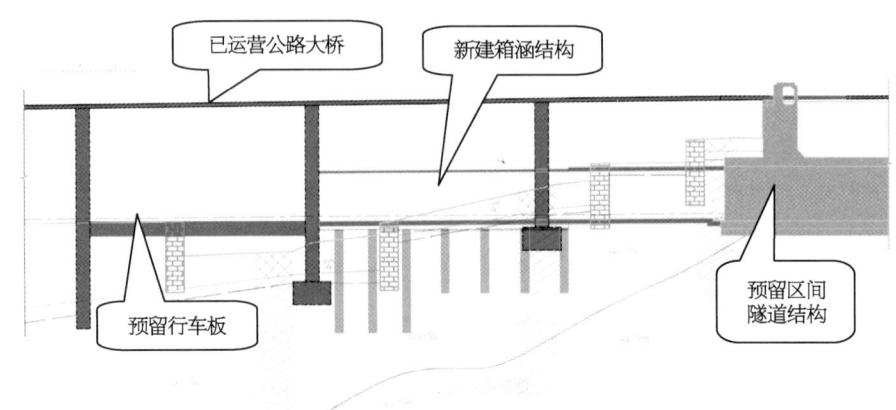

图 6-62　朝天门大桥南端区间正线地质纵断图

环线新建工程的重要技术措施：

① 围护结构采用围护桩＋混凝土支撑，避免使用钢支撑而产生的预加轴力对桥墩产生附加荷载。

② 围护桩成孔应根据现场条件选择合适的成孔方式，特别是靠近已建桥台的围护桩采用人工成孔，在成孔过程中采用钢套筒进行护壁。

③ 基坑开挖及放坡过程中严禁采用爆破开挖，同时开挖机械应选择振动较小的机械，避免扰动桥台。

④ 施工时对已建成的桥墩采用措施进行隔离保护，然后再进行开挖；且应远离桥墩倾倒渣土，避免倾倒时渣土直接对桥墩进行冲击；且应两边同时开挖，以免场地填土对墩柱形成下侧水平推力。

⑤ 靠近已建桥台的结构桩基伸入桥台下一定距离，避免桩基对桥台产生附加超载；同时使区间主体结构与 P21 桥墩冲突处完全脱开，减小运营过程中其与 P21 桥墩的相互影响。

6.2　高架区间

6.2.1　高架区间桥梁总体设计

6.2.1.1　主要设计原则

（1）高架区间桥梁布置满足跨越道路交通要求，考虑沿线地下管线、高压架空电线分布情况。

（2）高架区间桥梁结构满足强度、刚度、耐久性及抗震要求，同时满足施工工艺、运营、防水、防火、防雷、防迷流等要求。

（3）桥面布置空间满足车辆限界、设备管线、轨道、信号设备等的布置要求。

（4）高架区间桥梁的结构形式和总体布置应满足功能和使用要求，满足列车安全运行与乘客舒适度的要求，结合所处的周边环境、城市规划、工程地质和水文地质条件进行综合比选，确保结构安全可靠、经济合理、受力明确、传力简捷，并具有良好的整体性和延性，同时便于施工和养护。

(5) 在考虑与高架车站相协调的前提下，尽量做到与高架车站结构体系各自独立、分缝布置。

(6) 当高架区间桥梁墩柱有可能受机动车、船舶等撞击时，应设置防撞设施。

(7) 高架区间桥梁基础设计应综合考虑上部结构类型、工程地质、水文地质、环境要求，选择合理的桩型和持力层。

(8) 工程材料应根据结构类型、受力条件、使用要求和所处环境等选用，并应满足结构对材料的安全性、耐久性、可靠性、经济性和维护性的要求。

6.2.1.2 区间桥梁孔跨和布置形式

1) 标准梁型选择

轨道交通高架区间结构体系主要有简支、连续、连续刚构三种。在三种桥梁体系中，最常用的是简支梁体系。由于轨道交通桥梁不同于公路、市政桥梁，无缝线路（钢轨连续）不受梁缝影响。采用等跨简支梁，有利于标准化、机械化施工——梁场集中预制、效率高、质量有保证，机械化架梁进度快，避免影响地面交通，同时有利于墩型、尺寸统一。本工程高架桥梁采用简支梁体系，桥梁实景如图 6-63 所示。

图 6-63 高架区间实景

2) 标准跨径选择

根据景观要求桥梁的标准跨径可在 25~40 m 范围内选择。根据以往的实际工程经验，以高架结构上下部工程费用之和的较低值来确定的经济跨径一般在 25~35 m（根据沿线不同的地质情况及上部结构的形式而有所波动）。

桥梁尽量采取等跨，降低受力不均引起的沉降差，并充分考虑到重庆的总体规划及相关的路网规划和管线布置等，在保证符合规划的前提下，尽量为今后道路扩宽改建预留条件，并从景观和经济的角度考虑，本工程高架桥的跨径以 30 m 为主，部分地段采用 25 m 跨径，特殊节点根据实际情况确定。

3) 节点桥梁布置

(1) 设计原则：

① 跨越城市道路桥梁的设计原则。孔跨布置时，既要考虑道路现状，也要兼顾远期规划的实施。在做好交通渠化的前提下，尽可能采用标准跨越，以节省造价。当孔跨布置与规划道路交叉时，优先考虑满足规划要求，进行道路渠化。当道路渠化可实施性较差时，建议修改规划道路以适应桥跨布置。墩位布置应尽量避免与城市管网的相互干扰，减少管线迁移。在满足道路限界而无法满足地下管线限界的情况下，可考虑大跨方案或其他解决方案，并进行可实施性比较。对于大跨或其他桥梁方案解决不了的节点布跨，应以管线迁改为主。

② 跨越河流桥梁的设计原则。线路跨越河道时，桥梁孔跨应满足河道的防洪要求，若桥梁与既有桥梁并行，应对墩设置，以减少河道壅水，并考虑堤顶设抢修通道的立交要求，结合河道周边规划用地属性，采用造型美观、线性流畅的桥梁形式，使桥梁与周边环境景观协调一致。

③ 道岔区桥梁的设计原则。道岔区连续梁应根据无缝线路道岔使用条件及技术要求，必须满足道岔整体布置于同一结构上，道岔结构不跨越梁缝。

(2) 区间节点桥梁方案设计。根据以上设计原则，本工程主要节点桥梁汇总见表6-10，区间重要交叉节点如图6-64所示。

表6-10 高架区间节点桥汇总表

编号	区 间	节点名称	桥梁方案	施工方法
1	五里店站—弹子石站	跨江北城南北干道桥	(21+21)m 双线连续箱梁	支架现浇
2	海棠溪站—罗家坝站	跨横三路桥	左线：(30+40+30)m 单线连续箱梁 右线：(30.273+43+30.507)m 单线连续箱梁	支架现浇
3	罗家坝站—四公里站	罗家坝站后道岔桥	(1.5+25+25+42+25+25)m 四线连续箱梁	支架现浇
4		下穿出入场线桥	左线：(39+39+39)m 单线连续箱梁 右线：(38.5+40+38.5)m 单线连续箱梁	支架现浇
5		跨四公里公交枢纽桥	左线：(30+41+26.5)m 单线连续箱梁	支架现浇
6	四公里出入场线	上跨正线桥	(38.619+41.072+40)m 双线连续箱梁	支架现浇
7		跨纵二路桥	(40+42+40)m 双线连续箱梁	支架现浇
8		跨四公里公交枢纽桥	(43.988+43.988)m 双线连续箱梁 (38+42+38)m 双线连续箱梁	支架现浇
9	马家岩出入场线	跨凤天大道桥	(29.707+30.003+32+28)m 双线连续钢箱梁	预制吊装
10		跨天星桥站桥	(36.641+48.359+28.646)m 连续钢箱梁	预制吊装

6.2.2 标准桥梁上部结构设计

6.2.2.1 标准桥梁上部结构设计要求

区间标准预应力混凝土箱梁按"全预应力构件"进行设计。标准梁以30 m作为标准跨径，并配以25 m、35 m等调整跨径，区间标准桥梁实景如图6-65所示。

适用于不同跨径的单、双线预应力混凝土标准箱梁结构形式汇总见表6-11。

第6章 区间结构

图 6-64 正线与出入线交叉节点实景

图 6-65 标准单、双线箱梁实景

表 6-11 标准箱梁结构形式汇总表

梁 型	跨 径	梁高(m)	标准桥宽(m)
单线	20 m<L≤25 m	1.8	6.4
	25 m<L≤30 m	1.8	6.4
	30 m<L≤35 m	2.0	6.4
双线	25 m<L≤30 m	1.8	10.4
	30 m<L≤35 m	2.0	10.4

注：L 为标准箱梁跨径。

6.2.2.2 标准单线箱梁结构尺寸要点

以 30 m 标准单线直线箱梁(图 6-66)为例，名义跨径(两分孔线之间的水平距离)为 30 m，梁长为 29.92 m，计算跨径为 29.0 m。支座横向间距为 1.65 m，支座中心线顺桥向距离分孔线为 0.5 m。箱梁顶宽为 6.4 m，底宽为 2.8 m；悬臂长为 1.4 m，悬臂端部厚度为 0.2 m，根部厚度为 0.45 m；顶板全跨等厚为 0.25 m；底板跨中厚度为 0.25 m，端部加厚至 0.35 m；腹板跨中厚度为 0.35 m，端部加厚至

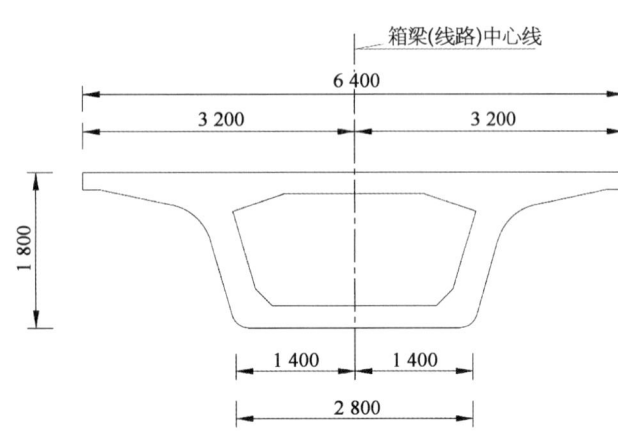

图 6-66 标准单线箱梁横断面(单位：mm)

0.5 m,腹板斜率为 1∶3.9。

6.2.2.3 标准双线箱梁结构尺寸要点

以 30 m 标准双线直线箱梁(图 6-67)为例,名义跨径(两分孔线之间的水平距离)为 30 m,梁长为 29.92 m,计算跨径为 29.0 m。支座横向间距 3.2 m,支座中心线顺桥向距离分孔线为 0.5 m。箱梁顶宽为 10.4 m,底宽为 4.8 m;悬臂长 2.3 m,悬臂端部厚度为 0.2 m,根部厚度为 0.45 m;顶板全跨等厚为 0.25 m;底板跨中厚度为 0.25 m,端部加厚至 0.35 m;腹板跨中厚度为 0.35 m,端部加厚至 0.5 m,腹板斜率为 1∶2.7。

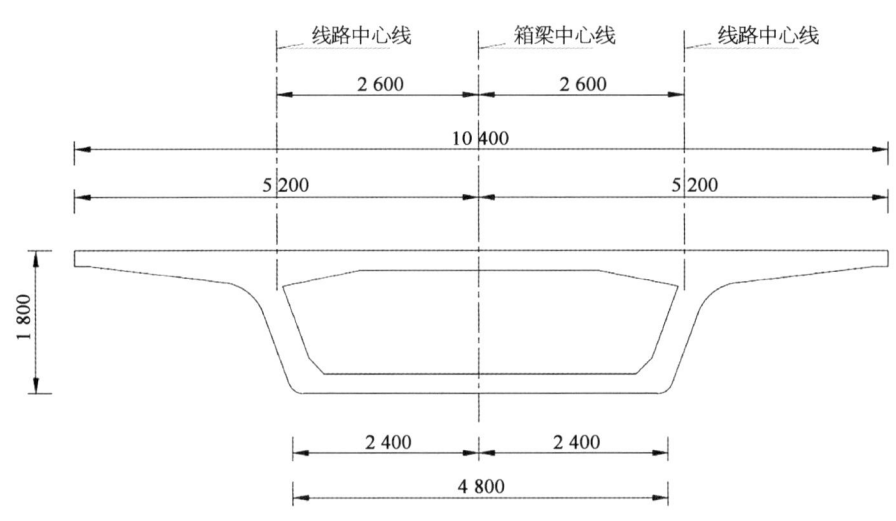

图 6-67 标准双线箱梁横断面(单位：mm)

6.2.2.4 非标梁设计原则

对于不等于"标准梁长"的箱梁结构参照对应梁长为"标准梁长"的进行调整,原则如下：构造尺寸、钢束大样、普通钢筋在跨中直线段部分进行缩短,预应力钢束、普通钢筋位置相对梁端的关系(竖向、横向、起弯角度等)保持不变;支座纵向沿箱梁轴线布置,纵向离梁端距离保持不变,横向相对于箱梁结构中心线关系保持不变。

6.2.2.5 曲线梁设计原则

位于曲线段的箱梁结构按"曲梁曲做"进行设计、调整。由曲线加宽引起的桥面宽度修正在箱梁悬臂端部进行调整。构造、预应力钢束及普通钢筋参照对应梁型进行调整,调整原则同上。

6.2.3 标准桥梁下部结构设计

6.2.3.1 桥墩设计

(1)区间桥梁墩顶的弹性水平位移值 Δ,在列车荷载、横向摇摆力、离心力、风力、温度力、基础及地基弹性变形的影响下,应符合下列规定：

顺桥方向：$\Delta \leqslant 5\sqrt{L}$ mm;

横桥方向：$\Delta \leqslant 4\sqrt{L}$ mm。

其中，L 为桥梁跨度，以 m 计；当为不等跨时采用相邻跨中的较小跨度，当 $L < 25$ m 时，L 按 25 m 计。

(2) 高架区间铺设无砟轨道，桥墩纵向水平线刚度需满足现行规范要求。

(3) 跨度小于等于 40 m 的简支梁和跨度小于等于 40 m 的连续梁相邻桥墩，其工后沉降量之差不应超过 10 mm。对于外静不定结构，其相邻墩台不均匀沉降之差的容许值还应根据沉降对结构产生的附加影响确定。

(4) 单线墩共分为 DD1～DD3 三种形式，双线墩共分为 SD1～SD5 五种形式，墩柱形式设计分类标准见表 6-12，桥墩实景如图 6-68 所示。

表 6-12 标准桥墩结构形式汇总表

桥 墩 类 型	适用墩高(m)	适用曲线半径(m)	桥墩尺寸(mm)
DD1	$4 \leqslant H \leqslant 10$	$R \geqslant 350$	2 000×1 800
DD2	$10 \leqslant H \leqslant 16.5$	$R \geqslant 350$	2 400×2 200
DD3	$16.5 < H \leqslant 18$	$R \geqslant 350$	2 400×2 400
SD1	$4 \leqslant H \leqslant 10$	$R \geqslant 400$	2 400×1 800
SD2	$10 < H \leqslant 13$	$R \geqslant 400$	2 400×2 200
SD3	$16 < H \leqslant 18.5$	$R \geqslant 400$	2 400×2 400
SD4	$18.5 < H \leqslant 22.5$	$R \geqslant 400$	3 000×2 800
SD5	$27.5 < H \leqslant 31$	$R \geqslant 400$	3 600×3 600

注：H 为桥墩高度。

图 6-68 桥墩实景

6.2.3.2 基础设计

本工程高架区间标准墩桩基础均为机械钻孔灌注桩,设计为嵌岩桩。根据上部结构的荷载组合,选用合适基础形式,基础共分为 A~F 六种形式,具体分类标准见表 6‑13。

表 6‑13 标准基础结构形式汇总表

基础类型	基 桩	桩间距(mm)	承台尺寸(mm)
A	4‑φ1 300 mm	3 250	5 500×5 500×1 800
B	4‑φ1 300 mm	3 900	6 200×6 200×2 000
C	4‑φ1 500 mm	4 500	7 000×7 000×2 200
D	4‑φ1 800 mm	5 400	8 300×8 300×2 500
E	8‑φ1 300 mm	3 900	14 000×6 200×2 000
F	8‑φ1 600 mm	4 000	14 600×6 600×2 200

基桩嵌岩深度不得小于 3 倍桩径,根据详勘报告及设计计算需要,设计桩底标高处岩石的强度应满足以下要求:

(1) 砂质泥岩:天然单轴极限抗压强度不得小于 10 MPa。
(2) 泥质砂岩:饱和单轴极限抗压强度不得小于 15 MPa。

6.2.4 连续梁结构设计

6.2.4.1 单线连续箱梁

单线连续箱梁以罗家坝站—四公里站下穿四公里出入场线左线桥为例,上部结构采用预应力钢筋混凝土单箱单室结构,跨径组合为(39+39+39)m,采用等截面布置,梁高为 2.3 m。箱梁顶宽为 6.4 m,底宽为 2.504 m;悬臂长 1.4 m,悬臂端部厚度为 0.2 m,根部厚度为 0.45 m;顶板全跨等厚为 0.25 m;底板跨中厚度为 0.25 m;端部加厚至 0.35 m;腹板跨中厚度为 0.35 m,端部加厚至 0.5 m,腹板斜率为 1∶3.9,下部结构采用标准单线桥墩,单线连续梁桥面布置如图 6‑69 所示。

6.2.4.2 双线连续箱梁

双线连续箱梁以四公里出入场线上跨纵二路桥为例,上部结构采用预应力钢筋混凝土单箱单室结构,跨径组合为(40+42+40)m,采用等截面布置,梁高为 2.5 m。箱梁顶宽为 10.4 m,底宽为 4.281 m;悬臂长 2.3 m,悬臂端部厚度为 0.2 m,根部厚度为 0.45 m;顶板全跨等厚为 0.25 m;底板跨中厚度为 0.25 m;端部加厚至 0.35 m;腹板跨中厚度为 0.35 m,端部加厚至 0.5 m,腹板斜率为 1∶2.7,下部结构采用标准双线桥墩。双线连续梁桥面布置如图 6‑70 所示。

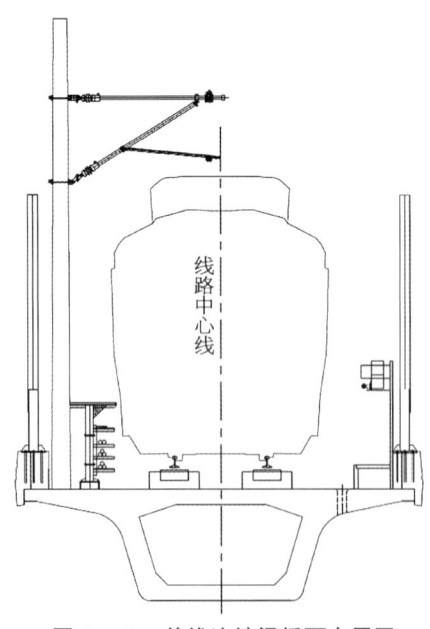

图 6‑69 单线连续梁桥面布置图

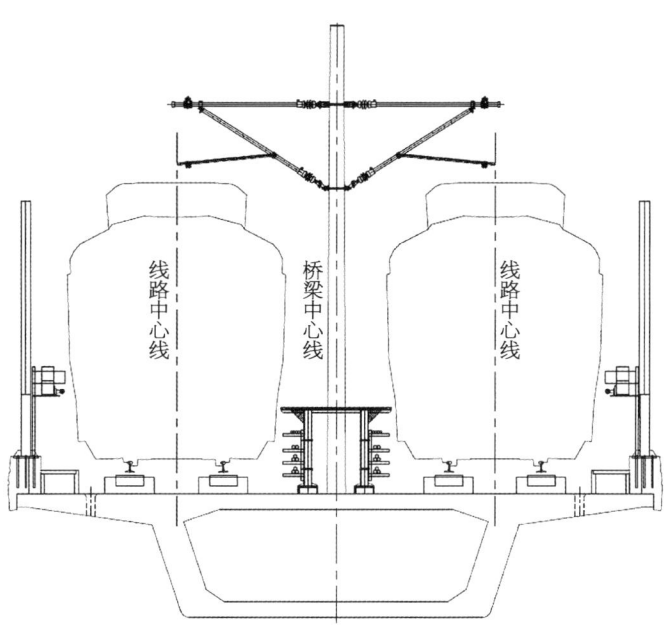

图 6-70 双线连续梁桥面布置图

6.2.4.3 道岔桥

道岔桥上部结构箱梁采用预应力钢筋混凝土箱梁的结构形式,跨径组合为(1.5+25+25+42+25+25)m 连续梁;中跨支点处梁高 2.8 m,中跨跨中及边跨梁高 1.8 m。箱梁顶宽为 21.6~24.51 m,底宽为 17.8~20.71 m;悬臂长 1.5 m,悬臂端部厚度为 0.2 m,根部厚度为 0.45 m;顶板全跨等厚为 0.25 m;底板全跨等厚为 0.25 m;腹板全跨等厚度为 0.35 m,腹板斜率为 1:3.4,下部结构采用大 Y 形桥墩,施工及成桥实景如图 6-71 所示。

图 6-71 道岔桥施工及成桥实景

6.2.5 特殊节点桥梁结构设计

6.2.5.1 工程概况

马家岩出入场线桥梁段西起出入场线地下敞开段,上跨天马路和天星桥车站,后接入马家岩停车场。出入场线上跨天星桥站后,因线路设置道岔,故桥梁上跨天星桥站及前后一跨设置为道岔平台连续梁,以满足轨道要求。

本段桥梁所处区域地面交通复杂，地下匝道众多，且紧邻地下车站，工程环境非常复杂。桥梁上部结构不具备支架现浇的条件，且由于落墩条件的限制，有两个墩位处需设置斜交外挑横梁，横梁跨径分别为 19 m 和 29 m。由于受地面车行道净空的控制，两个墩位处梁高需分别控制在 2 m 和 3 m 左右，采用混凝土结构，自重太大，结构设计难以实现。综合场地环境和设计条件，最终采取钢结构连续梁方案，工厂焊接加工，现场吊装施工。

6.2.5.2 总体设计

桥梁右线设计里程为 YD2K0+836.944—YD2K1+070.800，左线设计里程为 ZD2K0+837.299—ZD2K1+073.836，右线全长 233.356 m，桥梁两端位于缓和曲线上，中段位于圆曲线上，右线圆曲线半径为 200 m。上部结构跨径布置分别为(29.707+30+32+28)m 和(36.641+48.359+28.646)m，其中，QJ34B01 联在 QJ34D04 墩处设置计算跨径为 19 m 的斜交外挑横梁，QJ34B02 联在 QJ34D06 墩处设置计算跨径为 29 m 的斜交外挑横梁，均采用连续钢箱梁设计。

QJ34B01 联平面为等宽梁，梁顶宽为 11 m，梁体等高，中心梁高为 2.11 m。QJ34B02 联平面变宽，梁顶宽为 11~13.246 m，梁体为变高，端支点中心梁高为 2.11 m，中支点梁高为 3.11 m。

下部结构根据场地条件采用桥台、独柱墩、门形墩等结构形式，均采用钢筋混凝土结构，基础根据地形及工程环境需要采用群桩基础或单桩基础。

6.2.5.3 上部设计

上部结构均采用钢结构连续箱梁，其中 QJ34B01 联跨径布置为(29.707+30+32+28)m，采用等高度连续梁，梁体中心高度为 2.11 m，桥面采用双向 2% 横坡布置，外腹板处梁高为 2.06 m。箱梁顶板宽为 11.0 m，底板宽为 5.86 m，两侧悬臂宽为 2.6 m，箱室宽为 5.8 m，采用单箱双室断面。横隔板沿径向布置，QJ34D04 斜交横梁处隔板扇形布置，逐步过渡到与斜交横梁方向一致，标准段隔板间距为 1.8 m，局部位置根据构造微调。QJ34D04 墩处设置斜交外挑横梁（图 6-72），横梁计算跨径为 19 m。QJ34D04 斜交横梁处顶、底板采用 28 mm 厚钢板，其余中支点顶、底板采用 20 mm 厚钢板，其余梁段采用 16 mm 厚钢板。

图 6-72　QJ34D04 墩斜交外挑横梁

QJ34B02联跨径布置为(36.641+48.359+28.646)m,采用变高度连续梁,端支点梁体中心高度为2.11 m,中支点处中心高度为3.11 m,桥面采用双向2%横坡布置。箱梁顶板宽度为11.0~13.831 m,底板宽度为5.86~8.661 m。箱梁采用单箱双室,箱梁两侧悬臂为2.6 m,桥面变宽通过箱室宽度进行调整。QJ34D06墩处设置斜交外挑横梁,横梁计算跨径为29 m。隔板直线段垂直布置,曲线段径向布置,靠近QJ34D06斜交横梁处,隔板扇形布置,使隔板逐渐过渡到与横梁腹板平行,隔板标准段间距1.8 m。QJ34D06斜交横梁顶、底板厚30 mm,另一中支点顶、底板厚24 mm,端支点顶、底板厚16 mm和20 mm,跨中段顶、底板厚16 mm。

顶、底、腹板均采用T形加劲肋。腹板采用两道水平加劲,为方便加工,水平加劲在隔板处断开。箱梁主体结构采用Q345qD钢材,附属结构采用Q345C。

6.2.5.4 下部设计

根据地质条件及地下管线资料,桥台和桥墩处均采用ϕ1.2 m钻孔灌注桩群桩基础,QJ34D04和QJ34D06墩为外挑横梁,由于地面条件限制,采用ϕ3.0 m钻孔桩单桩基础。桥台承台厚1.5 m,桥墩承台厚1.8 m。桥台采用轻型桥台,QJ34D02、QJ34D03和QJ34D05采用盖梁式桥墩,其余采用双柱式桥墩。

桩基混凝土采用C30水下,承台和墩柱采用C40混凝土。

6.2.5.5 附属设计

1) 防水层

钢箱梁表面设置防水涂装层,横向设置双向2%排水坡,局部铺设环氧砂浆混凝土设置排水反坡。所有桥墩立柱外表面设涂装层。

2) 支座

采用盆式橡胶支座,支座参数满足《铁路桥梁盆式橡胶支座》(TB/T 2331)的相关要求。

3) 伸缩缝

伸缩缝采用轨道交通专用桥梁伸缩缝。桥梁梁缝及伸缩缝尺寸按安装温度为20℃计算所得,本段钢箱梁缝宽100 mm,要求伸缩量±50 mm。伸缩缝需具备良好的伸缩性、防水密封性、防腐耐久性。

4) 抗震构造措施

按照《城市轨道交通结构抗震设计规范》(GB 50909)和《铁路工程抗震设计规范》(GB 50111)的要求进行抗震设计计算,并按7度进行抗震设防。桥梁上部结构采取限位钢挡板,下部结构按多遇地震进行桥墩、基础的强度和稳定性验算。

5) 桥面护栏、声屏障

声屏障底座纵向间距按曲线外侧≤2.0 m控制,曲线内侧沿入场线法线对称布置,与桥面护栏连成整体,埋设声屏障预埋件。

6) 环网支架立柱底座

底座设置与护栏与弱电电缆槽之间,顶面设1%排水横坡,表面设防腐涂层。

7) 弱电电缆槽

弱电电缆槽设置于箱梁两侧,紧贴声屏障底座,接触网门形架及拉线底座附近电缆槽位置局部调整。弱电电缆槽侧墙采用钢筋混凝土结构,侧墙钢筋顺桥向与钢梁顶板焊接固定。

8) 桥面排水

桥面排水采用纵坡和横坡配合排水,线路纵坡段每个墩位出设置地漏,平坡段适当加密地漏数量。钢箱梁结构横桥向设2%排水坡,在箱梁悬臂端设2%排水反坡。

9）接触网立柱底座

本段桥梁接触网采用立柱、门架柱设计的范围,在钢桥面设置立柱底座和拉线基础,立柱底座和拉线基础通过焊接固定在钢桥面上。

6.2.5.6 设计重难点

（1）桥位处场地条件复杂,受地面道路、下穿道路、地下管线、天星桥车站等诸多障碍物的影响,桥梁基础布置困难。方案总体设计时进行了多方案比选,桩基础立于车站暗挖隧道拱顶正上方与隧道共建,桥梁基础传至车站拱顶上方反力为 15 000 kN,由于桥梁基础桩端反力较大,且较为集中,同时暗挖车站隧道断面较大,车站无法承受桩端反力传递的集中力,只能选择桥梁避让车站方案。为避让下穿道路、天星桥车站结构和地面道路,QJ34D04 墩处布置了总长 21 m、斜交角度 113.4°的外挑斜交横梁,QJ34D06 墩处布置了总长 31.155 m、斜交角度 109.8°的外挑斜交横梁,纵、横梁交叉,结构设计困难,最终确定钢箱梁方案。

（2）钢桥在轨道交通实践中运用较少,没有可借鉴的案例,首次设计需克服更多设计中遇到的技术难题。本桥平面位于曲线上,梁体变宽、变高,且有斜交外挑大横梁,隔板布置、横梁构造设计都是难点。桥面有接触网立柱、道床限位装置、栏板、电缆槽、环网支架基础、道岔结构、声屏障等诸多附属设施,主梁结构设计时,需结合附属结构考虑隔板布置和局部加劲,计算时也需考虑附属设施的局部荷载效应。

（3）由于钢梁变宽、变高,结构异形,纵横梁斜交角度大,加工难度较大,工艺选择重要,选择合适的工序和工艺方能保证加工质量。

6.2.6 附属结构设计

6.2.6.1 桥面铺装及防排水

桥面铺装分为防水层和铺装层,防水层采用厚度为 2.5 mm 的双组分聚氨酯防水涂料,铺装层采用最薄为 4 cm 的 C40 聚丙烯纤维网豆石混凝土,桥面铺装如图 6-73 所示。防水层施工前要求对桥面基层面进行验收,基层应做到平整、无尖锐异物,不起砂、不起皮及凹凸不平现象,基层平整度要求不大于 10 mm/m。

图 6-73 桥面防水、铺装实景

双线桥梁桥面排水设置 1% 人字横坡,单线桥梁桥面排水设置 1% 单向横坡,通过桥面铺装层找坡;桥面纵向采用线路纵坡自然排水,在梁跨桥面标高较低端设置泄水孔;平坡段通过铺装纵向找坡,坡度为0.3%，梁跨两端均需设置泄水孔；伸缩缝与泄水孔间设置3%反向纵坡。

泄水管安装完毕后，对泄水管与结构接缝处进行封边处理，严防渗水。泄水管接入地面市政排水系统，泄水孔位置结合地面市政排水井位置合理调整布置，泄水管布置如图6-74所示。

图6-74 落水管布置实景

6.2.6.2 伸缩缝

轨道交通一般采用无缝长钢轨以改善行车舒适性，而钢轨不与梁部直接接触，对伸缩缝装置的强度要求相对较低，故伸缩缝应尽量选用结构简单和耐久性较好的产品，同时又能适应梁体的变形与止水要求。本工程伸缩缝采用HJF型铝合金轻轨伸缩缝，施工情况如图6-75所示。

图6-75 伸缩缝施工实景

梁体及车站桥墩施工时预先埋设伸缩缝预埋件，至梁边时翻起埋入栏板内，保证桥面积水不会从两侧翻落而影响梁体外观。本工程实施中发现两个问题，一是伸缩缝挡水墙施工先于承轨台，导致轨道铺设时需凿除与之冲突的部分挡水台，今后类似工程应提醒施工单位注意施工顺序；二是橡胶止水条为下凹设计，导致伸缩缝内有少量积水，无法排出，需要进行改进。

6.2.6.3 支座及横向防落梁

梁体均采用轻轨桥梁抗震盆式橡胶支座，性能应满足《铁路桥梁盆式橡胶支座》(TB/T 2331)及轨道专业的相关要求,同时也要满足易于后期养护和更换等相关技术要求。支座为成套产品,包括支座体、预埋套筒及螺母、梁底预埋钢板、防尘罩等部件。

为限制梁体在地震等作用下,横桥向产生过大位移,在梁底设置抗震挡块(图6-76),挡块位于两个支撑垫石之间,在抗震挡块与垫石之间设置抗震橡胶垫块,结合设置,景观效果较好。

图6-76 抗震挡块实景

6.2.6.4 设备预留预埋

桥面设备预留预埋(图6-77)主要有护栏预埋筋、声屏障预埋件、通信信号电缆沟、桥面铺装(防水)及排水、泄水管、伸缩缝、桥梁防雷接地系统、疏散平台、轨道设备、杂散电流防护、接触网预埋件、梁底抗震限位挡块、支座预埋件等。

图6-77 桥面预留预埋实景

由于桥面埋件类型多样、数量繁多，稍不留意就容易造成漏埋和错埋。通过本工程实践，建议桥梁附属结构设计时应汇总各类埋件，绘制桥面埋件总布置图，同时施工交底时应注意提醒施工单位不要遗漏。

6.3 过江桥梁设计

环线工程共三次过江，其中通过朝天门大桥和鹅公岩大桥过长江，通过高家花园大桥过嘉陵江。

6.3.1 朝天门公轨两用桥

朝天门长江大桥（图6-78）位于重庆朝天门（长江与嘉陵江交汇点）下游1.7 km，是连接重庆市南岸区和江北中央商务区的重要过江通道。大桥包括主桥和南、北两岸引桥，全长1 741 m，其中主桥长932 m，采用(190+552+190)m的中承式连续钢桁系杆拱桥。主桥采用两片主桁，桁宽29 m，两侧边跨为变高度桁梁，中跨为钢桁系杆拱。两岸接线设置引桥，北引桥长314 m，南引桥长495 m，均为预应力混凝土连续箱梁桥。

图6-78 朝天门大桥实景

朝天门长江大桥于2004年12月28日开工建设，2009年4月29日正式建成通车。大桥为双层桥面布置，上层桥面主桁内为双向6车道城市主干路，宽26 m，主桁外两侧各设宽2.5 m的人行道，桥面全宽36.5 m。下层桥面中间布置双线城市轨道交通，线间距4.2 m，两侧为宽7.0 m的车行道。大桥建成时，轨道交通的桥面系和检修通道随大桥主体结构一次性建成，预留桥面轨道系统及轨道交通配套设施的建设条件，主桥轨道层预留情况如图6-79所示。环线建设时对轨道层部分结构和设施进行改造和加固。

6.3.1.1 主桥加固改造

1) 轨道层纵梁加固改造

朝天门长江大桥通行的轨道交通荷载由原设计预留的5辆编组B型车调整为7辆编组As山地车后，轨道交通的总体和局部荷载大幅提高。根据荷载验算情况，同时考虑结构安全储备，对14M和16M

图 6-79 朝天门大桥主桥轨道层实景

节间轻轨纵梁进行加固改造。加固采用 L110 mm×110 mm×12 mm 型角钢,16M 节间纵梁的加固范围为 10 m,14M 节间的加固范围为 8 m。

2) 下层桥面横梁加固改造

下层桥面横梁总体上满足轨道交通荷载提高后的受力要求,因供电接触网立柱布置于横梁上翼缘上,为避免其纵向振动对横梁腹板和上翼缘间的焊缝产生疲劳损害,需对接触网立柱底座连接部位进行加固改造。在横梁翼缘下方、腹板两侧各设置一个加劲设施,由一块加劲板与上翼缘、腹板间连接的两块钢板组成。

3) 接触网立柱拉线基座横梁钻孔

主桥区段共有 8 处横梁设置了接触网拉线基础,基础底座直接连接在横梁上翼缘板上,仅需在横梁上翼缘对应部位钻孔即可。

4) 轨道层检修通道栏杆改造

主桥共设置了三处检修通道,分别位于轨道线路之间和两侧。为便于轨道设备设施布设,拆除原栏杆部分结构,增设 HM200×150H 型钢。新增栏杆部件直接焊接于新设 H 型钢上,间距满足设备设施布设及功能要求。

5) 轨道纵梁高强螺栓置换

为便于轨道明桥面轨枕的布设,减少轨枕刻槽的规格,轨道纵梁上翼缘和上平联的高强螺栓应统一安装方向,即螺栓头在上方,螺母在下方,对未按要求设置的高强螺栓进行方向置换。

6.3.1.2 引桥加固改造

1) 轨道层桥面附属设施基座改造

由于轨道交通荷载增加,引桥主梁整体承载力安全度不足,设备设施基座构造采用钢结构方案。根据各设备设施专业安装间距及构造要求,将桥面附属设施的安装分为三种区段和六种基座类型,各区段对应不同类型的基座。

区段一:该区段内包含声屏障立柱和线缆桥架立柱,根据构造形式该区段内分设 A 基座和 B 基座两种类型。

区段二:该区段内包含接触网立柱、声屏障立柱和线缆桥架立柱,根据构造形式该区段内分设 C 基座、D 基座和 E 基座三种类型。

区段三：该区段内包含接触网下锚拉线基础，声屏障立柱和线缆桥架立柱，根据构造形式设 F 型基座。

2）轨道承轨台植筋

朝天门长江大桥引桥为预应力混凝土连续梁，当初实施时未做轨道预留（图 6-80），轨道承轨台需植筋，承轨台道床宽度 750 mm，在承轨台道床范围内横向植筋 3 根，横向间距 250 mm，纵向间距 300 mm。钢轨伸缩调节器道床范围内植筋间距按照横向 250 mm、纵向均 300 mm 埋设。

图 6-80　朝天门大桥引桥轨道层实景

6.3.2　鹅公岩轨道交通专用桥

环线鹅公岩轨道交通专用桥（图 6-81）连接九龙坡区和南岸区，是环线跨越长江的重要控制性节点工程。该桥位于既有鹅公岩公路大桥上游侧，两座桥梁的中心距 70 m，梁间净距 45 m。新桥采用与老桥同跨径布置，以满足通航和行洪要求。

图 6-81　鹅公岩轨道交通专用桥实景

6.3.2.1 桥跨控制因素

桥位处最低通航水位为 161.45 m,最高通航水位为 195.84 m,单孔双向通航净宽为 316 m,净高为 18 m(按 24 m 预留),主桥主孔跨径由通航宽度决定。根据《重庆市轨道交通环线鹅公岩轨道交通专用桥通航安全影响论证报告》,主通航孔按单孔双向通航标准进行设计,桥跨布置不应小于老桥。同时,需考虑与相邻老桥的跨径及桥型的协调,确定主桥主孔跨径为 600 m、边孔为 210 m。另外,根据轨道的行车要求,为限制梁端转角,增加一孔锚跨,锚跨跨径采用 50 m,与引桥协调。东侧引桥采用两孔 35 m 混凝土梁接地,西侧引桥根据地形及避让新建立交墩位的影响,采用 30~50 m 跨径的混凝土梁。

6.3.2.2 桥型方案的选择

根据拟建桥梁的位置及功能特点,桥型方案选择时主要考虑以下几个原则:
(1) 新桥的建设应尽量减小对老桥的影响。
(2) 通过列车走行性研究确保大桥的安全、适用。
(3) 新建桥的桥型应与鹅公岩老桥协调。

对于主跨 600 m 的桥梁,可选择的桥型方案包括悬索桥、斜拉桥、拱桥和桁梁桥。拱桥的刚度较大,但施工费用昂贵、施工周期较长,与周边环境亦不协调,因此不予考虑。普通斜拉桥在刚度和造价方面具有明显的优势,但是由于鹅公岩老桥的存在,新老桥梁塔高的差异及斜索与垂直吊杆的凌乱感,又使得斜拉桥景观方面存在缺憾。经过综合考量,选择自锚式悬索桥作为该桥的主推方案。

6.3.2.3 桥梁总体布置

主桥的桥跨布置为 (50+210+600+210+50)m=1 120 m,为保持新老桥梁的塔高一致,主缆矢跨比(f/L)为 1/10,主缆间距为 19.5 m、西塔高度为 158.8 m、东塔高度为 169.8 m。主跨顺桥向设 61 个吊索吊点,边跨为 11 个、主跨为 39 个。顺桥向相邻两吊点标准间距为 15 m,全桥共 122 个吊索吊点,同一吊点设单根吊索,共计 122 根吊索。桥面宽度为 22 m,主梁采用扁平钢箱梁,线路中心出梁高 4.5 m。桥梁总体布置如图 6-82 所示。

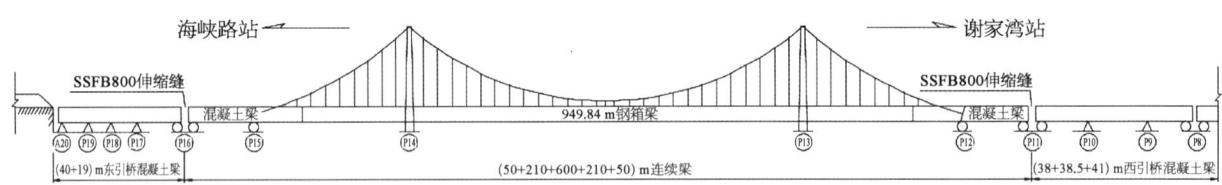

图 6-82 鹅公岩轨道交通专用桥总体布置图

1) 主梁

主梁采用扁平钢箱梁,主要尺寸为:含风嘴全宽 22 m,道路中心线处梁高 4.5 m,顶板设 1.5% 横坡,底板水平。标准节段长度取 15 m,梁上索距 15 m,最大节段重量约 361.5 t。

顶板为正交异性桥面板,厚度为 32~34 mm;顶板 I 形加劲肋板厚度为 25~28 mm,高度为 260 mm,间距为 450~700 mm。水平底板钢板厚度为 32~34 mm,斜底板厚度同水平底板;底板 I 形加劲肋板厚度为 25~28 mm,高度为 260 mm,间距为 450~700 mm。横断面布置 6 道纵腹板,均采用整体实腹板,边腹板厚度为 40 mm,其 I 形加劲肋板厚度为 30 mm,高度为 320 mm,共 3 道。中腹板厚度为 20 mm,采用 T 形加劲肋板,共 5 道。横隔板标准间距为 5 m,横隔板厚度由刚度控制,横隔板厚度为 14 mm,两道横隔板之间设一道横肋。

2) 主塔

西塔塔顶高程为328.8 m(东塔为328.8 m)、塔底高程为170.0 m(东塔为159.0 m)、上塔柱为76.9 m(东塔为76.9 m)、下塔柱为81.9 m(东塔为92.9 m),总高158.8 m(东塔为169.8 m)。塔柱采用矩形空心薄壁形式,横桥向宽5.0 m,塔底10 m段直线渐变到7.0 m宽,顺桥向采用变截面形式,塔顶7.0 m,塔底10.0 m。桥塔分为下塔柱、下横梁、中横梁、上塔柱和上横梁五部分,上塔柱壁厚度为1~1.2 m,下塔柱壁厚度为1.2~1.4 m,横梁壁厚均为1 m,中横梁以下为下塔柱,中横梁以上为上塔柱,桥塔及横梁均采用C50混凝土。

3) 缆吊系统

主缆由三跨组成,边跨理论跨径为210 m、主跨理论跨径为600 m、中心距为19.5 m,主跨的理论垂跨比为1∶10,塔顶设主索鞍,主缆通过索鞍绕至边跨,边跨主缆通过散索套分散锚固在主梁上,全桥满跨设吊索,主缆线型为分段悬链线。主缆共2根,每根主缆由91束索股组成,每束索股含127ϕ5.2 mm锌铝合金镀层高强钢丝,热铸锚具。主缆采用国内较为成熟的PPWS法施工,工厂预制平行钢丝索股,现场在锚道上逐股安装架设。

主跨顺桥向设61个吊索吊点、边跨11个、主跨39个。顺桥向相邻两吊点标准间距为15 m,全桥共122个吊索吊点,同一吊点设单根吊索,共计122根吊索。吊索采用PPWS钢丝,上端与主缆索夹采用销铰式连接,下端与主梁采用锚箱承压方式连接,张拉端位于主梁箱体内;安全系数$K>3.0$,吊索上端设销铰,下端设冷铸锚具。索夹采用铸钢结构,上下对合,用高强螺栓连接。

4) 锚墩

P12、P15墩为锚墩,采用两个分离式墩柱,每个墩柱截面尺寸为5 m×5 m,空心截面,壁厚为0.6 m,四角倒0.2 m半径圆角,两柱横向净距为12 m。墩高约25.5~39 m,两侧桥墩在顶部设置横系梁进行连接,横梁尺寸为3.0 m(高)×4.5 m(宽)。墩身采用C40普通钢筋混凝土结构。

5) 过渡墩

P11、P16墩为过渡墩,采用两个分离式墩柱,钢筋混凝土矩形空心桥墩,桥墩截面尺寸为5.0 m(顺桥向)×3.2 m(顺桥向),四角倒0.2 m半径圆角,空心桥墩壁厚为0.6 m,墩高为20.5~48 m,两侧桥墩在顶部设置横系梁进行连接,横梁尺寸为2.0 m(高)×4.5 m(宽)。墩身采用C40普通钢筋混凝土结构。

6) 基础

主桥桥塔基础位于常水位以下,采用钢围堰施工。根据主塔的荷载受力情况,两个塔柱各采用一个17 m×17 m的矩形承台,高5 m,每个承台下接9根直径3 m的桩基础,桩长16 m。同一个桥塔两个承台之间,设一道宽8 m的联系梁,与承台等高。承台和联系梁采用C40混凝土,桩基采用C30混凝土。

P12、P15锚墩基础采用分离式基础,每个墩柱设置一个四桩承台,桩基础直径2.0 m,桩顶接9 m×9 m矩形承台,高3.0 m。

P11、P16为过渡墩,过渡墩基础采用承台+6根直径2.0 m的桩基础,两侧桥墩共用一个承台,承台尺寸为14.4 m(长)×9 m(宽)×3 m(厚)。

6.3.3 高家花园轨道交通专用桥

环线高家花园轨道交通专用桥(图6-83)位于城市交通内环高速路高家嘉陵江大桥下游约350 m处,跨越嘉陵江,分别连接两岸的沙坪坝区高家花园和江北区玉带山。该桥为轨道交通专用桥,布置双线轨道交通,两侧设人行道(检修道)。

图 6-83　高家花园轨道交通专用桥实景

6.3.3.1　桥跨控制因素

桥位处最低通航水位为 163.285 m,最高通航水位为 191.43 m,单孔双向通航净宽 160 m,净高 10 m,但根据该大桥桥位处的河工模型试验研究成果显示,大桥跨径不宜小于 340 m,大桥南北两端隧道洞口距离约 600 m,大桥在南岸侧跨越沙滨路,在北岸侧跨越北滨路。

因此,大桥总体设计遵循如下原则:

(1) 主跨跨径应满足通航的要求,即跨径不小于 340 m,且桥墩布置应满足研究成果要求。

(2) 大桥的总体布置应与所处地理位置及空间相协调,综合考虑对现有滨江路的影响和对景观的影响。

6.3.3.2　桥型方案的选择

主桥桥型方案(图 6-84)是大桥工程的核心部分,也是控制造价与工期的关键因素,主桥墩位及孔跨布置还须满足航运、防洪等多方面要求。根据主城嘉陵江已建或在建桥梁的情况可以看出,连续刚构桥及斜拉桥采用较多,连续刚构具有阳刚之美,斜拉桥具有扇形之美。

本次结合不小于 340 m 的跨径要求,为节省投资,主跨跨径不宜过大。悬索桥适合大跨径桥梁,在该桥位不再考虑,本次桥型方案宜从斜拉桥、拱桥和梁桥等桥型方案进行研究。

综合考虑安全、经济、美观、施工便利性等因素,推荐采用斜拉桥方案,方案效果如图 6-84 所示。

图 6-84　高家花园轨道交通专用桥效果图

6.3.3.3 桥梁总体布置

大桥主桥采用(52+68+340+66.5+50.5)m 双塔双索面混合梁斜拉桥,全长 594 m。边跨为混凝土箱梁,中跨为钢箱梁。斜拉索在中跨主梁上的纵向标准索距为 12.0 m,在边跨的标准间距为 8.0 m。塔侧第一对斜索在主梁上锚固点距主塔中心线边中跨分别为 20 m 和 14.5 m,跨中设 12 m 无索区。桥梁总体布置如图 6-85 所示。

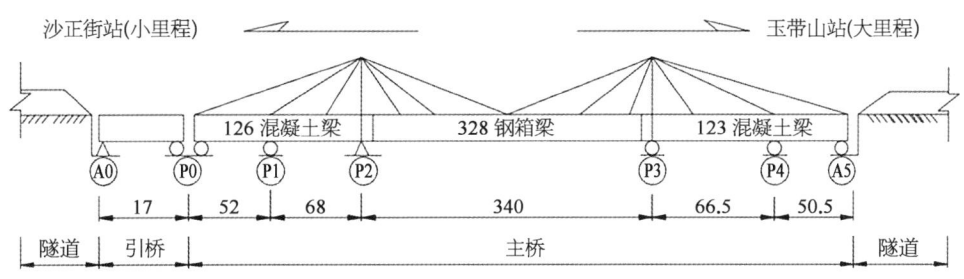

图 6-85 高家花园轨道交通专用桥总体布置图(单位: m)

1) 主梁

主梁采用流线型扁平钢箱梁,梁高 3 m,全宽 19.6 m(包括风嘴),宽高比(B/H)为 6.53,设有双向 1.5% 的横坡。箱梁顶板厚标准为 14 mm(辅助墩附近及索塔附近为 16 mm,顶板边至锚腹板向桥中心线 1.2 m 处为 24 mm);底板标准厚度为 12 mm(辅助墩附近及索塔附近为 20 mm)。箱梁边腹板间距为 16 m(斜拉索锚点横向间距为 16.6 m),板厚度为 30 mm。距桥中线两侧各 1.85 m、3.35 m 均设两道小纵梁(对应轨道),沿箱梁全长设置,是纵向抗弯和横向抗扭的重要构造。横隔板标准间距为 3 m,横隔板设计成空腹桁架式。

边跨混凝土箱梁外轮廓尺寸及拉索的横向布置均与中跨钢箱梁相同,在箱梁中心线两侧各 2.6 m 对称设置腹板,将箱梁分成单箱三室断面。箱梁顶底板厚均为 28 cm,腹板厚 30 cm。在主梁挠度较小的部位(中跨距主塔 7.5 m 处)设置混凝土梁与钢箱梁结合段,钢箱梁与厚度 80 mm 的厚钢板相连接,顶、底板伸入混凝土梁段 1.25 m。

2) 主塔

主塔采用组合式桥塔,下部是整体箱形塔墩;上部为 H 形钢筋混凝土塔架,横梁将塔柱联成整体,塔柱分为上下两部分。该塔型既调整了桥塔桥面上下两部分的高度比例,又解决了主塔防撞问题。考虑到重庆地区风速较低,选择平行平面索面体系主塔,能满足桥址区的抗风要求。

上塔柱为竖直的等截面单箱单室空心柱,左右各一,塔柱为椭圆外形,长轴 6.0 m、短轴 3.5 m、壁厚 0.8 m。上塔柱高度为 92.0 m,设置一道横梁连接左右塔肢,每塔肢共设置 3 道横隔板。下塔柱为竖直的等截面单箱单室空心柱,塔柱为椭圆外形,长轴 7.0 m、短轴 4.5 m、壁厚 1.3 m。下塔柱高度为 16.0 m。下部塔墩为单箱四室空心墩,顺桥向宽 7.0 m、横向宽 21.1 m。两端采用椭圆形断面,壁厚度为 1.3 m,箱内设顺桥向横隔墙,横隔墙厚度为 1.0 m。主墩高 23.0 m。

综合各方面因素,从提高结构的合理性、可靠性、经济性及安装精度出发,预应力形式优势明显,本桥主塔索锚区采用预应力锚固形式。

3) 斜拉索

斜拉索采用双索面平行布置,每塔共 10 对斜拉索。索面在主梁上的横向间距为 16.6 m。顺桥向中跨标准索距为 15.0 m,边跨标准索距为 9.0 m;斜拉索塔上索距分别为 7.73 m 和 7.75 m。本桥采用平行高强钢绞线斜拉索,钢绞线标准抗拉强度 f_{pk} 为 1 860 MPa。

4）辅助墩

P0、P1、P4 墩为辅助墩,采用花瓶式实心墩,墩顶镂空,墩身为椭圆外形,长轴 6.0 m、短轴 2.6 m,墩顶总宽度为 11.4 m,为 2 个半椭圆＋矩形的组合截面。

5）基础

P2、P3 主墩基础采用 13ϕ3.0 m 钻孔灌注桩,承台为 31.0 m×17.0 m,长边两端为圆弧,承台顶设 2 m 高塔座,承台厚 5.0 m,封底混凝土厚 6 m。

P0、P1、P4 辅助墩桩基采用 4 根桩径 ϕ2.5 m 钻孔灌注桩,正方形布置,间距 5 m,桩基按柱桩设计,桩端持力层为岩体较完整的微风化砂岩。承台尺寸为 9.1 m×9.1 m×2.5 m。

第 7 章 供电系统

7.1 概述

城市轨道交通供电系统一般由外部电源、主变电所、中压供电网络、牵引供电系统、接触网系统、电力监控系统、杂散电流防护系统、动力照明系统、防雷设施和接地系统等组成。供电系统的功能是向轨道交通各机电设备系统提供安全、可靠、优质的电力供应,满足各系统的用电要求,具体功能为:

(1) 接受并分配电能的功能。通过主变电所从电力系统引入 110 kV 高压交流电源并降压成轨道交通供电系统使用的 35 kV 交流电,再通过轨道交通供电系统网络将电能分配到每一个车站、停车场、车辆段和控制中心内的牵引变电所和降压变电所。

(2) 降压整流及输送直流电能的功能。通过牵引变电所对主变电所引来的 35 kV 交流电进行降压整流,使之变成 1 500 V 直流电,再将 1 500 V 直流电通过沿线架设的牵引网不间断地供给运行中的电动列车,以保证电动列车的安全、可靠、快速、准时地输送乘客。

(3) 降压及动力配电的功能。通过降压变电所将 35 kV 交流电降压成 380 V/220 V 交流电,向轨道交通的各种动力、照明设备供电,保证各种轨道交通设备的正常运行,给乘客提供一个安全舒适的乘车环境。

(4) 供电系统各级供电网络应具有在正常、事故、灾害运行情况下控制、测量、监视、计量、调整的功能,安全操作连锁功能,故障保护功能。

7.2 系统功能

供电系统通过各子系统功能实现电能的分配与供应。主变电所将来自城市电网的高压 110 kV 变换为中压 35 kV 电源。中压供电网络将主变电所的中压电源经中压供电网络分配到各牵引变电所及降压变电所。牵引网系统将来自牵引变电所的 DC1 500 V 电源通过牵引网(接触网和回流轨)为轨道交通列车提供电能。设置牵引变电所及降压变电所,牵引变电所将中压电源降压整流后变成供轨道交通列车使用的直流 1 500 V 电源,降压变电所将中压电源降为低压 0.4 V/0.23 kV 后,为轨道交通动力、照明设备提供电能。

电力监控系统是在轨道交通控制中心,通过调度端(控制中心)、通道、执行端,对整个供电系统主要电气设备进行控制、监视、测量、调节。杂散电流腐蚀防护系统,为减少因直流牵引供电引起的经回流轨泄漏的电流及减少杂散电流的扩散,避免杂散电流对附近结构钢筋、金属管件的电腐蚀,并对钢筋极化点位等信息进行监测。

能耗监测管理系统负责完成电能量监视、计量计费、测量数据的统计分析及管理,该系统作为一个综合信息平台,在完成电能计量管理的基础上,同时可以使轨道交通供电管理部门迅速而准确地获得变电所内各种负荷设备运行的电能实时/历史信息,完整地掌握整个系统的电能运行状况,及时发现变电所运行的薄弱环节,分析并提出有针对性的改进措施,实现供电系统电能监测分析的综合自动化管理。

动力照明配电系统将来自降压变电所的低压 0.4 kV/0.23 kV 电源通过低压配电系统供给动力照明设备电能。

7.3　设计原则

供电系统的设计应满足安全、可靠、运行灵活、接线简单、管理维护方便和技术经济合理的要求,力求节省工程投资。无论是从系统网络结构设计还是从设备选型方面,应全面贯彻国家关于节能降耗的方针政策。

采用集中供电方式,110 kV/35 kV 两级降压供电制式。主变电所的设置应根据本线工程特点,结合城市电网及轨道交通网络资源共享要求,统筹考虑。主变电所位置及容量应考虑当任一主变电所因故退出运行时,相邻主变电所能够承担其牵引负荷及动力照明一级、二级负荷的用电要求。不考虑一座主变电所解列,同时其 35 kV 侧母线(包括环网电缆)故障的情况。供电系统容量按远期高峰小时负荷设计,并应预留一定余量。

牵引供电系统按一级负荷设计,牵引降压混合变电所和降压变电所均应由双重电源供电。全线牵引、降压变电所划分为多个供电分区,供电分区内构成环网,每个分区内由两路电源同时供电。环网电缆截面应满足当其中一路故障时,另一路担负整个分区高峰小时牵引负荷和动力照明一级、二级负荷用电要求。正线牵引变电所的布点及设备容量,应满足与其相邻的一座牵引变电所解列时,远期高峰小时牵引负荷及供电电压质量的要求。降压变电所内两台 35 kV/0.4 kV 配电变压器接入不同 35 kV 母线段,配电变压器容量应满足:当任一台变压器退出运行时,另一台变压器应满足向全所供电范围内动力照明一级、二级负荷供电的要求。正线地下区段采用刚性悬挂架空接触网,停车场、车辆段等地面线采用柔性悬挂接触网,牵引网载流截面应满足远期高峰小时持续最大负荷的需要,牵引接触网的电压波动范围为 DC1 000 V~DC1 800 V。

工程设置电力监控系统,对主变电所、牵引、降压变电所及牵引网主要电气设备进行遥测、遥信、遥控及遥调。电力监控系统集成于设备监控与集成系统,由设备监控与集成系统统一考虑传输通道。各变电所按规范及为方便运营节能管理,考虑设置必要的电度及电能质量监测装置,以监视供电系统的运行情况。主变电所按电业要求设置计量装置。设置杂散电流腐蚀防护系统,包括杂散电流排流系统、杂散电流监测系统,在车辆基地与正线分界位置设置新型单向导通装置。

全线接地按综合接地系统进行设计,满足各类设备的工作接地、安全接地及防雷接地功能,其接地电阻不应大于接入设备中要求的最小值。110 kV 系统接地按电业部门要求设置,35 kV 系统为小电阻接地系统,0.4 kV/0.23 kV 低压配电系统采用 TN‑S 制,直流 1 500 V 牵引系统正极、负极均不接地。

设备选型在满足技术要求和功能要求的前提下,按安全、可靠、节能、全线统一、免维护性高的原则选型,优先选用国产优质设备。

7.4 方案设计

供电系统的方案设计以环线工程为例,按照各子系统方案展开。环线工程线路全长约 50.88 km,共设 33 座车站(换乘车站 13 座),其中地下站 28 座、高架站 3 座、地面站 2 座,平均站间距 1.54 km;全线设一段两场,即涂山车辆段和四公里、马家岩两座停车场。工程采用 As 型车 6 辆编组(5M1T),远期 7 辆编组(5M2T),列车最高运行速度为 100 km/h。根据行车组织方案,初期、近期和远期高峰小时的行车对数分别为 14 对/h、18 对/h 和 24 对/h,系统设计运输能力为 30 对/h。

7.4.1 供电电源

城市轨道交通供电系统的外部电源供电方案,有集中式、分散式、混合式等不同形式。供电电源方案应结合城市电网、电源路径通道及重庆市轨道交通网络主变电所资源共享等实际情况来确定。按照重庆市轨道交通建设规划和已建、在建的轨道交通线路的模式及电业部门的要求,供电系统采用集中供电方式,即从城市电网以 110 kV 电源接电,设置 110 kV/35 kV 主变电所,以 35 kV 电压网向全线牵引变电所、降压变电所供电。

主变电所主接线方案。根据轨道交通线路的供电范围、建设时序等不同因素,共享主变电所 110 kV 侧主要有两种接线形式,一种是环进环出,另一种为线路变压器组接线形式。环进环出形式供电可靠性高、灵活性好,但是投资较高;线路变压器组接线形式,线路结构简单,投资较省。当城市供电系统的可靠性很高时,为节省投资简化系统结构宜采用线路变压器组接线形式;反之 110 kV 侧主接线宜采用内桥接线形式。环线工程主变电所 110 kV 侧采用线路变压器组接线形式。

35 kV 侧主要有 T 接、单母线分段(共母线)及两级母线等 3 种基本接线形式。三种主接线形式在国内轨道交通中均有成熟的工程应用实例。共母线方式结构最为简单,适用于主变电所位置设置合理、建设时序基本相同、馈线数量不多的共享主变电所;T 接方式和两级母线方式使得各条线路 35 kV 母线完全分开,可以分别设置于不同的 35 kV 开关柜室,可靠性高,方便不同运营单位的运营管理。重庆在运营的轨道交通共享主变电所 35 kV 侧多采用单母线分段(共母线)及两级母线两种方式。共享主变电所按 110 kV 外线电源和房建资源共享模式实施,各线 110 kV/35 kV 主变压器及 35 kV 开关柜独立设置。

环线工程共设 3 座主变电所:新建周家院子主变电所,与规划的 4 号线、10 号线资源共享,周家院子主变电所电源接入点为龙头寺 220 kV 变电站、铜鼓山 110 kV 变电站,220 kV 龙头寺变电站和 110 kV 铜鼓山变电站各出一回线路给周家院子主变电所供电,全线采用电缆敷设;利用 5 号线的华岩主变电所,实现与 5 号线资源共享;利用 3 号线既有的海峡路主变电所,与 3 号线资源共享。华岩与海峡路主变为既有运行中主变,外电源已经落实。

7.4.2 中压网络

目前国内中压环网构成方式主要有两种,一种是小环网方式,一种是大环网方式。我国早期建设的工程(如广州轨道交通 1 号线为西门子总包工程)中压网络采用的是大环网方式。广州轨道交通 2 号线工程在建设时,全面提倡国产化,由于国内设备缺乏实际运营经验,为减少环网故障的影响范围,采用小环网分区供电,当环网电缆故障时,影响供电范围相对较小,最终采用了小环网方案。而后国内建设的大部分轨道交通线路也采用了小环网方案。

随着我国国内城市轨道交通的发展，国产的中压开关柜、环网电缆等经受住了工程的考验，35 kV GIS中压开关柜、中压环网电缆故障率极低。另外，随着线网规划，在多条线路支援供电区段，大量的区间电缆引起施工敷设、疏散平台设置及运营维护的诸多不便，加之我国铜资源短缺，价格不断上涨，中压大环网方式又成为一种可以选择的供电方式，在建的天津轨道交通2号线、3号线、5号线、6号线，长沙轨道交通1号线、2号线，广州轨道交通6号线、7号线、13号线，宁波轨道交通1号线二期、2号线等都采用了大环网供电方式。两种环网供电方式综合技术经济比较见表7-1。

表7-1 大、小环网接线方式技术经济比较

参　数	大环网方式	小环网方式
可靠性	在各种运行方式下，均能向轨道交通供电，可靠性较高	在各种运行方式下，均能向轨道交通供电，可靠性高
灵活性	灵活性好	灵活性好
可扩展性	可从线路边端变电所引出35 kV环网电缆至新建工程，可实现与续建工程的衔接	在远期可能需要重新敷设主变电所至延伸线的电缆
继电保护配置	继电保护可通过差动＋数字通信电流保护＋过流保护来实现，通过数字通信电流保护以满足过流保护时限配合	可通过差动＋过流保护来实现，后备保护（过流保护）时限配合易满足要求
可实施性	更利于电缆布置和工程实施	经验丰富，技术难度小，可实施性好
电压水平	满足要求	满足要求
电缆投资	较少	基准
对土建影响	单个断面的电缆数量已经降至最低，对土建要求低	主变电所出口处和隧道单个断面的电缆数量较多，对土建要求高
运营费用	相对略少	基准
维护管理	相对略少	基准

无论大环网接线方式还是小环网接线方式，均能满足工程供电系统安全、可靠运行。采用大环网方式可节省部分电缆投资，且在电缆敷设及应急支援等方面优于小环网方式，小环网运营经验丰富、故障影响范围较小、继电保护更宜实现。

环线工程全线中压环网采用大环网、大分区的接线方式。中压供电网络共分六个供电分区，供电分区划分如下：

第一供电分区：奥体中心站、陈家坪站、彩云湖站、二郎站、华龙站。

第二供电分区：重庆西站、上桥站、凤鸣山站、重庆图书馆站、马家岩停车场、天星桥站、沙坪坝站、沙正街站。

第三供电分区：玉带山站、南桥寺站、体育公园站、冉家坝站、动步公园站、洪湖东路站、民安大道站、重庆北站。

第四供电分区：渝鲁站、五里店站、弹子石站、涂山站、仁济站、涂山车辆段、上新街站。

第五供电分区：上浩站、海棠路站、罗家坝站、四公里停车场。

第六供电分区：四公里站、南湖站、海峡路站、谢家湾站。

其中，第一、二供电分区由5号线华岩主变电所设置在华龙换乘站的35 kV开关站的Ⅰ、Ⅱ段母线

各馈出 2 回馈线供电;第三、四供电分区由新建周家院子主变电所的Ⅰ、Ⅱ段 35 kV 母线各馈出 2 回馈线供电;第五、六供电分区由 3 号线海峡路主变电所设置在四公里换乘站的 35 kV 开关站的Ⅰ、Ⅱ段母线各馈出 2 回馈线供电。中压环网在玉带山站、上浩站和谢家湾站的变电所设置环网联络开关。控制中心降压变电所由既有 6 号线大竹林车辆段牵引变电所出 2 回 35 kV 馈线供电。

供电系统运行方式。采用集中供电方式,二级电压供电制式,主变电所引入 110 kV 电源,降压为 35 kV,为全线各牵引、降压变电所供电。中压网络采用 35 kV 从主变电所馈出,采用分区环网供电方式,保证每座牵引或降压变电所的两路 35 kV 电源分别来自主变电所的不同 35 kV 母线段。全线建成后,主变电所之间设有 35 kV 联络电缆回路,当其中 1 座主变电所因故退出运行时,通过 35 kV 联络电缆,实现主变电所之间的互为备用。当任意一座主变电所因故退出运行时,合上变电所的环网联络开关,由另一座主变电所负责向全线供电。

7.4.3 牵引供电系统

根据运营交路及重庆轨道交通特点,行车密度大,远期高峰小时列车对数为 24 对/h,系统设计运输能力为 30 对/h,采用 As 型车 7 辆编组。旅行速度快,最高运行速度为 100 km/h;线路坡度大,存在连续长大上坡、下坡,最大坡度达 44‰。

牵引变电所设置原则。在正常和故障运营模式(其中任何一座牵引变电所解列退出运行)下,牵引网的电压波动范围为 1 000~1 800 V,车辆供电电压水平大于 1 000 V。在正常供电条件下,正线回流轨(钢轨)与地间的电压不应超过 DC90 V,车辆基地回流轨与地间的电压不应超过 DC60 V;当瞬时超过时应有可靠的安全保护措施。在"大双边"支援供电条件下,正线回流轨(钢轨)与地间的电压不应超过 DC120 V,当瞬时超过时应有可靠的安全保护措施。牵引变电所整流机组的容量应尽量沿线均匀配置。牵引变电所的设置应与线路配线相结合,满足行车各种正常和故障运营组织的需要。牵引变电所的设置应与车站的设置相结合,尽量设置在车站或靠近车站便于运营维护和管理。经多方案比选及模拟仿真,环线工程正线设置 20 座牵引变电所,停车场、车辆段共设 3 座牵引变电所。

牵引变电所主结线。目前城市轨道交通工程的牵引变电所主接线方式,已经形成了统一成熟的形式。当采用 110 kV/35 kV 二级电压供电制式时,牵引变电所与降压变电所合建,形成牵引降压混合变电所,其高压侧为单母线分段,并设母联开关,两路 35 kV 电源接自中压网络不同的 35 kV 母线段,每座牵引变电所设置 2 套牵引整流机组,两套牵引整流机组接同一段 35 kV 母线,组成等效二十四脉波整流,直流输出为 DC1 500 V。

牵引变电所运行方式。正常运行情况下,35 kV 和 0.4 kV 母线分段开关处于分闸状态,两段 35 kV 母线、两套整流机组并列运行。当一回 35 kV 电源故障时,跳开 35 kV 进线开关,合上 35 kV 母线分段开关,由另一回 35 kV 电源承担该所供电范围内的高峰小时牵引负荷。

继电保护及自动装置。继电保护装置采用微机型综合保护测控单元,保护功能具有独立性,不依赖于综合自动化系统通信网络。各单元的保护测控装置直接安装于被保护设备开关柜的低压室内。

35 kV 进、出线:线路纵联差动保护、过流保护、零序电流保护。

35 kV 母联:限时电流速断保护、零序电流保护。

整流机组保护设置:电流速断保护、过电流保护、零序电流保护、过负荷保护、整流器交直流侧过电压保护、温度保护(变压器内部保护)、整流器内部保护(二极管保护、温度保护)、断路器失灵保护。

1 500 V 直流进线保护设置:逆流保护。

1 500 V 直流馈线保护设置:大电流脱扣保护、电流速断保护、过电流保护、$(di/dt+\Delta I)$ 保护、双边联跳保护、低电压保护、断路器失灵保护,而且直流馈线保护与车辆中相关的保护应相互配合。

全所 1 500 V 直流设备设 2 套框架泄漏保护,安装于负极柜内。

7.4.4 接触网系统

接触网系统方案与重庆市已建的钢轮钢轨制式线路相一致,采用 DC1 500 V 架空接触网方式。在地下段采用刚性架空接触网,地面区段采用柔性架空接触网。

接触网系统主要设计原则。接触网系统应满足运营初期、近期与远期的行车要求,具备安全、可靠的机电性能,满足正线列车最高行驶速度 100 km/h 的运营要求。接触网应持续地向列车提供电能,具有良好的授流条件和弓网关系,并能保证在城市的气候环境条件下正常运行。

接触网额定电压为 DC1 500 V,1 000~1 800 V 允许电压波动范围。接触网载流截面应满足远期高峰小时最大持续电流值的需要。接触网悬挂形式应结构简单,满足隧道净空的要求。

除与列车有相互作用的设备和零件外,接触网的所有设备和零部件的安装在任何情况下不得侵入设备限界,以确保行车安全。

接触网设备及零部件应具有耐腐蚀性好、寿命长、少维修的特点,关键零件采用强度高、性能好的模锻有色金属零件。螺栓采用高强度不锈钢材质,以提高零件寿命,减少维修工作量。接触网设备及零件在满足技术要求的前提下,应采用国产设备。

接触网悬挂方式。目前我国轨道交通工程接触网按安装位置和接触导线的不同分为接触轨和架空接触网两种形式。架空接触网按悬挂方式的不同可分为柔性架空接触网和刚性架空接触网。

地下段接触网悬挂方式。在地下段隧道内接触网一般可以采用全补偿链型悬挂、弹性支座简单悬挂、刚性悬挂这三种悬挂方式。刚性悬挂接触网以其结构简单、载流截面大、对隧道结构影响小、工程造价低、运营维护工作量小等诸多优点,得到了越来越广泛的应用。本工程地下区段接触网采用架空"∏"形刚性悬挂。

地面及高架段接触网悬挂方式。由于地面及高架段不受净空的限制,在满足轨道交通大电流要求的前提下,全补偿链型悬挂因具有悬挂跨距大、弹性较均匀、稳定性好等优点。本工程地面及高架段接触网采用全补偿链型悬挂。

车辆段(停车场)接触网悬挂方式。车辆段试车线用于列车的动态调试,确保列车牵引和制动性能等各项指标试验合格后,进入正线运营;出入场线直接与正线相连,列车运行速度相对较低;试车线与出入场线可采用与正线地面、高架区段一样的悬挂方式——全补偿简单链型悬挂。车场线行车速度低,采用带吊索的补偿简单悬挂完全可以满足运营要求,遇到多股道时,采用软横跨悬挂方式;车库内的接触网采用带吊索的简单悬挂,可以在库内的结构横梁上安装接触网支持底座。因此,车场线接触网可采用带吊索的补偿简单悬挂。

7.4.5 低压配电及动力照明系统

依据用电负荷等级及重要性,每座车站一般设置 1 座降压变电所,车站规模较大时另设置 1 座跟随变电所。降压变电所主接线采用单母线分段,中间设联络开关。每座降压变电所设两台电力变压器,接自不同 35 kV 母线,正常时两台变压器分列运行,同时供电。当一路电源或一台变压器故障退出运行时,自动切除三类负荷,由另一台变压器承担该降压变电所供电区域的所有一类、二类负荷,保证轨道交通线路的正常运营。当车站、停车场同时设有牵引变电所时,宜将牵引变电所、降压变电所合建成牵引降压混合变电所。变电所从 35 kV 中压环网电缆取得电源,每座变电所均由两路独立的 35 kV 电源受电。

降压变电所主接线方案,每座降压变电所均由 2 回独立可靠的 35 kV 电源供电,其高压侧为 35 kV 单母线分段接线,并设母线分段开关,并根据供电系统要求,在降压变电所每段 35 kV 母线分别设置 1～2 回 35 kV 电源,向相邻车站变电所供电。两台配电变压器接于两段母线,0.4 kV 侧采用单母线分段接线方式,中间设母线分段开关。

降压变电所运行方式:① 正常运行情况下,35 kV 和 0.4 kV 母线分段开关处于分闸状态,两段 35 kV 母线、两台配电变压器和两段 0.4 kV 母线分列运行。② 当一回 35 kV 电源故障时,跳开 35 kV 进线开关,合上 35 kV 母线分段开关,由另一回 35 kV 电源承担该所供电范围内的高峰小时动力照明负荷。③ 当一台配电变压器故障退出运行时,合上 0.4 kV 母线分段开关,由另一台配电变压器承担该所供电范围内的动力照明一级、二级负荷。

变电所继电保护典型设置:

(1) 35 kV 进、出线：线路纵差保护、过电流保护、零序电流保护。

(2) 35 kV 母联：限时电流速断保护、零序电流保护。

(3) 配电变压器：电流速断保护、过电流保护、变压器零序电流保护、变压器过负荷保护、变压器温度保护(变压器内部保护)。

(4) 0.4 kV 进线：短路瞬时和短延时保护、过负荷及接地保护、失压保护。

(5) 0.4 kV 母联：短路瞬时和短延时保护、过负荷及接地保护、自投装置。

动力照明系统方案。车站及区间的动力、照明负荷由设在车站的降压变电所供电,停车场动力、照明负荷由停车场内的降压变电所供电。动力照明低压负荷视其用途和重要性,按负荷等级分类进行供电。

(1) 一级负荷：消防用电、防灾报警、设备监控、通信、信号、售检票、公网、无线传输、气体灭火、事故风机、排风/排烟机及相关风阀、公共区照明、应急照明(疏散照明)、废水泵、雨水泵、变电所自用电、全封闭站台门系统、消防兼用的自动扶梯、防淹门等重要负荷。引自降压变电所的两段母排各一回路供电,在末端实现自切,应急照明由应急照明电源供电。

(2) 二级负荷：一般照明、区间照明、设备、管理房照明、导向灯箱、污水泵、一般风机、直升电梯、一般自动扶梯等较重要负荷。由变电所任一段(非三级负荷母排)母排供电。

(3) 三级负荷：广告照明、冷水机组及配套设备、清洁机械等不属于一级、二级,且停电后不影响轨道交通正常运行的负荷。当降压变电所只有一路电源(或一台配电变压器退出运行)时,可手动或自动切除。

通信系统设备、信号系统设备、火灾报警系统设备等为一级负荷中特别重要的负荷,除由双电源供电外,应增设应急电源。应急照明电源系统采用应急电源供电或应急灯具自带蓄电池。配电变压器 0.4 kV 侧至用电设备之间的低压配电一般不宜超过三级。动力设备供电方式以放射式为主,照明配电采用放射式和树干式相结合的方式。消防设备与非消防设备分开配电,自成独立系统。在火灾工况下,车站非消防设备的配电电源在变电所低压柜统一切除;车辆段、停车场非消防设备的配电电源按建筑防火要求切除。

动力控制、保护。动力设备控制方式应根据各设备系统控制要求采用就地控制、车站控制室控制和控制中心远程监控三种方式(通过与 FAS/BAS 系统配合实现)。配线回路根据负荷要求设置过负荷、短路、接地故障保护和过电压保护。动力设备的直接启动容量要满足规范规定,必要时采取软起动或变频起动方式。地下车站一级、二级负荷风机采用智能马达保护器保护。消防时使用的风机、水泵等设备采用直接启动方式,过载保护只报警不跳闸。

车站照明的设置应满足功能的要求,同时考虑节能、维修方便及建筑装饰要求。光源及灯具的选择,须与建筑装饰相配合,光源应以节能型荧光灯和 LED 灯为主,车站站台高度较高时,可用金属卤化物光源。按照《城市轨道交通照明》(GB/T 16275)及参照《建筑照明设计标准》(GB 50034),推荐照度标准见表 7-2。

表 7-2 照度标准

序号	场所		参考平面及高其度	正常照明平均照度值(lx)	疏散照明(lx)	备用照明照度(lx)	功率密度值(W/m²)
1	地下站	站厅公共区	地 面	200	5		≤7
		站台公共区	地 面	150	5		≤7
2	出入口、通道、楼梯		地 面	150	5		≤7
3	自动售票机、售票亭		台 面	300		≥150	≤9
4	车站/消防控制室		台 面	300		≥150	≤9
5	变电所、配电室、通信等设备用房		1.5 m 垂直面	150		≥75	≤7
6	管理用房		台 面	300		≥30	≤9
7	泵房、风机房		地 面	100		≥10	≤6
8	区间隧道、地面区间		轨平面	5	3		
9	地下线路渡线、岔线、折返线等道岔区段		轨平面	20			

注:地下线路渡线、岔线、折返线等道岔区段检修时,通过可控开关使照度达到 150 lx。

公共场所照明按来自降压变电所两段不同母排交叉方式供电,每回路各承担 50%的照明灯具。车站采用智能照明控制器以利节能,针对两路电源同时失电的情况,车站应设置应急照明。公共区照明采用智能照明系统控制,设备种照度模式,根据运营需要开启或关闭部分或全部照明回路以控制照度达到节能效果;高架站设光敏控制,根据外部自然光照情况结合运营要求控制。

车站照明效果如图 7-1 和图 7-2 所示。

图 7-1 车站站厅照明

图 7-2 车站站台照明

7.4.6 电力监控系统

系统实施对全线主变电所、牵引降压混合变电所、降压变电所及牵引网系统的实时控制和数据采集，监视供电系统设备的运行情况，及时掌握和处理供电系统中的各种事故、警报事件，准确实施调度指挥、事故抢修和故障处理，保证供电的可靠性和安全性。其主要功能有：继电保护功能、自动控制装置功能、监视控制功能、数据通信功能、调度事务管理功能、人机联系功能及自诊断、自恢复功能等。

1) 主要设计原则

供电系统设电力监控系统对电气设备进行监控。电力监控系统由电力调度终端、变电所综合自动化系统、复示系统及传输通道四部分构成。在轨道交通控制中心通过调度端（控制中心）、通道、执行端对全线各变电所、接触网设备运行的实时控制和数据采集，完成变电所事故分析和维护维修调度管理。电力监控系统在控制中心设置独立的主站设备，并通过通信接口接入综合监控系统平台。

变电所综合自动化系统采用分散、分层、分布式系统结构，由站级管理层、网络通信层、间隔设备层三部分组成。电力监控系统的通信通道由通信专业提供，采用独立的主备 100 Mb/s 以太网通道。电力监控系统在车辆段、停车场设置供电复示系统，向车辆调度和供电维护部门提供供电系统信息。

2) 系统方案构成方案

电力监控系统由控制中心调度主站、变电所综合自动化子系统、复示系统及传输通道四部分组成。控制中心调度主站通过通信专业提供的传输通道与变电所主控单元进行信息交换，变电所主控单元通过现场总线与各就地单元进行信息交换。调度主站设在控制中心。系统由局域网络、主备服务器、主备用计算机、维护计算机、数据文档计算机、前置通信机、打印机、模拟盘等设备构成。主站系统网络采用 100 Mb/s 以上的双以太网。变电所综合自动化系统采用分层分布式结构，由变电所层、设备层、所内通信网络三部分组成。变电所层的监控和管理系统主要由综合自动化控制盘及盘内的上位监控单元、液晶显示器构成。其任务是收集全所的信息，传送到调度主站并及时下达主站的命令。所内通信网采用现场总线网络，收集各个智能单元的上传信息，并下达控制命令及定值参数。设备层的微机型综合测控装置分散布置用以实现保护、测量和控制功能。

7.4.7 杂散电流防护系统

轨道交通运行列车以DC1 500 V电源作为牵引动力,通过架空接触网受电,利用列车走行钢轨作为负回流线。列车运行时,列车牵引电流沿回流钢轨流回牵引变电所时在回流钢轨上会产生电压降,使回流钢轨与大地之间产生电位差而引起泄漏电流,在非指定回路上流动的电流即杂散电流。杂散电流对土建结构钢筋、设备金属外壳及其他地下金属管线会产生电化学腐蚀,由杂散电流引起的金属腐蚀即杂散电流腐蚀。为保障工程能够长期安全地运行,必须采取防护措施减少由此产生的杂散电流。

杂散电流腐蚀防护设计应遵循"以防为主,以排为辅,防排结合,加强监测"的原则。建立源头治理方针,隔离、控制杂散电流泄漏的途径。减少回流走行钢轨电阻、加强回流走行钢轨对地绝缘,减少杂散电流进入城市轨道交通系统的排流网、主体结构钢筋、设备、金属管线、金属构件和沿线其他相关设施。建立有效的杂散电流排流系统,设置杂散电流返回牵引变电所的金属通路,降低杂散电流向城市轨道交通系统外部的泄漏量,减少对沿线其他相关设施的腐蚀。建立完善的杂散电流监测系统,动态监测城市轨道交通沿线杂散电流的变化,为运营管理与维护提供依据。

城市轨道交通结构及设备受杂散电流腐蚀的危险性指标应由结构表面向周围介质漏泄的电流密度和由其引起的电位极化偏移来确定。危险性指标应满足《地铁杂散电流腐蚀防护技术标准》(CJJ/T 49)的要求。远期高峰时段排流网对地电位正向偏移平均值应小于0.1 V。杂散电流腐蚀防护要求与安全接地发生矛盾时,应优先满足安全接地要求。在保证杂散电流腐蚀防护有效实施的基础上,尽量减少工程投资、降低工程实施难度。杂散电流腐蚀防护及监测系统的设备/材料选型应满足工程技术性能、运行环境要求,并应从安全、技术、价格、运营成本等方面经综合比较后确定,优先选择国产化产品。

杂散电流腐蚀防护的原则应为抑制杂散电流产生,并应减少杂散电流向轨道交通外部扩散,可以从三个方面进行设计:

(1) 以防为主,设立畅通的牵引回流通路,隔离、控制所有可能的杂散电流泄漏途径,减少杂散电流进入轨道交通的主体结构及其他相关的设施。

(2) 以排为辅,通过杂散电流的收集及排流系统,提供杂散电流返回至牵引变电所负母排的金属通路,以减少腐蚀。

(3) 实时监测,监视、测量杂散电流的大小,设计完备的杂散电流监测系统,为运营维护提供依据。

杂散电流监测系统功能应包括:

(1) 测量功能。系统能够测量整体道床结构钢筋、车站(隧道、高架桥梁)结构钢筋对周围混凝土介质的极化电位、钢轨—结构钢筋半小时最大电压及参比电极本体电位等数据。

(2) 数据处理功能。系统能将测量的数据进行处理,其中一项主要工作是对高峰小时运行时连续测出的极化电位存储并求小时平均值,输出各测试点的极化电位及随时间变化的曲线;形成日报表、月报表及参数表,从而可以直观了解各个监测点的杂散电流是否处于危险状态。

7.4.8 接地及过电压防护系统

电力装置接地按用途可分为工作接地、保护接地。轨道交通供电系统中存在着不同电压等级的交流供电系统,还有直流供电系统,所以轨道交通应从供电系统整体出发设计接地系统,尤其要考虑接地系统与杂散电流防护综合研究,车站宜按综合接地设计。

电源引入为110 kV,系统中性点接地方式按电业部门规定。降压变电所的配电变压器低压侧中性点应直接接地,配电系统应采用 TN-S 系统接地形式。每座车站设置一个综合接地网,接地电阻满足强弱电设备共用接地网的接地电阻要求,其接地电阻不应大于接入设备中要求的最小值。供电系统中电气装置与设施的外露可导电部分,除有特殊规定外均应接地。直流牵引供电为不接地系统,牵引变电所中的直流设备应采用绝缘安装。

供电系统在运行过程中会遭受暂态过电压、操作过电压、雷电过电压的侵袭,使设备绝缘直接破坏或不断劣化,最终引发事故。过电压可分为雷电过电压和内部过电压。

雷电过电压防护措施:地下牵引变电所直流 1 500 V 正母线对地设 1 组避雷器;地面牵引变电所及需为地面线路供电的地下牵引变电所 1 500 V 正母线对地、负母线对地各设 1 组避雷器;变电所 35 kV 母线上各设置 1 组避雷器;车辆基地、地面线路的地面变电所需设置防雷带。

内部过电压措施:变电所 35 kV 母线上各设置 1 组避雷器,牵引变电所直流 1 500 V 正母线对地设 1 组避雷器,变电所 0.4 kV 母线上各设置 1 组浪涌保护器等措施。

7.4.9 供电车间

供电检修车间的规模需按满足全线主要供电设备的中、小修考虑,需满足工程直流牵引设备、接触网检测的需要及供电设备的检修工作量考虑。对部分使用率较低的设备,考虑与车辆基地其他车间设备共用。主要设备大修由车辆基地或外委有关工厂进行,主变电所变压器油色谱分析及化验委托地方供电部门,实现社会化资源维修。

供电检修车间设管理部门、变电工区和接触网工区,设备房间满足有人值班要求。车间的主要检修生产房屋一次建成,并预留远期发展条件。结合全线供电车间设备规模按满足本线近期中、小修流程配置车间的检修、试验设备及仪器、仪表。对部分使用率较低的设备(车辆)、房屋,可考虑与其他车间共用。车间的组织机构应结合全线的情况尽量简化,根据实际需要只设生产管理人员,生产定员需结合全线两个维修车间按满足本线近期维护检修需要配备。设备检修、检测、试验方式以现场和巡检、维护为主,回送车间检修为辅。接触网的维护、检修和检测以专用车辆作业为主,人工巡检为辅。

变电检测设备的配备原则,能及时探测电气设备潜在故障,了解和掌握供电设备的运行状态、设备的完好状况,出现故障时能及时分析原因,做出科学、合理的判断并制定检修、抢修方案。全线所有牵引降压混合变电所、降压变电所和跟随式降压变电所均按无人值班进行设计,采用巡视检查方式。主变电所按照无人值班进行设计,初期采用有人值班方式。变电所设备应在设计阶段同步设计运输路径、运输门洞等措施保障运营维护期间的使用条件。

7.4.10 主要设备选型原则

设备选型及国产化原则:在满足本工程技术性能、安装环境要求的前提下,供电设备的选择应从技术、价格、运营成本等综合考虑确定。供电设备选择应立足于国产化的优质的、价格合理的供电设备。仅对国内技术尚难以满足要求、国内无法采购的设备考虑引进。供电系统设备应具有防潮、防霉、防震、防腐蚀、防电磁干扰和静电干扰能力。以保证在轨道交通环境中安全、可靠运行,应具有经过正规检测机构检测的型式试验报告。全线各类变电所的同类设备力求一致,以便于运营维护、管理。

优先选用制造工艺成熟,技术先进,质量可靠,节能环保,经济合理,少维修或免维护的国产设备;应满足重庆地区高温、潮湿等环境条件的要求。变电所内整流变压器采用环氧树脂浇注户内干式变压器,整流器采用平板硅二极管整流器,1 500 V 直流开关柜采用手车式直流快速开关柜,35 kV 开关设备采用户内气体绝缘封闭式开关柜(GIS),控制保护装置采用微机性保护测控装置,直流电源采用铅酸免维护蓄电池组,35 kV 电缆采用交联聚乙烯绝缘、低烟、无卤、A 类阻燃、铜芯电缆,1 500 V 电缆采用交联聚乙烯绝缘、低烟、无卤、阻燃、铜芯电缆。电缆的选择是根据负荷性质、使用环境及耐火进限确定,耐火电线电缆应根据消防用电设备火灾发生期间的最少持续供电时间选择,并应符合下列规定:消防电源的主干线,消防水泵、消防控制室、防烟和排烟设备及消防电梯的电源线路应采用耐火温度 950℃、持续供电时间 180 min 的耐火电缆。消防联动控制线路、火灾自动报警系统的报警总统及消防疏散应急照明、防火卷帘等其他消防用电设备的电器线路应采用耐火温度不低于 750℃、持续供电时间不少于 90 min 的耐火电线电缆。消防控制线路、火灾自动报警系统的报警总统应采用耐火温度不低于 750℃,持续供电时间不少于 90 min 的耐火电线电缆。

7.5 系统创新与实践

随着供电系统技术水平不断发展、完善,新的产品和技术应运而生,新产品、新工艺、新技术的应用为轨道交通安全运营提供保障。

1)新型单向导通装置

目前单向导通装置采用的消弧支路为可控硅元件,利用机车车轮到达绝缘节时的电压实时监测,从而驱动可控硅导通。由于可控硅受最小维持电流、开通电压等影响,绝缘节两端不能达到金属性电气连接的效果,从而导致消弧效果并不理想。列车通过绝缘节时,往往会产生打火现象,对长期可靠运营有一定影响。

新型单向导通装置应运而生,其位置传感器可以提前判断机车车身的行进位置,在机车车轮经过绝缘节前,位置传感器的信号驱动直流接触器闭锁,具有使绝缘节两端轨道受控导通及消弧作用,从而实现绝缘节两端钢轨完成电气连接,消除绝缘节处的打火、起弧等安全隐患,对保障安全运营具有重要意义,目前已经应用于苏州、南京、成都等城市,效果良好,本工程拟采用。

新型单向导通装置设于车辆段线路与正线线路间的钢轨绝缘轨缝处,选用户外型装置。装置内设有消弧装置、接触器(或晶闸管)、电动隔离开关等。消弧装置用于实现正常运行方式下,当绝缘节两端钢轨电位差过大时,在规定时间(100 ms)将两端钢轨短接;接触器(或晶闸管)用于实现机车行驶至绝缘节时的消弧和绝缘节两端钢轨电位差超过限制时,在规定时间内将两端钢轨短接;电动隔离开关用于主回路故障或其他特殊情况运行方式下,将绝缘节两端回流轨直接电气连接。

其主要技术参数如下:

(1)额定工作电压:DC1 500 V。

(2)最高工作电压:DC1 800 V。

(3)工频耐压:主回路 5 kV(1 min),辅助回路 2 kV(1 min)。

(4)额定电流:3 000 A。

(5)短路电流承受能力:80 kA - 20 ms。

(6)防护等级:IP65。

(7)通信方式:光纤通信。

2)数字化变电所技术

目前变电所设备运营巡检多采用人工方式,巡检工作压力较大。而且数据较枯燥,可视化较差。设备运行状态只能被动查询,预警信息缺乏,维护管理较被动。

随着数字化变电所技术发展,变电所采用数字断路器,实现本体监测、状态传输功能。变电所内设置站控单元,实现设备监视、自动巡检功能。通过管理平台系统,实现电力故障诊断及预警、综合能效管理、资产管理功能。通过数字化技术,可以实现主动式运维服务。

在变电所各配电回路设置带通信口的表计,可以实现远程抄表功能。在进线柜设置智能表计,实时计量显示各段母线负荷情况。依据运行数据适当调整负荷分布,使不同季节、正常工况下,两段母线负荷相对平衡,保障长期运行可靠性。

第8章 通风空调系统

8.1 系统概况

重庆市地处我国内陆西南部,属亚热带季风性湿润气候,年平均气温为16~18℃,最热月平均气温为26~29℃,最冷月平均气温为4~8℃。《地铁设计规范》(GB 50157)要求"最热月平均温度超过25℃,年平均温度超过15℃,高峰小时行车对数与每列车车辆数乘积不小于120时应采用空调系统",因此环线地下车站设置空调系统。综合考虑全封闭站台门系统的节能效果及重庆既有轨道交通的通风空调制式,本线地下车站采用全封闭站台门制式、高架车站采用半高站台门的通风空调系统。

通风空调系统设计要求对全线车站及相应区间隧道内温度、湿度、风速、噪声和空气质量进行全面控制,并为紧急工况下人员安全疏散和救援提供一定新风量和风速,以满足人员的生理及心理条件要求和设备正常运转的需要。环线通风空调系统的设计范围包括以下方面:

(1) 地下车站公共区(包含地下车站的出入口通道)、设备管理用房及车站的车轨区域。
(2) 地下车站两端的地下区间隧道。
(3) 地下折返线、存车线、出入场线等辅助线。
(4) 高架及地面车站公共区、设备管理用房。
(5) 控制中心、车辆段、停车场及其他附属生产、生活用房。

8.2 设计原则

1) 地下线路通风空调系统主要设计原则

在正常运行时,应能为乘客在车站内创造一个往返于地面至列车过渡性舒适环境,满足车站内各种设备及管理用房不同的温度、湿度要求,同时应充分利用列车活塞效应进行通风换气,排除区间隧道内的余热和余湿。

当车站公共区和设备及管理用房内发生火灾事故时,通风排烟系统应能有效排烟和控烟,为人员疏散和救援创造条件。

当列车阻塞在隧道内时,通风系统向阻塞区间提供一定的新风,保证列车空调继续运行,以维持列车内乘客在短时间内能接受的环境条件。

当列车在隧道内发生火灾事故时,通风排烟系统应能有效控制事故区间的烟气流动方向和扩散范围、及时将烟气排至室外,为人员疏散和救援创造条件。

地下车站公共区采用集中式全空气通风空调系统,长度超过 60 m 的出入口通道或换乘通道采取降温措施。

2) 高架线路通风空调系统主要设计原则

高架车站及地面车站公共区采用自然通风进行换气,冬季不采暖。

高架车站火灾工况时,宜通过开启外窗自然排烟,不具备自然排烟条件时设机械排烟系统,以便为乘客和消防人员提供新鲜的空气并排除烟气和控制烟气流向,从而保证乘客安全地疏散。

高架区间宜采用自然排烟方式,当不能满足要求时采用机械排烟。

3) 其他重要设计原则

车站设备及管理用房设计,应根据室内设计参数、空调负荷特性、使用时间(全天运行、运营时段运行等)进行系统划分和管路设计。

附属工程(控制中心、停车场、车辆段、主变电所等)等根据工艺要求,采用空调或通风换气。

排烟系统设计按全线同一时间内发生一次火灾考虑,换乘站按同一时间仅发生一处火灾的原则进行设计。区间火灾时,两座机械风井间仅按滞留一列车设计。

车站中商业开发部分的通风空调系统按使用性质单独设置,设计中考虑预留实施条件,设计标准参照该类建筑相关规范执行。

大型换乘车站通风空调及防排烟结合建设时序统筹设计。

地下车站参与区间通风和公共区通风空调的设备控制方式为三级控制,须具备就地级、车站级、中央级控制方式,仅属车站范围内使用的空调通风设备采用前二级控制,属于隧道使用的通风设备为三级控制。

通风空调设计兼顾环境保护和节能,在确保通风空调系统功能要求的前提条件下,设备选型应以安全可靠、技术先进、经济合理为原则,设备采用成熟、符合消防、节能和环保要求产品,原则上不采用试制产品,并实现设备国产化。

系统设计方案和设备选型应能根据负荷的变化进行能量调节,达到节能运行目的。

8.3 系统组成

鉴于本线路高架和地面站通风空调系统相对简单,本章着重对地下车站通风空调系统的组成进行详细说明。地下车站通风空调系统构成及功能汇总情况见表 8-1。

1) 区间隧道(含辅助线)通风系统兼排烟系统(TVF 系统)

典型地下车站两端上、下行线各设 1 座活塞通风井(兼事故通风),每座风井净面积不小于 16 m²,每端设 2 台可逆转区间事故通风机(TVF 风机)。该风机风量约为 77~83 m³/s,2 台风机可实现备用,耐高温 280℃/h。

本工程存车线、渡线、折返线等均结合车站设计,在车站主体结构范围之内。配线最主要的不利影响在于对正线区间事故工况时气流组织不利。利用 SES4.1 模拟,将含配线车站的站端事故风机设置在靠近正线区间端,并采用较大容量的事故风机,通过车站事故风机联合运行的形式,可保证配线相邻的正线区间通风。当站内设存车线时,因存车线列车中无乘客,该段的正常通风和火灾排烟应由车轨通风排热系统和站端区间通风系统兼容。当站端配线长度超过一列列车长度时,设置专用排烟风管,并

表 8-1 地下车站通风空调系统构成及功能汇总表

系统名称	主要设备构成	服务区域	主要功能	方案概要
区间隧道活塞/机械通风系统（兼排烟）（TVF系统）	• 活塞/机械风井 • 可逆转耐高温轴流风机 • 射流风机 • 联动组合风阀 • 消声器等	• 区间隧道 • 地下辅助线 • 车站轨区	1. 正常工况：控制隧道内温度、风速、活塞风压、空气品质等在合理水平，实现轨道交通系统的安全、健康、节能运行 2. 阻塞工况：对阻塞区间进行机械通风，形成一定风速，保证列车空调设备正常运行，维持列车内乘客可以接受的热环境 3. 火灾工况：有效控制火灾区间烟气流向，诱导乘客安全疏散、协助救援 4. 轨道交通早晚换气及季节性蓄冷	车站每端设2座活塞风井、2台TVF风机
车站轨区排热通风系统（兼排烟）（OTE系统）	• 排风井 • 排热风机 • 联动组合风阀、防火阀 • 消声器 • 排热风口、风道等	• 车站轨区 • 站台公共区 • 区间隧道 • 地下辅助线	1. 正常工况：就地排除停站列车散热部件产热，控制隧道内温度、空气品质 2. 火灾工况：承担车轨区及所辖辅助线区域事故排烟；当站台火灾时，辅助站台排烟 3. 协助隧道通风系统组织气流	• 车站每端设1台排热风机，与排热风道相连 • 风机带变频调速功能 • 专用排烟管接至站台候车区
车站公共区通风空调及排烟系统（大系统）	• 新风井、排风井 • 组合式空调机组 • 回/排风机 • 新风机 • 各类风阀、风口 • 消声器等	• 站厅公共区 • 站台公共区 • 长通道	1. 正常工况：控制车站公共区温、湿度、风速、空气品质，为乘客提供过渡性舒适的乘车环境 2. 火灾工况：有效排除火灾区域烟气，并防止烟气向其他区域扩散，创造疏散和救援环境	• 全空气一次回风低速送风系统 • 风机带变频调速功能
设备管理用房通风空调及排烟系统（小系统）	• 新风井、排风井 • 空气处理机组 • 小回/排风机 • 小新风机 • 各类风阀 • 消声器 • 多联分体空调等	• 设备用房 • 管理用房	1. 正常工况：满足工艺设备对空气环境的要求，为工作人员提供一个舒适、安全的工作环境 2. 火灾工况：能有效排烟，防止烟气扩散，协助疏散、救援或配合自动灭火系统灭火排气	• 全空气空调系统 • 送/排风系统 • 多联分体空调等
空调冷源（水系统）	• 水冷冷水机组 • 冷冻水泵、冷却水泵 • 冷却塔 • 各类阀门等	• 地下车站	为车站空调末端设备提供冷冻水	大、小系统分设冷源

接至排热小室，由排热风机兼容排烟。本工程在配线复杂车站（民安大道站、奥体中心站等）、近洞口车站和出入场段线洞口设置有射流风机，用于区间及出、入段线内事故工况，并配合组织正线气流。

正常工况时，利用列车行驶的活塞风及车站的排热系统排除区间内列车散热，对地下区间进行通风换气，为车载乘客提供良好的环境。

区间阻塞和火灾工况时，要根据火灾位置确定通风方向，运行相关的事故风机和排热风机，在区间形成一定的气流速度。夜间通风时，车站运行事故风机隔站送、排风。

与国内其他城市相比，山城重庆地势起伏较大，轨道交通线路上下坡区段较多且坡度较大，火灾时高温烟气的"烟囱效应"更趋明显,这增加了区间火灾排烟难度及火灾危险性。针对这一难题,设计组采用计算机仿真手段对每段区间进行计算,排查最不利点,通过长大区间增设中间风井、增加事故风机容量、设置事故风机互为备用、设置区间射流风机及喷嘴等组合手段,提高区间隧道火灾排烟的安全性。

2) 车站轨行区排热兼排烟系统(OTE系统)

与国内常规轨道交通列车不同,本工程列车车辆不设制动电阻,再生制动的能量由设于变电站的再生制动能量吸收装置吸收,这意味着列车进站制动刹车时动能转换为大量热量的情况不会发生,定向吸收列车刹车产热的下排热系统没有了用武之地。因此,设计组及时做出针对性调整,取消了下排热系统,这种新模式既可提高车站轨行区排热系统的针对性,又可减小土建规模,节约投资、节能减排。

车站两端各设1台排热风机(OTE风机),风机风量为33~44 m³/s,耐高温280℃/h,排热风道设在车站车行道上部,均采用结构风道。车行道上部排热风道风口尽量靠近列车顶部空调冷凝器。

正常工况时排除列车停站产热,与列车活塞通风共同保证区间隧道风量和风温达到设计标准,并兼顾车行区排烟。

区间阻塞和火灾时,与事故风机联合运行,保证区间事故通风要求;车站站台发生火灾时,该系统通过风阀切换进行站台排烟。本系统可参与站台辅助线的排烟,当风机容量不足时,增设专用排烟风机。本系统辅助站台公共区排烟详见后文。

3) 车站公共区通风空调系统(大系统)

本工程车站公共区通风空调系统采用全空气集中式空调系统,车站公共区一般设2套空调系统,每套系统负担一半站厅负荷和一半站台负荷。系统采用全空气低速系统,由组合式空调器、空调新风机、回/排风机及相应的管道、风道、新风井(亭)、排风井(亭)和各种阀门组成。车站空调系统内设置有空气净化除菌装置。

车站公共区的空调通风设备集中布置在站厅层两端(也可根据建筑布置设在车站中部),原则上每端设1台空调箱、1台空调新风机、1台回/排风机和1台排烟风机,负担一半站厅和一半站台的负荷。空调的回风和新风通过新回风混合静压室进入空调箱,排风直接排到与排热风机合用的车站排风井。车站公共区通风空调系统气流组织采用均匀送风、集中回风形式。车站空调系统采用变频调节方式,可根据负荷大小实现自动调节,节约运行能耗。设置小新风机既可确保乘客新风量,又可有效抵御出入口渗透风。

4) 设备管理用房通风空调系统(小系统)

设备管理用房需考虑夏季排热、过渡季及冬季通风。当采用通风夏季室内温度标准不能达标或通风量过大时,应设制冷空调系统。

各站根据车站建筑布局和房间环境要求划分通风空调和防排烟系统,系统在满足功能前提下,应力求简洁。

设备管理用房根据其室内环境要求,基本上分为四大类:

(1) 地下车站变电所(包括降压变电所、牵引变电所的整流变压器室、直流开关柜室、35 kV 开关柜室、0.4 kV 开关柜室等房间),变电所内发热量较大,室内温度不高于36℃。该空调降温系统宜采用一次回风全空气空调系统,系统由空气处理机组、回排风机及风阀、风管等组成,空气处理机组内应设初效过滤器。当机组风量超过 3.5×10^4 m³/h 时,采用组合式空调箱形式。房间内气流组织采用上、下部均匀送风,上部集中或均匀回风的方式。

(2) 弱电系统设备用房(如弱电设备综合用房、通信设备室、信号设备室等)宜采用一次回风全空气空调系统。系统由空气处理机组、回排风机及风阀、风管组成,送风须设置初效、中效过滤器。空气处理机组采用组合式空调箱,且应紧邻弱电系统主要用冷用房。房间内气流组织采用上、下部均匀送风,上部集中或均匀回风的方式。

(3) 其他电气设备用房(如车站控制室等)及管理用房(如站长室、站务室、会议室、公安室、票务室、更衣室、休息室等)可合设全空气集中空调系统。系统由空气处理机组、回排风机、空调新风机及风阀、风管等组成,送风设置初效过滤。

(4) 通风空调机房、泵房、车站备品库、茶水间、清扫工具间设置机械通风系统。厕所、污水泵房设独立排风系统。

设置自动灭火系统保护的房间,其通风系统设计满足灭火系统工艺要求,根据灭火介质确定其排风方式及排放地点。其余设备管理用房排烟宜由通风系统兼容,当与正常通风设备容量差异较大时,应单设排烟设备。排烟设备耐高温要求为280℃条件下保证能连续工作1h。烟气流经的风阀、消声器等辅助设备应与相应风机耐高温等级相同。

5) 空调冷源及水系统(水系统)

大小系统分设冷源,冷源采用螺杆式冷水机组,设备配置采用"2大1小"的形式,以满足部分设备房间夜间列车停运时段的供冷需求。冷水供水温度为7℃,回水温度为12℃。3台冷水机组与3台冷冻水泵、3台冷却水泵、3台冷却塔分别一一对应。水系统设计为闭式机械循环。此方式可避免夜间低负荷时出现"大马拉小车"的情况,降低能耗。当小系统冷机出现故障时,大系统冷机可临时向小系统提供冷源,服务于信号设备室等重要房间,提升运行安全性。

车站设备区空调系统可以确保设备管理用房内的温湿度处于相对合理范围,提高运营安全性和可靠性。一些重要房间,如车站控制室(兼消防控制室)、信号设备室、牵引变电所等对空调的可靠性要求较高,需提高空调系统的冗余度,避免无"冷"可用、房间温度超标等影响设备稳定的情况。平原地区的轨道交通设计在常规冷水机组的基础上,重要房间增设备用多联机空调提高制冷冗余度,空调外机通常设置于地面风亭附近,并要求通风散热条件较好、空气较干净。当空调外机位置较远时冷媒输配损失过大,一些工程为了解决这个问题将空调外机放在排风道内,但通过长期运营实例发现,轨道交通系统内的粉尘等不利因素会加剧风道内空调外机的老化(图8-1)。这种"外"机"内"置的做法存在其天然的弊端,环线暗挖车站的风井较深、风道较长,多联机空调的外机基本无条件放在地面,多联空调的模式不

图8-1 某地下车站排风道内空调外机老化

宜大面积使用。针对这个情况,设计提出大小系统冷源分设的方案,即车站公共区和设备区分设冷水系统,并设连通管连通两套系统,平时两套系统独立运行,当设备区冷水系统故障维修时打开连通管,由公共区冷水系统充当"救火队员",临时承担设备区重要房间的空调制冷直至设备区冷水系统重新投运。

8.4 系统运行模式

8.4.1 区间隧道通风系统运行模式

区间隧道通风系统控制分正常、夜间通风、阻塞和火灾模式。

1) 正常模式

列车正常运行时,热季利用列车行驶的活塞风及车站的排热系统排除区间内列车散热,对地下区间进行通风换气,以保证该区域温度不超出设计标准,为车载乘客提供良好的环境;冬季及过渡季可以缩减排热风机的开启时间,充分利用活塞作用通风换气。

排热风机采用变频调节方式,根据列车行车对数或区间相关空气参数,实现节能运行。

2) 夜间通风模式

夜间列车停运之后,开启站端的隧道通风机,采用隔站送/排风方式,对运行一天的区间隧道进行全面的纵向机械通风,以达到通风换气和蓄冷降温的目的。

3) 阻塞模式

列车因故障(非火灾事故)停留在区间隧道内时,该区间前方站的区间事故风机开启排风,后方站的区间事故风机同时送风,进行联合运行,在区间隧道产生风速大于 2 m/s 的纵向气流进行排热通风,气流方向与列车运行方向相同,保证阻塞区间隧道平均温度达标,列车冷凝器能维持正常工作。

4) 火灾模式

当列车在区间隧道内发生火灾工况时,首先要尽一切可能将列车行驶到达最近车站,使人员从站台疏散。若列车停在区间隧道内,则开启火灾区段两端车站的 TVF 风机、射流风机、排热风机,保证火灾区段断面风速不小于 2 m/s,并不大于 11 m/s。根据控制中心下达的指令,确定通风方向,原则为气流方向与人员主要疏散方向相反,使人员始终处于新风区。

当车站车轨区域发生火灾工况时,运行排热风机,由上排热风道排烟。同时区间事故风机联合运行,参与排烟。

8.4.2 车站通风空调系统运行模式

车站内空调通风系统(公共区和设备管理用房)有两种运行模式:正常模式和火灾模式。

1) 正常模式

正常运行工况:空调通风系统根据室外的温湿度状况全年分三种运行模式:最小新风空调模式、全新风空调模式、通风模式。设备管理用房的通风系统根据室内外状况可采用连续通风或定时通风。

(1) 最小新风空调模式。当室外空气焓值大于空调回风焓值时,采用最小新风量空调,新风与回风混合后通过空气处理单元,再由送风机经消声段分送至站厅和站台。

(2) 全新风空调模式。当室外空气焓值小于等于空调回风焓值时,且室外空气温度大于等于空调送风温度时,系统采用全新风空调运行,室外新风经处理后送至车站公共区,排风则全部排出车站外。

（3）通风模式。当室外空气温度小于空调送风温度时，系统转为通风运行模式，停止冷水机组运行，开启车站送、排风机，采用机械送、排风。视室外气象情况也可采用机械送风、自然排风或机械排风、自然进风等多种节能运行模式。公共区空调系统可根据负荷变化进行变频风量调节，设备管理用房的通风系统根据室内外状况可采用连续通风或定时通风。

2）火灾事故工况

车站火灾排烟工况：立刻停止车站空调水系统，转换车站空调通风系统进入火灾模式，根据火灾发生的位置，启动相应的排烟系统和补风系统。

车站站厅某防烟分区发生火灾时，由承担该烟区的排烟系统排烟，并防止烟气向站台、出入口及邻近区域蔓延，同时开启组合式空调箱从站台层补风。站台发生火灾时，站台回排风系统和排热风机进入站台排烟状态对站台排烟，并防止烟气向站厅、区间隧道等邻近区域蔓延，同时开启组合式空调箱从站厅层补风和出入口补风。

设备管理用房非气体保护区火灾时，排烟并补充50%以上风量；气体保护的房间灭火期间关闭通风系统，灭火结束后，通风换气。

车站任一系统进入火灾排烟状态时，与该防、排烟模式无关的其他通风系统和空调系统应关闭。

8.4.3 系统控制

空调通风系统采用三级控制：就地控制、车站控制、中央控制。仅属车站范围内使用的空调通风设备采用前二级控制，属于隧道使用的通风空调设备为三级控制。

1）就地控制

在通风空调电控室内设置通风空调电控柜，在区间隧道通风系统设备、车行区排热系统设备、区间射流风机和相关风阀以及车站大系统、小系统及水系统各主要设备（冷水机组、水泵、空调机组、通风机、冷却塔等）附近设置电源控制开关，就地操作（调试、检查、维修）时，就地控制具有优先权。

2）车站控制

各车站通风空调控制设在车站控制室内，显示及控制车站和相关区间隧道的各种通风空调设备运行。本级向中央控制室传送本站通风空调设备控制状况，并执行中央控制室的各项命令；车站及车站车轨区域发生火灾时，对火灾区域进行排烟控制。

3）中央控制

对全线的区间隧道通风设备进行集中控制。正常运行时对各车站通风空调系统进行必要的指导，在区间隧道发生阻塞或火灾时，统一控制全线区间隧道的通风设备运行。

8.5 系统创新与实践

8.5.1 暗挖大断面区间隧道通风系统设计

环线地下车站及区间隧道多采用暗挖法施工，具有埋深大、空间高、风道长、配线形式多的特点。区间隧道通风面积一般在20～160 m²不等，见表8-2。设计通过设置土建隔断的方式（将单洞单线净空面积缩小至40 m²左右），适当增大区间隧道通风机的规模至77～83 m³/(s·台)[常规为风量60 m³/(s·台)]，正线区间局部暗挖拱形大断面、洞口区间增加壁龛式射流风机等多种方式满足事故通风要求。通过 SES 轨道交通环境模拟计算软件进行仿真计算表明,采取以上措施后,可以满足事故工况下断面风速不小于 2 m/s 的要求。

表 8-2　区间隧道断面形式表

序号	断面形式	通风面积（m²）	湿周（m）	当量直径（m）	备注
1	正线-单洞单线（暗挖）	22	17.3	5.1	—
2	正线-单洞单线（明挖）	21.2	18.4	4.6	—
3	正线-单洞双线（暗挖）	25.6	19.9	5.1	有中隔墙
4	正线-单洞双线（暗挖）	61.8	30	8.2	无中隔墙
5	出入场线-单洞双线（暗挖）	60.6	29.6	8.2	单洞双线
6	停车线-单洞双线（暗挖）	53	28.4	7.5	无中隔墙
7	正线-单洞四线（暗挖）	155.5	51.5	12.1	无中隔墙
8	正线-单洞三线（暗挖）	103.9	41	10.1	无中隔墙
9	正线-单洞单线（复合盾构区间）	20.4	18.2	4.5	—

案例 1：洪湖东路站—民安大道站区间局部隧道断面通风面积为 44.6 m²，长度约 150 m，且洪湖东路站大里程端设有单列位存车线（三线大断面），民安大道站小里程端设有与 4 号线联络线，事故工况气流组织困难，通过采取车站 TVF 风机并联通风、暗挖区间隧道增加 3 组 $\phi1\,120$ mm 型射流风机，核算最不利工况区间风速可达到 2.9 m/s，满足规范要求。此段区间隧道通风原理如图 8-2 所示。

案例 2：由于线路纵向爬坡及山地城市地形因素，谢家湾站采用地面站形式，即站厅地面一层、站台地下一层，且站台中心里程距离洞口仅 200 m，当启动 TVF 风机时，靠近洞口的区间隧道阻力小、气流量大，隧道内阻力不平衡造成另一侧区段风量偏小。为解决气流短路的问题，在 TVF 风机出口段设置喷嘴，提高送风气流流速，形成射流送风。同时，为保证地下区间及站台公共区的温度环境，活塞通风及车轨区排热系统仍须设置。此段区间隧道通风原理如图 8-3 所示。

案例 3：由于线站位的选定，四公里站与邻近的区间隧道洞口仅数十米甚至于紧贴洞口，则正常运行时的活塞风废气、火灾工况下列车烟气将直冲站台，给候车乘客造成二次危害。因此，需在洞口设置机械/活塞风机房，对区间活塞风进行泄压，并在事故工况时启动 TVF 风机，将区间的烟气间接排出地面。此段区间隧道通风原理如图 8-4 所示。

8.5.2　暗挖车站双层风道设置

普通地下两层明挖车站在车站端头通常采用整体外扩方案，利用侧向外挂空间布置区间风道、新排风道及风机设备。但暗挖车站由于埋深过深，无法采用整体大开挖方案，因此通常利用暗挖法实施风道，从车站主体接至路侧后，再通过整体明挖竖井实现敞口风井（图 8-5）。环线暗挖车站在此原则的基础上更进一步，针对端头风道进行功能合并和工法优化，最终形成 1 处活塞风道和 1 处新排风道的组合形式。以上桥站为例，活塞风道为地下二层结构，采用 10.5 m 净宽的标准拱形断面接入车站站厅层和站台层轨行区，其中地下一层、二层上下行线形成独立的机械风道。新排风道为地下二层结构，采用 7.8 m 净宽的标准拱形断面接入车站站厅层和站台层轨行区，其中地下一层为排风道和新风道，地下二层为排热风道。

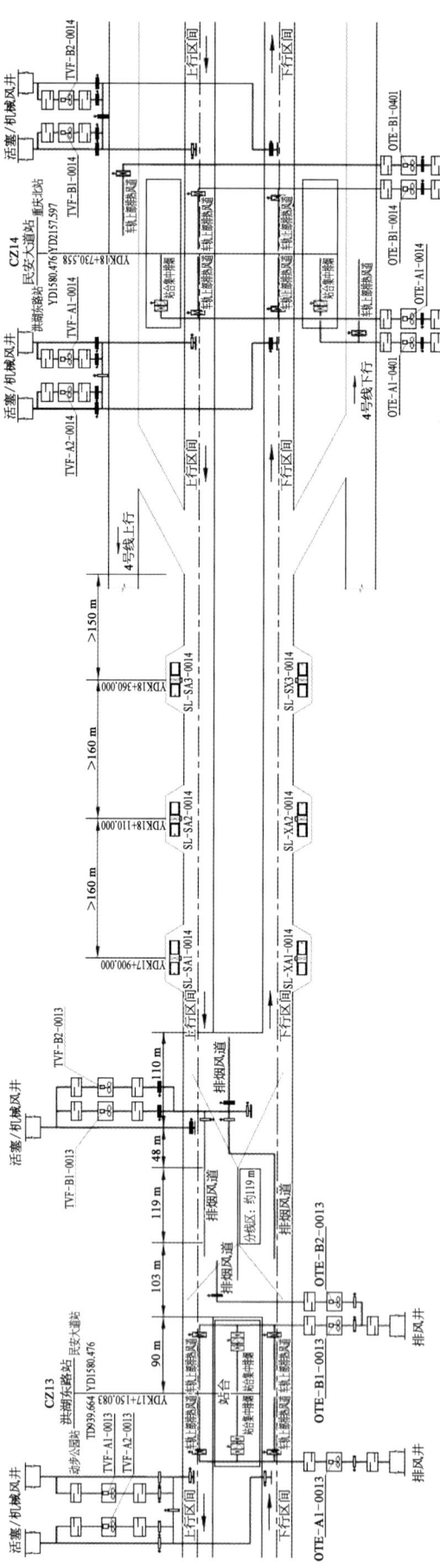

图 8-2 洪湖东路站—民安大道站区间隧道通风系统原理图

第 8 章 通风空调系统

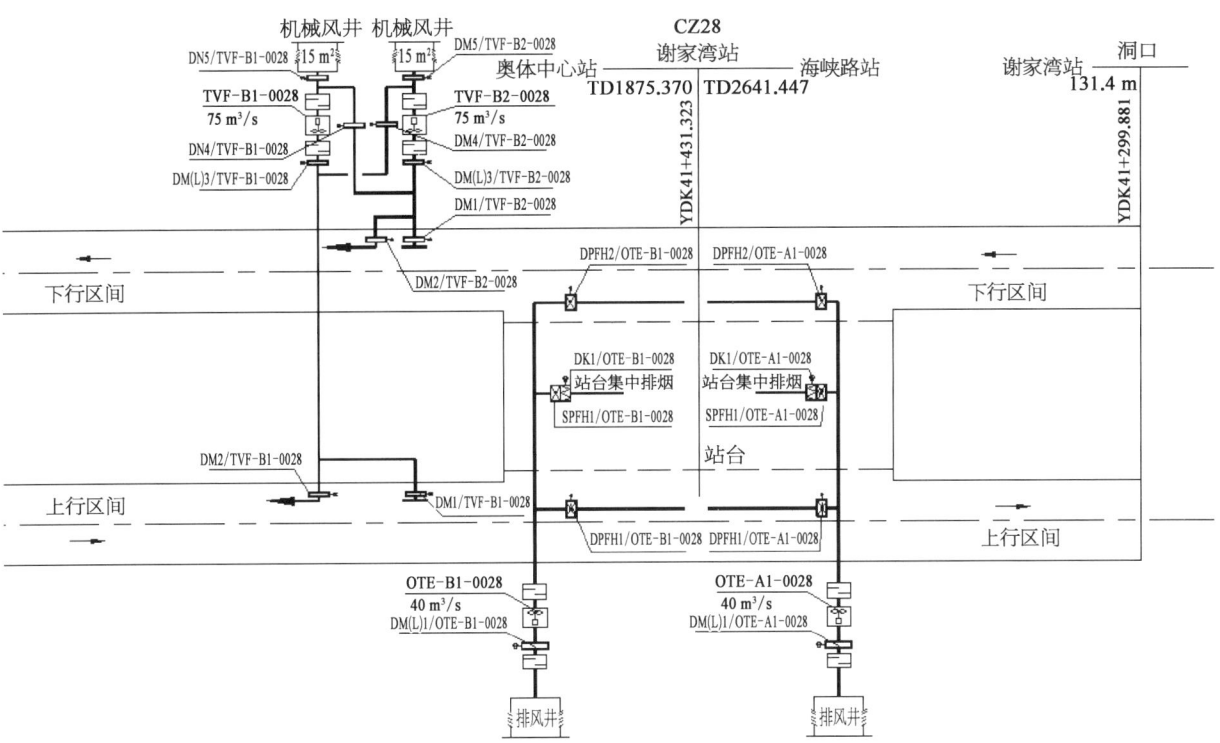

图 8-3 谢家湾站区间隧道通风系统原理图

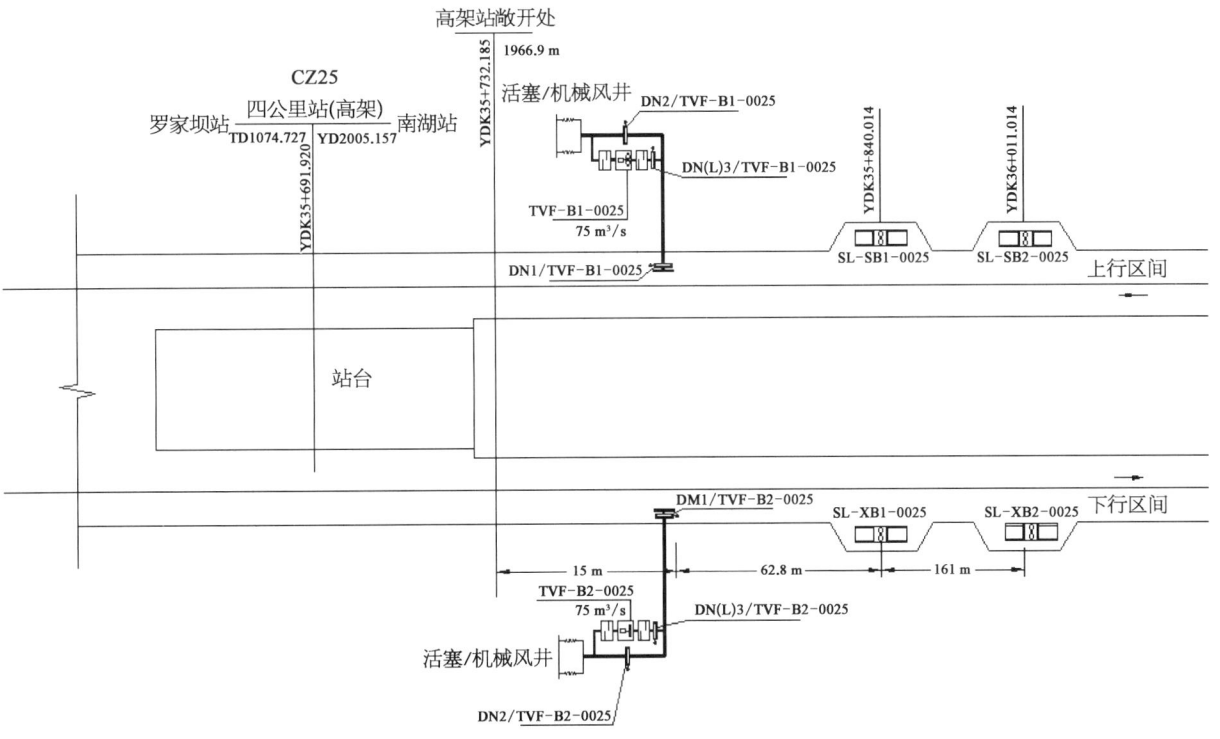

图 8-4 四公里站区间隧道通风系统原理图

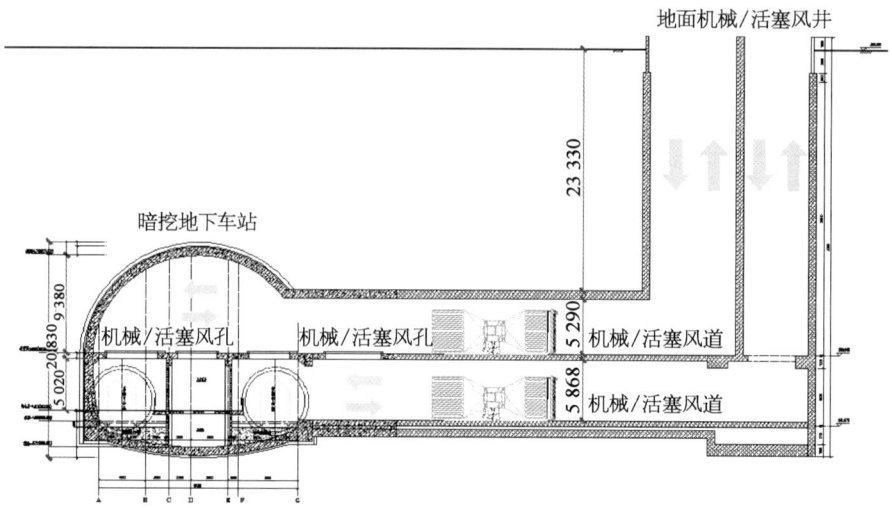

图 8-5 暗挖车站双层风道布置图(单位:mm)

这种布置模式最大的创新点在于排热风道和大小系统排风的竖向分离。在标准地下二层明挖车站中,通常利用站台两端的排热风室,将上、下行线车轨区轨顶排热风道和集中排烟风道集中后向上排至站厅层排风道内,并通过局部夹层板与站厅排风道相分隔。而在环线暗挖车站模式中,由于列车采用再生能装置,取消了轨底排热风道,将排烟和排热集中于轨顶风道,通过在轨行区侧向开口,在站台层将集中排烟和排热风向外引出至排风井内。在暗挖断面工艺受限的前提下,环线暗挖站附属风道向下拓展功能空间,通过对不同性质气流采取的竖向出风措施,简化了区间隧道通风机房的设备布置,提高了暗挖车站的空间利用率。

8.5.3 站台集中排烟方案

根据《地铁设计规范》(GB 50157)规定:当车站站台公共区发生火灾时,应保证站厅到站台的楼梯和扶梯口处具有不小于 1.5 m/s 的向下气流。目前,国内关于站台公共区火灾工况下的排烟方案有开站台门方案和集中排烟方案。

开启站台门方案是站台公共区火灾时,打开站台门,开启区间隧道风机使区间隧道通风系统参与站台排烟,根据开门位置及数量不同,又可分为开站台门、开站台端门或首尾动门两种方式。

集中排烟方案是由 OTE 系统接管至站台门内,站台公共区火灾不开站台门的设计方案。重庆以往地下线路站台火灾工况排烟设计均采用的开启站台门方案,集中排烟模式对比见表 8-3。

表 8-3 站台火灾排烟方案比较

序号	项 目	方案一 打开站台门	方案二 打开站台门端门或首尾动门	方案三 站台设集中排烟管
1	方案特征	TVF 风机、OTE 风机、站内排烟风机联合排烟,站台门开	TVF 风机、OTE 风机、站内排烟机联合排烟,站台门部分门开	OTE 风机、站台排烟机联合排烟,站台门关
2	优点	1. 利用 TVF 或 OTE 风机提供排风量 2. 方案简单,不需增加额外设备、风管等部件	1. 利用 TVF、OTE 风机提供排风量 2. 仅打开站台门部分门,对车站乘客影响小	1. 利用 OTE 风机提供排风量 2. 限制烟气范围小 3. 风机启动无隐患 4. FAS 全联动,无人工干预 5. 可执行度高

续 表

序号	项目	方案一 打开站台门	方案二 打开站台门端门或首尾动门	方案三 站台设集中排烟管
3	缺点	1. 站台门开启可能造成误导，引起二次伤害 2. 主动将烟气引至区间，扩大烟气影响范围 3. 破坏站台公共区烟气分层，恶化站台逃生条件	1. 站台门开启可能造成误导，引起二次伤害 2. 主动将烟气引至区间，扩大烟气影响范围 3. 破坏站台公共区烟气分层，恶化站台逃生条件	增加集中排烟管对土建空间有一定要求

方案一、方案二均将烟气从站台区域"引入"轨行区后再通过风机排至大气，即烟气扩散出本防烟分区，扩大了烟气影响范围，且将站台公共区顶部储烟仓内的烟气引下至人员疏散高度，这与排烟原则是相悖的。

方案三利用 OTE 系统在站台设置独立排烟管连接至排热小室，以保证站厅到站台的楼梯和扶梯口处具有不小于 1.5 m/s 的向下气流，其最大的优点在满足扶梯口部 1.5 m/s 风速的同时，通过有效的气流组织形式维持站台公共区火灾时的烟气层形态，满足人员疏散所需能见度、温度、辐射强度和有毒气体浓度等各项指标最低限度要求，减少了火灾事故对区间设备的影响，缩短运营恢复时间。通过分析研究，环线车站站台火灾工况下排烟系统采用集中排烟方案，已开通车站均顺利通过了消防关于"1.5 m/s 风速"的验收。

8.5.4 车站冷源采用"2 大 1 小"冷机配置方案

调研目前国内轨道交通车站冷源设置情况，目前普遍做法存在大小系统合设冷源和大小系统分设冷源两种形式。

通过研究分析，环线大部分地下车站小系统负荷占比较低，为提高冷水机组的性能系数，确保冷水机组稳定运行，首次在重庆提出采取大小系统分设冷源"2 大 1 小"的方案。环线典型车站空调冷冻水系统如图 8-6 和图 8-7 所示。

每座车站原则上设置 2 台相同的冷水机组服务于公共区、1 台冷水机组服务于设备管理用房。冷水机组、冷却塔、冷冻水泵、冷却水泵数量一一对应。这种方案虽然增加了设备数量及土建规模，但是提高了机组的部分负荷性能，改善了机组低负荷运行条件，使冷水机组长期运行在高效区，提高了空调水系统运行经济性。同时，大、小系统在供、回水总管上用连通管接通，应急情况下，大系统冷机也可实现向小系统供冷，提高了系统可靠性。通过对各开通车站空调实际运行情况调研表明，环线采用分设冷源方案可以较好地解决车站夜间机组负荷率偏低的问题，并对于解决过渡季节冷机开启困难也有很大帮助。

8.5.5 暗挖车站站厅、站台公共区气流组织形式优化

环线工程地下车站中，大部分车站为单拱暗挖车站，站厅公共区面积横断面积约 150 m²，结构拱顶处净高达 9.3 m，吊顶下净高为 4.15～7.6 m，站台公共区结构净高 3.0～5.0 m。

本着提高车站服务水平、利于运营维护、简化设计的原则，充分利用车站净空高大的优势，对暗挖公共区的通风空调及防排烟风管进行如下优化：公共区的气流组织采用站厅、站台均匀送风，由站台回排风管统一回风的形式，站厅不设回排风。车站设置的专用排烟风机和站厅的排烟风管仅承担站厅区域

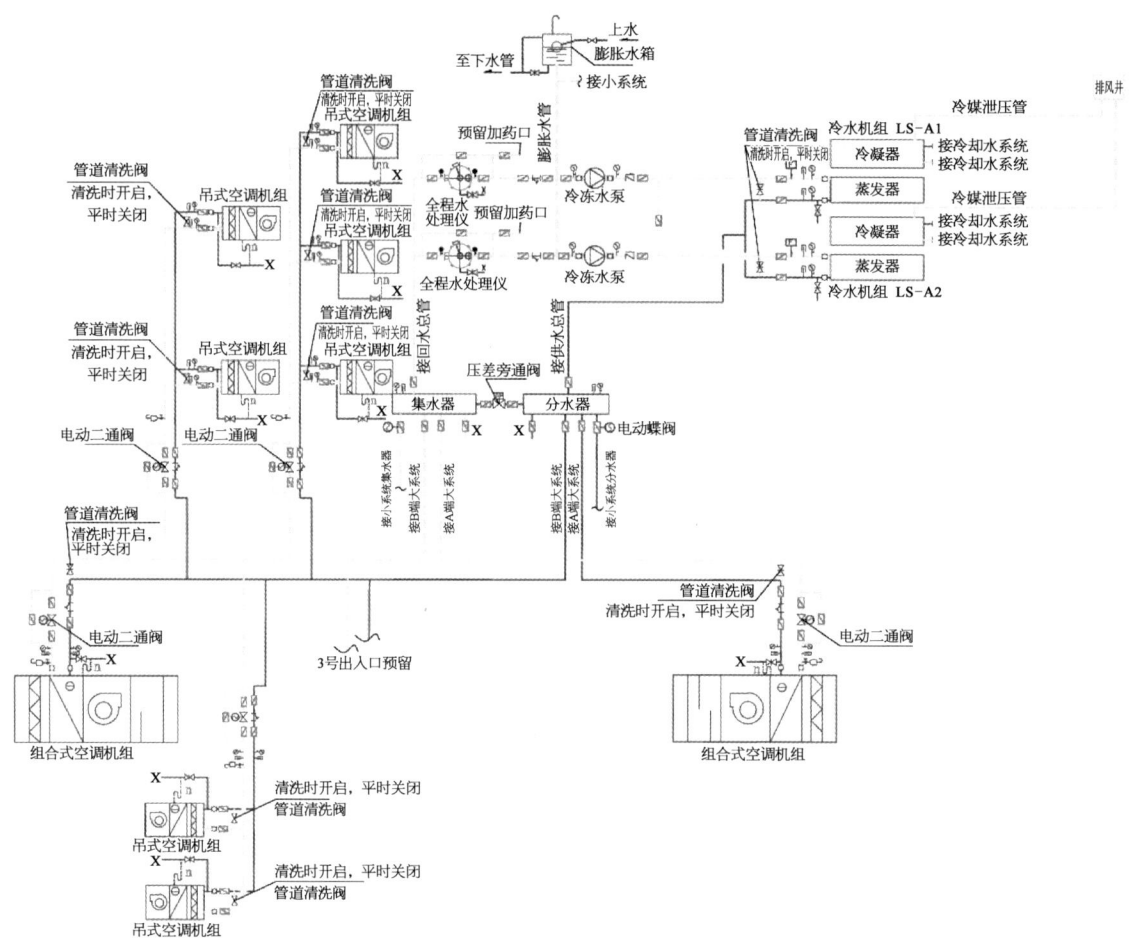

图 8-6 环线典型车站公共区空调冷冻水系统图

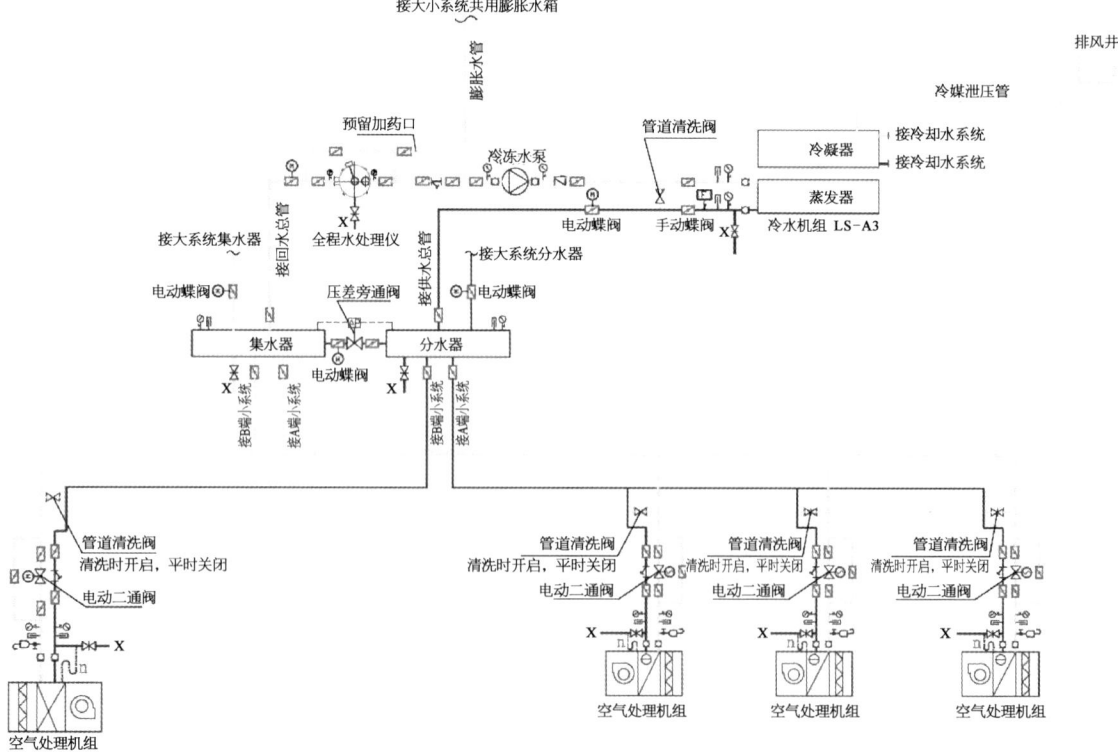

图 8-7 环线典型车站设备区空调冷冻水系统图

的排烟,站厅专用排烟风管设在断面拱顶位置。

采用这种方式,正常工况时,站厅相对站台保持一定的正压,由站台统一回风,更有利于平衡站台屏蔽门外排热风机运作造成的车站负压,减少由于排热风机运行造成车站负压的冷损耗。

暗挖车站的公共区气流组织示意如图 8-8 所示。

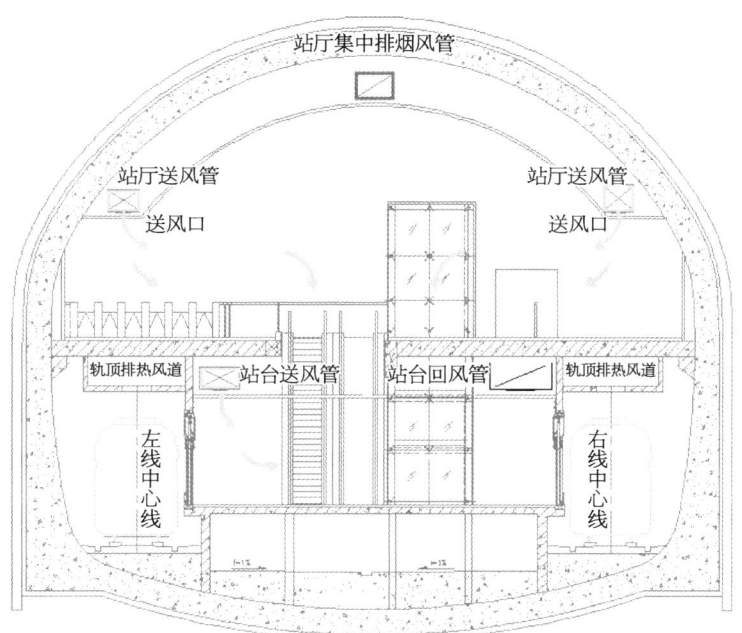

图 8-8 暗挖车站公共区气流组织示意图

第 9 章 给排水与消防系统

9.1 系统概况

给排水及消防系统是为满足轨道交通沿线各车站及区间生产、生活及消防的需要而设置,包括生产、生活给水系统、排水系统及消防系统,各系统主要功能如下:

(1) 给水系统主要功能为保证沿线车站、区间隧道及附属建筑的生产、生活和消防设施对水量、水压和水质的要求。

(2) 排水系统主要功能为排除轨道交通运营过程中产生的各种污水、废水和雨水,满足轨道交通的安全运营。

(3) 消防系统主要功能为通过消火栓、气体灭火等系统及时扑灭轨道交通范围内的各类火灾。

9.2 车站给排水及消防系统

9.2.1 车站给水系统

车站给水系统均采用城市自来水,从站位附近的城市自来水管网直接引入,并单独设水表计量。站内给水管网与消防系统管网分开设置,主要供给站内工作人员生活用水、乘客公共卫生间生活用水、车站冲洗用水、空调水系统补水、冷却循环水等,其中环线工程在冷却塔、卫生间等用水量较大的用水点单独设置了计量水表,便于后期运营人员对车站用水量进行分析管理。

9.2.2 车站排水系统

1) 车站污水系统

车站污水系统主要作用为排除卫生间、盥洗室内的生活污水。其中高架车站采用重力流排水方式,地下车站采用压力流排水方式。

地下车站在紧靠卫生间处设污水泵房,污水泵房下设污水池,污水池有效容积不小于最大一台排水泵 15~20 min 出水量,池内设 2 台自耦式潜水排污泵,互为备用,提升池内污水至室外压力井。车站重力流和压力流排放的污水均接至化粪池,经处理后排入站位附近市政污水管道。

为保证站内空气环境质量及提高排水能力,污水管道还需设置通气管。其中高架车站卫生间通气管接至建筑外墙与外挂装饰面的空隙内,地下车站卫生间和污水池通气管接至排风井口部。

2) 车站雨、废水系统

车站内的冲洗废水、生产废水、结构渗漏水、消防废水、敞开风井雨水等主要通过地漏、横截沟、雨水斗等收集。其中高架车站各类雨、废水经收集后一般就近接至道路的市政排水管道;地下车站各类雨、废水经收集后,排至站内的各类集水坑,由潜污泵提升至室外压力井减压后排入市政排水管道。

其中废水泵房集水坑有效容积不小于最大一台排水泵 15~20 min 出水量,雨水泵房集水坑的有效容积不小于最大一台排水泵 5~10 min 出水量,坑内一般设置 2 台水泵,平时互为备用,必要时可同时使用。

3) 车站排水泵控制方式

车站污水泵控制方式采用液位自动控制、现场手动控制。车站控制室显示潜污泵的启、停、故障、手自动状态信号及集水坑的水位信号。

车站废水和雨水泵控制方式采用液位自动控制、现场手动控制、车控室远程控制。车站控制室显示潜污泵的启、停、故障、手自动状态信号及集水坑的水位信号。

9.2.3 车站消防系统

9.2.3.1 消火栓系统

1) 消防供水模式

环线工程地下车站室外消火栓用水量为 20 L/s,室内消火栓水量为 20 L/s,火灾延续时间为 2 h,高架及地面车站按照《消防给水及消火栓系统技术规范》(GB 50974)执行。

根据自来水公司回函,各车站均为一路供水,故各站均设消防水池,消防水池有效容积不小于一次火灾室内、外消防用水量之和。消防水池设有取水口,保证吸水高度不大于 6.0 m。

市政供水压力满足室外消火栓压力需求,故室外消火栓采用低压系统,直接从市政给水管上接出,消防泵房内不设室外消火栓泵组。当市政供水管断水时,由消防水池提供火灾延续时间内的消防总水量。

室内消火栓系统采用临时高压系统,从消防水池接出的两路供水干管接入消防泵房,经消防水泵增压后向站内供水。现场消防泵房布置如图 9-1 所示。

图 9-1 现场消防泵房布置图

2)管网及设备布置

消防水池接出的两路供水干管接入消防泵房后,经消防泵加压接出两根 DN150 室内消火栓系统干管,在车站内纵向和横向分别连通形成环状供水管网。

为提高管道安全性,减少管道接口渗漏水量,室内消火栓系统的最大静压(系统最低点)不超过 1.00 MPa;另为减少灭火时水枪的反作用力,当栓口压力超过 0.50 MPa 时,采用减压稳压型消火栓。

地下车站出入口是消防救援人员进入车站的主要通道,是消防人员对火灾发起进攻的起点,故有必要在出入口处设置消火栓。环线工程在地下车站不少于两个出入口(其中一个为消防疏散口)的 5~40 m 范围内各设置 2 套室外消火栓,所设置的室外消火栓保护半径应覆盖车站所有出入口。

在车站出入口或风亭处设置消火栓水泵接合器两套,在距水泵接合器 15~40 m 范围内,设与水泵接合器供水量相当的地上式室外消火栓。在站内消防加压设备故障时,消防人员可通过室外消火栓向水泵接合器供水以保证站内灭火所需水量。

9.2.3.2 自动喷水灭火系统

自动喷水灭火系统由湿式报警阀、水流指示器、信号蝶阀、末端试水装置及喷头等组成。环线工程自动喷水灭火系统设置范围为站台层公共区。

环线工程的自动喷水灭火系统按中危险 Ⅱ 级考虑,喷水强度为 $8 L/(min \cdot m^2)$,作用面积为 $160 m^2$,最不利点喷头压力为 0.1 MPa,火灾延续时间为 1 h。

自动喷水灭火系统采用临时高压系统,消防水池接出的供水干管接入消防泵房后,经喷淋泵加压后向系统供水。

自动喷淋灭火系统也需设置水泵接合器 2 套,作用及设置要求同上文消火栓系统。

9.2.3.3 消防泵组控制要求

消火栓泵由水泵出水管压力开关连锁自动启泵、消火栓按钮经 FAS 联动启泵、车站控制室远程控制、就地手动控制、机械应急启动。当工作泵发生故障时,能自动切换开启备用泵。

喷淋泵由湿式报警阀压力开关和水泵出水管压力开关连锁自动启泵,车站控制室远程控制、就地手动控制、机械应急启动。当工作泵发生故障时,能自动切换开启备用泵。

稳压泵由管网压力控制、就地手动控制。当工作泵发生故障时,能自动切换开启备用泵。

车站控制室显示消防水泵的启、停、故障、手动、自动状态信号、消防水池水位、消防水泵电源的工作状态及消火栓按钮的报警信息。

9.2.3.4 灭火器的设置

灭火器是一种可携式灭火工具,对于扑灭初期小型火灾有着灭火速度快、操作简单等特点。

环线工程的灭火器配置按《建筑灭火器配置设计规范》(GB 50140)的规定执行。危险等级按照严重危险等级计算,因工程范围内电气设备较多,故灭火器采用 MF/ABC5(3 A/5 kg)磷酸铵盐干粉灭火器。

9.2.3.5 自动灭火系统

详见后文自动灭火系统。

9.3 区间给排水及消防系统

环线工程地下区间内置废水排水系统和消火栓系统,高架区间设置排水系统。

9.3.1 区间排水系统

9.3.1.1 废水系统

地下区间隧道采用明沟排水,便于疏通。地下区间仅在线路 V 字坡最低点处的联络通道内设置区间废水泵房;对于个别坡向车站且坡度较大的单向坡区间,在站内的车站与区间交界处增设 1 座废水泵房,用于拦截区间废水进入车站范围。道床明沟内的废水通过结构预埋的管道汇集至废水泵房集水池,泵房内设 3 台潜水泵,平时 1 台使用,消防时 2 台使用,事故时 3 台同时使用。废水经提升后通过就近车站接至室外压力井,并在站内的废水泵房处预留事故排出口。

环线工程各地下区间排水泵站位置及排水方向见表 9-1。

表 9-1 区间废水泵房一览表

序 号	区间名称	排水方向	水泵数量
1	冉家坝站—动步公园站	动步公园站侧	3
2	民安大道站—重庆北站	重庆北站侧	3
3	重庆北站—渝鲁站	重庆北站侧	3
4	涂山站—仁济站	仁济站侧	3
5	仁济站—上新街站	上新街站侧	3
6	谢家湾站—奥体中心站	谢家湾站侧	3

9.3.1.2 雨水系统

(1) 地下区间在敞开段与暗埋段连接的洞口处设置雨水泵房,敞开段雨水量按 50 年一遇暴雨重现期计算,同时按照 100 年一遇校核,雨水通过道床内预留的横截沟拦截汇入雨水泵房集水池,内设 3 台雨水泵,下雨时根据液位自动依次启动 3 台水泵,雨水提升后接至室外压力井,然后排入市政雨水管道或河道。

环线工程洞口雨水泵站位置见表 9-2。

表 9-2 洞口雨水泵房一览表

序 号	区间名称	排水方向	水泵数量
1	涂山车场出入段线洞口	就近排放	3
2	马家岩车场出入段线洞口	就近排放	3
3	南湖站—海峡路站区间洞口	就近排放	3
4	海峡路站—鹅公岩桥区间洞口	就近排放	3
5	鹅公岩桥—谢家湾站区间洞口	就近排放	3

(2) 高架区间采用重力流排水,通过在桥面设置雨水口、地漏等方式收集雨水,收集后的雨水通过沿桥墩敷设的排水管接至道路雨水管道。

9.3.1.3 区间排水泵控制方式

区间废水和雨水泵控制方式采用液位自动控制、现场手动控制、车控室远程控制。车站控制室显示潜污泵的启、停、故障、手动、自动状态信号及集水坑的水位信号。

9.3.2 区间消火栓系统

地下区间消防用水量为 10 L/s,通过相邻地下车站向地下区间供水,车站及相邻两侧半个区间形成一个完整的环状消防给水管网。在车站进入区间的消防管道上安装手动、电动两用蝶阀,平时常开,区间管道漏水及检修时关闭。区间消防给水管固定在隧道主体结构上,在联络通道处设过轨连通管。另在隧道最低点设置泄水阀,管道最高点设置自动排气阀。在车站站台端部两侧各设置 1 套消防器材箱,消防器材箱内放置 2 根 25 m 长水龙带,配 2 支喷嘴直径为 19 mm 的水枪。

9.4 自动灭火系统

自动灭火系统的主要保护范围为地下车站无人值守的重要电气设备用房,如通信设备室、通信电源室、信号设备室、信号电源室、综合监控设备室、综合电池室、综合电源室、警务设备室、环控电控室、变电所(混合降压所、降压所和跟随所的 0.4 kV 开关柜室、直流开关柜室、35 kV 开关柜室、接触网开关柜室、变配电室、整流变压器室和控制室)、屏蔽门控制室、商用通信设备室等。

对于自动灭火剂存在多种选择,如 CO_2、FM-200、IG-541、高压细水雾系统等。各灭火剂物理化学特性如下:

(1) CO_2 泄露和误喷对人体有窒息作用,CO_2 灭火浓度为 40%,而人在浓度为 20% 时,就会死亡。该气体比重大,不易排除,沉积在地下深处,在地下站使用容易造成二次灾害。

(2) FM-200 不破坏臭氧层,储存空间小,贮存压力低。但其缺点是灭火后产生的 HF 酸对人体有害,且会造成一定程度的大气温室效应。英国损失预防委员会(LPC)有关哈龙替代气体灭火系统的指南性文件指出,在 LPC 进行的灭火试验中,FM200 不能在 7% 的灭火浓度下扑灭所有的试验火灾。

(3) IG-541 是 52%N_2、40%Ar 和 8%CO_2 三种惰性气体的混合物,其气体来自大气,灭火前后不会对人体造成伤害,不产生任何化学分解物,对精密设备及数据资料无腐蚀作用,对环保无任何影响,气体价格便宜。其缺点是钢瓶数量多,贮存压力高。其灭火原理为物理灭火,灭火浓度高,速度略慢。

(4) 高压细水雾能扑灭电气火灾,但会给电气设备造成一定影响,不利于火灾后列车迅速恢复运营。且现行的《细水雾灭火系统技术规范》(GB 50898)中部分重要条款在轨道交通工程中难以执行,如超规范设计存在一定的安全风险,故不宜选用。

根据调研,目前国内轨道交通工程中较为成熟并广泛应用的是 IG-541 灭火系统和 FM200 灭火系统,且 IG-541 灭火系统在灭火性能、环保性能、系统布置简单灵活等方面均优于 FM200 灭火系统,已逐步成为主流产品,在国内其他城市新建的轨道交通工程中基本上都采用 IG-541 气体灭火系统,对其在轨道交通工程中的应用积累了相对丰富的经验,技术也越来越成熟。

国内近年部分轨道交通工程自动灭火系统调研表详见表 9-3。

表 9-3 国内近年部分轨道交通工程自动灭火系统调研表

序号	项 目	采用的气体灭火系统	系统情况
1	北京轨道交通 9 号线、机场线	IG-541 灭火系统	已投入运营
2	北京轨道交通 1 号线、2 号线改造	主要为 IG-541 灭火系统,个别房间为无管网 FM200 灭火系统	已投入运营

续表

序号	项　　目	采用的气体灭火系统	系统情况
3	上海轨道交通 9 号线、10 号线、12 号线、13 号线	IG-541 灭火系统	已投入运营
4	上海轨道交通 14 号线、15 号线、18 号线	IG-541 灭火系统	已投入运营
5	广州轨道交通 6 号线、广佛线二期	IG-541 灭火系统	已投入运营
6	广州轨道交通 9 号线、13 号线、14 号线	IG-541 灭火系统	已投入运营
7	南京轨道交通 4 号线、10 号线	IG-541 灭火系统	已投入运营
8	深圳轨道交通 7 号线、9 号线、11 号线	FM200 灭火系统	已投入运营
9	深圳轨道交通 6 号线、8 号线、10 号线	FM200 灭火系统	已投入运营

综合以上比较，环线工程气体灭火系统采用 IG-541 作为灭火剂，其气体来自大自然，灭火前后不会对人体造成伤害，不产生任何化学分解物，对贵重设备及数据资料无侵蚀作用，对环保无任何影响。

采用组合分配式系统，即用一套储存装置，通过氮气驱动瓶驱动管网相应的分配选择阀，保护多个防护区。一套组合分配系统防护的防护区数量不大于 8 个。IG-541 钢瓶组布置如图 9-2 所示。

储存气体的钢瓶及氮气驱动瓶设于车站的气瓶间内，气瓶间的环境温度为 4～50℃，防护区的设计温度按 16～32℃ 计算。系统最小设计灭火浓度为 37.5%，最大设计灭火浓度为 43.0%，当 IG-541 混合气体灭火剂喷放至设计用量的 95% 时，其喷放时间不应大于 60 s，且不应小于 48 s，灭火浸渍时间大于 10 min。防护区与通道的墙上设置泄压装置。泄压装置平时关闭，保护区内超压时自动开启，并能够在泄压后自动关闭，耐火极限不小于 0.5 h。

气体灭火系统的控制具有自动控制、手动控制和机械应急操作三种控制方式。

图 9-2　IG-541 钢瓶组

9.5　系统创新与实践

9.5.1　区间排水泵房优化

环线工程设有多个区间废水泵房，废水泵房位于区间隧道内线路最低点处，该泵房的主要功能是排除区间的渗漏水和消防废水。因轨面仅高出道床面约 250 mm，若区间内线路最低点处排水不畅，则水位会很快漫过轨面，导致列车打滑，严重威胁运营安全。一般情况下，区间渗漏水量较小，较少发生区间最低点被淹的情况，但若运营期间一旦该位置被淹则会直接导致停运，对乘客及整个线网调度影响重大。

通过对重庆既有线路的调研，区间废水排水主要存在以下问题：

(1) 区间渗漏水量偏大。雨季土壤中的含水量较高时,存在区间实际渗漏水量超过常规设计值的情况,常规设计的区间废水泵的排水能力存在偏小的风险。

(2) 区间渗漏水硬度偏高。水硬度偏高会导致在区间的线路明沟、预埋排水管、废水池、废水泵附近、水泵流道内存在较多水垢,影响排水断面,使得排水能力减弱。

(3) 区间泵房较潮湿。理论上控制柜的防水等级能满足在潮湿环境中的使用要求,但因采购产品质量存在差异,且维护人员的重视度有不同,各地都出现过排水泵控制柜内电气元件受潮损坏导致水泵无法正常启动的情况。

针对以上调研过程中发现的问题,在设计中对区间排水泵房进行了优化:

(1) 在不增加土建规模的前提下,区间泵房内在常规设置 2 台废水泵上,增加 1 台废水泵,共设 3 台,且增大单泵的排水流量,保证平时单台泵能满足渗漏水的排放要求。该措施主要是提高了废水泵房的排水能力,若出现渗漏水超过常规设计值时,安全性有所提高;同时还多提供了 1 台备用水泵,若因水垢问题导致水泵堵塞,不能启动时,为维护人员留有足够时间维护水泵。

(2) 在配合业主编写用户需求书时,明确控制柜内应带烘干装置。同时在区间废水泵房设置 1 个废水泵控制柜的基础上,增加 1 个废水泵控制柜,共设 2 个。在提高产品要求的同时还提供了控制柜的冗余措施,较常规做法安全性大有提高。

9.5.2 洞口雨水排水优化

环线工程线路较长,工况复杂,区间有地下区间、高架区间、地面区间多种形式,且不同形式的区间交替出现。在地下区间洞口处,若线路坡度坡向洞内时,需设置雨水泵房,拦截洞外雨水进入洞内。

由于洞口雨水泵房设于暗埋段,存在泵房内潮湿、运营期间无法到达的问题,且雨水泵功率较大,建设费用较高。雨水泵房从可维护性、经济性上都存在一些不足,设计过程中需尽量减少雨水泵房数量,这就需要在项目前期与线路和土建专业全面细致地进行方案研究。

重庆为山地城市,本项目部分地下区间未通过 U 形槽或地面区间过渡就直接接入高架区间,如环线工程一期二期分界点、高家花园大桥南北洞门等位置。环线工程结合重庆地形特点,在地下区间直接与高架区间相接时,通过降低部分地下洞口的结构板,在落低范围内预埋反向排水管,把洞口横截沟拦截的雨水通过预埋管道直接排出洞外,接至相应市政管道,剖面示意如图 9-3 所示。

该优化措施不仅相对传统泵房方案可维护性、经济性都有所提高,还因重力排水无须任何设备,提高了安全性及稳定性。

9.5.3 深埋车站室内消火栓系统优化

根据《地铁设计规范》(GB 50157),地下车站室内消火栓用水量为 20 L/s,地下车站出入口通道室内消火栓用水量为 10 L/s。因轨道交通工程同一时间仅考虑一处火灾,一般车站设计时,为减少消火栓泵数量及消火栓管道工程量,地下车站主体及出入口通道一般共用一套消火栓泵组及消火栓管网。对于常规车站该做法较为经济合理,全国各地轨道交通工程室内消火栓系统一般均采用该方案。

因环线工程消防水池内储存有室外消火栓系统用水量,根据规范要求,吸水高度不能超过 6 m,故消防水池池底一般设于地面标高下 5 m。又因环线工程线路长,穿越地形较复杂,且本工程所在的重庆地区是典型的山地城市,全线存在部分车站埋深较深,同一车站站厅层标高与消防水池底标高相差可达到 50 m 以上。若本工程的深埋车站采用地下车站主体与出入口通道共用消火栓泵组及管网的常规方案,在出入口最高点消火栓水压满足规范的前提下,站内最低点消火栓静压会接近 1.0 MPa,管网漏水风险会增大。

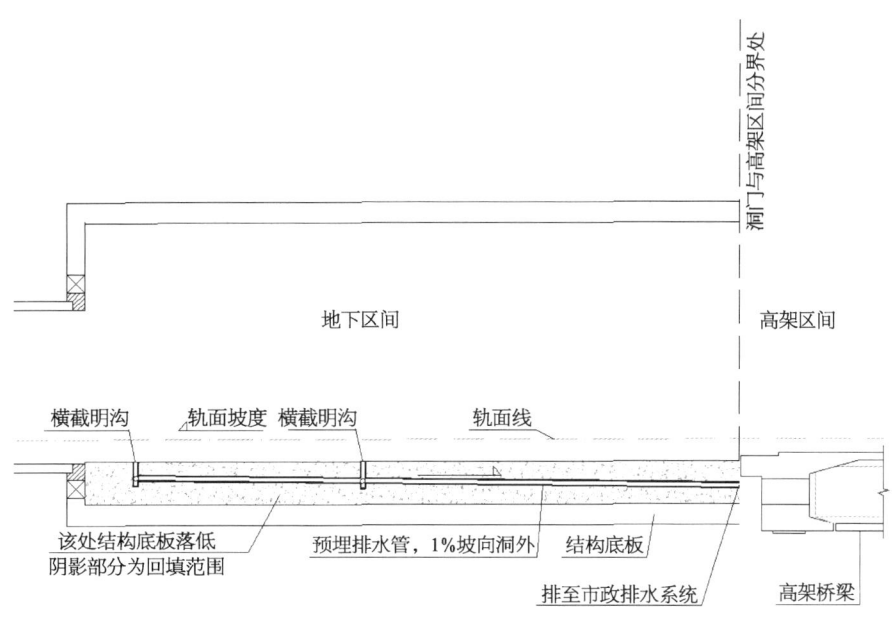

图 9-3　洞口预埋排水管纵剖面示意图

针对以上问题,环线工程部分有条件的车站,车站主体与出入口通道采用分设消火栓环网的方案。因车站消防水池与车站主体高差较大,主体部分通过消防水池出水采用常高压系统;出入口通道内消火栓经过消防水泵加压后供给,室内消防水泵流量取 10 L/s,示意如图 9-4 所示。

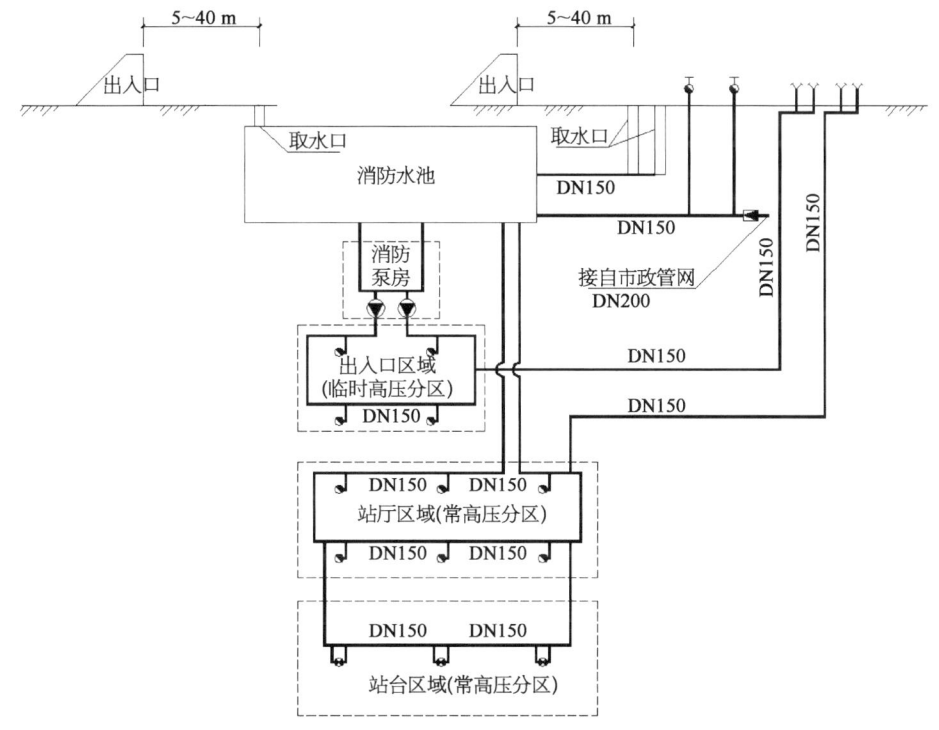

图 9-4　深埋车站消火栓原理示意图

采取该方案不仅解决了最低点静压较大的问题,还因常高压系统相对临时高压系统,可靠性更高,提高了车站主体消火栓系统的可靠性。

第 10 章 通信系统

10.1 概述

环线通信系统由专用通信、公安通信和民用通信引入系统三部分构成。

专用通信系统包括：传输系统、公务电话系统、专用电话系统、无线通信系统、视频监视系统、广播系统、时钟系统、乘客信息系统、运营信息管理系统、电源及接地系统、集中监测告警子系统等 11 个子系统。

专用通信系统是指挥列车运行、组织运输生产、提高运营管理效率和服务质量的重要手段，应建立一个安全可靠的有效通信系统，来保证环线的正常运营，并在运营出现异常情况时，能迅速转为供防灾救援和事故处理的指挥通信使用。

公安通信系统包括：公安无线系统、公安计算机网络系统、公安视频监视系统、公安专用电话系统和电源接地系统等 5 个子系统，其中公安视频监视系统采用与专用通信视频监视系统合设的方式。公安通信系统是一个以轨道交通公安指挥中心为主体，派出所、车站警务室为辅的三级管理体系，能够实现全局资源共享，为公安机关开展日常工作，及时发现、快速处置突发事件，为合理调动警力提供充分的技术手段。

民用通信引入系统主要将地面移动通信服务（包括 4G、5G 信号）引入车站和隧道区间。

10.2 设计原则

10.2.1 系统设计原则

系统的组网应满足运营管理模式及功能的要求，系统设计以安全、可靠、经济、实用为前提，体现以人为本的指导思想。

系统设计应立足于整个重庆轨道交通线网及网络化运营的需求，应考虑轨道交通发展、扩充方便，有利于分期配置，既要满足近期工程运营和管理的要求，又要适应远期工程的接入和其他扩展的需要；系统应考虑与其他轨道交通线路所采用制式及设备的兼容性。

系统应能与市公安、消防及公用通信网联网，实现应急联动。

系统应能满足轨道交通运营管理对语音、文字、数据和视频图像等信息的需求。

系统应采用通用性强、可靠性高、组网灵活、易于扩充、具有开放式的结构。

系统应考虑电气化铁道的特性,防止电机牵引所产生的谐波、杂波电流对通信系统的干扰。

系统在轨道交通出现异常情况时,能由正常运行方式转为灾害运行方式,并能迅速转变为应急通信,为防灾、救援和事故处理的指挥使用提供方便。

系统中各子系统发生故障时,应具有降级使用功能和对重要通信的备用手段,以保证其基本功能的实现。

10.2.2 设备设计原则

系统应采用技术先进、接口标准、安全、可靠,便于安装、操作和维护的设备,关键部件采取冗余配置,故障时能够自动切换,能够连续24 h不间断运行。

系统应选用可靠性高、技术先进、价格合理、性价比高、组网灵活、易扩容、安装方便、维护简单、体积小、重量轻、能耗低,能防锈、防震、抗电磁干扰的设备,并能满足连续不间断运行的需求。在满足可靠性和功能要求的前提下,优先采用成熟、可靠的国产成套设备或技术;尽量采用数字化、模块化、智能化,并符合国家技术标准、ITU-T建议等有关标准的设备。

系统光、电缆应选用具有阻燃、低烟、低卤、防鼠害和防蚀性能的线缆。

在满足使用功能前提下,设备材料应优先采用成熟、可靠的国产成套设备。

10.3 系统组成

专用通信系统总体组成如图10-1所示。

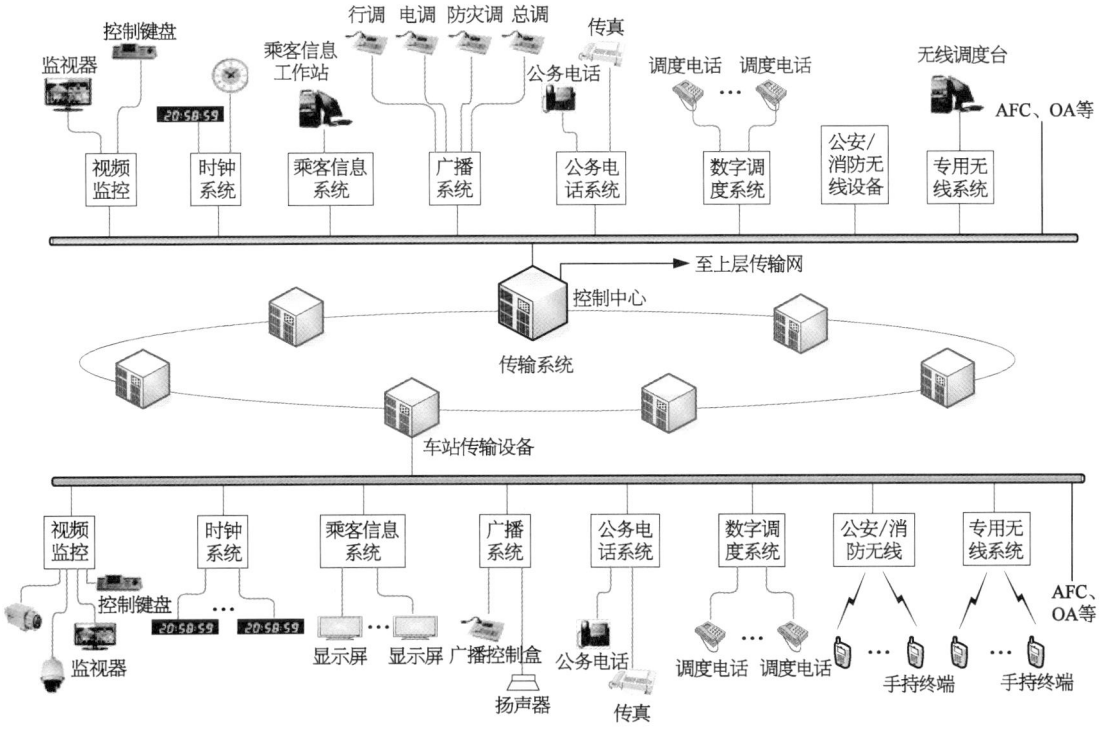

图10-1 专用通信系统总体组成图

10.3.1 专用通信系统

10.3.1.1 传输系统

1) 系统功能

传输系统应能传输专用电话系统、公务电话系统、无线通信系统、广播系统、电视监视系统、时钟系统、乘客信息系统、通信电源系统、运营信息管理系统、自动售检票系统、AFC、门禁系统的语音、数据及图像信息,应能传递控制中心与各车站、停车场、车辆段间的各种信息。应能提供所需的业务接口,如 E1、10/100/1 000 M 以太网等接口,并为综合监控系统等提供信息传输通道。

通信网的各节点可提供点对点直通式、一点对多点共用式及总线式等信道形式。传输系统与架设在线路两侧的光缆组成环路网络。环路中的传输设备发生故障或光缆断路时,传输环路应能自动脱离故障设备或光缆,并组成新的环路继续工作,并发出故障报警信息。

系统具有扩展性,并能平滑升级。

2) 系统构成

采用 MSTP 技术组网组建成三环网,系统容量为 10 Gb/s。系统具备本工程所需的各种接入功能,并能提供完善的网络管理系统。

在本线路的上下行区间分别敷设一条 120 芯单模光缆,光纤采用 ITU-T G.652D 单模光纤,工作波长为 1 310 nm 及 1 550 nm 双窗口波长。光缆在各车站、控制中心、停车场、车辆段均引入通信设备室,传输子系统利用这两条光缆内的光纤进行组网。对光缆进行合理的配盘,区间长度<3 km,不应有光缆接头;区间长度≥3 km,用光缆接头盒进行接续。

10.3.1.2 公务电话系统

1) 系统功能

本工程公务电话系统主要用于环线运营管理部门、维修单位之间的一般公务联络,如实现电话交换、非话业务交换,实现新业务功能等,并能与重庆市公用电话网联网,实现重庆市轨道交通用户之间及与公网用户间的通信,具有电话交换、计费、多方会议、分机热线、网管等功能。

2) 系统构成

本工程公务电话系统按二级进行组网,采用控制中心交换节点各车站/段场交换节点方案。系统设备包括:软交互设备、接入网关、中继网关、网管设备、计费设备、话务台、话机等配套设备。

本工程在大竹林控制中心设置软交换机,负责本线与其他线、与市话局电话业务的转发。

各车站、段场公务电话用户采用接入网关的接入方式,通过传输系统提供的千兆接口与控制中心交换机连接。

10.3.1.3 专用电话系统

1) 系统功能

专用电话系统是控制中心调度员、车站/车辆段/停车场值班员指挥列车运行和下达调度命令的重要通信工具,是为列车运营、电力供应、日常维修、防灾救护、票务管理提供指挥手段的专用通信系统。该系统为控制中心指挥人员(行车调度、电力调度、防灾调度、总调度)提供专用直达通信,具有单呼、组呼、全呼、紧急呼叫和录音功能,同时为站内各有关部门提供与车站值班员之间的直达通话,以及车站值班员与邻站值班员的直达通话。因此,专用电话系统要求设备高度安全可靠、操作方便快捷。根据运营需要的业务性质,专用电话系统包括调度电话、站(段、场)内电话、站间电话、区间电话等。

2) 系统构成

专用电话系统主要是由设在控制中心的中心设备和设于各车站、车辆段、停车场的专用电话设备、终端及网管组成。

本工程在控制中心设数调主系统,在各车站、段场设置数调分系统,各节点采用环形组网方式连接。

根据列车运行组织和业务管理、指挥的需要,本工程设置行车调度电话、电力调度电话、防灾调度电话、总调度电话。

在地下区间上、下行每隔一定距离(隧道内 300 m)和其他专业有特殊要求地点(如道岔等处)设区间电话机。

10.3.1.4　无线通信系统

1) 系统功能

无线通信系统分为正线无线调度通信和车辆段/停车场无线调度通信,其中正线无线调度通信子系统含行车无线调度通信通话组、环控(防灾)无线调度通信通话组和维修无线调度通信通话组等。

无线用户根据需要可设置不同类型的呼叫方式,主要包括单呼(私密呼叫)、选呼、组呼、群呼及紧急呼叫等。能实现无线用户(含调度员、车站值班员、司机等)之间及无线用户与有线电话之间的通话,可实现数传、广播和全网录音功能等。设置漫游通话组,组内移动终端可实现漫游功能。

2) 系统构成

专用无线通信系统采用 TETRA 制式的 800 MHz 数字集群。在控制中心设置集群设备、调度台(总调、行调、维修、防灾)、录音设备、网管设备及配套设备。集群交换机预留和其他轨道交通线路的接入能力。

系统在车辆段(停车场)设置车辆段(停车场)调度台,满足车辆段(停车场)的维修、调车等调度功能。在 33 个车站、1 个车辆段和 2 个停车场设置 36 套无线集群基站,基站通过有线传输通道与控制中心集群交换机相连,通过控制中心控制器控制全线系统的运行。在全线各车站、车辆段和停车场配置固定电台及录音设备;为列车配置车载台;为流动人员配置便携台。

在站厅、站台、办公区域、出入口采用无源天线加射频电缆的方式进行覆盖,根据站厅、站台、办公区域和出入口的面积、布置和结构采用多副全局天线进行覆盖,收发天线共用。

在隧道区间及高架区间采用漏缆方式进行覆盖。车辆段、停车场采用室外全向天线及室内天线覆盖方式。

10.3.1.5　视频监视系统

1) 系统功能

视频监视系统是城市轨道交通维护和保证运输安全的重要手段。它能够为控制中心的调度员、各车站值班员、列车司机等提供有关列车运行、防灾救灾、乘客疏导的视频信息,也可为公安进行视频信息的共享。控制中心可任意调看全线任一车站的任一画面,车站可任意调看具有授权的车站的任一画面。

车站的图像摄取范围为每站的站台、站厅、自动扶梯、部分无人值守机房、变电所,还覆盖 AFC 票务室、客服中心、公共区自动售票机、闸机口、出入口、垂直电梯口及轿厢。票务室内视频监视全方位、无死角。车辆段、停车场的图像摄取范围为场、段内的变电所。

列车上每客室设置相应摄像机(列车实现),列车视频监视具有对列车车厢乘客乘车情况的监视功能,通过监视设备采集的运营中列车车厢内乘客乘车情况视频信息在司机室记录、显示并能实时上传至控制中心,并支持在大屏上显示。

2) 系统构成

系统选用高清(分辨率为1 080 p)制式。视频监视系统由车站本地监控和控制中心远端监控两部分组成,车站级至中心级图像传输采用数字压缩编码方式,通道由专用通信传输系统提供。车站本地监控系统主要由数字摄像机、视频服务器、网络交换机、存储设备、控制设备及监视终端设备等组成。系统与公安视频监视系统完全共享。

高清摄像机与POE交换机选用网线点对点相连,POE交换机与机房交换机选用光缆点对点相连。

10.3.1.6 乘客信息系统

1) 系统功能

乘客信息系统是一个综合计算机网络技术和电子媒体技术的综合服务性系统,是一个多媒体资讯发布、播控与管理平台。正常情况下,向乘客提供乘车须知、乘车指引、服务时间、列车时刻表、运营公告、政府公告、出行参考、股票信息、媒体新闻、赛事直播、广告等实时动态的多媒体信息,在火灾等紧急情况下,向乘客提供动态紧急疏散指示。

总编播中心系统由6号线完成建设,本工程负责分线中心系统的建设。

2) 系统构成

乘客信息系统由总中心子系统(已由6号线建设)、分线中心子系统、车站子系统、车场子系统、车载子系统和网络子系统构成。

车站子系统主要由车站交换机、LED液晶显示屏和播放控制器、分屏器、LED文本信息显示屏等设备组成。

车场子系统主要由服务器、停车场交换机、无线设备等组成。车载子系统由车载无线接入设备组成。

本工程PIS信息采用有线、无线网络相结合的方式,无线网络选用WLAN技术组网。

10.3.1.7 广播系统

1) 系统功能

广播系统是控制中心调度人员和车站值班员向乘客通告轨道交通列车运行及安全、向导等服务信息,向工作人员发布作业命令和通知,在发生紧急情况时指导疏散乘客的通信系统。

正线广播系统主要作用是:控制中心调度人员、车站值班员向乘客通告轨道交通列车运行及安全、向导等服务信息的作用;对于轨道交通内部,向车站工作人员发布作业通知的作用。

车辆段、停车场广播系统由车场行车值班员,列检库运转值班员向库内流动生产人员发布作业命令。

2) 系统构成

广播系统的构成包括正线广播系统、车辆段广播系统和停车场广播系统。

正线广播系统中控制中心行调广播控制台、防灾广播控制台和总调广播控制台,车站行车广播控制台由综合监控界面集成。

控制中心设备分别包括中心前级设备(含操作软件)、话筒、中心广播控制机柜、后备广播操作台、录音设备及系统管理维护终端。车站设备包括车站广播控制机柜、广播前级设备(含操作软件)、话筒、后备广播操作台、设在站台的无线移动广播设备、噪声检测器及扬声器网。传输系统为广播系统提供从控制中心到各车站的100 M共享以太网通道,用于传送控制中心向各车站发送语音信息、传输监听音频和控制及网管信号。

车辆段/停车场广播系统由设置在通信设备室内的广播控制机柜（含控制设备、功率放大器、电源等）、广播操作盒（设置在停车列检库、运用库、辅跨及生产用房内、综合办公楼）和扬声器网等组成。

10.3.1.8 时钟系统

1）系统功能

时钟系统作为轨道交通通信系统的一部分，在轨道交通运营过程中为工作人员、乘客及全线机电系统提供统一的标准时间，使全线各机电系统的定时设备与时钟系统同步，从而实现轨道交通全线统一的时间标准，以提高运营效率和质量。

一级母钟应能接收外部标准时间信号来校准，可同时接收 GPS 和北斗信号。当接收外部标准时间信号的装置出现故障时，一级母钟利用自身的高稳定度晶振产生的时间信号仍可驱动二级母钟正常工作，并向时钟子系统网管设备发出告警。当 GPS 信号恢复时，一级母钟应能自动跟随，同时具备对后续线路二级母钟接入的扩展能力。

2）系统构成

系统采用控制中心与车站/车辆段/停车场两级组网方式，由控制中心母钟（一级母钟）、车站/车辆段/停车场母钟（二级母钟）、时间显示单元（子钟）及传输通道、接口设备、电源和时钟子系统网管设备组成。

中心母钟（一级母钟）从 GPS、北斗接收外时钟源，通过传输设备传送至车站/车辆段/停车场母钟（二级母钟），单元（子钟）时钟信号从二级母钟接引。

二级母钟设于各车站/车辆段/停车场通信设备室内，用于接收一级母钟的校时信号，并驱动子钟。

10.3.1.9 电源系统及接地

1）系统功能

在外供交流电源正常时，负责向系统提供稳定、可靠的、不间断的电源供应；当外供交流故障的情况下，在一定的时间范围内仍能向各系统提供稳定、可靠的、不间断的电源供应，使系统设备仍继续工作一段时间，等待主电源恢复正常。电源设备（UPS 部分）本身还具有旁路功能，当电源设备的整流、逆变单元出现故障时，可手/自动进行旁路，由外供（220 V/380 V）电源直接进行供电。蓄电池容量按 2 h、1 h、0.5 h 配置。

系统监测终端能对各站/停车场及控制中心电源设备（含直流和 UPS）的各种工作状态能进行本地和远端监视，发现故障及时告警。

在车站、车辆段、停车场及控制中心采用综合接地系统，设备、机柜、金属线槽、架空地板龙骨均接地，综合接地系统的接地电阻≤1 Ω。

2）系统构成

电源系统配置 UPS、电池和双切箱，可对低压动照专业提供的 2 路市电自行切换。综合接地系统由供电专业统一设置，并在车站、车辆段、停车场及控制中心通信设备室设置接地箱，通过接地母线与车站设置的弱电系统接地母排相连。

10.3.1.10 运营信息管理系统

1）系统功能

本系统借助于相应的应用软件系统实现各种信息管理，包括进行信息的收集、存储、分析和处理等，以及提供办公自动化、邮件等多种功能并基于先进的群件平台的办公自动化软件，系统从通用、灵活、标准的设计思想出发,应用先进的文档数据库处理技术,可以安全、方便地处理各种文档数据、图形、声音、影像信息。

2）系统构成

根据轨道交通信息网络系统实际情况,采用简单化、层次化、分步实施的网络设计原则,考虑到接入信息点的位置特点,将基础信息网络系统分为三层建设：骨干层、汇聚层和接入层,相应在各层的节点分别为骨干节点、汇聚节点和用户节点。

10.3.1.11 集中告警系统

1）系统功能

集中告警系统利用计算机网络技术和计算机本身的数据处理能力,对通信系统中的各子系统进行集中管理,将各系统的运行状态集中反映到某一管理终端设备上,使通信维护人员能及时、准确了解整个通信系统设备的运行状况和故障信息,以便于处理。系统能够对各子系统的主要状态信息（包括告警）进行汇总、显示、确认及报告,能进行故障定位,达到集中监视、管理的目的。

2）系统构成

集中告警系统由各子系统的网管设备、集中监测告警终端、打印机及网络交换机组成。

10.3.1.12 通信线路

（1）干线光缆：专用通信工程光缆容量按120芯设计,上下行方向各敷设1条。

（2）系统光、电缆：PIS在区间设置光缆、电源线,光纤均选用48芯光纤,外护套应采用低烟、无卤、阻燃聚乙烯外护套。

（3）区间电缆：在上下行方向各敷设1条15对0.7 mm的区间电缆（轨旁电话用）及单侧敷设1条30对0.7 mm的区间电缆（站间用）。

（4）地区光、电缆：在车场的户外使用的地区光电缆,一般采用管道或槽道方式敷设。光缆采用单模光纤光缆。

（5）漏泄同轴电缆：专用通信系统单独在上下行方向各敷设1条阻燃、低烟、无卤、防辐射、阻燃漏泄同轴电缆。

10.3.2 公安通信系统

10.3.2.1 公安无线系统

1）系统功能

无线通信系统是重庆市地面公安350 M无线通信系统在轨道交通车站内的延伸,是指挥调度的联络工具,是开展轨道交通公安管理和突发事件（火灾）进行现场指挥的重要手段,以便在出现突发事件或发生火灾时做到统一指挥调度,实时处置。

根据实际,目前先行建设轨道交通公安应急、消防四信道350 M同频同播系统。每一个同播信道都可以实现各个基站同一信道用户的一呼百应,并能按照系统内基站、区域、信道等进行任意划分实现互联互通。

2）系统构成

在轨道交通公安分局配置一套汇接交换设备,配置管理调度终端,分局的汇接交换设备通过有线与各同播基站进行连接。在分局、每个车站分别建设4信道常规同播基站,其中包括3个话音信道和1个备份信道,共用天馈设备。各基站通过有线通道与分局交换设备实现互联,并通过视频监控所提供的以太网通道实现联网备份。所有相关设备支持双链路备份工作模式。

10.3.2.2 公安专用电话系统

利用公安计算机网络提供的通道,在各车站派出所设置语音网关的方式,与轨道指挥中心电话设备相连,与各线间形成专用电话互联互通。

10.3.2.3 公安计算机网络系统

1) 系统功能

公安计算机网络就是为了便于轨道交通民警收集、掌握有关信息,提高整体作战水平和快速反应能力而建立。轨道交通公安人员可以通过网络访问公安计算机网,查阅"网上追逃""网上打拐"等有关信息,迅速判断、查核犯罪嫌疑人、车辆的确切身份及相关资料,并能收发电子邮件,实时登录公安各类应用系统、浏览公安各类信息。

2) 系统构成

网络采用三层结构,由核心层、汇聚层及接入层构成。采用标准以太网,以光纤为连接介质。本工程利用在轨道公安指挥中心设置的核心层设备,新建本线汇聚层设备,通过环网连接,与公安指挥中心对接。

10.3.2.4 公安视频监视系统

采用与专用视频监视系统完全合设方案。

10.3.2.5 公安电源系统及接地

1) 系统功能

在外供交流电源正常时,负责向系统提供稳定、可靠的、不间断的电源供应;当外供交流故障的情况下,在一定的时间范围内仍能向各系统提供稳定、可靠的、不间断的电源供应,使系统设备仍继续工作一段时间,等待主电源恢复正常。电源设备(UPS部分)本身还具有旁路功能,当电源设备的整流、逆变单元出现故障时,可手/自动进行旁路,由外供(220 V/380 V)电源直接进行供电。蓄电池容量按 2 h 配置。

在派出所公安设备室采用综合接地系统,设备、机柜、金属线槽、架空地板龙骨均接地,综合接地系统的接地电阻≤1 Ω。

2) 系统构成

公安电源系统配置 UPS、电池。综合接地系统由供电专业统一设置,在派出所警务电源室设置接地箱,通过接地母线与车站设置的弱电系统接地母排相连。

10.3.3 用房及机构设置

通信用房设在控制中心、各车站、段场,其用途分为通信设备用房、生产辅助用房及办公用房等。

通信用房的设置原则:环线通信用房的设置满足了列车运营的要求,便于通信设备的维护和测试。通信设备机房的位置安排做到经济合理、尽量远离电力变电所,在技术上应考虑引入方便、控制配线长度和便于维修。

在通信系统设计中,充分考虑通信设备的布置及电缆的敷设,综合考虑布置并预留通信专业所需的沟槽管洞。各种通信用房的面积,均应按远期容量确定。通信设备用房内设活动地板,并考虑防静电措施,地板下净空不小于 300 mm。室内净高不得小于 2.8 m。通信机房防火及其他工艺要求符合国家的相关规定。

10.4 方案设计

10.4.1 POE 交换机嵌入式方案

CCTV 摄像机终端箱设置与装修结合采用侧墙嵌入式安装(图 10-2),并由装修设置检修门,解决吊顶上设备维护难的问题,为后期运营维护人员检修提供方便。

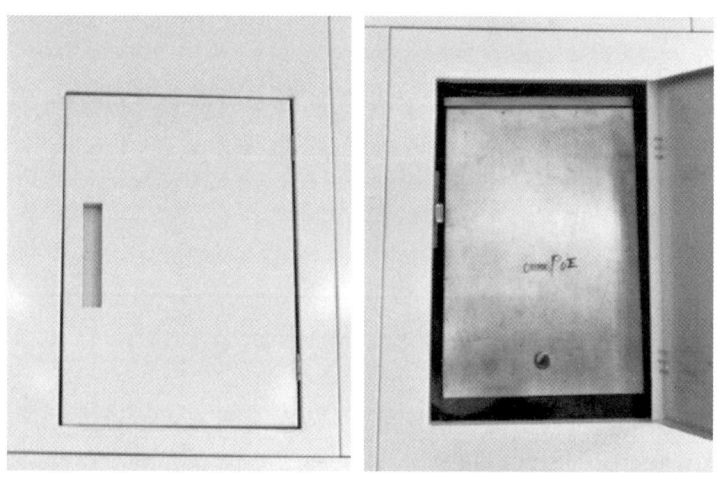

图 10-2 POE 交换机嵌入式安装

10.4.2 暗挖车站站厅摄像机安装方案

因暗挖车站拱顶装修板较高,摄像机吊装影响美观,为不影响站厅整体视觉效果,环线摄像机考虑与装修导向龙门架结合,采用在龙门架上方立装的方式,保证暗挖车站高拱顶范围相对整洁(图 10-3)。

图 10-3 暗挖车站站厅摄像机安装

10.4.3 段场线缆隧道合设方案

因涂山车辆段、马家岩车场室外管网复杂,利用设置综合线缆隧道及综合管廊的方式,使各专业在管网复杂的区域、区段上按要求间隔布置,统一布放,既满足各专业要求,又方便检修(图10-4)。

10.5 创新与实践

10.5.1 与既有线换乘站的系统互联互通

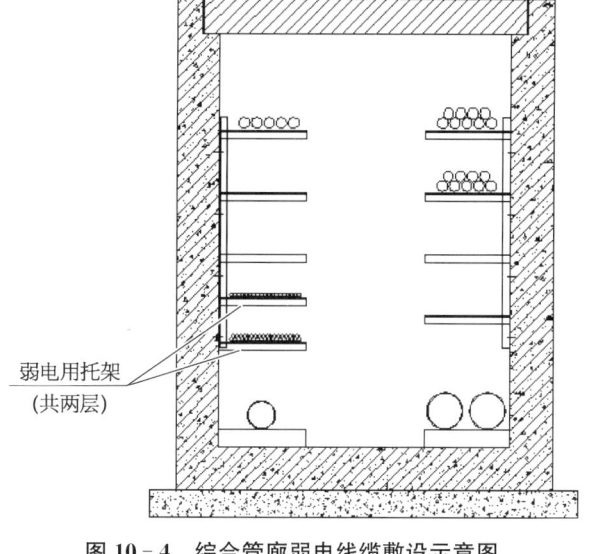

图10-4 综合管廊弱电线缆敷设示意图

(1) 公务电话系统:因既有线路均采用程控交换方式,在环线控制中心软交换中心通过设置的中继网关通过2 M中继通道与既有线路中心交换机互通,实现与既有线路车站语音通信。

(2) 无线通信系统:无线通信系统在既有线换乘站设置互联互通设备实现与既有线换乘站专用无线通话组间的互联互通,其中包括上新街站2套、五里店站2套共4套8个通话组。在同厅换乘站既有线通信设备室(五里店站、上新街站)内设置合路器,利用既有无线天馈实现换乘站既有部分的统一覆盖。

(3) 视频监视系统:考虑环线运营调度的独立性,与既有线视频监视系统分线设置;在重庆北站、冉家坝站、五里店站、上新街站设置监视终端(设置位置由运营方指定)接入3号线、6号线视频监视系统,实现在既有线路的视频调看。

(4) 广播系统:考虑环线运营调度的独立性,与既有广播系统分线设置;在五里店站、重庆北站、冉家坝站、上新街站,环线广播系统布放防灾广播线缆与既有换乘站广播系统互联,实现全站统一广播。

(5) 运营信息管理系统:在大竹林控制中心统一接入线网级核心交换机,实现全线网的运营管理信息的互联互通。

(6) 公安无线通信系统:因既有线路未设置单独的公安无线集群系统,本次环线进行了统一的规划,对既有换乘站站厅公共区站进行了公安无线补充覆盖,并为未来既有线公安无线改造预留了接口。

10.5.2 满足跨线运营的系统互联互通

专用无线系统:环线无线通信系统采用AIRBUS公司的800 MHz TETRA数字集群系统,在大竹林控制中心设置了一套集群移动交换机与5号线合用,本系统在大竹林控制中心与10号线交换机(AIRBUS的800 MHz TETRA数字集群系统)互联,实现跨线运营功能。

公安无线系统:环线与跨线运营各线均采用相对独立的无线集群通信网,使用350 MHz警用无线频率,与市局350 MHz集群网联网运行,形成一个统一、完整的警用通信调度指挥网。本系统在控制中心机房设置路由器,实现与既有市局公安350 MHz数字集群系统互通功能,当物理链路故障时,利用各车站出入口设置的无线天馈作为与市局公安无线系统互通的备用通道;在控制中心提供4号线、5号线、10号线公安无线系统接口,实现4号线、5号线、10号线公安无线互通功能并预留后续线路公安无线系统的接入条件,实现跨线运营功能。

10.5.3 环线一期、二期视频监视系统衔接

因环线一期、二期视频监视系统为不同设备供应商,二期在大竹林控制中心单独设置1套视频监视系统中心设备,通过平台对接网关,按照GB 28181制定的标准协议规则,与环线一期视频监视系统平台对接,实现对环线一期、二期所有视频监视点位摄像机的调看和操作。对于上层视频平台、轨道交通公安指挥中心的上传由环线一期视频监视系统统一上传,实现了资源共享。

10.5.4 对轨道交通通信系统的展望

随着科学发展和技术进步,轨道交通通信系统建设正在向信息化、智能化、智慧化发展,系统横向集成广度、纵向集成深度将更加广泛和深入。基于全面的智能感知、深度的数据融合、高效的数据治理理念,利用大数据、互联网、人工智能、物联网、区块链、超级计算等新技术手段,建立面向设计、建设、指挥、运维、应急处置和乘客服务为一体的新一代智能化通信体系已经成为必然的趋势。按照中国城市轨道交通协会主导编制的《智慧城轨信息技术架构和信息安全规范》,以智慧城轨发展蓝图为框架,通信系统建设可考虑将公务、专用电话通信、视频监视、乘客信息、集中告警等各子系统纳入多系统融合云平台,实现数据、设备资源共享及各弱电系统统一运维的目标。

第 11 章 信号系统

11.1 系统概况

信号系统是城市轨道交通自动化系统中的关键部分，是保证列车安全，实现列车运行高效、正点、指挥管理现代化的自动控制系统。信号系统的核心是列车自动控制(ATC)系统，它由列车自动监控子系统(ATS)、列车自动防护子系统(ATP)、计算机联锁子系统(CI)和列车自动运行子系统(ATO)组成。上述四个子系统通过信息交换网络构成闭环系统，从而保证行车安全，提高运行效率，缩短行车间隔，促进管理现代化，提高运输能力和服务质量。

环线采用基于统一标准的互联互通的信号系统，该系统在国内城市轨道交通领域首次采用统一的互联互通标准，最终目标是可实现信号系统互联互通跨线运营、不同线路列车共线运营的项目。

11.2 设计原则

(1) 信号系统必须以安全可靠、技术先进、经济合理为设计宗旨。系统设备选型，应结合重庆市轨道交通线网规划统筹考虑，并满足系统扩展的要求。

(2) 信号系统应根据全线最小行车间隔和旅行速度设计，并留有余量。

(3) 信号系统应采用计算机网络技术、数字通信技术。系统构成应经济合理、安全可靠、易于扩展、操作方便、维修简单，并具有较高的性能价格比。

(4) 信号系统应具有高可靠性和高可用性。涉及行车安全的设备必须满足故障-安全原则。主要行车设备的计算机系统应有必要的冗余，联锁、ATP 系统等安全设备的计算机系统应采用三取二或二取二的安全冗余结构。

(5) 信号系统设备配置应有利于行车组织和运营管理，实现行车指挥自动化、网络化和智能化。信号系统的操作界面显示友好，符合人机工程原理。所有对列车运行控制指令的实施过程及结果应有清晰明了的表示和必要的记录。

(6) 正线区段按双线双方向运行设计，正常运行时线路按双线单方向右侧行车，特殊情况下能组织反方向行车，在 CBTC 模式下反方向行车应具有 ATP 防护功能。折返线、出入段/场线及试车线均按双方向运行设计。

(7) 信号系统平时采用中心自动控制,必要时中心调度员可实现人工控制,中心设备或通道故障及运行需要时可转为车站自动控制或车站人工控制。用于行车控制的操作设备应具备操作员身份识别及记录功能,防止非法操作,合法操作应有防止误操作措施。

(8) 系统应具有灵活、多样的降级或后备运营控制模式,在系统发生故障时,能够保持一定的自动控制功能,以减小对运营的影响。

(9) 正线在道岔、需防护的特殊位置设置防护信号机。正常运营时,正线列车按车载信号的指示运行。工程车或系统进入降级模式情况下,列车以地面信号机显示行车。

(10) 信号系统应具有良好的电磁兼容性,在供电系统产生的电磁干扰条件下,信号系统应能安全可靠工作。信号设备电磁骚扰发射指标应满足 GB 9254—1998、IEC 61000-3-2、IEC 61000-3-3 的要求。

(11) 控制中心、车站、车辆基地信号系统地线接入各系统共用的综合接地系统,该综合接地系统接地电阻值≤1 Ω。车载设备的接地通过车辆的接地装置实现。

(12) 信号系统所有室外设备的安装必须满足环线设备限界的要求,设置于站台区域的设备在满足运营要求的前提下应尽量与车站的装修布置相协调。

(13) 在满足系统设备功能与安全的前提下,应优先选用国内能提供的成熟、优质的设备,以降低工程投资。凡进口的系统和设备应有切实可行的国产化措施,以降低成本。

(14) 信号系统应能满足互联互通相关标准的要求,不同线路信号系统应相互兼容,并形成统一的配置标准。

11.3 系统构成及功能

本工程的信号系统采用满足互联互通要求的列车自动控制系统(ATC 系统),其结构和传统的 ATC 系统一致,主要由列车自动监控子系统(ATS)、列车自动防护子系统(ATP)、列车自动驾驶子系统(ATO)和计算机联锁子系统等组成(图 11-1)。

1) 列车自动监控子系统 ATS

ATS 系统在 ATP、ATO 子系统的支持下完成对全线列车的运行管理和监控,其控制方式可由中心集中控制亦可由车站分散控制。系统故障或车站作业需要时,经控制中心调度员与车站值班员办理手续后,可实现站控与遥控转换;车站值班员也可强行办理站控作业;站控与遥控转换过程中,不应影响列车运行。ATS 子系统主要功能如下:

(1) 列车自动识别、跟踪、车次号显示。

(2) 列车运行图和时刻表编制及管理。

(3) 进路自动/人工控制。

(4) 列车运行自动调整。

(5) 列车运行和设备状态自动监视。

(6) 操作与数据记录、回放、输出及统计处理。

(7) 列车运行模拟及培训。

(8) 提供司机发车指示功能。

(9) 系统或设备故障显示及故障复原处理。

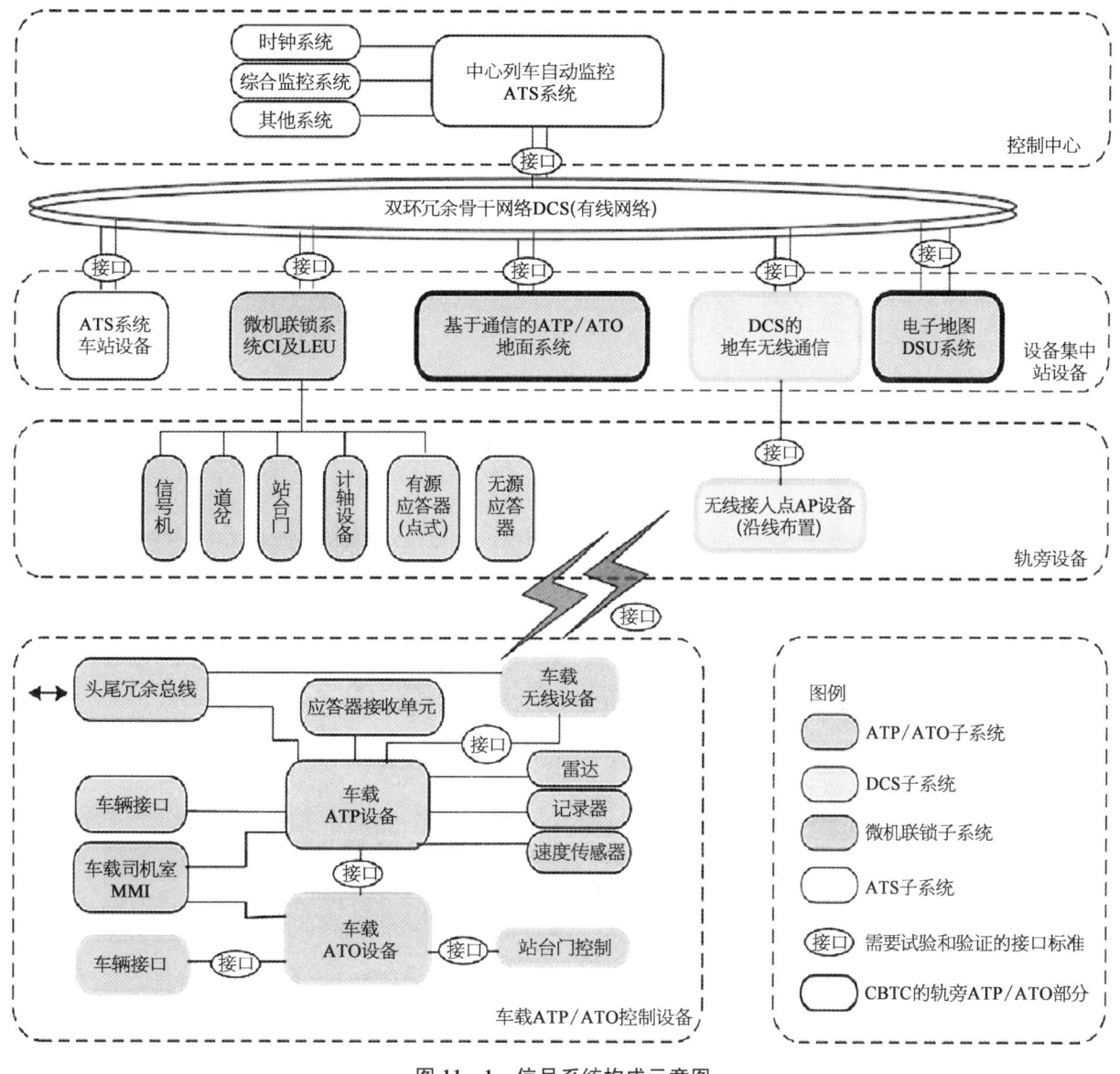

图 11-1 信号系统构成示意图

(10) 车辆修程及乘务员管理。

(11) 报表处理及打印功能。

(12) 维护管理功能。

(13) 与 ATO、ATP 系统的信息交换和处理,并向乘客信息及广播等系统提供相关信息。

2) 列车自动防护子系统 ATP

ATP 子系统是保证列车行车安全的基本系统,是提高运输效率的重要设备,可实现列车间隔控制、超速防护。ATP 系统必须满足故障-安全的原则,并具有自检和自诊断能力。ATP 系统应具备在线列车双方向运行的 ATP 防护功能。ATP 子系统主要功能如下:

(1) 自动检测列车位置,实现列车间隔控制和进路控制。

(2) 监督列车运行速度,实现列车超速防护控制。

(3) 防止列车误退行等非预期移动。

(4) 实现车载信号设备的日检。

(5) 连续、有效地控制列车运行,设备出现危及运行安全的故障时实施紧急制动。

(6) 列车完整性监测。

(7) 车门/站台门开、关的安全监控,为列车车门及站台门的开闭提供安全可靠的信息。

(8) 站台非正常情况下紧急停车按钮功能。

(9) 轨道末端防护。

(10) 车载人机界面(MMI)显示及报警功能。

(11) 支持不同驾驶模式下列车控制。

(12) 与 ATO、ATS 系统和联锁系统的信息交换和处理。

(13) 实现司机操作和子系统设备状态记录、统计、打印功能。

3) 列车自动运行子系统 ATO

ATO 子系统是自动控制列车运行的设备。在 ATP 的保护下,根据 ATS 的指令实现列车的自动驾驶,能够自动完成对列车的启动、牵引、巡航、惰行和制动的控制,确保达到列车运行的设计间隔及旅行速度要求。ATO 系统对提高列车运行效率、完成运行自动调整、改善司机劳动条件、实现列车经济运行、定点停车等方面具有重要作用。ATO 子系统主要功能如下:

(1) 站间自动运行。

(2) 车站站台定点停车。

(3) ATO 有人或无人驾驶自动折返。

(4) 列车运行自动调整。

(5) 列车停站后车门、站台门自动开/关控制。

(6) 列车节能控制。

(7) 牵引及制动控制满足舒适度的要求。

(8) 应确保在线路最大上坡道上及任何负载情况下,与列车牵引及制动系统协调完成列车的正常启动,且不发生列车向后退现象。

(9) ATO 驾驶的列车在线路上(特别是上坡、下坡、变坡点)运行应避免不必要的牵引变换,使列车运行保持平稳。

4) 计算机联锁子系统

计算机联锁设备是保证列车运行安全,实现轨道区段、道岔、信号机之间正确联锁关系及进路控制的安全设备。联锁计算机应采用安全型冗余结构,必须满足故障-安全原则。

计算机联锁子系统主要功能如下:

(1) 实现进路上的道岔、信号机和轨道区段的联锁功能,保证联锁关系正确。不满足联锁条件时禁止进路开通。

(2) 根据运行计划及列车位置自动设定、建立、解锁列车进路,当没有运行计划(由于故障),联锁自身具有一定的自动排列进路功能,可自动排列设定的通过进路及自动折返进路。

(3) 对列车进路、延续进路、敌对进路、超限区段及侧翼道岔进行防护。

(4) 联锁现地工作站能对联锁集中站控制范围内的信号设备实行单独控制,既能对道岔实行单独操作和单独锁闭,又能对道岔、信号机等信号设备实施封锁。

(5) 与车辆基地联锁设备具有出入段线的列车作业逻辑照查接口功能。

(6) 能向 ATP/ATS 子系统提供信号机状态、列车进路设置情况、保护区段的建立、信号设备的封锁、站台紧急停车、区间运行方向及其他相关条件和信息。

（7）能与 ATS 子系统结合，实现中央和车站两级控制。根据运营要求实现自动和人工控制两种模式办理进路。

（8）应具有较完善的自诊断功能，能对包括联锁设备、列车占用检测设备、道岔、信号机及电源设备等工作状况实施监督，并能根据用户需要在控制中心和维修中心实施远程故障诊断。

（9）能根据运营要求完成与联络线的特殊接口功能，完成必要的逻辑判断以对其接口对象进行正确的控制和监督。

11.4　工程方案

环线信号系统采用交控科技研制的基于无线通信的 LCF-300 型 CBTC 系统；车地无线通信采用 LTE+漏缆的方式。

环线共设置 10 个设备集中站，分别设置在重庆西站、凤天路站、体育公园站、洪湖东路站、渝鲁站、仁济站、罗家坝站、海峡路站、奥体中心站和二郎站，其他均为非设备集中站。在车辆基地设置和正线一致的联锁系统，场段存车线具备上电无线检测的功能。本工程设置一条试车线，试车线上除站台设备接口为模拟条件外，其他均设置为和正线完全相同的信号设备（单套）。

信号系统满足 6、7 辆不同编组，最小运营行车间隔 2 min 的要求。正线设计追踪间隔不大于 90 s，交路折返站折返设计追踪间隔不大于 108 s。对于折返设计追踪间隔不满足 108 s 的特殊交路折返站（由于配线和土建原因），须至少满足 120 s 的最小运营间隔。

信号系统具备灵活的降级模式，可提供正常情况下的常用模式及异常情况下的 ATP 切除模式，主要驾驶模式为 AM 模式、CM 模式、RM 模式、EUM 模式等。根据列车运行位置（正线/车辆基地等）及故障发生等情况切换至相应的模式进行运行。

环线信号系统采用了基于统一标准的互联互通信号系统，实现与 4 号线、5 号线、10 号线信号系统互联互通跨线运行，是国内城市轨道交通首次采用基于统一标准，一套车地信号设备即可实现互联互通跨线运营、不同线路列车共线运营的项目。本工程信号系统互联互通的主要实施原则及方案如下：

（1）系统保证装备不同厂家车载设备的列车可以在装备不同厂家轨旁设备的一条轨道交通线路或多条轨道交通线路上支持点式列车控制级别和连续式列车控制级别无缝安全可靠运营。

（2）车载设备具备不少于 200 km 且不少于 5 条运营线路电子地图的储存能力，应储存与本线有跨线运营条件线路的电子地图，且本线电子地图编制格式和标准应与其他具备跨线运营线路信号厂家编制电子地图的格式和标准相一致。

（3）ATO 轨旁设备应满足线网间运行的不同列车（列车编组长度不同，列车的制动和牵引特性不同，编组长度及车型相同的列车制动和牵引特性也可能不同）的精确停车要求。

（4）系统车-地通信方式、制式及协议等均应一致。

（5）系统能根据列车车载设备信息分辨不同线路列车长度差异和不同的列车编组长度并为其建立相应的防护。

（6）系统能根据不同线路列车制动和牵引性能的差异保证运行安全；系统对列车的自动调整应能根据具体线路特性对跨线列车具备的不同牵引及制动特性进行考虑。

11.5 系统创新及实践

国家发改委将重庆轨道交通互联互通工程中的难点——CBTC 互联互通列为国家示范工程项目,并要求中国城市轨道交通协会组织编写 CBTC 互联互通规范及 LTE-M(LTE for Metro)规范。

11.5.1 实现互联互通网络化运营基本条件

1) 车型、制式的统一

通过车辆的车型、限界和受电方式的统一,实现不同线路之间列车的跨线行驶、相互调用和维修资源的共享;通过建立合理的维保体系,全线网车辆能够进行集中架、厂修,这也是节约资源、提高设备利用率的有效措施。在此前提下,各条线路的车辆段和车场还应合理确定各自的独立功能和共享功能,维修设备的采购和人员配备也应按功能的分工合理安排,具有共享功能的维修基地应满足各条线路列车的相应维修条件。

2) 线路间轨道交通的互联互通

线路互联互通的关键是满足快慢车运行和跨线运行所需的线路条件,一方面需要将换乘站按照同站台换乘过轨站的要求,设置渡线道岔,满足列车跨线运行的条件;另一方面,利用每条线预留的 3 座以上四线故障车待避站,实现快慢车运行和局部故障情况下的分段运行,实现全线不停运的服务目标。

3) 信号系统的统一

列车的网络化运行和调度离不开互联互通的信号系统,因此各条线路的信号系统应相互兼容,并形成统一的配置标准。其主要措施为制定统一的技术标准和每期建设工程相对集中的招投标,使不同厂商提供的信号系统的车载设备、车地接口及传输系统等能够相互兼容,避免因无统一标准和规范,造成各条线路各自为政,即使成网后各系统也无法集成的局面。

4) 全网运调指挥中心的建立

全网运调指挥中心是在各线控制中心的基础上构建的,网调中心依靠线控中心来实现,且在无跨线列车行驶时,由线控中心进行运行调度(网调中心可只监控不调度),故网调中心的四大主要功能是运行计划的编制、运行调度(跨线列车运行时段和出现故障时)、运营监控、信息收集和发布。为此,线控中心需增加的功能设备为:与网调中心的信息联通接口和信息处理设备;相邻线路(跨线运行线路)的信息联通接口和信息处理设备;网调中心和线控中心功能自动切换设备和安全保障;导向设备中需增加列车方向显示功能。互联互通网络化运营的构成如图 11-2 所示。

11.5.2 实现 CBTC 互联互通工程的主要任务

(1) 攻克 CBTC 互联互通关键技术并研制出互联互通 CBTC 的产品。
(2) 实现自主化信号系统的创新应用、工程示范应用和网络化运营组织管理。
(3) 搭建互联互通系统测试验证平台。
(4) 编制 CBTC 互联互通技术规范体系并用实际工程验证。CBTC 互联互通产品要满足上述规范,并具备以下功能:① 点式功能;② CBTC 功能;③ 支持共线、跨线运营。

11.5.3 重庆互联互通示范工程对行业自主创新的作用

参与重庆互联互通工程的各信号厂商基于 CBTC 互联互通的技术及系统需求,研发具有完全自主

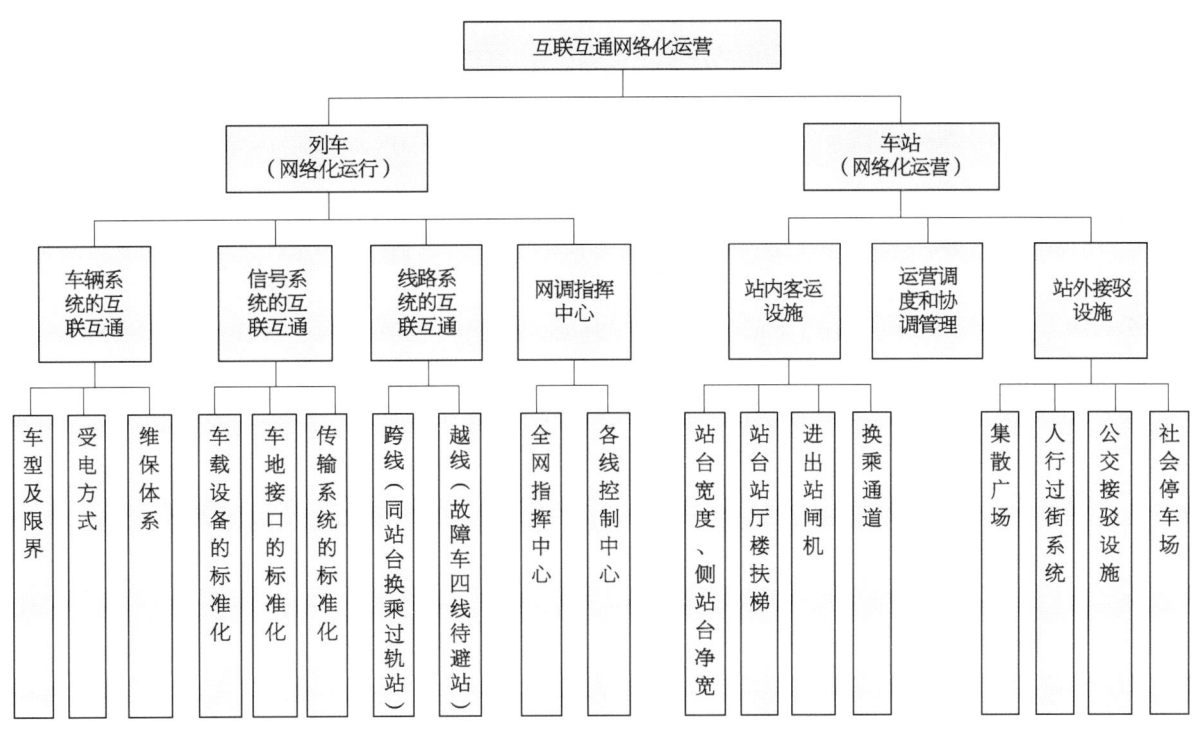

图 11-2 互联互通网络化运营的构成

知识产权的 CBTC 信号设备,对提高城市轨道交通信号产品的整体竞争力具有重要作用。互联互通 CBTC 系统除应具备传统 CBTC 系统的移动闭塞技术、列车定位和追踪技术、列车安全防护技术、列控系统自动监控技术、站台门联动等功能外,还采用了跨线移交技术、互联互通接口技术、统一电子地图技术等。

我国自主研制的互联互通 CBTC 技术和系统不仅能服务于个别城市,还能服务于全国蓬勃发展的城市轨道交通市场,乃至世界,形成富有生命力和发展力的产业链。为营造公平的竞争环境,互联互通 CBTC 系统的各设备间通信部分,采用国际公认的标准和开放标准、公开接口,在保持通信"透明度"的前提下,确保实现"统一制式、保持竞争"的目标,有助于通过公平竞争,使造价进一步降低。

11.6 技术特点及展望

11.6.1 互联互通 CBTC 制式发展

网络化运营的互联互通 CBTC 系统从规划、运营等层面都具有重要意义。在规划层面上,实现城市轨道交通的整体规划,降低换乘站的建设规模,降低车辆基地建设规模等,从而降低城市轨道交通的建设成本;在运营层面上,实现更好的网络化运营,降低培训和维护成本,减少乘客换乘,有效吸引客流,司机和调度人员的路网内共享等,实现资源共享,更好服务人民出行。在城市轨道交通信号领域,国家示范工程项目有两个:一个是重庆的 CBTC 互联互通国家示范工程,另一个是北京燕房线全自动运行系统。将这两个国家级的示范工程有机地结合在一起并加以拓展,就能构成互联互通的 FAO(全自动运行)系统,这是中国城市轨道交通信号系统的发展方向。关于互联互通的 FAO 系统,面临技术难度更大、系统集成度更高等问题,需要轨道交通建设公司和信号厂商、车辆供应厂商及各专业应用公司一起,迎难而上、团结合作、奋力进取、持续创新,让中国城市轨道交通的技术处于世界轨道交通的前列。

11.6.2　基于车车通信的CBTC系统发展

随着我国城市轨道交通大规模发展,基于车地通信的CBTC系统已经成为城市轨道交通信号系统的标配。但经过多年的实际运营后,基于车地通信的CBTC系统也暴露出很多技术条件限制及惯性思维等原因造成的不足。基于车地通信的CBTC系统由于缺少车对车之间的直接通信通道,系统接口复杂,且车地通信数据流量较大,难以进一步缩短通信时延,若地面设备故障,控制范围内所有车辆将被迫降级运行,影响效率。基于车车通信CBTC系统是将传统的车地两层分布式列车控制系统与车载网络、牵引、制动系统深度融合,以车载控制平台为核心,实现列车自主进路、自主防护、自主调整,从而实现列车自动运行。该系统主要优势是提高运行效率、减少设备投资、减少用房面积及运营维护工作量、有利于信号系统升级改造、简化系统调试和割接难度、能最大限度地实现资源共享及互联互通。目前基于车车通信CBTC技术还处于研究试验阶段,没有形成统一的标准,但基于车车通信的CBTC系统将成为城市轨道交通下一代信号系统的发展方向之一,具有广阔的发展前景。

第 12 章 监控系统

12.1 综合监控系统

12.1.1 概述

城市轨道交通综合监控系统(ISCS)是基于大型的监控软件平台,通过专用的接口设备与若干子系统互连,采集各子系统的数据,实现在同一监控工作站上监控多个专业,调度、协调和联动多系统的集成系统。

环境与设备监控系统作为综合监控的集成子系统,负责对全线各站点机电设备(通风空调、给排水、动力照明、自动扶梯、电梯等)进行全面、有效地自动化监控及管理,进行自动、实时、定时监视设备运行状态,控制开启和关停,检测环境参数,调控环境舒适度及节能管理,确保设备处于安全、可靠、高效、节能的最佳运行状态,从而提供一个舒适的乘车环境,并能在列车阻塞事故状态下,更好地协调车站设备的运行,充分发挥各种设备应有的作用,保证乘客的安全和设备的正常运行。

12.1.2 设计原则

综合监控系统以满足运营指挥、防灾安全、乘客服务和维修支持等现代运营管理需求为目标。

综合监控系统采用两级管理、三级控制方式,系统由控制中心中央级系统、沿线各车站级系统及数据传输骨干网组成。环境与设备监控系统在中央级和车站级由综合监控系统集成,中央级和车站级监控功能由综合监控系统实现,仅设置现场级设备。

综合监控系统应有正常模式、阻塞模式、故障模式、维修模式等多种模式。当出现异常情况时,综合监控系统应能迅速由正常运行模式转变为应急模式,为防灾、救援和事故处理指挥提供方便,进一步提高运营调度管理水平。

综合监控系统原则上实施模式控制和群组控制,各系统实施点对点控制和联锁控制。

系统可根据不同系统之间的联动要求,设计并实现系统间联动,以提高轨道交通运营的安全性,可改进各专业之间的协调,提高应急处理能力,减轻紧急情况下运营人员的工作压力,避免发生不必要的操作错误,降低劳动强度。对重要的系统联动,必须经过运营人员的手动确认方可执行。

环境与设备监控系统与火灾自动报警系统之间设置可靠的通信接口。当车站发生火灾时,火灾自动报警系统探测火灾发生的位置,通过设在车站控制室的通信接口,发布对应的火灾模式指令给环境与设备监控系统,由环境与设备监控系统优先执行相应的控制程序,从而控制防排烟及其他相关设备进入救灾状态。

系统设计应充分考虑系统的安全性与可靠性要求,在信息的处理上坚持实时监控信息和事务信息严格分开的原则,保证信息安全和网络安全。

系统遵循模块化、组网灵活、冗余配置的原则,具有开放式结构,采用先进性、可靠性、可用性、可维护性及安全性技术,便于管理,节约投资。

系统设计遵循分散自制的原则,既满足集中自动控制要求,又可尽量减少故障波及面。各子系统具有独立的现场网络连接现场设备,当综合监控系统出现问题时,各子系统仍然可以独立运行,内部安全可靠性由其自身保证。

综合监控系统与各集成互联系统的接口应该功能明确,接口界面清晰,减少接口配合难度。满足各子系统相关的规范,实现无缝连接,满足整体性能要求。

综合监控系统不仅应满足本期工程的运营和管理的需求,还应为后期工程、其他换乘线路接入、与上级管理系统的连接等预留条件。综合监控系统采用 UPS 不间断电源供电。综合监控系统采用综合接地系统,接地电阻不应大于 1 Ω。

12.1.3 系统组成及功能

1）系统组成

本线工程综合监控系统主要由位于控制中心的中央级综合监控系统（CISCS）、网络管理系统（NMS）、软件测试平台（STP），位于车站、停车场的车站级综合监控系统（SISCS），位于车辆段的车辆段综合监控系统（DISCS）、培训管理系统（TMS）及维护管理系统（DMS）等几部分组成。车站级综合监控系统与通信传输系统连线（传输系统为综合监控系统提供 1 000 Mb/s 独立通道）,通过通信传输骨干网,与中央级综合监控系统构成全线综合监控系统。

环境与设备监控系统为深度集成于综合监控系统的一个子系统,通过冗余接口接入综合监控系统,实现环境与设备监控信息的监控,其在中心级和车站级的系统设备由综合监控系统统一实现,环境与设备监控系统仅设置现场级设备。现场级设备包括冗余控制器、远程 RIO、通信接口模块、检测元件、传感器等。

对于高架车站,由于车站监控设备相对较少,只在靠近车站控制室的一端集中设置 1 套冗余的 PLC 控制器;对于地下车站、半地面车站,由于车站监控设备相对校多,为保证系统的整体可靠性和稳定性,采用在车站两端分别设置一套冗余 PLC 控制器的方案。

2）系统功能

综合监控系统采用两级管理、三级控制的方式。正常情况时,中央级综合监控系统监管全线系统设备。通过中心权限下放,车站级只负责对本站内设备的监控和管理。在中心综合监控系统发生故障时,系统处于降级运营模式,由车站综合监控系统对本站集成系统设备进行监控。正常情况下,车站综合监控系统监视互联系统主要设备运行状态,监控集成系统设备,与互联系统进行正常模式的联动,以实现轨道交通的正常运营。紧急情况下,综合监控系统通过监视各个系统主要设备运行状态,根据现场情况,启动相应联动模式（如火灾模式等）,协调管理各个系统之间联动,以保证轨道交通能正常运营,减少生命、财产损失。

车站级综合监控系统通过 BAS,可对本站机电设备进行监控。车站级综合监控系统监视 FAS 设备状态,在火灾情况下,接收火灾自动报警系统的火灾信号。

车站综合监控系统通过 PIS,对本站 PIS 设备进行监视,可提供预定义文本信息、信息序号等供 PIS

播出。

车站级综合监控系统通过广播系统(PA),对本站广播设备进行监视,并能对相应广播分区进行语音广播、自动广播等。正常情况下,由信号系统联动站台门的开启与关闭。车站级综合监控系统只对站台门状态进行监视。

车站级综合监控系统监视风机振动监测装置的状态,并为风机振动监测系统的采集单元、检测装置提供全线维修的传输通道。

车站级综合监控系统通过 ACS,完成对本站门禁设备的监控等功能。车站级综合监控系统可对本站的 AFC 设备进行状态监视和故障报警等。车站级综合监控系统监视 EFMS 的状态信息、报警信息等。

车站级综合监控系统可以对本站内视频监控设备进行监视,并能对摄像头进行控制,查看相应区域的视频,将其显示在车站控制室内视频监控的监视器上。

在车站控制室设置综合后备盘(IBP)。能够显示时间和电扶梯运行情况。当中央级发生通信故障、车站级人机接口发生故障等情况时,实现必要的车站紧急后备控制功能。紧急情况下的手动操作控制功能包括:车站 AFC 闸机的开启功能,站台门的紧急开启功能,信号系统紧急停车、扣车和放行功能,车站门禁的紧急释放功能,车站环控系统紧急情况下的模式控制,车站消防水泵、排烟风机的开启,通信 UPS 电源的开启功能。典型车控室布局如图 12-1 所示。

图 12-1 典型车控室布置

12.1.4 方案设计

1) 综合监控系统

本工程综合监控系统采用成熟的两级管理三级控制的分层分布式结构。两级管理分别是中央级管理和车站级管理;三级控制分别是中央级控制、车站级控制和现场级控制。综合监控的总体架构如图 12-2 所示。

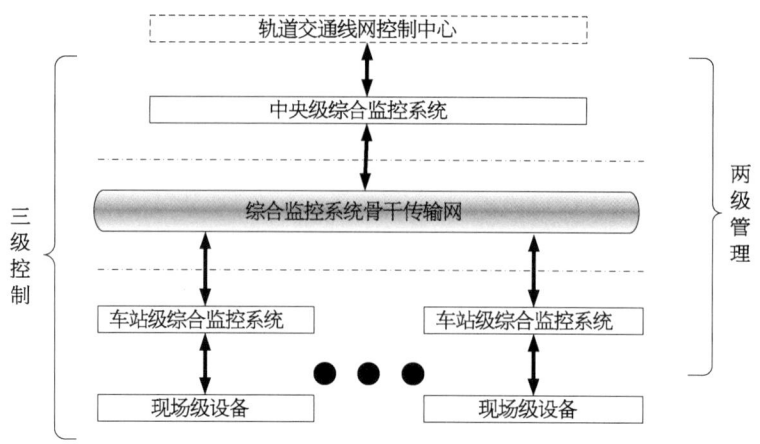

图 12-2 总体框架示意图

本工程采用车站级(纵向集成)的适度集成(横向集成)方案。综合监控系统集成互联的内容包括环境与设备监控系统(BAS)、电力监控系统(SCADA)、门禁系统(ACS)、火灾自动报警系统(FAS)、站台门(PSD)、广播系统(PA)、视频监控系统(CCTV)、乘客信息系统(PIS)、自动售检票系统(AFC)、时钟系统(CLK)、信号系统(SIG)、通信集中告警系统(ALM)等。

2) 环境与设备监控系统

环境与设备监控系统不单独组建全线网络,在车站级由综合监控系统集成,由综合监控系统组建全线监控系统,系统仅设置现场级设备。

环境与设备监控系统网络采用分层分布式结构,在地下车站两端环控电控室内各设一套冗余的PLC控制器,以靠近车站控制室端的冗余PLC为主控制器(A端),另外一端的PLC为从控制器(B端)。B端冗余PLC控制器通过光纤自愈以太网环网(通信介质采用光纤)接入A端冗余PLC控制器,A端主控制器每个机架分别配置2个10 M/100 M以太网模块分别接入属于不同网段的车站级ISCS系统交换机(与ISCS系统交换机采用光缆连接)。在车站控制室IBP盘(ISCS系统提供)设置1套非冗余PLC控制器及1套应急操作终端与A端主控制器相连构成车站级环境与设备监控系统。高架车站环境与设备监控系统采用在A端或B端设置冗余PLC的方案。

主变电所设置小型非冗余PLC及远程I/O模块、远程工作站,通过冗余双总线或光纤接入相邻车站的环境与设备监控系统,实现中心、车站及主所对主变电所内机电设备的监控和温湿度传感器信号的采集等工作。

环境与设备监控系统现场级主要由PLC控制器、RI/O、电源模块、通信模块等设备组成。传感器等现场设备通过RI/O或通信模块接入环境与设备监控系统。现场级控制网络采用冗余现场总线。RI/O为非冗余配置,主要设置在环控电控室、照明配电室、暖通空调机房、水泵房等房间内。

12.1.5 创新与实践

环线由于其线路特点,多次过江,导致区间射流风机数量较多,而区间设备的检修一直是轨道交通的一个难题。为了尽早发现区间射流风机的故障,便于检修工作的安排,本工程在区间射流风机处设置风机振动监测装置,当风机振动出现异常时,可实施报警,及时提醒人员进行排查,防患于未然。

12.2 火灾自动报警系统

12.2.1 概述

火灾自动报警系统由触发装置、火灾报警装置、联动输出装置及具有其他辅助功能的装置组成,具有能在火灾初期,将燃烧产生的烟雾、热量、火焰等物理量,通过火灾探测器变成电信号,传输到火灾报警控制器,并同时以声或光的形式通知人员疏散,控制器记录火灾发生的部位、时间等,使人们能够及时发现火灾,并及时采取有效措施,扑灭初期火灾,最大限度地减少因火灾造成的生命和财产损失。

全线 FAS 系统由中央级系统、车站级(包括各车站、车辆段、停车场)系统、现场控制级系统、设备维护管理系统、培训系统等组成。

12.2.2 系统构成及功能

1) 中心级功能

大竹林控制中心是环线 FAS 的调度、管理中心,对全线报警系统信息及消防设施有监视、控制及管理权,对车站级的防救灾工作有指挥权。通过全线防灾直通电话、视频监控、列车无线电话等通信工具,组织指挥全线防救灾工作。FAS 中心级功能由综合监控系统实现。

中心级负责与市防洪指挥部门、地震检测中心、消防局 119 火警通信,接收自然灾害预报信息,负责轨道交通工程防救灾工作对外界的联络,包括预留与市消防控制中心联网的功能。

编制、下达全线 FAS 运行模式,火灾时确定全线火灾自动报警系统的运行模式,监视运行工况。应能够完成对全线所有车站火灾自动报警控制器的程序修改并能够通过网络远程下载。

接收各车站级报送的火灾信息和防救灾设备的运行状态,并记录存档,按信息类别进行历史资料档案管理。

中心级通过车站级接收报警设备信息,向火灾区间相邻车站下达模式控制指令,相关车站执行救灾模式,启动相应的救灾设备。

在车站火灾时,中心对火灾点相邻车站发布救灾运行模式的控制指令。

接收控制中心列车无线电话报警,当列车在区间发生火灾事故时,对车站级发布、实施灾害工况指令,将相应救灾设施转为按预定的灾害模式运行。

中心级不仅能够通过网络,实现对网络上的节点设备的管理、监视和控制,还能够实现对各车站级的火灾自动报警控制器、现场级设备等的工作状态监视。

2) 车站级功能

各车站控制室设置"车站监控管理级"系统,实现对管辖范围内的 FAS 设备的自动监视与控制,以及对重要设备的手动控制。

车站分控级是 FAS 关键的环节,也是 FAS 基本组成单元,实现火灾的预期报警功能,监视管辖范围内的火情,管理防排烟、消防灭火、疏散救灾等设备,实现自动化管理。灾害发生时作为现场指挥部,经防灾通信设施(广播、视频监控、有线和无线电话等),接受 FAS 控制中心指令或独立组织指挥乘客疏散,负责车站抢险救灾工作。

系统实时自动监视车站管辖范围内的火灾灾情和专用消防救灾设施的工作状态,采集、确认火警信号。控制车站管辖范围内防救灾设施启/停,显示运行状态。设置与车站 ISCS 通信接口,将 FAS 所有信息传至 ISCS。火灾时,FAS 向本站 ISCS 发布火灾模式指令,由 ISCS 控制现场相关设备转入灾害模式运行。火灾自动报警控制器应接受综合监控系统发布的时钟校核指令,使各设备系统时间与主时钟保持一致,并能将时钟信息传输给气体灭火报警主机,由气体灭火系统实现内部时间同步。

车站级 FAS 应与轨道交通接驳的商业开发场所或换乘站各自的 FAS 设有接口,以互通灾情,两个 FAS 之间有硬线接口或通信接口。火灾时,两个 FAS 能相互发送报警信息。全线范围内相关便民设施(如无单独设置 FAS 报警主机及消防控制值班室)的火灾报警区域纳入车站级 FAS 系统。

消防应急广播与通信系统公共广播合用,由通信系统设置,火灾时,公共广播能具有强制切入消防应急广播的功能。

车站级基本监视功能包括但不限于:监视车站管辖范围(包括车站及所辖区间)内灾情,采集火灾信息;显示火灾报警点,监视车站专用消防救灾设备的工作状态;FAS 接收气体自动灭火系统的反馈信号:火灾预报警、火灾确认、系统故障、气体释放、手动/自动状态信号等。

3) 联动控制功能

对于消防设备如专用排烟风机、加压送风机、消防泵(消火栓泵、喷淋泵)等,除可自动控制外,紧急情况下能够在车站控制室内的 IBP 盘上直接手动控制。对于防烟、排烟与正常通风系统合用的设备,在火灾情况下由环境与设备监控系统统一监控。

当发生火灾时,FAS 具有优先控制权,由 FAS 向 BAS 发布模式控制指令,BAS 将正常模式转为火灾模式,确保火灾联动正确执行。

发生火灾时,由 FAS 按防火分区在变电所 400 V 低压柜或配电箱处切除相关区域的非消防电源(分励脱扣器),并接通相关区域内应急照明电源装置。

发生火灾时,由 FAS 控制垂直电梯迫降于疏散层(接近地面层),接收其反馈动作信号。

火灾时,FAS 接到报警信息后,根据事先编制好的程序,向卷帘门控制器发出下降指令,使卷帘门自动下降,并接收其反馈信号。

气体自动灭火系统自成系统,气体灭火保护区内的火灾探测器、声光报警等装置由气体灭火配套提供。一般情况下当任一探测器发出报警信号,值班人员应立即赶至现场进行人工确认,确认后,由值班人员在现场决定是否启动气体自动灭火系统。在报警、喷射阶段,车站控制室应有相应的声、光报警信号,并能手动切除声响信号。

火灾时由常开防火门所在防火分区内的两只独立的火灾探测器或一只火灾探测器与一只手动报警按钮的报警信号,作为常开防火门关闭的联动触发信号,联动触发信号由火灾报警控制器或消防联动控制器发出,并由消防联动控制器联动控制常开防火门关闭。

火灾时,AFC 接到 FAS 发送的火警确认信号后,打开自动售检票闸机,便于人员的疏散。当所有自动检票闸门打开后,AFC 反馈给 FAS 一个状态信号,FAS 接收并显示 AFC 提供的闸机全部打开的信息。

火灾时发送火灾信息至综合监控系统,由综合监控系统联动广播、门禁等系统进入火灾模式,启动应急广播、释放火灾区域所有的电锁。

4) FAS 现场级功能

现场级的探测器、输入输出模块、手动火灾报警按钮(带电话插孔)有良好的线路故障自我保护、隔离功能。

现场级设备能够直接控制完成现场灭火、阻隔火源蔓延、控制烟雾等功能。

典型线路火灾自动报警系统框架如图 12-3 所示。

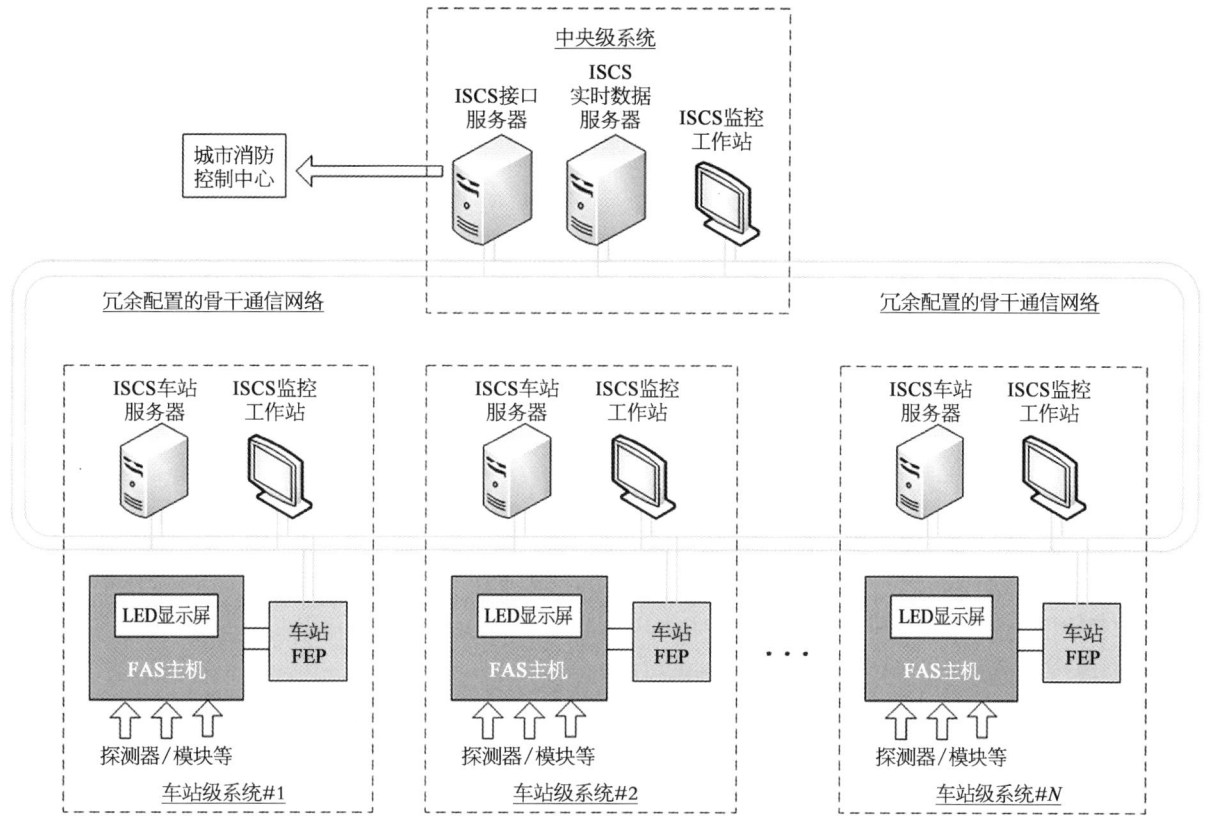

图 12-3 典型线路火灾自动报警系统框架

12.2.3 工程方案(含气灭)

环线一期及二期火灾自动报警系统由南瑞继保进行集成实施,环线一期火灾自动报警系统产品为爱德华,环线二期火灾自动报警系统产品为西门子。

FAS 集成于综合监控系统,综合监控系统在各车站控制室、控制中心中央控制室和车辆段控制室综合设置工作站,火灾报警控制器采用冗余通信接口与综合监控系统网络设备连接。FAS 不单独设置光纤通道,利用综合监控传输通道,通过综合监控系统局域网实现与控制中心综合工作站的数据交换。

环线一期、二期工程分段建设,全线控制中心由一期工程建设实施。控制中心综合监控服务器及工作站具备二期 FAS 的容量和接入条件。

各车站级现场安装如下设备:

(1) 火灾自动报警控制盘:在车辆段、停车场设置火灾自动报警控制盘,装在消防立柜或挂墙安装。

(2) 消防立柜:在车控室、场调室等地设置消防立柜,用于放置 FAS 主机、消防电话主机、DC24V 操作电源、光电转换器、手提插孔电话等。

(3) 气体灭火控制盘:在重要设备用房、变电所房间等气体灭火保护区门外设置气体灭火控制盘。

(4) 点式感烟探测器:设在各建筑物设备与管理用房、通道和电缆井等区域,均设置带地址码的智能光电式感烟探测器进行火灾探测。感烟探测器的保护面积不大于 $50 m^2$,保护半径小于 5.8 m,对于盥洗室、洗手间、气体灭火气瓶间不设探测器。

(5) 点式感温探测器：气体灭火保护区、厨房、茶水间、防火卷帘等处设置点式感温探测器。

(6) 主动吸气式感烟探测器：车站设备用房走道设置主动吸气式感烟探测器。

(7) 红外光束感烟探测器：车辆段、停车场盖下运用库等大开间且净空较高的场所设置红外光束感烟探测器。

(8) 手动报警按钮：报警区域内每个防火分区，至少设置一只手动火灾报警按钮。从一个防火分区内的任何位置到最邻近的一个手动报警按钮步行距离，不应大于 30 m。在上述区域中，若设置有消火栓箱，则手动火灾报警按钮安装在靠近消防栓箱处、明显和便于操作的墙上，并安装在消火栓门轴的对侧。

(9) 感温电缆及控制器：在强电电缆井、变电所下的电缆夹层设置感温电缆进行火灾探测，感温电缆按电缆桥架分层，蛇行走向布置，沿电缆表面敷设，并延长到强电电缆竖井内，感温电缆敷设振幅及波长应根据现场情况而定，其中振幅在 0.5～0.8 m，波长系数宜取 1.3 m，振幅在 0.8～1.2 m，波长系数宜取 1.8 m。感温电缆每 150 m 作为一个探测区域。

(10) 输入模块：采用带地址码的单点输入模块，用于对防火阀、消防水泵、电梯、防火卷帘、专用排烟风机、感温电缆状态的监视。

(11) 输出模块：采用带地址码的单点输出模块，用于控制消防水泵、防火卷帘、专用排烟风机、电梯等设备的启停。

(12) 消防电话主机：设置在消防控制室的消防立柜内。

(13) 消防壁挂电话：在消防水泵房、主要通风和空调机房、变电所开关柜室等处设置壁挂电话（壁挂电话设置在消防水泵房、通风机房内靠近出入口的地方）；在气体保护房间门外设壁挂电话。

(14) 消防电话插孔：在各建筑物走道设置消防电话插孔，消防人员手持插孔电话可直接与消防控制室消防电话主机通话，安装位置与手动报警按钮并排布置。电话插孔有两种，编址型电话插孔采用总线制串接，非编址型电话插孔通过电话编址模块接入电话总线。

(15) 消防广播：消防广播与通信专业的广播系统合用。

(16) 模块箱：由于现场环境潮湿，为了保护设备和便于日后维护，将模块按照不同的区域集中安装在模块箱中，每个模块箱可安装 4 个或 12 个模块。

12.3 安防与门禁系统

12.3.1 概述

城市轨道交通系统具有车站多、分布广、管理人员少的特点。轨道交通运行核心控制管理区域的控制指挥中心和各车站的大部分设备用房无人值班，为确保轨道交通正常、安全运营，保证授权人员在受控情况下方便地进入设备管理区域，防止非授权人员进入限制区，环线工程全线设置门禁系统、防入侵系统，停车场及车辆段设置电子巡更系统。

12.3.2 系统构成及功能

12.3.2.1 门禁系统构成及功能

门禁系统采用线网授权管理中心、线路中央级系统、车站级系统和就地级四层架构。线网级负责对整个重庆轨道交通线路的门禁系统进行授权、监控、管理；中央级实现对全线所有门禁设备的监控和管理；车站级实现对各车站、车辆基地各建筑物内门禁设备的监控和管理。

1）线网级系统构成

门禁线网授权管理中心已建成并预留本线接入条件，主要由线网授权服务器、线网授权存储设备、线网管理工作站、线网授权工作站、发卡机、打印机、通信设备（线网授权交换机）、UPS等硬件设备和平台软件、数据库软件、接口开发软件组成。

2）中心级系统构成

门禁系统中心级设备由中央服务器、中央存储设备、中央管理工作站、中央授权工作站、台式读卡器、网络设备及打印机等设备组成。

中央门禁服务器通过通信系统提供的传输通道与各车站、车辆基地的主控制器进行参数下载和数据传输。

3）车站级系统构成

车站级门禁系统设置在各车站、车辆基地，由监控工作站（ISCS设置）、交换机、门禁主控制器等设备组成，车站级门禁系统操作界面由综合监控系统（ISCS）实现，通过交换机与综合监控FEP接口，门禁系统不设置独立的工作站，与ISCS合用。

4）就地级系统构成

就地级门禁系统由门禁就地控制器、考勤机、门锁、读卡器、门磁开关、出门按钮、紧急按钮开关等组成。门禁就地控制器通过现场总线方式与门禁主控制器连接。

公共区通往车站附属用房的走廊大门处设置一套可视对讲门禁设备，与车站控制室设备构成可视系统。

非付费区通往付费区的门旁处设置一套按钮呼叫设备，可与车站控制室直接建立通话。

5）系统功能

门禁系统采用电子化自动控制，通过软件系统建立、取消、增加、减少授权，为防范从正常通道的非法侵入提供了安全保证。

门禁系统具有线网级授权功能、中心功能（监控、报警、时间进程等）、车站级功能（门禁控制器、门禁终端设备等）、考勤机及消费机功能。

12.3.2.2　防入侵报警系统构成及功能

1）票务室防入侵报警系统构成

票务室防入侵系统设置在车站票务室，当有人员非法入侵时，立即向车控室报警。票务室防入侵系统由报警主机、红外报警探测器、报警控制键盘、声光报警器、紧急按钮等组成。红外报警探测器、紧急按钮设置于票务室内，报警主机、报警键盘、声光报警器等设备设置于车控室内。

2）周界防入侵系统构成

周界防入侵系统通过就近BAS或者ISCS设置的通信接口接入就近站点，由综合监控系统（ISCS）集成，监控工作站、系统软件及监控界面集成在ISCS中。

周界防入侵系统采用电子围栏的方式，主要由电子围栏脉冲主机和系统前端（由支架、绝缘子和金属裸导线、警示牌等组成的电子周界围栏）组成，实现对保护场所周界的入侵探测与防护。

3）系统功能

防入侵系统一旦受到非法入侵，则系统会自动检测到入侵事件并及时向有关人员报警，同时联动电视监视系统对入侵现场进行录像，保证轨道交通安全运营。

12.3.2.3 电子巡更系统构成及功能

1) 系统构成

电子巡更系统采用离线式方式,系统由巡更巡检器、智能通信座、信息钮、巡更软件、工作站等组成。

2) 系统功能

系统在车辆基地、停车场内设置巡更点;采用射频卡技术,管理者可根据需要自由设置巡更班次、时间间隔、线路走向;系统可随时查询、报表统计、打印、修改系统设置、扩容等。

12.3.2.4 安检系统构成及功能

1) 系统构成

原则上在每个车站设置 2 个安检区域,需靠近车站出入口设置。每个安检区域设置 1 台 X 光机、1 个详检操作台、1 台液体检测仪、1 个手持式金属探测仪;每个车站设置 4 个防爆叉、1 套防爆毯;每 3 个车站设置 1 台便携式炸药探测仪、1 套防化服;在每个地下车站设置 1 个防爆球、2 套呼吸器。

2) 系统功能

通过实施安检,对进入轨道交通的人群及其携带的物品进行安全检查,有效阻止了违禁品和限带品被带入站内,是保障运营安全的重要手段。另外,通过在车站设置专用探测器可以及早发现和识别恐怖威胁,从而迅速启动应急处置和响应系统,将损失和负面影响减小到最低程度。

12.3.3 工程方案

12.3.3.1 门禁系统

全线各车站、车辆段、停车场均设车站级门禁系统。中央级门禁系统通过上层传输系统与一卡通平台互联,将本线门禁、POS、考勤等相关数据上传,并接受一卡通平台的统一授权管理。车站级门禁控制器通过综合监控系统的车站级局域网实现互联界面集成,车站级综合监控系统的工作站提供一个图形化的人机界面监视和管理门禁系统。门禁系统中央级与车站级间的网络由通信系统提供传输通道实现,车站级设备间采用现场总线连接,实现门禁系统的控制管理功能。在车站、停车场、车辆段设置考勤机,通过门禁网络接入一卡通平台,实现人员考勤功能。在停车场、车辆段设置 POS 及充值机,通过门禁网络接入一卡通平台,实现人员消费及充值功能。

12.3.3.2 防入侵系统

环线防入侵系统分为周界防入侵系统及票务室防入侵系统。票务室防入侵系统由报警主机、红外报警探测器、报警控制键盘、声光报警器、紧急按钮等组成,系统独立设置。周界防入侵系统由电子围栏脉冲主机和系统前端(由支架、绝缘子和金属裸导线、警示牌等组成的电子周界围栏)组成,通过通信接口接入 BAS 或综合监控系统。

12.3.3.3 电子巡更系统

电子巡更系统设置于停车场及车辆段,采用离线方式,系统由巡更巡检器、智能通信座、信息钮、巡更软件、工作站等组成。

12.3.4 系统创新及实践

12.3.4.1 防火门监视集成于门禁系统

环线门禁系统设计时,考虑到防火门监控系统部分功能与门禁系统一致,为了节省工程投资,车站疏散通道门的监视统一纳入门禁系统监视,常开防火门的监控由火灾自动报警系统实现。

12.3.4.2 门禁门由门禁专业提供

通过以往设计经验,设置门禁的门由于需要设置门禁设备,需要在门上开孔,并对开孔部位加固,同时需要设置门禁的门由于大小、规格型号、开启方式等不一致,开孔的位置不尽统一,在施工图设计时,很难与其他专业协调一致。在本线初步设计时,就与业主沟通确定,在环线工程设计中,把门禁门概算及设计范围纳入门禁系统,在施工图中明确门禁设备开孔需根据门的大小动态调整孔的位置。在建设过程中,未出现因为开孔等原因导致的设计变更。

12.3.4.3 开门方式多元化

目前,轨道交通线路门禁系统的开门方式以读卡开门为主,后续可适当引入人脸识别、指纹等手段,对相关区域进行人员智慧化管理。

第 13 章 车站与区间设备

13.1 自动售检票系统

13.1.1 概述

环线工程 AFC 系统以售检票设备为计费终端,以电子车票为计费媒介,以网络为信息传递手段,以软件为管理平台,实现封闭式的票务管理,完成车票的自动和半自动售票、自动检票、计费、收费、统计全过程的自动化管理。

环线 AFC 系统接入清算管理中心(ACC)系统,满足重庆市轨道交通制定的 AFC 系统技术标准及 AFC 接口标准的要求,实现乘客在重庆市轨道交通路网内无障碍一票换乘,满足重庆"渝城一卡通"在本工程中的统一应用,实现线路间的互联互通和清分结算。

13.1.2 系统构成及功能

环线 AFC 系统采用传统五层架构,AFC 系统主要由线路中心计算机系统(含票务系统)、综合维修基地系统、培训和模拟测试系统、车站计算机系统、自动售票机、半自动售票机、进站检票机、出站检票机、双向检票机、宽通道双向检票机、便携式检/验票机、车票、网络设备及配电设备等构成。线路中心系统接入清算管理中心系统将实现与其他换乘线路清分结算。

1) 城市通卡收费系统清算中心系统

其职责是负责其他行业收费卡的发行与管理、其他行业收费卡交易数据收集与资金清算、其他行业收费卡参数与黑名单管理等。

2) 重庆轨道交通清分中心系统

其职责是负责重庆市轨道交通专用车票的发行与管理,轨道交通交易数据的收集,轨道交通线路间的车票和票务清分、资金清算,轨道交通专用票黑名单管理和参数管理;轨道交通清分中心将其他行业收费卡交易数据转发到其他行业收费清算中心系统,并与其他行业收费清算中心对账,接受其资金结算。

3) 线路中央计算机系统

是各线路的自动售检票系统的管理与控制中心,负责全线路级的票务管理、交易与设备状态的采集、运行管理、客流管理、黑名单管理、软件版本管理、收益管理、统计报表与清分系统的资金结算。

4) 车站计算机系统

车站计算机系统是车站级控制层,负责车站级的票务管理、交易与设备状态的采集、运行管理、客流管理、黑名单管理、软件版本管理、收益管理、统计报表等。

5) 车站终端层

车站终端层由自动售票机、半自动售/补票机、进出站检票机等终端设备组成,分别完成售票、检票、验票和补票功能。

6) 车票

乘客进站和出站的凭证,车票主要类型有单程票、其他行业收费卡及票卡,均采用非接触式 IC 卡。配套系统用房功能如下:

(1) 线路中心系统。

① 运行管理主要包括全线设备设置、设备监控、数据库监控、监控各终端设备处理各种票卡情况等。

② 票务管理主要包括车票分拣及赋值、库存管理、车票跟踪、车票调配管理、黑名单车票管理、车票查询、车票交易数据审核、审计等。

③ 收益管理主要包括现金核算、收益情况、清算对账、退票和换票、车票代理销售管理等。

④ 安全管理主要包括密钥系统、权限管理及系统安全等。

⑤ 数据及参数管理主要包括数据类型和数据处理、参数管理、参数维护、参数下载、数据安全等。

⑥ 报表主要包括报表分类、报表要求等。

⑦ 后台维护主要包括诊断、数据归档、内务处理、数据备份和恢复、灾难恢复等。

⑧ 后台监控主要包括运作日志管理、网络监控及数据库监控等。

⑨ 系统时钟:时钟同步管理。

⑩ 运营结束程序主要指运营结束程序管理。

(2) 维修中心(含培训、模拟测试系统)。维修中心能对 AFC 设备及部件进行管理。维修中心能对 AFC 设备进行故障监控。维修中心可辅助完成车站设备的检测和维修工作。维修中心具有维修统计及查询功能。培训系统用于对系统管理人员、操作人员及维修人员进行业务培训。模拟测试系统具有对系统、设备进行模拟测试、系统升级测试等功能。

(3) 车站计算机系统。运行管理主要包括本站设备设置、设备监控、数据库监控、监控各终端设备处理各种票卡情况、设置紧急放行模式等。

(4) AFC 终端设备。AFC 系统终端设备主要由自动售票机、半自动售票机、自动检票机等组成。

终端设备接受 SC 参数设定及指令,完成规定操作及信息提示;生成并上传全部交易数据、审核数据,生成日志数据;按要求存储数据;设备故障自诊断,设备故障提示;当通信故障等条件下能离线运行,并能实现数据通过外部存储介质导出,故障恢复后数据自动上传。典型车站自动检票机如图 13-1 所示,典型车站自动售票机如图 13-2 所示。

13.1.3 主要方案

1) 线路中心方案

结合重庆轨道交通第二轮五条线路同时建设背景,环线 AFC 系统线路中央级系统方案与既有系统及架构保护一致。重庆轨道交通 AFC 中央级系统由环线统一规划设于童家院子联合检票库楼合楼,并预留安装位置和接入条件。环线统一考虑其他线路的中央级系统网络、供电、管槽和用房需求,实现资源共享,节约工程投资、运营、管理、维修等成本,提高运营管理效率,并具备较强的扩展性。

图 13-1　典型车站自动检票机　　　　图 13-2　典型车站自动售票机

2) 清算管理中心扩容升级方案

为满足重庆轨道交通第二轮规划 4 号线、5 号线、9 号线、10 号线、环线线路 AFC 系统接入 ACC 后,实现全线网联网运行和统一运营管理的要求,同时随着不同线路 ACC 系统的相继接入,ACC 系统业务功能需求的不断增加与其他收费系统接入 AFC 系统的需求(统一的对外接口),环线工程对既有清分中心进行扩容升级,在满足本线接入要求同时,兼顾同期建设其他线路接入能力及规模。

经估算分析,第二轮规划五条线 AFC 线路中心接入后,其生产数据需增加约 2 400 G 和灾备中心 13 000 G 的磁盘空间(磁阵容量管理软件也应相应扩容)。客观评估既有 ACC 各类服务器性能指标与业务处理能力,通过 ACC 预留的扩展接口,增加服务器 CPU、内存、硬盘等方式来实现扩容升级。

3) 维修基地系统方案

AFC 系统维修分为现场级、车间级和中心级维修,车间级维修由本线路综合维修基地维修人员负责。除 AFC 系统运营设备外,维修设备包括自动售票机测试台、半自动售票机测试台、自动验票机测试台、自动检票机测试台及其他维修用仪器和仪表等。

结合目前重庆轨道交通已运营经验和运营维修维护需求,AFC 系统考虑在四公里设一个综合维修中心,其功能定位于:弥补小型零件加工和修复问题;多条线路不同厂家设备的维修需求;集中管理资源共享;集中管理、人才培养;减少外委加工,提高设备维修效率。

13.1.4　系统创新及实践

1) 线路中心网络、配电及用房共享

环线工程由于建设时序较早于第二轮轨道规划的其他线路,因此统筹考虑和落实第二轮线路接入线网 ACC 系统的条件,实现线路中心资源共享的条件以及线网条件下综合维修基地的建设是重点设计工作。

2) 换乘站设计方案优化

环线工程客流较大,其换乘车站较多,客流早晚高峰明显为其主要特点。由于本线换乘方式呈现多样化,个别车站需要对既有运营车站进行改造来满足无障碍一票换乘需求,换乘方案 AFC 系统的可接入性和方案的投资经济性作了重点研究。

其中,共用站厅换乘方式的车站采用一套 SC 系统,根据建设时序,由先期线路一次性根据客流预测量实施(适当增加进出站设备),并预留设备安装位置和接入条件,后期换乘线路根据乘客情况增加设备,有用此方案资源共享较好,有利于建成后的统一运营管理。另外,通道换乘由各线路自行建设 SC 系统,系统的运营、票务、收益、报表、维修等由各自线路统一管理,并能实现紧急情况的联动。总体换乘设计原则体现投资经济性价比,尽量减少系统设备的接入费用,更有利于建成后运营的统一管理。

重庆北站由环线工程进行改造(属于共用站厅换乘车站,先期已由 3 号线实施完成),站厅层土建扩容后,由本工程 AFC 增加相应终端设备,并接入 3 号线既有 SC 系统,系统的运营、票务、收益、报表、维修等由 3 号线统一管理。

13.2 站台门与电扶梯

13.2.1 站台门

1) 概述

环线共有地下站 28 座、高架站 3 座、地面站 2 座,地下站采用高站台门系统,高架站和地面站采用低站台门系统两种形式,如图 13-3 和图 13-4 所示。

图 13-3 高站台门　　　　图 13-4 低站台门

2) 系统功能及构成

站台门系统主要用于隔断站台和轨行区,为乘客提供安全舒适的候车环境。同时,对应列车编组设置滑动门、应急门等供乘客上、下列车或应急疏散。

站台门系统由钢架结构、顶盒(高站台门)或侧盒(低站台门)、门体(滑动门、固定门、应急门、端门)、下部支承、驱动系统、电气控制系统和供电系统七大部分。站台门还配备有列车进站指示灯、障碍物探测、防夹挡板、填隙板及缝隙灯带等安全辅助装置。

3）设计优化调整

受线路条件限制，环线的曲线车站较多，且 As 型车司机门与第一个客室门间距偏小，本项目需要做以下特殊设计：

（1）结合最终车辆编组尺寸，站台门门体布置以方便乘客及司机无障碍上下车为原则，其中站台门的首、末滑动门采用非标尺寸。

（2）曲线站站台门布置，结合曲线车站限界加宽量，尽可能对门体尺寸进行标准化设计，减小门体非标种类，方便后续维护保养。

统一站台门与土建结构、装饰装修等接口关系，进行站台门标准化设计，如图 13-5 所示。

4）系统创新及实践

根据《地铁设计规范》(GB 50157—2013) 26.5.7 要求，站台门与列车车厢宜保持等电位，当与钢轨有连接需求时，门体与车站结构之间的绝缘电阻不应小于 0.5 MΩ。实际工程实施中，由于施工组织复杂、施工作业时间紧、现场成品保护困难等原因，导致站台门系统绝缘成为业内一大难题。

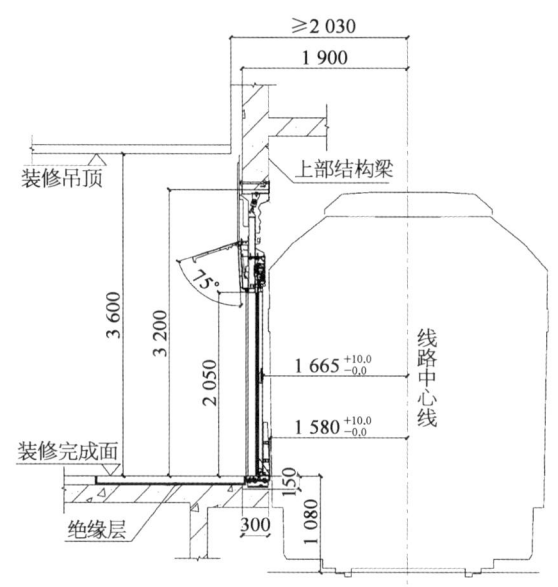

图 13-5 站台门与土建结构、装饰装修接口示意(单位：mm)

为此，环线本着乘客安全第一的原则，方便施工及后期维护等，站台门系统的等电位绝缘创新采用如下设计方案：

（1）站台门门槛独立绝缘如图 13-6 和图 13-7 所示。

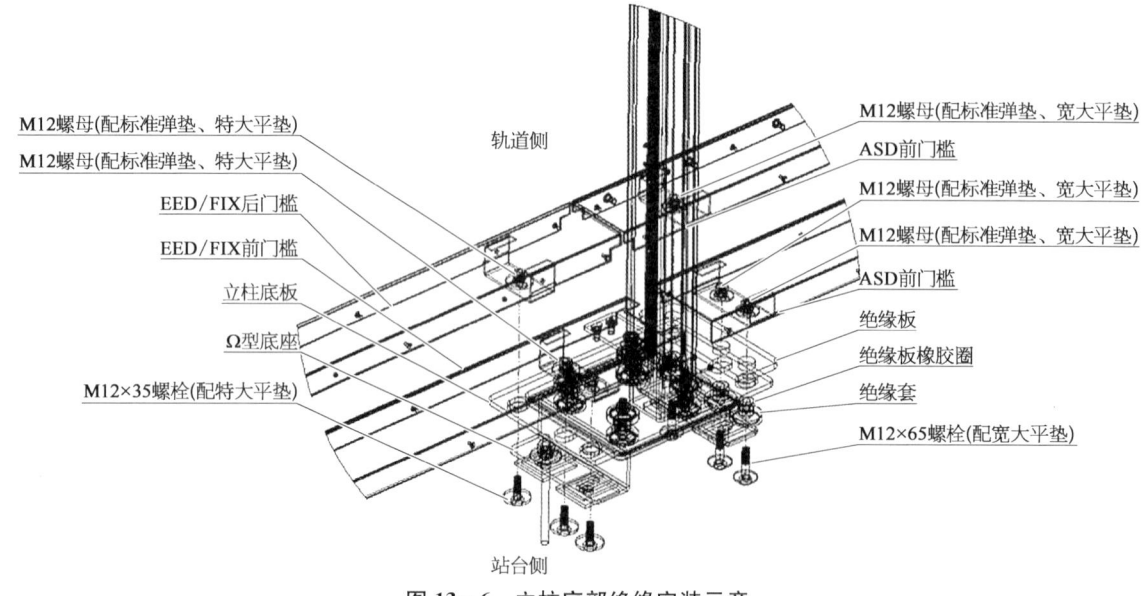

图 13-6 立柱底部绝缘安装示意

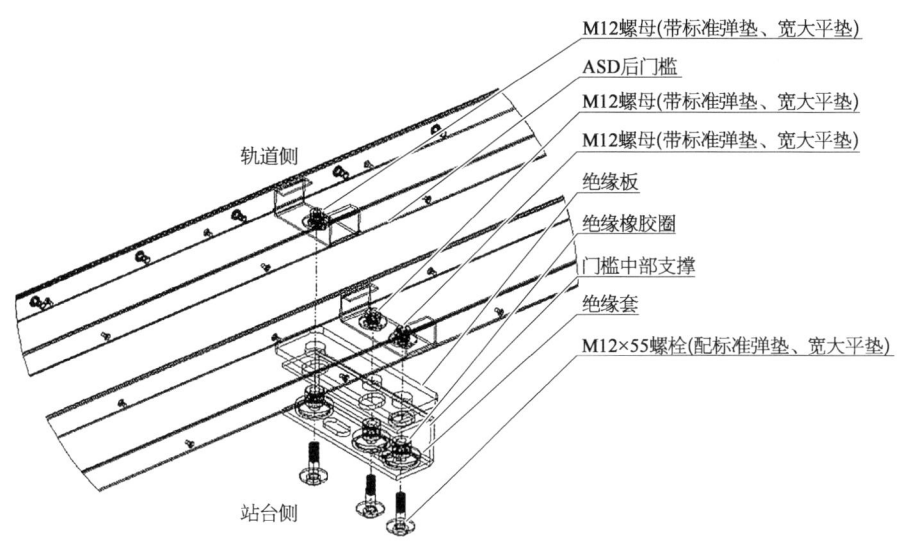

图 13-7 滑动门中部支撑绝缘安装示意

(2) 站台门门体二次绝缘方案。对乘客接触到的门体裸露金属部位贴绝缘膜,做二次绝缘,提高门体绝缘效果,杜绝因后期单点绝缘失效对乘客造成伤害事故。

5) 建议

站台门行业规范《城市轨道交通站台屏蔽门系统技术规范》(CJJ 183)正在修编,对站台门的接地及绝缘提出了新的要求:

(1) 在钢轨作为回流轨的项目中,站台门金属结构可整体等电位连接,并最终接入车站接地网中。站台门的门体裸露部位需进行绝缘处理,在 500 V 直流电压下,站台门裸露的金属构件与车站结构的绝缘电阻值不应小于 0.5 MΩ。

(2) 复合材料门槛相比传统的金属门槛,具有质量轻、刚度高、绝缘效果好等优点,保证乘客安全,适合后续线路。

13.2.2 自动扶梯与电梯

13.2.2.1 概述

本工程全线车站和车场共设有自动扶梯 688 台、自动人行道 8 台、垂直电梯 93 台,是目前全国所有城市中电扶梯数量最多的轨道交通线路。

13.2.2.2 设计原则及方案

1) 自动扶梯和自动人行道

自动扶梯采用公共交通重载型,载荷条件为:在任一方向连续运行时间不少于每天 20 h,每周 7 d。在任何 3 h 的间隔内,其载荷达 100% 制动荷载的持续时间至少为 1 h,其余 2 h 载荷为 60% 的制动载荷。

自动扶梯上下水平梯级均为 4 级,名义速度为 0.65 m/s,梯级名义宽度为 1 000 mm,最大运送能力为 7 300 人/h,采用全变频节能模式。

自动扶梯应有可靠的供电电源,根据建筑专业要求作为事故疏散用的自动扶梯按一级负荷供电,其他自动扶梯按二级负荷供电。

自动扶梯接受设备监控系统(BAS)的监视，BAS可收集并显示自动扶梯的运行状态信息及故障报警信息。

车站站厅至站台选用室内型产品；地下车站除出入口接地面一段自动扶梯采用室外型产品，其余采用室内型产品；高架车站出入口采用室外产品。自动扶梯必须保证能在重庆市环境全天候工作。

自动人行道设备选型原则及设计标准与自动扶梯基本相同，考虑到自动人行道设置在长大通道内，出于建筑景观考虑，采用透明玻璃护栏板形式。

2) 电梯

按照每个站台至少有一条无障碍通道供残障人士使用的原则设置电梯，电梯兼顾车站工作人员运送工具、货物需要，选用客货两用电梯。站厅至站台电梯设置在付费区内。

全线电梯额定载重均为1 t，提升高度20 m以下的电梯额定速度为1.0 m/s，提升高度大于等于20 m的电梯额定速度为1.75 m/s。

车站无障碍电梯采用无机房电梯，车场及车辆段电梯采用有机房电梯。车站站厅至站台电梯及高架站出入口电梯均采用透明轿厢观光电梯，其余电梯一般采用普通电梯。车站室外无障碍电梯玻璃井道应采取必要的通风隔热措施，同时考虑到重庆夏季气候炎热，所有出入口垂直电梯及高架车站的站内电梯均配置轿厢专用空调。

电梯接受设备监控系统(BAS)的监视，BAS收集并显示电梯运行信息。电梯的轿厢内应设置摄像机，并应具备五方通话功能。

电梯采取无障碍设计，电梯轿厢须设置轮椅专用护栏及盲文按钮控制面板，以满足行动障碍者、视觉障碍者的乘用和操作要求。

电梯应有可靠的供电电源，除根据建筑专业要求，需要在消防条件下使用的电梯采用一级负荷供电外，其余电梯均按二级负荷供电。

13.2.2.3 系统功能及组成

自动扶梯与电梯是提高乘客集散效率及乘坐舒适性的主要辅助车站设备，其中自动扶梯主要用于站台、站厅及地面之间快速输送进出站乘客(图13-8)；自动人行道设置在长大出入口通道或换乘通道，用于提高乘客进出站或换乘效率；电梯主要供残障人士使用，采用无障碍设计，并兼顾工作人员运送车站备品备件，是车站无障碍通道的一部分(图13-9)。

图13-8 自动扶梯

图13-9 电梯

13.2.2.4 应用特色

环线自动扶梯(自动人行道)及电梯具有"多""高""快""舒适""省"几个特色。

"多":环线线路较长,车站较多,并且有很多深埋车站和换乘车站,所以电扶梯数量很大,如民安大道站有 44 台自动扶梯、重庆北站有 39 台自动扶梯、陈家坪站有 32 台自动扶梯、华龙站有 30 台自动扶梯。自动人行道设置在上桥站 1 号口长通道和沙坪坝站换乘通道内,显著提高了运营服务水平。

"高":自动扶梯的提升高度大也是环线的一大特色,环线提升高度 15 m 以上的自动扶梯就有 48 台,最大提升高度达到 19.95 m,这在一般轨道交通线路中也是很少见的,为轨道交通工程中长大扶梯的推广应用提供了经验参考。

"快":对于提升高度大于 20 m 的电梯选用了 1.75 m/s 额定速度,合理节约了乘客进出站时间,优化了电梯的运营服务水平。

"舒适":重庆夏季气候炎热,所有高架车站电梯和出入口电梯均配置了电梯轿厢专用制冷空调,提高了乘客舒适度体验。

"省":民安大道站 4 号出入口电梯首次采用了"双梯互救"设计方案,利用轿厢安全门,合理解决了深埋车站电梯井道安全门的规范要求,取消了专用救援井道,有效节约了土建成本。

13.2.2.5 措施及建议

为保证设备互通性及备品备件互换性,即不同厂家的扶梯可进行互换调整,相同厂家的备品备件可在不同线路上互相利用,为以后改造利用提供了便利,环线自动扶梯的土建预留孔洞采用了全线网统一的包容性设计。

建议:包容性设计虽纳入了国内主流厂家的大部分产品,但过大的土建预留孔洞也影响了车站整体布局,增加了建设投资。在后期的建设中,应充分调研国内扶梯厂家的特点,选择合适的上下水平段长度及扶梯整体宽度,优化车站的整体布局。

13.3 区间安全设施

13.3.1 概述

环线工程区间安全设施主要包括全线正线区间应急疏散平台和高架敞开段区间声屏障及防抛网等安全设施。

13.3.2 设计原则及方案

1) 区间疏散平台

应急疏散平台设置于行车方向左侧,区间双线敞开段设置于两线之间。平台顶面距离轨面高度 900 mm,平台上方需保留 2 000 mm 以上的行走空间,地下区间在平台上方 950 mm 设置栏杆,敞开段、暗埋段及高架区间在平台上方设置 1 100 mm 高栏杆。

应急疏散平台应充分考虑人员疏散的便利性,同时必须满足限界要求,严格控制平台边距离设备限界≥50 mm。单线应急疏散平台宽度一般不小于 700 mm(特殊区段不应小于 550 mm),双线应急疏散平台宽度一般不小于 1 000 mm(特殊位置不应小于 800 mm)。

应急疏散平台支撑沿线路纵向间距应与区间结构模数(如盾构管片宽度)相匹配,环线地下区间盾构管片的宽度为1.5 m,故盾构区段的支撑间距选取1.5 m。为统一步板的类型,其他类型区间的支撑间距参考盾构区段的间距,统一设为1.5 m。

应急疏散平台应综合考虑供电电缆、强电设备、通信和信号电缆、弱电设备、给排水和消防管线和设备等的合理布置。区间配线段及起终点处、人防隔断门及防淹门段、车辆段出入段线、线路终点折返线不设应急疏散平台。应急疏散平台断开处、起点、终点设置步梯下至轨道交通区间的混凝土结构面。应急疏散平台在车站端部主体结构外10 m处设置步梯至道床,平台步梯若与车站步梯相对时,其净距一般不宜小于5 m。

设计荷载及强度、刚度要求:均布活荷载为4 kPa,集中活荷载为每延米6个0.65 kN,均布荷载和集中荷载分别考虑;活塞风产生的往复荷载为3.5 kPa(分别考虑垂直向上、向下)、周期为120 s、扶手荷载为1.0 kN/m。

地下区间应急疏散平台踏板采用复合材料板,支撑采用活性粉末混凝土(RPC)高强水泥基牛腿,采用锚栓固定在隧道侧壁或道床面上;高架区间应急疏散平台踏板及支撑均采用高强水泥基材料,高架区间预留有应急疏散平台预埋钢板,支撑墩柱与预埋钢板现场焊接固定。栏杆及扶手均采用不低于304的亚光不锈钢管,固定在隧道侧壁或应急疏散平台支撑顶部。

应急疏散平台耐火时间不应低于1 h。应急疏散平台、扶手及各部分构件的材料均采用不燃材料。应急疏散平台应在线路调线调坡、轨道道床完成后进行施工。应急疏散平台的宽度和高度应在限界要求基础上进行测量确定,并注意曲线段的限界加宽及曲线超高。高架区间应急疏散平台支墩立柱应与接触网立柱错开布置,并在踏步板上预留接触网立柱及拉线穿过的孔洞,开孔后踏步板的强度和刚度须满足设计要求。

2) 声屏障

声屏障严格按照环线的环评报告进行设计,其设置范围和结构形式满足环评要求,颜色和外观应满足规划要求。声屏障声学性能要求:金属吸声板隔声指数RW≥30,降噪系数NRC≥0.95;夹胶玻璃和顶部透明隔声板的隔声指数RW≥30。

声屏障钢结构选用HW175×175或HW200×200标准型钢断面,钢结构镀锌后表面耐候粉末喷涂,防腐设计年限不低于20年。钢结构连接螺栓采用10.9级高强螺栓,表面防腐采用发黑处理。

金属吸声板标准厚度80 mm,吸声填料采用48 kg/m³离心玻璃棉板,厚度不小于60 mm,整体外包不小于0.3 mm的防水透气膜。穿孔面板采用≥1.5 mm厚铝合金板,孔径≤2.5 mm,穿孔率20%~30%,背板采用≥1.5 mm厚铝合金板。金属吸声板各表面均须进行氟碳喷涂,涂层厚度≥40 μm,其中穿孔面板需进行双面喷涂。夹胶玻璃采用5 mm+0.76 mm胶膜+5 mm结构,四周采用带槽铝型材,铝型材料厚度不小于1.5 mm,密封胶条采用三元乙丙弹性橡胶体密封。顶部透明隔声板采用实心双面抗紫外线PC耐力板,双面UV层采用与PC耐力板共挤出工艺,厚度不小于6.5 mm、透光率≥85%、变黄指数<7。

声屏障中各部件间连接所使用的胶垫应采用三元乙丙橡胶或优于三元乙丙橡胶的热塑弹性体,其硬度IRHD为50~60度,使用寿命不小于15年。屏体安装螺栓均采用不锈钢螺栓,双螺母防松,配止退螺母。安装时应注意声屏障板与板间、板与立柱间不得有缝隙,不能有漏声现象。

3) 防抛网

防抛网以隔离和保护轨行区安全为主要功能,可与声屏障结合设置。防抛网一般以轨面或桥面作为基准,高度一般不小于2.5 m,特殊位置可适当加高。防抛网的钢丝网采用丝径4 mm,网孔不大于60 mm×30 mm的不锈钢网,所有钢丝的抗拉强度不小于500 MPa。

13.3.3 系统功能及组成

区间应急疏散平台能够在区间火灾、停车事故等突发事件时保证乘客安全疏散(图 13-10 和图 13-11)。应急疏散平台主要由支撑、平台踏板、栏杆扶手及步梯组成,平台面以上 2 000 mm 高度范围为人员疏散区域。

图 13-10 单线高架区间应急疏散平台　　图 13-11 地下区间应急疏散平台

声屏障的主要功能是吸声降噪,安装在高架或敞开段区间,用以保护周边噪声敏感点,减小轨道交通运营期噪声影响(图 13-12)。轨道交通工程区间声屏障有直立式、半封闭式和全封闭式三种结构形式,主要由钢结构立柱及横梁、金属吸声屏体、透明隔声屏体、连接件及密封材料等组成。

图 13-12 环线高架区间声屏障

防抛网通常安装在隧道洞口上方、跨江大桥轨行区两侧、路基或明槽段侧墙顶部及其他没有安装声屏障的敞开段区段，用以防止人员进入轨行区或从高处向轨行区抛物，保障运营安全。防抛网主要由立柱、钢丝网和连接件等组成。

13.3.4 工程创新实践

1）应急疏散平台应用特色

环线按照不同的区间结构形式设置应急疏散平台，其中高架区间和跨江大桥应急疏散平台还兼做供电线缆桥架的固定支架，并与接触网立柱及拉线基础错开布置，以防止相互干涉。

在环线开通运营后，为推进重庆轨道交通互联互通跨线运营及快慢车运营准备工作，在环线与4号线民安大道联络线及环线与5号线重庆西站联络线区段增设了应急疏散平台，以满足联络线区段事故疏散要求。

2）声屏障和防抛网应用特色

环线在敞开段区间设置了声屏障或防抛网。针对不同的区间结构形式，采用多种固定方式，其中马家岩停车场出入段线全封闭声屏障还作为接触网腕臂的安装基础，节约了安装空间。根据不同的区间或车站条件及周边的特殊地形，因地制宜进行防抛网的设计。环线声屏障和防抛网的设计很好地解决了线路地形条件导致的一些区间防护问题。在未设置声屏障的地面或高架区段，预留了声屏障的安装条件，为以后新增噪声敏感点提供了安装条件。

第 14 章 车辆基地

14.1 车辆基地概述

环线全线长 50.88 km,分两期建设。从合理组织正线运营、减少车辆空驶里程、提高运营效率等方面考虑,宜设置一段两场。根据车辆运用检修的需要,在环线东侧规划有涂山车辆段和四公里停车场,西侧规划马家岩停车场。布局示意如图 14-1 所示。

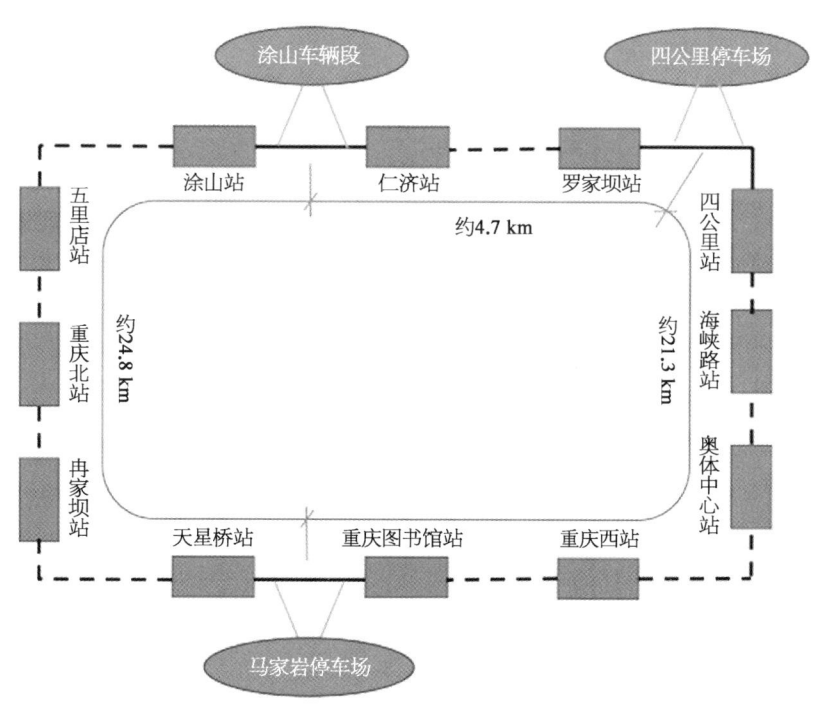

图 14-1 环线车辆段、停车场布局示意图

涂山车辆段及综合基地段址选在涂山路、弹广路以东,内环快速路以西的地块内,用地中间西侧紧临东海星洲、东海长洲两个小区。用地面积约 27.69 ha,用地呈狭长形,南北向长约 1 600 m,东西向最窄处位于场地中部,宽约 95 m。基地段址两端南高北低,高差近百米。出入段线由仁济站接轨后,以 34.5‰ 的纵坡爬坡上跨正线并接入车辆基地。根据车辆基地地势条件,场地南侧修建单层检修库,场坪标高定为 247.0 m;场地北修建双层停车列检库,场坪标高定为 237.0 m。两块场地连接部分根据联络

线标高设路基，汽车及人行道路以桥梁形式敷设。

四公里停车场位于江南大道以西、四海大道以东、四公里立交以北，停车场接轨于环线罗家坝站。场址南北向长约 750 m，东西向宽约 190 m，场址最高处标高约 300 m，最低处标高约 250 m，占地面积约为 13.48 ha。场址西南侧为四公里公交换乘枢纽。

马家岩停车场位于天马路以北、凤天大道以东、石小路以西的地块内，出入线在重庆图书馆站接轨。用地内地面高程为 270.00～288.00 m，南北宽约 320 m，东西长约 910 m，与 1 号线马家岩车辆段合建，车场总规划控制面积约 26.12 hm^2，在设计 1 号线马家岩车辆段时已预留环线停车场位置。环线马家岩停车场占地约 11.85 hm^2。

涂山车辆段与综合基地是环线主要的车辆基地，由以下三部分组成：车辆段、综合基地、物资总库。马家岩和四公里停车场作为辅助车场，主要由停车列检库、运用库及辅助生产设施组成。

14.2　主要设计原则

环线车辆段与综合基地属大型建设工程，投资大，紧紧围绕建设"节约型城市轨道交通"这一目标开展设计，采取初期、近期、远期结合，统一规划，分期实施。车辆的配置按近期运营需要配置，以后根据运营的需要逐步添置，站场股道、房屋建筑和机电设备等按近期需要设计，预留远期发展的条件，做到安全生产、提高效率，改善劳动条件、降低成本、节约投资、保护环境。

布局原则：环线车辆设施的配套建设应满足本线配属车辆的运用、整备和检修的要求，为全线正常运转和快捷服务提供保障。车辆设施的合理布局应体现"结合交路、方便运营、检修集中、资源共享、节省用地、减少投资"的特点，工程技术经济性好。车辆检修逐步实现"分级检查、标准明确、均衡修、互换修和部件集中修相结合"，提高检修水平，缩短检修停时，优化规模配置，节省用地和工程投资。充分发挥网络资源共享的优势，实现既有设施与新建工程的资源整合和优化配置。

功能定位：根据重庆城市轨道交通路网统一规划、合理分工及专业化集中修的设置原则，环线车辆的架修任务由涂山车辆段承担，厂修任务由中梁山车辆厂承担。涂山车辆段定位为环线的架修段，承担环线车辆的架修、定修、临修及配属在涂山车辆段车辆的双周检、三月检及停车列检任务。马家岩停车场和四公里停车场承担环线部分配属车辆的停放、外部洗刷、清扫、列检、双周三月检任务。涂山设置环线综合维修基地、计量分站和物资总库。马家岩停车场和四公里停车场设置巡检工区和备品库，协助涂山车辆段完成全线工务、接触网、通信、信号等系统的巡检工作。停车场的总平面布置设计在满足功能要求的前提下综合考虑物业开发的条件和可能。

14.3　专业接口

车辆基地是工艺、站场、土建、机电设备等复杂的综合性系统工程，专业多、环节多、接口多，作业时空交叉，组织协调量大。设计时应统筹考虑相关专业的接口设计，并做好与各专业间的资料互提和会签工作，以下主要阐述车辆基地与系统专业的接口。

（1）车辆基地与出入场线界面：出入场线土建设计由相应的区间标段分项单位设计，车辆基地设计与出入场线设计以地面线分界。

(2) 车辆基地与牵引变电所专业的界面：牵引变电所专业提出牵引变电所对车辆基地建筑、结构专业的设计要求，由车辆基地建筑、结构专业负责实施；车辆基地内强、弱电电缆采用下部穿越方式通过轨道时，由变电所专业提出具体防水要求，电缆沟内的排水措施由车辆基地给排水专业负责；牵引变电所内动力及照明，由车辆基地动力照明专业负责实施；牵引变电所专业向车辆基地管线综合（工艺）专业提供室外电缆沟路径、电缆沟断面、工作井等要求，由车辆基地室外管线综合专业负责设计；牵引变电所专业室外管路工程纳入车辆基地土建工程统一实施。

(3) 车辆基地与降压变电所（跟随变电所）专业的界面：降压变电所（跟随变电所）专业提出降压变电所对车辆基地建筑、结构专业的设计要求，由车辆基地建筑、结构专业负责实施；降压变电所（跟随变电所）与车辆基地动力照明专业的接口界面在 0.4 kV 馈出开关柜出线端；由 0.4 kV 馈出开关柜出线端至各建筑单体的动力和照明、站场照明、道路照明，以及强电管、沟、槽、井、支架或桥架的设计由车辆基地动力照明专业负责；降压变电所（跟随变电所）内动力及照明，由车辆基地动力照明专业负责实施；车辆基地内强、弱电电缆采用下部穿越方式通过轨道时，由变电所专业提出具体防水要求，电缆沟内的排水措施由车辆基地给排水专业负责；降压变电所专业提出室外电缆沟路径、电缆沟断面、工作井等要求，纳入牵引变电所专业，由牵引变电所专业统一协调后并提供给车辆基地管线综合（工艺）专业，由车辆基地室外管线综合专业负责设计。降压变电所专业室外管路工程纳入车辆基地土建工程统一实施。

(4) 车辆基地与接触网专业的界面：根据车辆工艺专业提出的车辆基地线路挂网要求，接触网专业负责场内接触网立柱平面布置、接触网基础设计，并提出对房建的设计要求，车辆基地房建专业实施配合；车辆基地内车库柱子上或墙上预留安装底座、接触网悬挂及下锚处结构加强——库内接触网下锚由接触网专业提出要求，由车辆基地建筑、结构专业负责实施；车辆基地车库供电状态显示灯、控制触点电源电缆与隔离开关的连锁装置（供电状态显示，库内机车作业）由接触网专业负责；接触网专业预留车辆基地工艺专业要求的信号显示隔离开关操作机构辅助节点，车辆基地动力照明专业提供信号灯电源的设计。

(5) 车辆基地与杂散电流专业的界面：杂散电流防护专业负责提供车辆基地设置单向导通装置位置，车辆基地土建结构专业负责基础设计。

(6) 车辆基地与通信专业的界面：通信专业根据车辆基地的使用要求开展设计，并提出信号楼、通信工区等设施对建筑、结构、动力照明、采暖通风、空调的设计要求；车辆基地设计单位负责完成通信用房的建筑、结构、动力照明、给排水、通风空调等设计；通信专业向车辆基地室外管线综合（工艺）专业提供通信室外管路的敷设路径、入孔、手孔位置（包括通信、信号、FAS、门禁、安保、电力 SCADA 等的管路）等要求，由车辆基地室外管线综合（工艺）专业负责实施。通信专业室外管路工程纳入车辆基地土建工程统一实施；室外管线综合（工艺）专业为通信专业等实施车辆基地至电信人井的管路；通信专业根据室外管线综合图开展通信管线设计，对通信、信号、FAS、门禁、安保、电力 SCADA 等专业使用的管路进行统一分配。

(7) 车辆基地与信号专业的界面：车辆基地专业向信号专业提供车辆基地工艺设计要求，信号专业按相关工艺要求进行系统设计；信号专业向车辆基地建筑专业提供信号设备室、运转室、信号工区、信号检修用房地点及面积等要求，由车辆基地建筑、结构专业负责落实；信号专业向车辆基地室外管线综合（工艺）专业提供信号室外干线电缆径路及埋管、电缆过轨等要求，向通信专业提出室外电缆沟槽、孔、井等要求，通信专业统一协调弱电系统室外管槽后一并提供车辆基地室外管线综合（工艺）专业，由车辆基地室外管线综合（工艺）专业负责设计。信号专业室外管路工程纳入车辆基地土建工程统一实施；信号专业向车辆基地结构专业提供库内设备基础预留位置及尺寸、电缆预埋管位置和数量等要求，由结构专业负责实施;车辆基地设计单位负责完成信号用房的房建、动力照明、给排水、通风空调等设计。

（8）车辆基地与FAS专业的界面：通信、信号、FAS等弱电系统根据车辆基地的使用要求开展设计，并提出对建筑、结构、动力照明、给排水、通风空调的设计要求;车辆基地设计单位负责完成FAS用房的建筑、结构、动力照明、给排水、通风空调等设计;FAS专业提出室外管线敷设的管沟、槽、井、埋管要求，纳入通信专业，通信专业统一协调弱电系统室外管槽后一并提供车辆基地室外管线综合（工艺）专业，由车辆基地室外管线综合（工艺）专业负责设计。FAS专业室外管路工程纳入车辆基地土建工程统一实施。

14.4 车辆基地设计

14.4.1 工艺

工艺设计以环线采用车辆的技术标准和技术参数为基本依据，根据7辆As型车编组列车的停放、检修等要求，优化厂房组合，配置股道线路，力求工艺顺畅、作业方便。

1) 设计规模

涂山车辆段与综合基地承担环线全线的架修作业、定临修及以下修程的检修作业，并和马家岩、四公里停车场共同承担所属运营线路配属列车的停放、运用、整备和管理工作。从有利于运行组织，提高轨道交通服务水平和减少列车空行等方面着眼，全线停车列检规模尽可能实现在涂山、马家岩和四公里三处车场的均衡分布，设计规模见表14-1。

表14-1 设计规模表

修 程	近 期				远 期			
	计算值	涂山	马家岩	四公里	计算值	涂山	马家岩	四公里
厂修（列位）	0.98	—	—	—	1.21	—	—	—
架修（列位）	0.56	2	—	—	0.69	2	—	—
定修（列位）	1.28	2	—	—	1.58	2	—	—
临修（列位）	—	1	—	—	—	1	—	—
三月检（列位）	1.96	3	2	2	2.41	3	2	2
双周检（列位）	3.06				3.77			
停车列检（列位）	63	30(54)	15	24(32)	81	54	15	32

注：1. 环线系统能力运用车93列，远期设计停车列检101列位，可满足系统能力列车停放要求。
2. 车辆厂修外委中梁山工厂完成。
3. 三月检与双周检台位通用。
4. 远期预留停车列检32列位，分别设置在四公里停车场、涂山车辆段，括号内数字为远期停车列检列位数。

2) 涂山车辆段

涂山车辆段主要由停车列检库（双层）、联合检修库、洗车库、镟轮库、工程车及内燃车库、物资仓库、综合办公维修楼等组成。其中，联合检修库是由架修库、临修库、定修库、吹扫库、转向架轮对检修区、车辆零部件检修区及检修辅助用房组成的工业厂房。受用地限制，并根据用地狭长的特点，停车列检库与检修库纵列逆向布置。其总平面布置和效果如图14-2和图14-3所示。

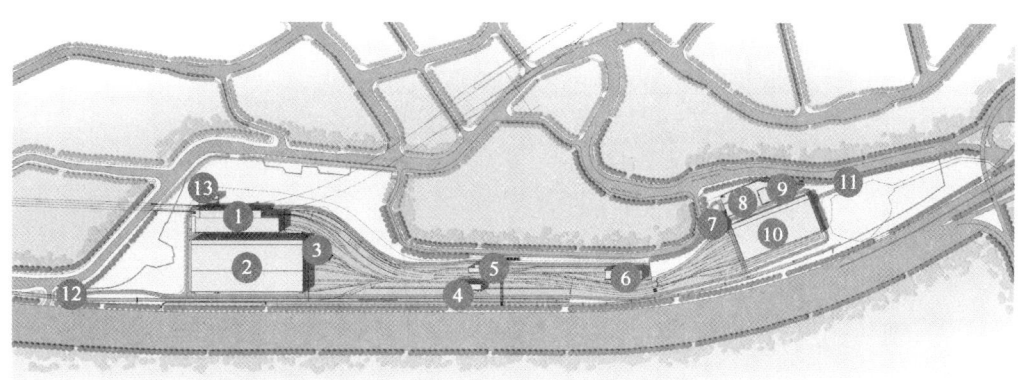

图 14-2 涂山车辆段总平面布置图

1-周月检库;2-联合检修库;3-牵引降压混合变电所;4-部落轮辘库;5-洗车库;6-工程车库;
7-废水处理站;8-物资库;9-综合维修楼;10-停车列检库;11-门卫 1;12-门卫 1;13-杂品库

图 14-3 涂山车辆段总平面鸟瞰图

3) 四公里停车场

四公里停车场主要由运用库、洗车库、工程车及内燃车库及辅助生产设施组成。线路总平面布置采用顺装横列式布置,按照有电区(带接触网)与无电区(不带接触网)分开原则进行设计,依次布置了洗车库、停车列检库、月检库、工程车及内燃车库、材料棚。其中,停车列检库、月检库合并布置统称为运用库,并与洗车库合并建设;工程车及内燃车库与材料棚合并设置。洗车线位于停车列检库东侧,采用尽端式布置。另外,综合楼与牵引降压混合变电所合并布置,并与污水处理站、门卫房则根据需要布置场区空余位置。其总平面布置如图 14-4 所示,实景如图 14-5 所示。

4) 马家岩停车场

马家岩停车场主要由运用库、停车列检库及辅助生产设施组成。根据地块条件,设停车列检线 15 条、洗车线 1 条、双周三月检线 2 条、内燃机车工程车库线 2 条、平板车线兼装卸料线 2 条。地块由北向南依次布置:停车列检库 1、停车列检库 2、工程车库、洗车库、运用库以及材料棚。其中,停车列检库及

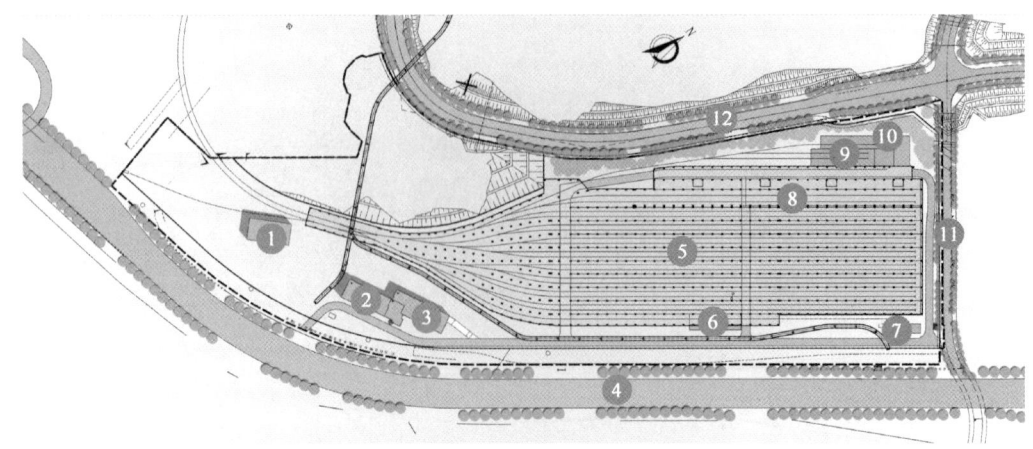

图 14-4 四公里停车场总平面布置图

1-新车吊装场(临时);2-变电所;3-综合楼;4-海峡路;5-停车列检库;6-洗车库;
7-污水处理站;8-月检库;9-工程车及内燃车库;10-材料棚;11-规划横八路;12-规划纵二路

图 14-5 四公里停车场实景

工程车库的轨面标高为281.00 m的架空库房,是由于出入场线上跨凤天大道路口标高净空控制;运用库及洗车库的轨面标高为276.00 m,是由于下穿既有1号线出入线桥梁梁底净空的控制。其总平面布置和效果如图14-6和图14-7所示。

14.4.2 站场

1) 涂山车辆段

出入段线由仁济站接轨后,以34.5‰的纵坡爬坡上跨正线并接入车辆基地。根据车辆基地地势条件,场地南侧修建单层检修库,场坪标高定为247.0 m;场地北修建双层停车列检库,场坪标高定为237.0 m。两块场地连接部分根据联络线标高设路基,汽车及人行道路以桥梁形式敷设。段内道路横断面采用双向排水坡,集水纵沟设于路侧。汇集道路与场地的排水。咽喉区设置锯齿

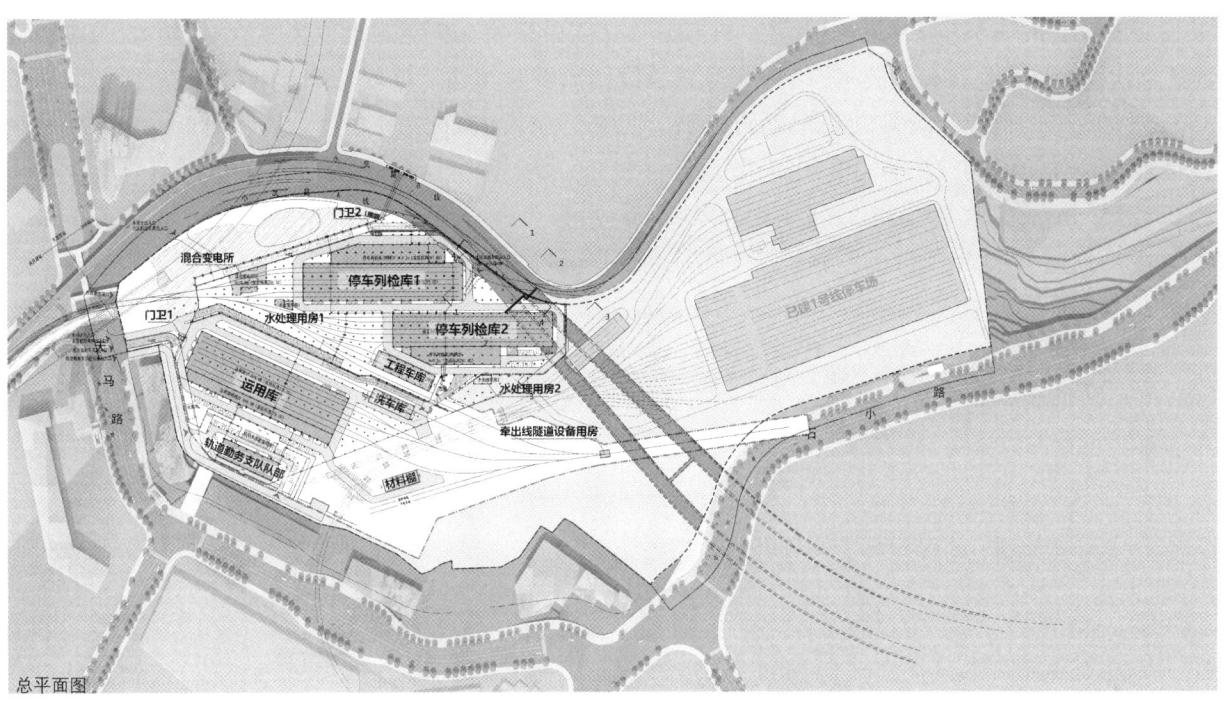

图 14-6 马家岩停车场总平面布置图

图 14-7 马家岩停车场实景

形横坡,并设置盖板沟排水。排水沟宽 0.4 m、起点沟深 0.4 m、纵坡 3‰。水沟端部与段内横向排水涵洞相接,通过涵洞将水排入改造后冲沟。结合场地原始地形,考虑工程复杂程度及停车列检库采光等问题,停车列检库西侧预留开发地块场坪标高设为 237.0 m,停车列检库西侧预留开发地块场坪标高设为 244.5 m。

2) 四公里停车场

出入场线由罗家坝站南端接出,该接轨站为线路中间站,全长约 1.119 km。线路出罗家坝站后,与正线以线间距9.5 m沿规划纵一路保持平行走向,在四公里公交枢纽附近以半径R-150 m的曲线转向北两次上跨正线后接轨四公里停车场车场线。线路出罗家坝站后以坡长200 m的平坡段,再以坡长350 m、坡度35‰的上坡段上跨正线,后再分别以坡450 m、坡度20.32‰的上坡段和106.603 m平坡段接轨车场线(轨顶标高272.600)。出入场线第一次与正线左线交叉处为(RCK0+493.074),轨顶标高为261.466 m,线路坡度为35‰。

3) 马家岩停车场

出入线接轨于重庆图书馆站,从车站引出后沿凤天大道路中绿篱走行,由地下敷设逐渐过渡为高架敷设,出入线跨过凤天大道路口且保证车辆通行净距,立即接入马家岩停车场咽喉区。轨面标高为281.0 m,较地面高约10 m。结合马家岩停车场用地条件、控制因素、运营及物业开发需求,对其总平面布置进行反复研究论证,最终确定总平面布局如图14-8所示。

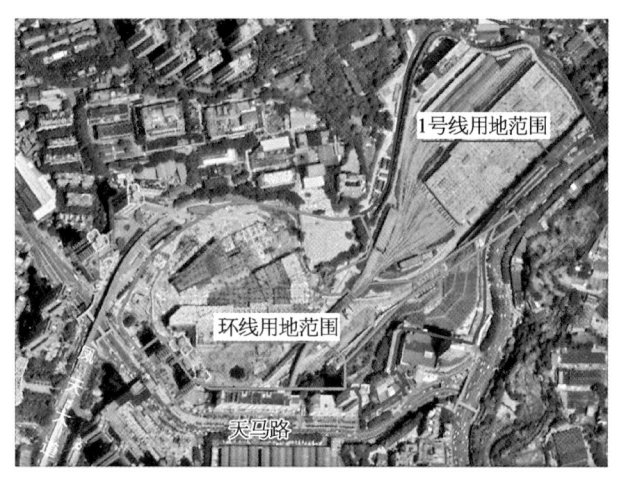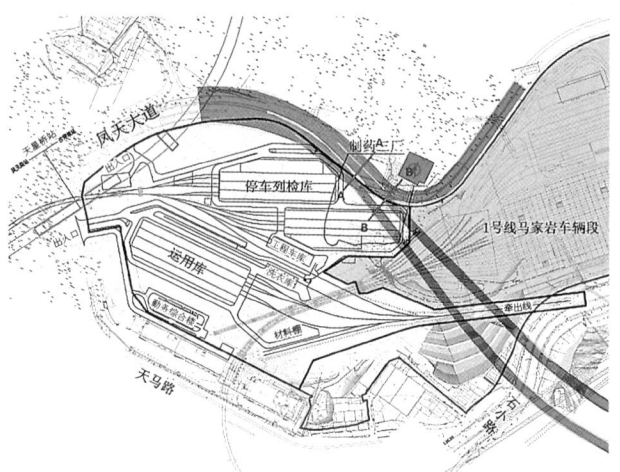

图14-8 马家岩停车场站场与1号线马家岩车辆段关系图(与平顶山隧道关系图)

马家岩停车场停车列检库顺接出入线后设置为高架停车场,其轨面标高为281.0 m;该停车场列检库下方架空层设置为三层配套机动车库。马家岩停车场运用库与停车场列检库逆向布置,其轨面标高为276.0 m,运用库库前咽喉需从既有1号线出入线高架桥墩之间下方穿过后接入牵出线;牵出线采用暗挖隧道形式深入既有1号线高边坡支护及挡墙内,同时牵出线接入联络线,采用28‰的大上坡,从既有1号线出入线高架桥墩之间下方穿过后接入停车场列检库。马家岩停车场与1号线车辆段整体呈现高、中、低三层次感。

14.4.3 建筑

1) 建筑设计原则

车辆基地根据所选址的地形地貌条件,按有利生产、方便管理和方便生活的原则,进行统筹安排,各项设备、设施分区布置,力求整齐、紧凑、合理用地,使用和管理方便,避免车流、人流及各项作业的相互干扰。停车场的站场股道、房屋建筑和机电设备等按近期生产需要设计,用地范围按远期规模并在远期站场股道和房屋规划布置的基础上确定。房屋及设备的布置应根据检修作业和生产性质,按系统布置,同类房屋尽量合建,并综合考虑防火、道路、管道敷设及绿化、环保等的要求,力求布置齐整、紧凑、合理,为安全作业、文明生产创造条件,同时便于城市电力线路、煤气管线、给排水等市政管道的引入和道路的连接。基地内建筑物设计均应符合国家和重庆市的各项规划、消防、交通、环卫等规范和规定。基地内道路设计较好保证了交通运输流线顺畅快捷,大型生产厂房四周设环形消防车道,满足防火的要求,应遵循技术成熟、安全可靠、综合技术先进、经济实用的原则。工艺及房建兼顾上盖预留建筑建设需求,按照现有的工艺和技术条件对车辆基地布局进行整合和优化。建筑立面在满足功能及工艺要求的前提下,力求简洁、大方、美观、实用,充分体现工业建筑的特点。在有效部位如运用库、停车列检库、洗车库、工程车库、咽喉岔区等区域预留上盖建筑建设条件。车场上盖预留建筑,彼此协调、互不影响。基地工艺管线与上盖预留建筑管线原则为分开设置,系统独立,以利后期的计量、管理和维修。

2) 技术参数

建筑耐火等级非上盖部分为二级;上盖平台的上、下部建筑的耐火等级均应为一级;上盖平台板自身的承重柱和墙的耐火极限不低于 4.00 h;梁、板的耐火极限不低于 3.00 h。建筑火灾危险性类别:

(1) 停车列检库、运用库、检修库、洗车库、材料棚、水处理用房:丁、戊类厂房。

(2) 工程车库、物资仓库、混合变电所:丙类厂房。

(3) 生产厂房辅跨、综合楼、轨道交通勤务支队楼、门卫室及配套机动车库等按照多(单)层民用建筑进行防火设计。

建筑设计使用年限为 50 年。

3) 四公里停车场

(1) 运用库及洗车库:运用库由洗车棚、停车列检库、月检库及辅助生产用房、工程车库及材料棚共同构成,停车列检库承担本停车场配属车辆的列车的停放和管理,及时向运营部门提供状态良好的车辆。运用库辅助用房主要设有车场调度控制室、信号设备室、运转值班室、消防控制室、管理用房、维修间、材料间等。

运用库库长为 328 m,库总宽为 140.3 m,建筑面积 42 029.35 m²。主厂房为钢筋混凝土结构、单层丁类厂房,耐火极限为一级,厂房北侧设 2 层 9.8 m 宽钢筋混凝土结构辅跨;主厂房建筑面积为 36 586.02 m²,屋面梁底面距地面高为 8.0 m,建筑高度为 9.6 m;辅助用房建筑面积为 5 443.33 m²(含上盖开发住宅核心筒体),二层钢筋混凝土结构,建筑高度为 9.6 m。在总图布置上,由南向北依次为洗车棚、停车列检库、月检库、辅助生产房屋;其中,停车列检库西侧、东侧均无墙体,为半开敞形式,运用库(含工程车库及材料棚)总建筑面积为 65 751.12 m²,单层丁类厂房,耐火等级一级,钢筋混凝土结构,建筑高度为 9.6 m。

(2) 工程车库及材料棚:工程车库库长为 78.8 m,库总宽为 13.8 m,总建筑面积为 828.00 m²。主厂房为钢筋混凝土结构,单层丙类厂房,耐火极限为一级。厂房东侧设 2 层 13.8 m 宽钢筋混凝土结构辅助用房,总建筑面积为 518.88 m²,建筑高度为 9.6 m。材料棚库长为 69.8 m,库总宽为 13.8 m,总建筑面积为 837.59 m²。主厂房为钢筋混凝土结构、单层丙类厂房、耐火极限为一级。

(3) 综合楼及牵引压混合变电所:为多层公共建筑,由变电所、食堂、办公用房、司机休息用房及地下车库、消防泵房共同构成,其中,变电所位于一层,食堂位于一层,办公用房位于二层,司机休息用房位于三、四层,消防泵房位于地下一层。地下车库共地下二层,设 89 个车位,为小型汽车库。变电所及综合楼长为 99.6 m,库宽为 29.8 m,建筑主体为钢筋混凝土框架,多层公共建筑,耐火极限为二级。总建筑面积为 12 521.37 m²,其中地上 6 662.41 m²,地下 5 858.96 m²。生活区部分建筑高度为 16.2 m;变电所部分为两层,建筑高度为 9 m。

4) 涂山车辆段

(1) 停车列检库为双层车库,由停车库、列检库及辅助生产用房共同构成(图 14-9),其中停车库位于一层、列检库位于二层。停车库、列检库承担本车辆段配属车辆的列车的停放和管理，及时向运营部门提供状态良好的车辆。辅助用房主要设有信号电源室、信号设备室、DCC控制室、通信综合电源室、通信综合电池室、通信设备室、车载设备检修工区、信号地面设备检修工区、列检班组、办公房屋和休息间等。库长为329 m，库宽为98.8 m，主厂房为双层钢筋混凝土结构，戊类厂房，耐火极限为二级。厂房西侧设4层10 m宽钢筋混凝土结构辅跨；主厂房建筑面积为53 388.36 m²，建筑高度为20 m；辅助用房建筑面积为7 431.6 m²，建筑高度为20 m。停车列检库无维护结构，为全开敞形式。

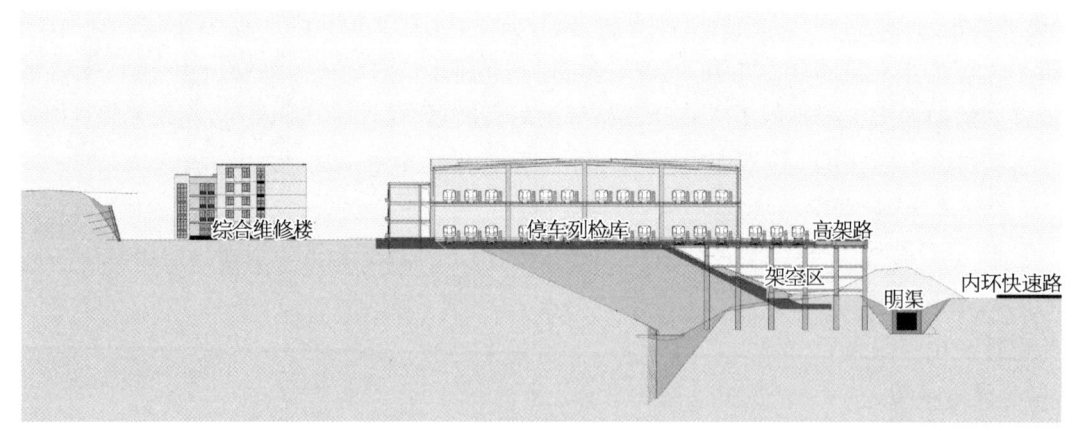

图14-9 涂山车辆段双层停车列检库剖面图

（2）检修库由检修库厂房及其辅助用房组成，其辅助用房主要设有：碱性蓄电池间、电机班组、电子检修间、电子班组、计量检测室、材料间、制动试验间、轴承检修、轴承存放、熔焊间、车载通信信号检修间、办公房屋和休息间等。检修库厂房长为230 m，库宽为27 m，主厂房为单层轻钢结构，丁类厂房，耐火极限为二级，厂房西侧设2层8.1 m宽钢筋混凝土结构辅跨；检修库主厂房建筑面积为22 387.6 m²，厂房屋面梁底面距地面高为14.9 m，建筑高度为20.6 m；检修库辅助用房建筑面积为4 108.12 m²，建筑高度为9 m。

（3）工程车及内燃车库由工程车及内燃车库厂房及其辅助用房组成（图14-10），其辅助用房主要设有通信电缆引入间、防灾报警设备室、充电间、值班室、班组用房、办公房屋和休息间等。厂房长为

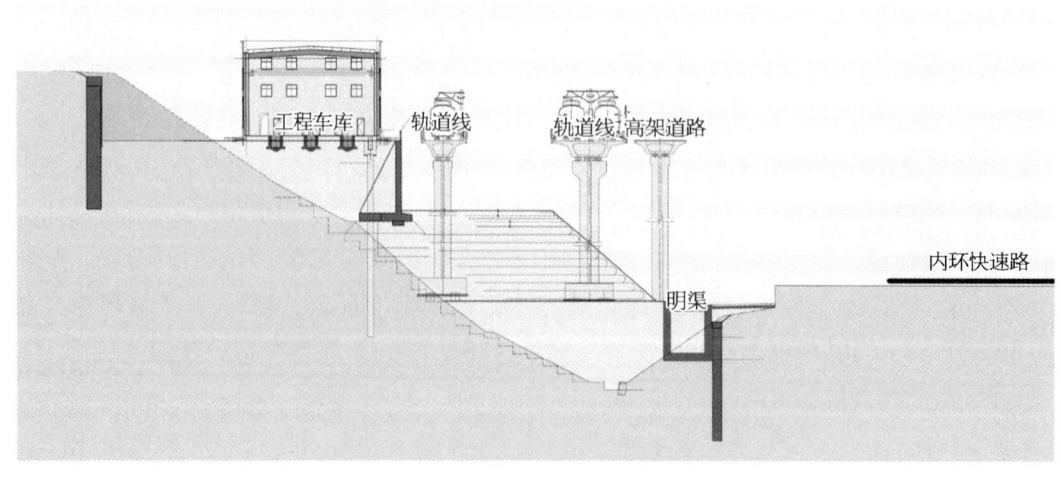

图14-10 涂山车辆段工程车库剖面图

75.2 m,库宽为 18 m,主厂房为单层轻钢结构,丙类厂房,耐火极限为二级,厂房西侧设 3 层 8.8 m 宽钢筋混凝土结构辅跨;工程车及内燃车库主厂房建筑面积为 1 275.55 m²,厂房屋面梁底面距地面高为 9.3 m,建筑高度为 11.8 m;工程车及内燃车库辅助用房建筑面积为 509.97 m²,建筑高度为 10.8 m。

(4) 洗车库由洗车库厂房及其辅助用房组成,其辅助用房主要设有机械间、备件室、控制室、轮对及受电弓动态检测远程控制室、办公房屋和休息间等。洗车库库长为 54 m、库宽为 15 m,主厂房为单层钢筋混凝土结构,戊类厂房,耐火极限为二级。厂房西侧设 2 层 6 m 宽钢筋混凝土结构辅跨;主厂房建筑面积为 524.16 m²,建筑高度为 8.5 m;辅助用房建筑面积为 380.06 m²,建筑高度为 5.1 m。

(5) 镟轮库由镟轮库厂房及其辅助用房组成,其辅助用房主要设有维修间、值班室、电源及控制室。镟轮库厂房长为 60 m、库宽为 12 m,主厂房为单层轻钢结构,丁类厂房,耐火极限为二级,厂房内设单层 3.45 m 宽砌体结构辅跨。镟轮库主厂房建筑面积为 730.42 m²,厂房屋面梁底面距地面高 9.3 m,建筑高度 11.4 m;镟轮库辅助用房建筑面积为 66.06 m²,建筑高度为 3.6 m。

(6) 综合办公维修楼位于车辆段南部,在满足各专业使用要求的前提下,将办公楼、维修楼、物资仓库、员工餐厅等几大功能进行了整合,内部形成了可以满足不同需要的功能分区,各功能区域既相互联系又相对独立。综合办公维修楼为 4 层钢筋混凝土结构建筑,地下一层,建筑面积为 11 481.7 m²(地上 5 171.8 m²,地下 6 309.9 m²),建筑高度为 17.1 m。办公、检修用房耐火等级为二级,地下车库耐火等级一级。

(7) 物资仓库为丙类单层仓库,地上一层,建筑面积 1 865.43 m²,辅跨两层,主要为工具间,建筑高度 9 m,耐火等级为二级。

(8) 杂品库位于段内的中部偏南方,为单层钢筋混凝土结构建筑,主要储存有化学品类、油漆类、油脂类、乙炔瓶、氧气瓶等易燃易爆物品,甲类库房,耐火等级为一级,设防爆墙,通过外门进行泄压,泄压面积满足规范要求。建筑面积为 271.36 m²,建筑高度为 5.4 m。

5) 马家岩停车场

停车场的主要厂库房有停车列检库、运用库、洗车库、材料棚、水处理用房、工程车库、混合变电所、轨道交通勤务支队楼、门卫室、牵出线设备机房及配套机动车库。按区域标高不同,可分为 281 标高停车列检库区域和 276 标高运用库区域,如图 14-11 所示。为了充分利用土地资源,马家岩车场做立体建设,对地面、库房上盖统一考虑,使基地内的建筑与周边环境协调,与周边环境相呼应。

运用库、停车列检库、轨道咽喉区屋顶上盖预留建筑空间,停车列检库的尾端下方有平顶山隧道穿过。由于上盖建筑方案与停车场建成使用在时间上有差距,平面布置在满足停车场功能要求的基础上,预留建设条件。基地在标高 290.20 m 处设置上盖平台,上盖平台设置上平台匝道与市政道路相连接。利用高差,在停车列检库下方区配置了三层配套机动车库、运用库上方区域配置了一层配套机动车库。

停车场内部交通严格控制,独立循环,不与上盖建筑交通相互干扰,停车场和盖上建筑各有两个车行出入口和内部环通的消防车道。上盖预留部分还包括设备用房及与之配套的各类楼电梯、管井、机动车坡道等。其全区剖面如图 14-12 所示。

马家岩停车场主要房屋建筑单体如下:

(1) 停车列检库:停车列检库分为停车列检库 1 和停车列检库 2,共由 5 个 2 线跨及 1 个 1 线跨组成。停车列检库 1 主要功能为停车,包含 6 条停车列检线,1 线 1 列位,L3、L4 道侧分别设一个双层检修平台。北侧为二层辅助生产房屋,内设班组用房、配电间、出乘室、办公室等生产、生活用房。停车列检库 1 总建筑面积为 10 871.7 m²。停车列检库库 2 主要功能为停车,包含 5 条停车列检线,1 线 1 列位。南侧为二层辅跨用房,包含员工餐厅、消防泵房和办公用房。停车列检库 2 总建筑面积为

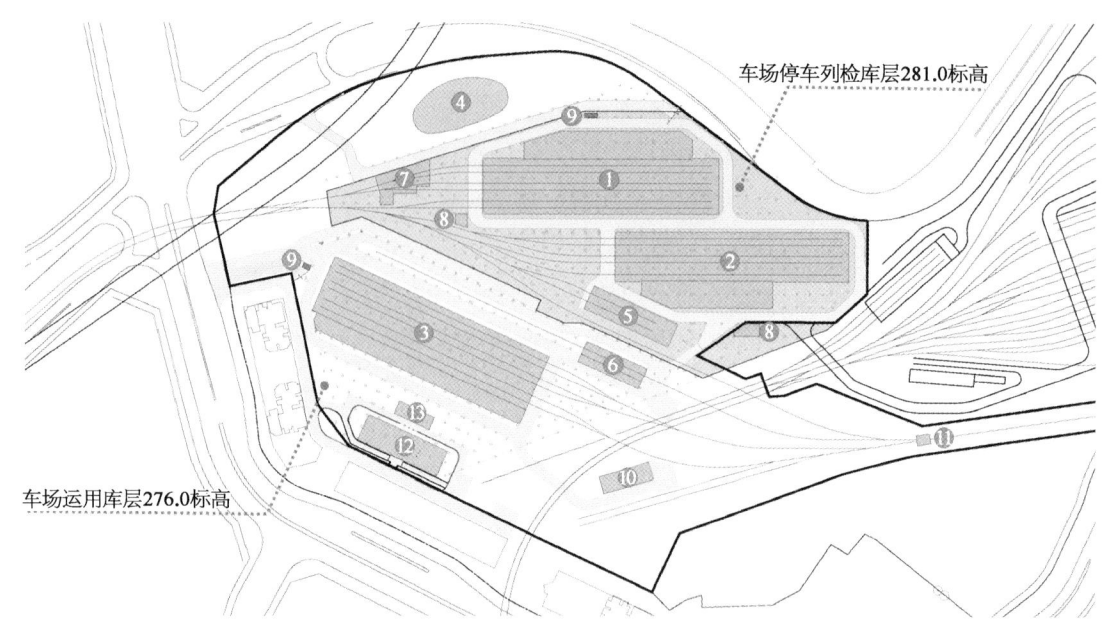

图 14-11　马家岩停车场区域高程平面图(单位：m)

1-停车列检库；2-停车列检库2；3-运用库；4-高层筒体；5-工程车库；6-洗车库；7-混合变电所；8-水处理用房；9-门卫室；
10-材料棚；11-牵出线设备机房；12-勤务支队楼；13-机动车库配套用房

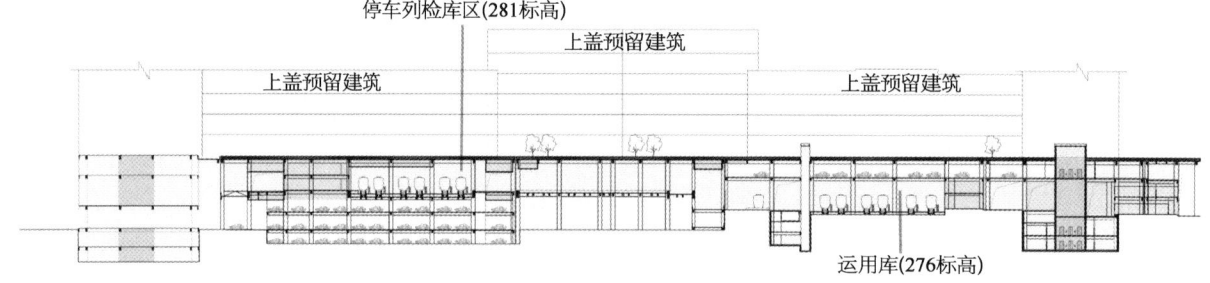

图 14-12　马家岩停车场全区大剖面图(单位：m)

9 034.2 m²。戊类厂房，耐火极限为一级，结构形式为钢筋混凝土框架结构，柱采用钢筋混凝土柱，上盖屋面为上盖建筑预留平台板。

(2) 运用库：库房由3个2线跨及11 m宽生产附跨组合而成，总长169 m、总宽41 m。运用库北侧2个2线跨宽为12.4 m，布置停车列检线，剩余1个2线跨宽15.6 m，布置双周三月检线；南侧为二层辅跨用房，宽11 m，长169 m，内设空调检修间、受电弓检修间、制动检修间、电机电器检修间、电子检修间等生产车间和检修工班；附属用房二层主要布置会议、办公、休息用房。戊类厂房，耐火极限为一级，建筑面积为10 842.7 m²。

(3) 混合变电所：位于地面一层(+269.5 m)，设于停车列检库入库的咽喉区下方。变电所为钢筋混凝土框架，带有电缆夹层。丙类厂房，耐火极限为一级。混合变电所建筑面积为1 475.4 m²。

(4) 洗车库：承担本场车辆车体外皮的洗刷任务，承担停放车辆的定期自动洗刷任务，保持车辆外体清洁美观、提高客运服务质量。洗车机库长46.4 m，库宽9.7 m，南侧设长46.4 m、宽5.2 m边跨，内设控制室及辅助设备用房。戊类厂房，为一层现浇钢筋混凝土框架结构，耐火极限为一级。洗车库建筑面积为714 m²。

(5) 工程车库：与停车列检库顺向布置，位于其南端。工程车库为一层现浇钢筋混凝土框架结构。工程车库长 64.8 m、库宽 17.2 m，库尾端设边跨，为 2 线库。工程车库为钢筋混凝土结构，丙类厂房，耐火极限为一级。工程车库承担停车场特种工程车辆的停放、运用、日常维修保养任务。车库附跨设置值班、整备、班组用房。工程车库建筑面积为 1 300.3 m^2。

(6) 材料棚：库长为 36.65 m，库总宽 11.55 m，建筑面积 465.5 m^2。主厂房为钢筋混凝土结构、单层戊类厂房，耐火极限为一级。

(7) 门卫室：为单层建筑，由值班室、休息室共同构成，本场区设有两个门卫室，分别位于主入口与次入口。建筑主体为钢筋混凝土框架，耐火极限为一级。门卫室 1 面积为 21.2 m^2，门卫室 2 面积为 29.4 m^2，建筑高度 3 m。

(8) 水处理用房：停车场共设有两个水处理用房，第一个位于北侧停车列检西侧，用于处理北区的污水；第二个位于北侧靠近 1 号线停车场区域，用于处理 1 号线流经的污水；建筑面积分别 75.6 m^2 和 142.5 m^2；建筑高度 4.5 m。

(9) 轨道交通勤务支队楼：主要是轨道交通勤务队用房，位于运用库南侧，为盖下两层建筑。一层设有门厅、讯问室、纠纷调解室等；二层设有备勤室、办公室、会议室等。轨道交通勤务支队楼建筑面积为 2 427.4 m^2。

房屋建筑情况和主要经济指标见表 14 - 2 和表 14 - 3。

表 14 - 2 房屋建筑表

名称		建筑面积（m^2）	建筑高度（m）	结构形式	建筑种类	耐火等级	备注
停车场房屋建筑总面积		37 472.6					
其中	停车列检库 1	10 871.7	9.2	钢筋混凝土框架	丁类厂房	一级	
	停车列检库 2	9 034.2	9.2	钢筋混凝土框架	丁类厂房	一级	
	运用库	10 842.7	8.9	钢筋混凝土框架	丁类厂房	一级	
	工程车库	1 300.3	9.2	钢筋混凝土框架	丙类厂房	一级	
	洗车库	714	5.1/8.9	钢筋混凝土框架	丁类厂房	一级	
	混合变电所	1 475.4	10.8	钢筋混凝土框架	丙类厂房	一级	
	材料棚	465.5	8.5	钢筋混凝土框架	丁类厂房	一级	盖外
	水处理用房 1	75.6	4.5	钢筋混凝土框架	丁类厂房	一级	独立屋顶
	水处理用房 2	142.5	4.5	钢筋混凝土框架	丁类厂房	一级	独立屋顶
	门卫 1	21.2	3	钢筋混凝土框架	民用单层建筑	一级	独立屋顶
	门卫 2	29.4	3	钢筋混凝土框架	民用单层建筑	一级	独立屋顶
	牵出线设备用房	72.7	3.2/7	钢筋混凝土框架	单层构筑物	一级	独立屋顶
	轨道交通勤务支队楼	2 427.4	10.05/10.45	钢筋混凝土框架	多层民建	一级	
车场盖下架空层及附属		47 593.3					
其中	车场盖下架空部分	40 314.9		钢筋混凝土框架	—	一级	主要为盖下厂房周边部分
	内部坡道及天桥	1 259.3	—	钢筋混凝土框架	—	一级	

续 表

名　　称		建筑面积(m^2)	建筑高度(m)	结构形式	建筑种类	耐火等级	备　注
其中	环控下吊机房	1 342.9	—	钢筋混凝土框架	—	一级	
	车场设备管廊	4 676.2		钢筋混凝土框架	—	一级	位于停车列检库区消防道路下，不计容
配建部分总建筑面积		142 436.7					
其中	北区配套机动车库	77 848.7	—	钢筋混凝土框架	地下民建	一级	不计容
	南区配套机动车库	23 178.3	5.1	钢筋混凝土框架	单层民建	一级	
	机动车库配套用房地下部分	3 544.3		钢筋混凝土框架	地下民建	一级	
	其余盖下架空部分	15 532.0	—	钢筋混凝土框架	—	一级	主要为269.5地面标高盖下架空部分
	坡道	9 230.2	—	钢筋混凝土框架	—	一级	不计容
	出屋面楼梯间及管井	3 159.8	3	钢筋混凝土框架	单层民建	一级	不计容
	预留设备管廊	9 943.4		钢筋混凝土框架	—	一级	位于大平台下方
总建筑面积		227 502.6					

表 14-3　主要经济技术指标表

技术指标	数　量	备　注
工程征地面积(hm^2)	11.85	仅包含环线马家岩停车场用地范围
总建筑面积(m^2)	227 502.6	
计容面积(m^2)	120 773.5	不包含内部坡道与天桥、设备管廊、北区机动车库、配套用房地下部分、运用库地下电缆夹层
容积率	1.02	为计容面积除以总建筑面积
建筑占地面积(m^2)	72 742.60	以车场层为地面层计算
大平台面积(m^2)	72 204.40	
建筑密度(%)	61.39	仅指停车场内建筑
绿地面积(m^2)	9 460.0	
绿地率(%)	7.98	
机动车位(车场)(辆)	104	
机动车位(配套机动车库)(辆)	2 024.5	
机动车位(轨道交通勤务支队楼)(辆)	25	

14.4.4　结构

结构设计原则：结构形式应综合考虑建筑功能、工程地质、水文条件、荷载特性、环境要求、施工工艺、建设周期等因素；设计时分别按施工阶段和使用阶段进行强度、变形计算，并进行裂缝宽度验算，选择合理的持力层及基础形式，满足防火、防水、防锈、防雷、抗浮等要求，做到安全可靠、技术先进、经济合理；应考虑结构变形和基础沉降的影响；应保证具有足够的耐久性；基础设计需综合考虑上部结构形式、工程地质水文条件、环境要求、使用要求等因素，选择合理的持力层及基础形式。

结构技术参数：场地所在区域抗震设防烈度为 6 度，设计地震分组为第一组，地震加速度值 $0.05g$，运用库场地类别为 II 类，为一般地段，特征周期 $0.35\ s$，水平地震影响增大系数为 1.0。建筑抗震设防类别为标准设防类。建筑物安全等级为二级。建筑物的设计使用年限为 50 年。地基基础设计等级为乙级。设计基本风压为 $0.4\ kN/m^2$，地面粗糙度为 B 类。

14.5　应用及创新实践

车辆段与综合基地是一个多系统、多专业、多单位、多作业面、时间性强、协调面宽的系统工程。车辆基地上盖开发，赋予传统车辆基地新的功能定位，结合周边邻近的轨道交通站点，使原本的轨道交通段场工业性质厂房转而演变为城市复合综合体建筑。

马家岩停车场与既有 1 号线车场的共址，有较完整的地块及建设方对上盖开发的支持，停车场上盖开发成为该项目的特色和创新。在项目的前期设计，由专业的物业策划对项目进行开发定位，早期即开展技术设计。从技术和经济两方面评估项目的可行性，为建设方提供充分的参考依据。后续的上盖开发设计与特殊的地形环境融合设计，上盖开发在布局及功能上合理控制。解决落实山地车辆基地及其上盖开发建筑的消防等诸多新的问题。在遵循国家及地方的各种消防法规、导则的基础上，借鉴他地成功的上盖设计经验，提出适应当地的消防技术措施。

四公里停车场设计在保障城市轨道交通发展建设的前提下，积极对车辆段及周边用地展开一体化的规划设计，进行立体复合的物业开发。通过上盖物业开发形成尺度宜人的空间形态，塑造良好的城市形象，同时更加注重车辆段物业与城市的相互促进作用，从城市设计角度，将车辆基地与城市空间环境无缝的衔接。

涂山车辆段停车列检库为重庆首个设计的双层轨道停车库，整个地块处于狭长地段内，且地块内有冲沟贯穿整个地块。通过将冲沟改造成明渠使其整体路线沿着地块边缘由南往北走向，既满足了行洪要求，又最大化利用了土地。涂山车辆段是典型的山地建筑，通过设计多阶平台既满足了使用功能又降低了高差带来的不利影响。

14.6　措施及建议

建筑消防措施。车辆基地的上盖物业综合开发以板地为分界，消防设计在上下层的立体空间结构中得到明确的实践效果。车辆基地在上盖开发过程中，以盖下的工程正常运行为基础，对盖下设施采取了一系列的设计保障措施。上海和深圳都是从板地交汇面，呈现从局部覆盖到全覆盖的发展趋势。

盖体是上盖物业与盖下车辆基地的分隔界面。盖下车辆基地设有独立场地出入口，独立的消防道路，独立的室外消火栓管网，独立的消防控制系统。盖上区域为物业预留的民用建筑类型，以盖体顶面作为机动车车库地面进行设计，以机动车车库顶面作为室外地面进行设计，按《建筑设计防火规范》(GB

50016)民用建筑部分执行。盖上区域的机动车库按汽车库的要求进行设计。盖下区域的车辆基地定性为工业建筑(厂房),按《建筑设计防火规范》和《地铁设计防火标准》的厂房部分要求执行。盖上、盖下区域分开设计:盖上物业开发的交通、管网、消防、室外场地、安全疏散、不与盖下的车辆基地空间发生关系。盖上、盖下相关联系:盖上与盖下建筑的结构关联;盖上与盖下的消防信息关联。

马家岩停车场采取双首层设计原则。平层疏散,将基地周边敞开的自然地坪作为安全面,人员从板地或上盖平台(盖板)覆盖下的区域疏散至周边未被盖板覆盖的区域即视作安全。由于基地周边道路高差复杂,从而存在多个连通口可连接不同标高的场外道路,因此场地有条件提供多个对外安全出口。垂直疏散:借鉴《城市轨道交通上盖建筑设计标准》(DG/TJ 08—2263)中对消防安全方面做的解释:当板地或上盖平台露天且满足消防车通行及灭火救援要求时,可作为室外安全疏散场地。因此,当该停车场的盖板满足相关设计条件时,可作为消防安全面来考虑。

加强板地及盖板的防火隔离时间,盖板的耐火极限必须满足相应的耐火极限要求:盖板自身承重柱和墙的耐火极限为 4 h,梁、板耐火极限为 3 h。盖板上、下方的建筑应分开设计,上盖物业开发所需管线在盖板管廊内敷设,盖板下方车辆基地与机动车库的管理和运营各自独立,互不干扰。

盖下架空区域的人员疏散有两种路径:平层疏散和人员通过附跨的安全出口疏散至盖板上方。借鉴《城市轨道交通上盖建筑设计标准》(DG/TJ 08—2263)中对准安全区的设计要求,对停车场大进深区域采用消防加强措施,将该区域设计为准安全区,进一步保障安全疏散的可靠性;连通场外道路的通道口也作为安全出口考虑;同时,车辆基地所在平面可以直接连通标高为 282.0 m 及 279.6 m 的场外道路,人员疏散至这两处场外道路同样视为安全。

盖下机动车库安全疏散设计:盖下机动车库虽然四周开敞,属于地面机动车库,但为了给该车库提供良好的安全疏散条件,其安全疏散设计依据地下机动车库的设计要求,各层按每 4 000 m^2 划分一个防火分区,每个防火分区均设置两个安全出口;北面三层机动车库设置防烟楼梯间,南面一层机动车库设置封闭楼梯间。设置自动喷淋灭火系统,安全疏散距离为不大于 60 m。

四公里停车场设置 1 栋运用库,单层丁类厂房,钢筋混凝土结构,运用库上盖及咽喉区平台为物业开发预留。运用库总建筑面积 66 027.73 m^2,由洗车库、停车列检库、月检库及辅跨、工程车及内燃车库、材料棚组成。根据场地条件,一条 10 m 宽的道路在从月检库及辅跨和工程车及内燃车库之间的屋盖穿过。运用库前端设有咽喉区,咽喉区界定为室外空间。其中月检库辅跨为两层,主要为设备用房及班组用房等。其中,洗车库区域火灾危险性等级为戊类厂房,工程车及内燃车库、材料棚区域火灾危险性等级为丙类 2 项厂房。

建筑中安全出口或疏散出口分散布置,建筑中相邻两个安全出口或疏散出口最近边缘之间的水平距离均不小于 5.0 m,安全疏散距离满足规范要求。厂房内任一点至最近安全出口的直线距离执行《建筑设计防火规范》第 3.7.4 条,耐火等级二级的丁类厂房及多层戊类厂房内疏散距离不限。厂房的安全出口数量均不少于 2 个。

第 15 章

TOD 专项设计

15.1 TOD 一体化建设概述

以公共交通为导向的城市发展(transit-oriented development，TOD)，是以轨道交通作为城市交通系统的主要方式，将城市轨道交通与用地布局紧密结合，实现土地的集约化利用，引导城市空间布局的拓展。一方面，轨道交通要实现长远的社会经济效益，必须和城市总体格局、沿线土地利用紧密结合，通过对各站点范围内城市用地的综合开发，使轨道站点附近成为高度集中的城市活动中心和空间节点，推动新地开发和旧区改造，提高城市建设水平；同时以高效益的土地使用为轨道交通提供充足客流，确保实现轨道运营的经济效益，构建轨道交通和土地开发"双赢"格局。另一方面为适应轨道交通发展给沿线土地开发、城市居民生活和出行带来的深远影响，沿线土地的空间布局、性质结构和开发强度等方面必须做出相应的调整，以轨道建设为契机，实现土地功能的重组及空间结构的优化。

15.2 重庆市 TOD 一体化建设概况

环线全线长 50.88 km，分两期建设。全线设站 33 座，其中地下站 28 座、半地面车站 2 座、高架车站 3 座。全线设置一段两场。在环线东侧设置涂山车辆段和四公里停车场，西侧设置马家岩停车场。结合环线特有的空间结构特征和地形特征，车站及车辆基地作为 TOD 开发的重要载体，在规划阶段根据 TOD 理念提出车站及周边用地相关控制要求和指导原则，以利规划与建设，值得深入研究与探索应用。

为有序拓展主城都市区城市轨道交通的城市服务和产业服务功能，加强轨道站点地上地下及周边区域综合开发利用，推进站城融合开发，优化城市人口和城市功能布局，增强城市轨道交通可持续发展能力，重庆市政府发布了《关于推进主城都市区城市轨道交通区域综合开发的实施意见(试行)》。实施意见中对加强统筹规划、明确实施主体、建立成本分担与收益分配机制、强化政策支持等各方面均进行了规范和要求，进一步推进 TOD 的规划与开发。

15.3　TOD 物业开发分类

TOD 物业开发分类可分为站点物业开发及车辆基地上盖开发两大类。

15.3.1　站点物业开发

根据物业开发与轨道交通站点的空间位置关系,可将车站物业开发形式分为两大类型:站内物业开发和站外物业开发。

1) 站内物业开发

包括利用车站站厅层富余面积开发的商铺、交通枢纽车站的集中商业开发和利用带配线车站开发的地下商业街等,可以视具体车站的情况而定。车站内的商铺为乘客提供便捷服务的物业形态。由于商铺的立面风格比较灵活,与轨道交通的统一风格形成对比,增强了车站的可识别性,丰富了车站室内空间,减轻了行人在地下空间中的沉闷感。

2) 站外物业开发

包括车站上盖物业及车站周边空间的开发。物业开发的区域主要是在车站的上部及周边,物业形态以住宅、商业街、商业中心、大型商业综合体等形式与车站结合。车站上盖物业的开发成本相对较低,产权明晰、建设简单,在实际操作中较易实现。同时,站点使上盖物业具有极好的可达性,相对于周边物业具有较大的优势,该模式正逐步成为各城市轨道交通车站综合开发最常见的方式之一。车站周边的物业开发则相对复杂些,权属和利益的多样性决定了建设过程中的协调和沟通难度,这需要政府、轨道交通公司、地产开发商及设计单位等参与方明确各自的权利和义务,通力合作,达到多赢的局面。

15.3.2　车辆基地上盖开发

轨道交通车辆基地具有占地广、建筑体量大但是空间尺度小的建筑特征,工程建设和建成后长期的使用对区域周边的用地规划、交通组织及环境保持等都会产生较大的影响。在重庆主导"轨道交通引领城市发展格局"的背景下,有必要对市区内车辆基地综合利用进行研究,应坚持土地集约利用的基本原则,根据山地地形特色,将基地内由横向扩展模式向竖向立体化叠加的集约化模式转变。根据 TOD 发展模式,在满足环线车辆基地运营的前提下,通过对车辆基地进行上盖综合物业开发,形成轨道交通建筑结合开发建筑、与城市空间一体化的城市综合体。

环线于 2015 年 6 月通过初步设计审查的车辆基地均为常规车场,不包含预留开发相关条件。根据渝建初设〔2015〕105 号文关于环线一期工程(重庆西站—上浩站段)初步设计的审查意见"深化停车列检库上盖物业开发方案,明确基地内物业开发的预留与分设条件"。经多次研究,马家岩停车场调整为预留上盖开发条件停车场。

以马家岩停车场为例:为推进环线马家岩停车场建设工作,市住建委于 2017 年 3 月组织召开了环线马家岩停车场初步设计修编专家审查会,主要对增设机动车停车库、预留开发可实施工程、平顶山隧道区域工程等内容进行了审查,并进一步推进消防设计报审等问题。从常规的停车场到带上盖综合开发停车场,时间跨度较大。设计过程中的专项评估分析与专项送审文件有业态的分析、交通评估报告、消防部门送审、规划部门的送审。环线马家岩停车场上盖开发示意如图 15-1 所示。

(a) 鸟瞰图　　　　　　　　　　　　　　(b) 入口广场效果图

图 15-1　环线马家岩停车场上盖开发

15.4　TOD 一体化建设研究目标

（1）整合目标：整合老城区与新城区之间的功能互补、联动发展关系及各地区重点公共设施，促成重点均衡的空间格局；整合轨道站点周边的文化和生态资源；整合轨道与其他交通模式之间的衔接，形成无缝便捷换乘；整合轨道站点与周边用地之间的关系，形成协同发展机体。

（2）更新目标：以轨道为触媒，推动老城区改造，促进高品质开发，更新城市面貌和形象；配合老城市核心产业转型的需要，置换合适土地功能，促进新型空间功能组合发展；实现改造和集约化土地。

（3）提升目标：以轨道为触媒，推动沿线现有产业改造提升；置换经济效益低的土地功能，提升土地开发价值，体现轨道廊道的价值；适度增加沿线土地开发容量；提升土地开发；结合轨道站点，集聚和混合配置多元化的公共设施，提升生活便捷性；为站区作统一规划，配合整合和更新举措，提升生活环境质量。

15.5　TOD 一体化建设开发理念

周边地区的规划与轨道交通实现互动，最大化利用土地。建立符合重庆市轨道交通特征的周边土地混合开发模式，并提高土地开发强度。

统一地上地下开发，体现集约优势。利用轨道交通建设的契机，打通周边物业地下空间，形成地上地下有效连通，以大力提升站点周边物业的商业价值。

综合利用地下空间，构建城市一体化交通。规划设计组织人性化的步行线网，体现公交优先原则，提高交通转化便捷性，从而构筑起现代化的重庆市交通网络。

15.6 TOD 一体化建设方案设计

15.6.1 马家岩停车场上盖开发

15.6.1.1 基地概况

马家岩停车场位于重庆沙坪坝区,紧邻沙坪坝区政府和环线天星桥站,同时基地东面紧邻1号线马家岩站(图15-2)。停车场基地位于天马路以北、凤天大道以东的地块内,环线车场占地约 11.85 hm²。与1号线车辆段共用场址总共占地约 26 hm²。

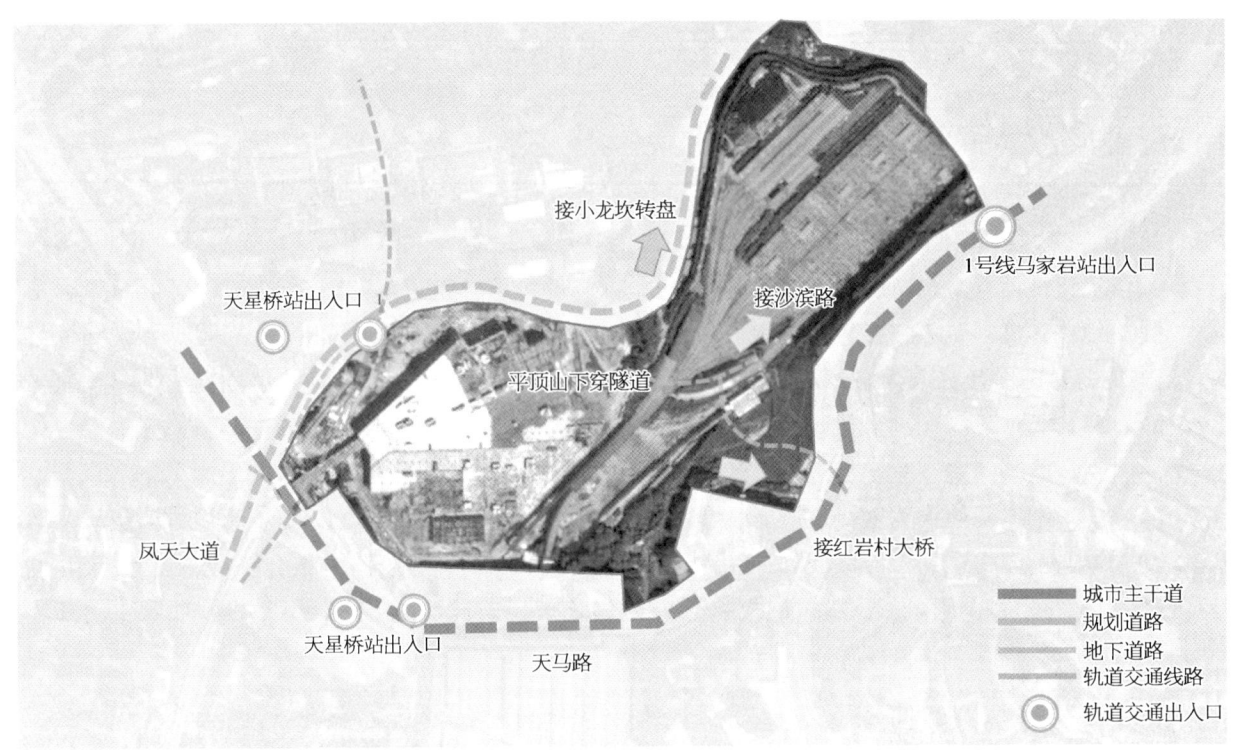

图 15-2 环线马家岩停车场位置分析图

马家岩停车场基地距离天星桥中学 500 m、平顶山文化公园 2 km、重庆师范大学 1.2 km、重庆大学 2.4 km。周边交通便利,路网众多,以基地为核心,向周边区县辐射。用地范围内拆迁量较大主要为建材市场,拆迁面积 45 145 m²。1号线车场出入线及牵出线的高架段切割了用地,环线车场布置需避让现有桥梁基础。

15.6.1.2 用地现状

(1) 周边地形:马家岩停车场周边道路复杂,从东南角的石小路至西北角的天马路,最大高差高达 40.0 m。马家岩停车场场地的绝对标高为 +269.5~+275.7 m,已建成的1号线马家岩车辆段的场地标高为 +273.0 m。高差如此悬殊的用地关系将马家岩停车场围合成一个孤岛。

(2) 周边交通:用地周边道路状况较为复杂,凤天大道与天马路交叉的十字路口,既有两边左转的下穿隧道,上方又有直行的高架及联系人行的天桥,近期还将建成环线天星桥站,复杂的立体交通给环线停车场基地开设形成了一定难度,周边地形分析如图15-3所示。天马路与石小路的交叉路口也存在着两个方向下穿隧道,也影响原1号线坡地的交通流线。在基地靠近凤天大道的北侧还规划有一条平顶山隧道连接至小凤路。穿越马家岩车场基地部分应综合考虑结合方案。

图15-3 环线马家岩停车场周边地形分析图

(3) 用地现状:基地紧邻沙坪坝区政府,属于沙坪坝区的政治中心。周边已经形成有一定规模的建材市场,人流很旺。其中,重庆马家岩建材市场一直以来都是西南地区的一个建材核心批发要地。基地周边多以居住区为主,为基地提供了稳定的人流支撑。但项目附近缺乏能让公众真正享受购物消费以及休闲娱乐的场所。基地所处的区域目前有少量的办公用房,分布较为分散,办公用房少。

因此周边业态现状对本项目的业态策划提出挑战,需要打造集商业经营、购物、娱乐、餐饮、游玩、居住、办公于一体的一流的综合性购物中心,成为区域性特色地标。

15.6.1.3 设计理念

1) 山地城市轨道交通TOD一体化特色

山地TOD模式相较于传统的TOD模式而言拥有更高的综合性、动态性及流通性。传统的TOD模式为圈层式,以商业为核心、公共服务设施为第二层、住宅为第三层向外发散,并且通过轨道交通线将其串联形成一个以交通为中心的物业综合体。而山地TOD模式则"形随势走""因地制宜",项目以商住办公为核心,与第二层的公共服务设施相互渗透,继而渗透到第三层的居住与绿地,在核心圈内即已形成了较为丰富的复合空间拼贴模式,更好地发挥了TOD模式中便捷、智慧、绿色等一系列优势。日本难波公园就是该模式的典型案例,项目将城际列车、轨道交通等交通枢纽功能与办公、酒店、住宅、购物、娱乐、休闲、体验、自然等予以结合,在拥挤喧嚣的都市中形成一个层层仄仄,如同空中花园一般的城市综合体,它不像传统购物中心那样,将顾客引入封闭式的购物区,而是将商业区、餐饮区与自然和开放空间完美地融合在一起,在水平与垂直两个维度上,使人能够享受在公园中漫步、参观、购物、娱乐的多重乐趣,让购物成为一种"经历"。马家岩停车场及其上盖开发即充分学习日本难波公园的设计理念,旨在将山地 TOD 模式运用至极致,形成多维度、人文、娱乐一体化的自然生态式商业住宅综合体。

2) TOD 一体化作为纽带联络城市功能

由上述基地条件可知,马家岩停车场基地在重庆老城区中犹如城市孤岛,基地内部也被 1 号线轨道切割成 A、B、C 三个片区。针对这三个片区零散分置的状态,马家岩停车场上盖开发特别提出引入"珠联璧合"的设计理念(图 15-4),"日月如合璧,五星如连珠,珍珠连成串,美玉合成双",通过 TOD 一体化上盖开发使之成为城市新兴繁荣区,起到"缝合城市裂缝""契合城市功能区块"的作用。

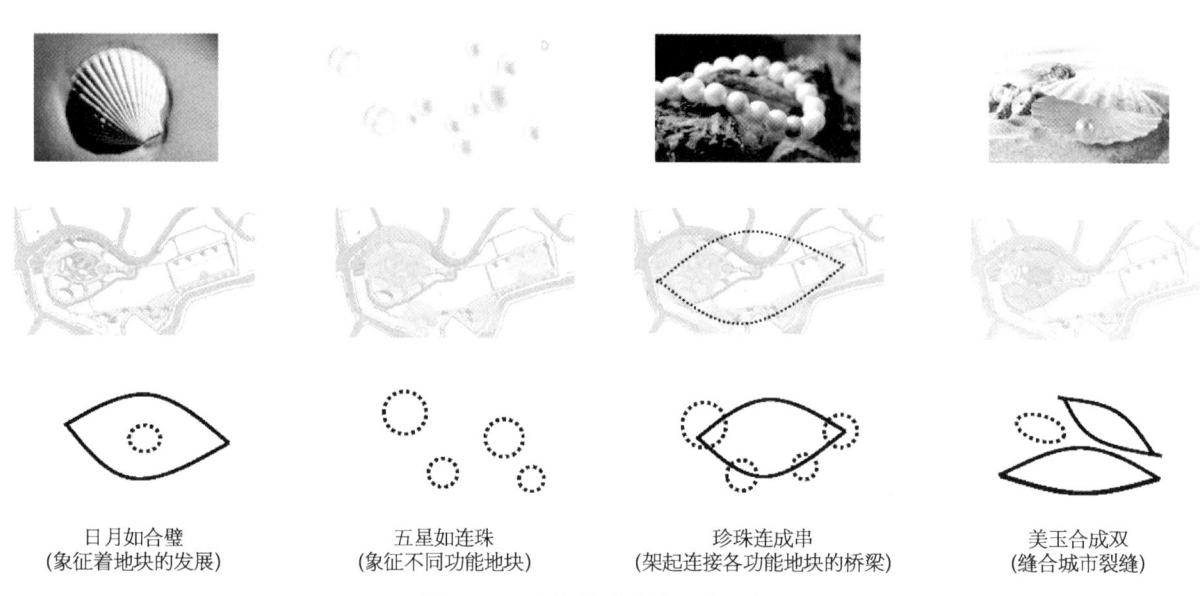

图 15-4 车辆基地上盖开发理念图

3) 地块价值及定位分析

马家岩停车场上盖开发总体设计包含三大地块：A、B、C 三大地块(图 15-5 和图 15-6)。三大区域具有如下特点：

(1) A 地块为基地内与城市道路有直接接触的地块,商业价值最高,但轨道将地块割裂,适宜作为聚集人气的商业入口广场,引导人流进入上盖开发层。

(2) B 地块位于 A、C 地块之间。该用地较为局促,且地形复杂,地质存在不稳定因素,可作为联系 A、C 地块的公共空间纽带。

(3) C 地块为 1 号线车辆段上盖区域,并且紧邻 1 号线马家岩站。C 地块上盖区域已存在住宅小区核心筒的土建预留工程,盖板上方的柱网布置较为复杂。

15.6.1.4 业态策划

基于上述理念,本项目业态策划结合马家岩停车场谷状的形态呈现,通过引入重庆智慧欢乐谷设计理念,在沙坪坝区打造全新中央活力区。以形成一座容纳城市商业、居住、办公等多功能的新领域,以实现家庭生活方式的代言者、示范者。

方案计划开发 A 地块 25 万 m^2 商业综合体,其中包括商业、写字楼、公寓,并根据城市规划管理条

第 15 章 TOD 专项设计

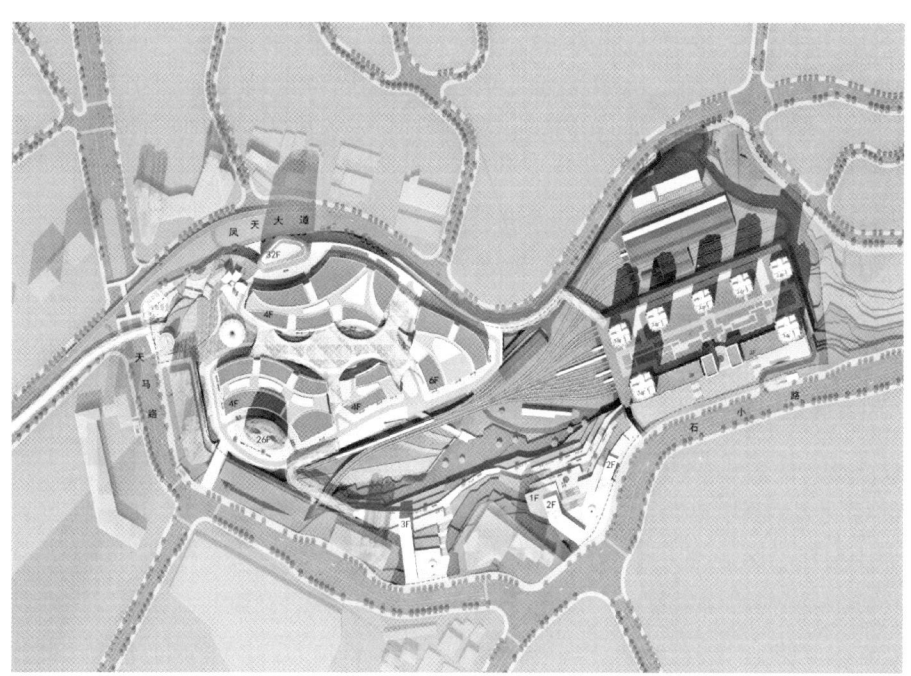

图 15‑5 车辆基地上盖开发总平面图

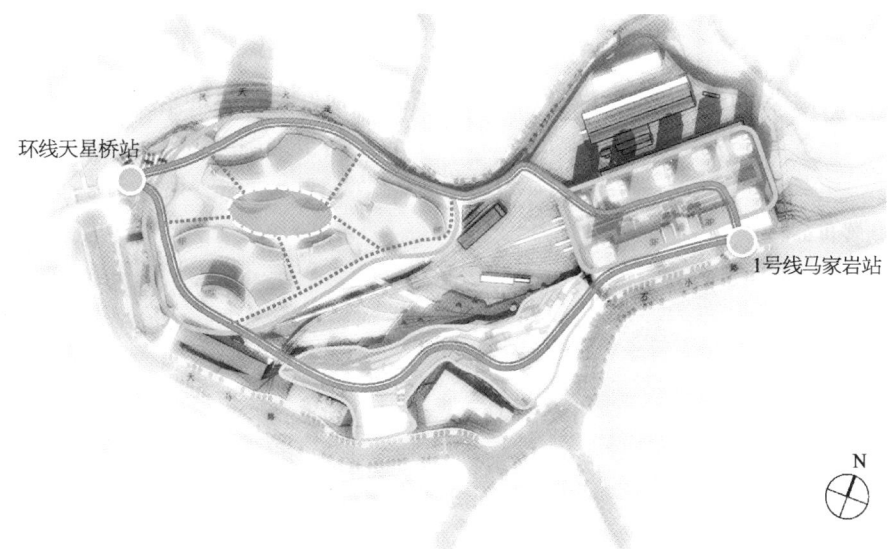

图 15‑6 车辆基地上盖开发流线图

例配置约 2 550 辆停车位。B 地块计划开发 1.5 万 m^2 小型商业。C 地块开发 20 m^2 住宅与 1 万底商及其配套,并根据条例配置约 2 100 辆停车位。总共约配套停车为 4 650 辆,停车库及设备用房面积约 19 万 m^2,容积率约为 2.45(不含车场建筑面积)。

方案计划开发顺序为先开发 A 地块盖下车场及开发预留部分及 C 地块住宅居住区,再开发 B 地块的坡地商业公园,最后开发 A 地块的商业综合体。

最终目标是实现车辆基地综合开发 TOD 一体化的如下几个目标:

(1) 为城市打造一个带动区域型经济的,带动地区品质的,可以保证全天候人气旺点的轨道交通上盖城市地标。

（2）为开发单位塑造一个具有资源独得机会共享的，集商业、办公及住宅一体的综合性一站式建筑群体，充分发挥地块价值的最大化，有组织有前瞻的开发项目，赢得最大综合利益。

（3）为使用者提供交通便利、空间各异、业态丰富多彩、日夜皆旺的体验式绿色生态的公园式社区购物中心。

（4）为平台运营方赢得各功能业态，共荣共赢的商机，为平台管理方提供安全独立的管理模式，互不干扰，自成一体。

为商业运营方赢得商机，为轨道管理运营方创造安全独立互不干扰，自成一体的全封闭的活动空间。

15.6.1.5 空间组织策略

由于 A 地块为环线建设范围内与城市道路有直接接触的地块，商业价值最高，适宜作为商业展示面同时引导人流进入上盖开发层。因此，天马路风天大道相连的核心节点处，建筑参考了日本难波公园的设计手法，引用台地组织 A 地块的商业动线，以下沉广场为起点，通过一条连贯的景观轴线将天马路立交路口与上盖平台串联起来，将人流从天马路引导至 20 m 高的盖板之上。通过上盖商业裙房有机组合形成两条商业带，共同围合出中央广场聚集商业人气，采取有利的 U 形商业动线，通过几个主题综合体场馆串联出盖上的商业娱乐动线，打造乐活潮圣地。同时围绕中心广场辐射出三个次商业节点，与大平台闸道入口相适应，形成有效的商业空间，充分实现独具山城特色的车辆基地综合开发一体化（图 15-7）。A 地块两侧分别有两栋地标性塔楼，勾勒城市天际线（图 15-8）。这两栋塔楼分别主打办公及公寓，营造活力创客聚集的智慧领地。A 地块综合开发所需的机动车库主要利用盖下空间，将停车列检库的下方空间布置两层机动车库，将大平台与检修库之间的空间布置一层夹层机动车库，以实现坡地高差空间的充分利用，将机动车库与车辆基地穿插设置，也是颇为彰显山城特色的创举。

图 15-7　A 地块上盖开发鸟瞰效果图

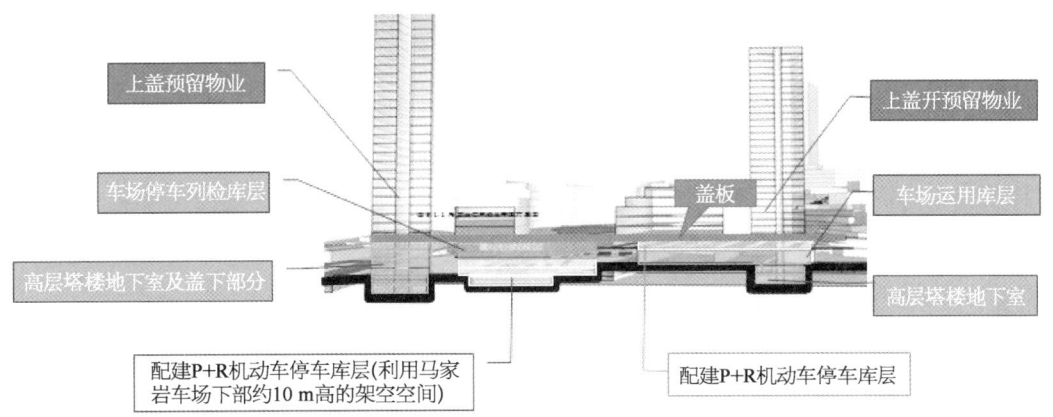

图 15-8　A 地块上盖开发剖面示意图

B 地块位于石小路边坡，若采取高强度的开发会增大后期边坡坍塌的风险。同时 B 地块邻近天马路一侧不允许开机动车出入口。但是从城市规划的角度考虑，B 地块应为城市尽可能多的释放公共空间与景观绿地，供周围居民休憩，提升 A 地块的商业空间品质。因此，在同时兼顾考虑城市环境优美性及经济性与风险性等多方因素下，B 地块的设计采取充分利用地形，并参考重庆特色景点洪崖洞及李子坝坡地场所的设计手法，将商业及活动容纳至坡地中，形成一组结合商业文化展示功能的坡地公园，既控制前期投入，又减小建设风险。例如，B 地块采用化整为零的设计手法，削减建筑体量，运用覆土的手法使建筑得以消隐在场所中，同时巧妙地利用地形组织商业动线，使人流在高差错落的行走乐趣中流连忘返（图 15-9）。此外，B 地块通过塑造坡地景观，打造城市的景观纽带，方便 A、C 地块人流相互流动，并弥补因为轨道线的存在产生的地块割裂的现状，起到缝合城市的作用。

C 地块位于原 1 号线车辆基地停车大库上盖，此区域已经建成原先设计好的住宅小区核心筒。因此，C 地块业态遵循原有的预留模式，同时综合衡量 C 地块原先预留好的结构柱荷载情况，给出合理的实际承受荷载值。同时，C 地块重点解决停车及出入口的问题。在 1 号线车辆基地大库顶板上设置了三层夹层车库，夹层车库的顶板即住宅小区的围合内院。妥善解决盖上的住宅小区通至石小路的道路交通问题，同时专为小区设置一个便捷通道直通 1 号线马家岩站出入口，最大限度地方便小区居民出行（图 15-10）。

图 15-9　B 地块上盖开发鸟瞰效果图

图 15-10　C 地块上盖开发鸟瞰效果图

15.6.2 四公里停车场上盖开发

15.6.2.1 基地概况

项目位于重庆市南岸区四公里地块，项目区位如图 15-11 所示，东侧紧邻海峡路(快速路)，西侧紧邻城市规划路，与和记黄埔地块隔路相望，南北两侧为四公里立交及江南立交，南侧紧邻四公里枢纽。项目用地现状主要为山地及部分厂房，用地面积为 134 822 m²，呈不规则形状，地势北高南低。用地范围内为环线停车场，含轨道交通工艺设施。

图 15-11 项目区位图

15.6.2.2 用地现状

（1）周边地形：四公里停车场周边道路较为复杂，从南向北，高差 1~22 m 不等。

(2)周边交通：用地周边道路状况较为复杂，周边 500 m 范围内环绕有四公里立交、四公里交通枢纽、大片旧城改造，交通阻隔，项目内部客群至外区域的日常消费动线过长，便利性较差。周边有 3 号线四公里车站、轨道环线四公里站、四公里枢纽中心及四公里上内环连接海峡路的四公里立交。快速路、主路、匝道环绕地块。其周边交通如图 15-12～图 15-14 所示。

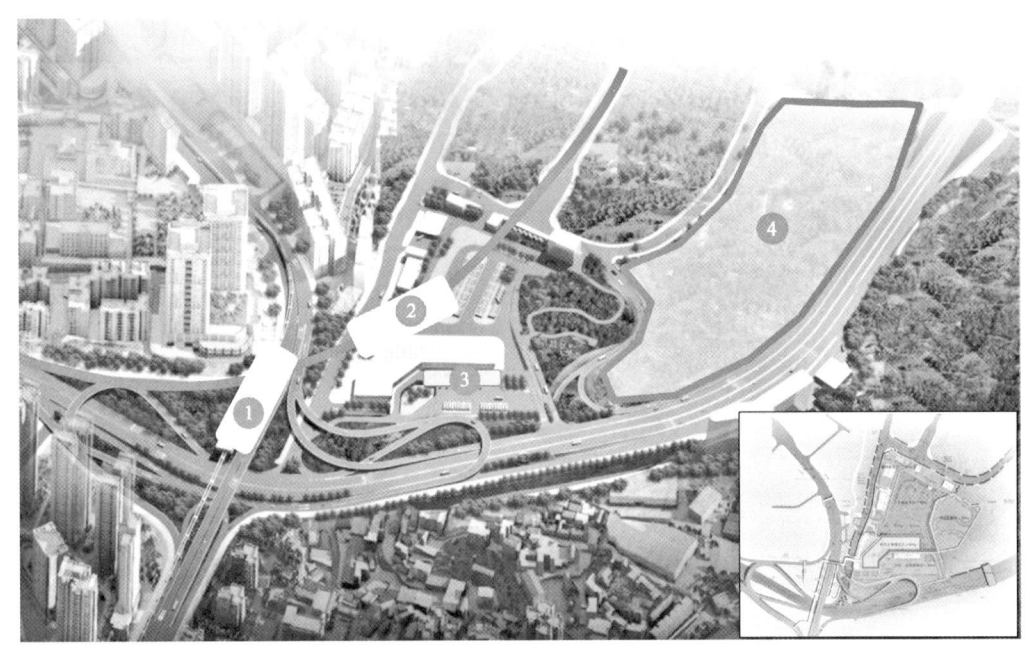

图 15-12　环线四公里停车场周边地形及总平面布置图
1-3 号线；2-轨道环线；3-长途公交枢纽站；4-基地

图 15-13　环线四公里停车场周边地形、交通分析图 1
1-现状出入口；2-现状出入口；3-现状出入口；4-烟雨路；5-江南立交；6-海峡路；7-现状出入口

(3)用地现状：基地紧邻四公里枢纽，属于南岸区枢纽中心。周边已经形成有一定规模的住宅。但

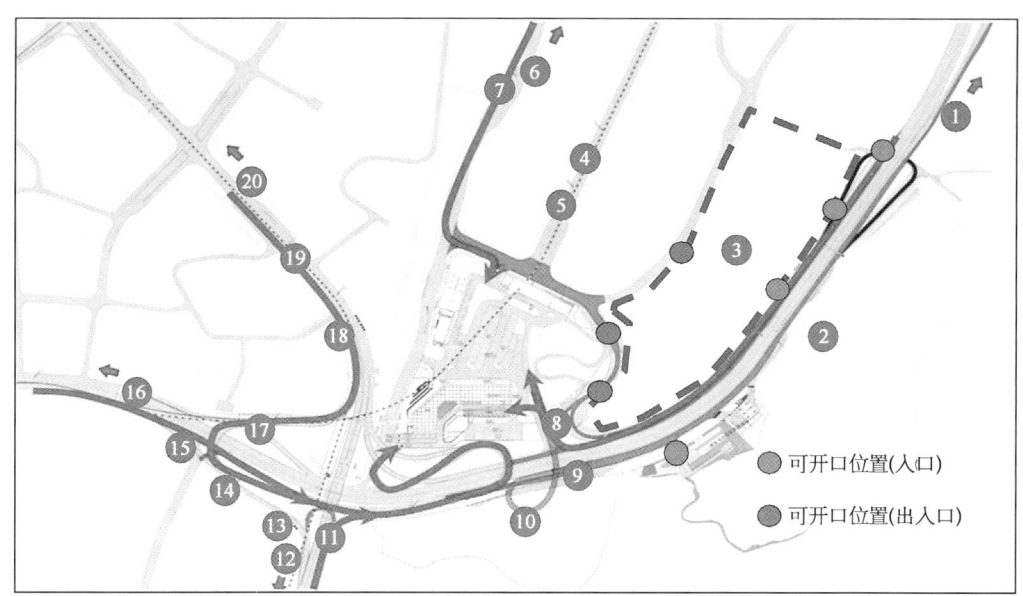

图 15-14　环线四公里停车场周边地形、交通分析图 2
1-向家坡立交方向;2-消防出入口;3-基地;4-轨道环线;5-规划道路;6-上新街方向;7-规划道路;8-匝道 E 线;9-匝道 A 线;10-匝道 C 线;11-海峡路;12-五公里方向;13-匝道 1;14-匝道 2;15-匝道 H 线;16-鹅公岩大桥方向;17-轨道环线;18-烟雨路;19-3 号线;20-南坪方向

项目附近缺乏能让公众真正享受购物消费及休闲娱乐的场所。基地所处的区域目前有少量的办公用房,分布较为分散,办公用房少。四公里车场在此修建以后,对该区域有一定噪声等影响,如环线进出停车场转弯部分对 A 地块有噪声影响;咽喉区对 A、B、C 三个地块有噪声影响;运用库线路排布及结构需调整,保证西侧有核心筒落地,东侧局部柱网能承受结构转换,住宅与运用库变形缝协调;在此部分用地内布置其余轨道交通工艺用房,并预留出沿规划路一侧商业用地。

15.6.2.3　项目总体研究目标

通过以上分析,本项目提出了总体研究目标:① 通过停车场上盖开发,实现土地集约化高效利用;② 通过交通、规划、结构、建筑、景观、降噪等系统化考虑,打造高品质生态社区;③ 通过市场研究及多方案的比选,实现土地价值和开发收益的最大化。

15.6.2.4　业态策划

南岸区拥有三大核心板块,南坪是传统商业核心区,弹子石是正在兴起的重要商务配套区,茶园是城市新兴行政中心区和居住聚集区。南岸区非城市主力发展方向,区域除了资源型的南滨路及南山板块实现高溢价,南岸整体以刚需市场为主导,主要集中在三大核心板块。项目地处南坪板块边缘,属于高价值区域,区域整体发展成熟,周边配套设施完善,交通便利,项目开发具备快速成熟的先天条件。项目地块紧邻旧城改造区域,交通受到高速阻隔,缺乏人气导入系统;匝道规划将地块与交通枢纽站的步行联系切断,商业价值大幅降低,不适合打造大商业及豪宅物业。

因此,要合理规避不利因素,弱化劣势,借势和记黄埔—御峰的品牌和配套,形成片区规模化效应;通过打造差异化产品实现优势互补,打造可以最大限度满足企业开发目标的物业产品(图 15-15)。

（1）商业市场需求分析:区域以大型居住区为主,常住人口约 4 万人,商业需求多偏向生活属性较强的中低端零售及餐饮。区域均以社区底商依附商圈形式存在,业态偏向生活型,未来大体量商业供应,出现地段性商业存活困难现象。除南坪核心商圈外,其他区域以 1~2 层社区底商为准,大型主力店

图 15-15　环线四公里停车场区域及项目属性分析图

超市等周边商业能够实现较高价值。机会挖掘：项目实现满足自身社区商业需求，自给自足的社区底商，引导交通枢纽旅客商业需求，同时可以承接部分四公里交通枢纽带来的住宿及餐饮的商业需求。

（2）商务市场分析：2013 年南岸区写字楼年去化量仅 7 万 m^2，未来区域还有约 86 万 m^2 存量，产品去化压力大，同时项目区域非商务集中区，项目不建议开发写字楼产品。区域酒店分布密集且档次丰富，总体入住率基本达标，项目承接交通枢纽站的中低端住宿需求机会较大。

机会挖掘：公寓可实现商务办公及商住结合的多种功能，适用度高可实现快速去化保证较高溢价，而目前南岸区公寓主要分布南坪商圈板块，在售项目较少竞争度不高，建议开发公寓产品。

（3）住宅需求：南岸区住宅供应来看，除了资源型的南滨路及南山板块实现高溢价，南岸整体以刚需市场为主导，主要供应集中在新区板块。南岸整体以低于 90 万元的高层为主，南坪及新南湖板块年去化约 46 万 m²,单盘年均去化 3 万～4 万 m²,部分大盘能达到 10 万～20 万 m²/年。南坪及新南湖板块热销高层项目中,面积 50～80 m²,总价 50 万～70 万元的紧凑型物业产品属于市场主力需求产品类型。项目周边供应小面积产品比较普遍,在较低总价和高性价比共同作用下,客户对高梯户并不敏感。区域客户均以南岸区地缘型及外地、融城客群为主,经济型客户比较关注交通、配套、性价比,对环境因素敏感度相对较低。机会挖掘:区域核心地段土地资源限制未来无更多项目供应,项目未来潜在竞争主要来自毗邻的 300 万 m² 大型旧改项目,应借势和黄御峰的品牌和配套,打造控总价控面积的创新型产品与该项目中端舒居定位实现互补,步行系统如图 15 - 16 所示。

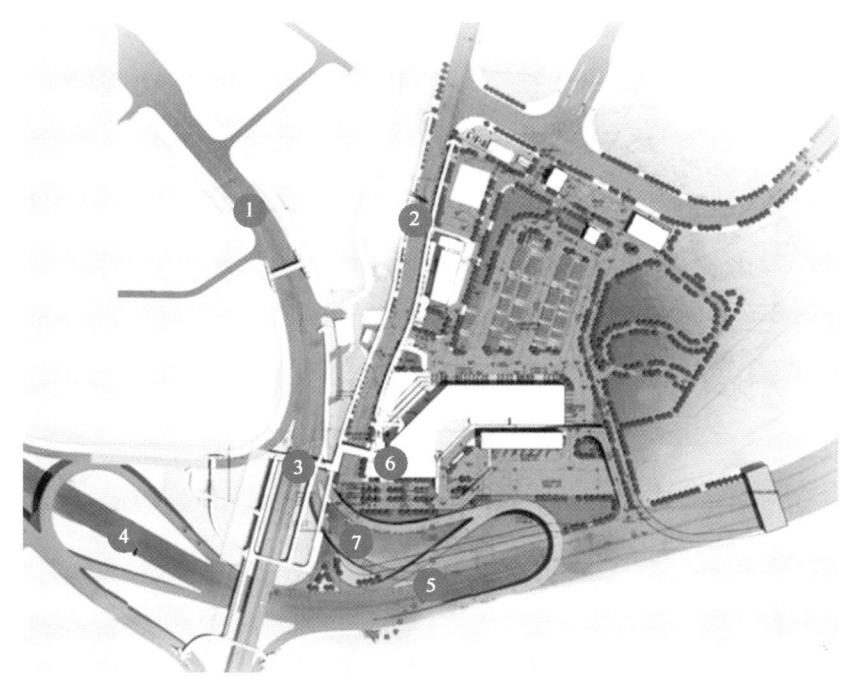

图 15 - 16　环线四公里停车场步行系统图

1-江南大道;2-烟雨路;3-现状人行过街设施;4-海峡路;5-现状地下通道;6-过街天桥;7-四公里立交步行系统

综上所述,项目整体定位如下:

(1) 自身质素:项目处于高价值区域,但地块自身不利因素较多,决定本案不适合打造大商业及高品质物业。

(2) 交通导入性差,受到高速及车辆段技术层面噪声及振动影响,无景观资源,且周边火葬场因素影响。

(3) 市场因素:毗邻的和黄御峰 300 万 m² 大盘定位偏中高端舒适型、大量的商业配套,本项目必须与之走差异化路线,通过产品创新,借势突破。

(4) 客户认知:对于高端住宅的选择,重庆本土客群因观念、背景、财富累积等原因偏好别墅类产品,对于大平层物业认可度不高,同时高端客群更偏向与稀缺资源的占有。

其开发策略分三部分:

(1) 商业市场:不做大体量商业,社区商业业态满足本项目及客运站的基本商业需求。商业实现满足自身社区商业需求,同时可以承接部分四公里交通枢纽带来的住宿及餐饮的商业需求。主打经济型物业,契合市场主流特征。区域刚需风潮持续,总价控制下的经济型物业契合区域及项目主力客户诉求,拥有更丰富的市场机会。

(2) 商务市场:以市场主流小户型低总价商住混合公寓产品,满足价格外溢的小型商务办公、经济型酒店及过渡居住需求。小户型低总价商住混合公寓产品,可以满足价格外溢的小型商务办公、经济型酒店及过渡居住需求。小户型公寓,满足多功能复合需求。商业产权小户型公寓,满足过渡性居住、办公、酒店等多种功能。通过户型创新提升产品附加值,奠定本案核心竞争优势。

(3) 住宅市场:项目北临300万 m^2 和黄御峰项目,预计开发周期十年,定位中端舒居品质大盘,产品业态丰富,拥有50万 m^2 配套商业。项目地处核心地段,通过打造市场最主流的经济型物业,控制总价,提高性价比的创新型产品来契合区域及项目客户需求诉求,实现快速去化。区域刚需风潮持续,总价控制下的经济型物业契合区域及项目主力客户诉求,拥有更丰富的市场机会。把握地段交通优势,利用大盘借势,弱化不利因素。强化两线轨道换乘,立体交通系统,南坪商圈地段优势。

有针对性的客群(刚需、白领、过渡型),弱化不利因素的打造(高性价比的产品、大规模绿化)。

15.6.2.5 开发方案

打造双轨新贵范儿·城市乐享圈——轨道康居社区。

(1) 住宅定位:针对过渡的小户型精品社区——以性价比赠送为主的可变小户为主。

(2) 商业定位:城市新贵精致社区商业——便捷日常餐饮、基本生活配套为主。

(3) 公寓定位:城市SOHO小公寓——小型商务办公、精品快捷酒店、租住为主。

(4) 开发方案与体量:运用库(含停车列检库、月检临修库)预留上盖开发,根据总图布置和运用库柱网尺寸,上盖区域预留开发的条件为:共预留4栋住宅塔楼、9栋公寓、机动车停车库一层、会所两层及一层架空走廊,总计建筑面积约为267 158.53 m^2,其中地上建筑面积218 692.56 m^2、机动车停车库建筑面积48 465.97 m^2。在上盖区域的北侧与西北角设置两个机动车双车道出入口,与匝道相连(匝道与城市道路设置两个机动车双车道出入口)。设置环形消防车道,满足上盖物业开发项目的消防道路要求。每栋高层建筑设置至少沿一个长边或周边长度的1/4,且不小于一个长边长度的底边连续布置消防车登高操作场地,消防车登高操作场地预留宽度为20 m。

停车列检库通过抗震缝分割为1号~4号共4个平台。各平台9.3 m标高以下为轨道交通车辆段运用库使用空间,9.3~15 m为小区车库,结构在15 m标高设转换构件。15 m标高主楼范围外有1.5 m绿化覆土。1号平台和2号平台上部分别为6♯、7♯、8♯、9♯楼。6~9♯楼均为29层钢筋混凝土剪力墙高层住宅。3号平台上部为10♯、11♯、14♯、15♯、16♯楼。4号平台上部为12♯、13♯、17♯、18♯楼。

绿地系统规划是极为重要的一环,它是提升空间品质、创造宜居环境的重要元素(图15-17和图15-18)。以咽喉区上部盖板、车库屋顶与住宅、公寓广场三个板块为主进行绿地系统规划,创造出轻松、自然的环境氛围。咽喉区上部盖板需要同期预留结构荷载(1.8 m的覆土荷载)。

15.6.3 弹子石站TOD综合开发

环线一期工程弹子石站位于南岸区朝天门大桥东侧,弹子石立交下,与规划的11号线通道换乘(图15-19),北侧为弹子石中学、富春花园,南侧为南福大厦,西北侧为在建的弹子石CBD中心,其地理位置优越,交通繁忙,商业繁华。

弹子石车站总长359 m,其中车站主体长204.8 m,配线长154.2 m,车站横向将广场分隔成南北两个广场,依托车站主体和配线剩余空间,将两个广场进行衔接,其中北侧主体侧墙考虑预留条件,能完全敞开面向北广场。北侧2号出入口处新增通道,连接左侧CBD地块。南侧两个附属通道,一

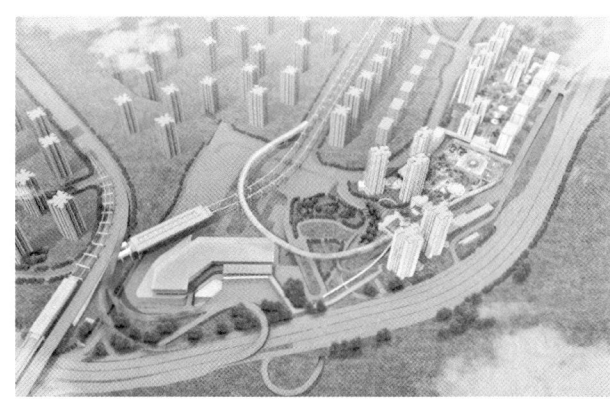

图 15-17　环线四公里停车场 TOD 综合开发上盖建筑效果图

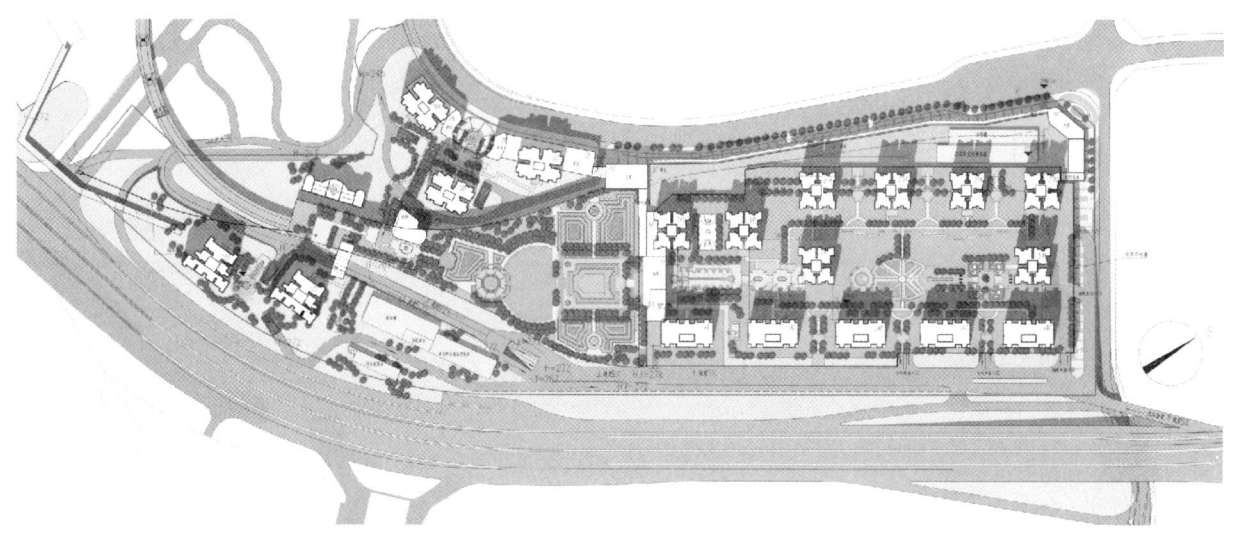

图 15-18　环线四公里停车场 TOD 综合开发上盖建筑总平面图

个与泽科商业地块相连接，一个直接通向下沉南广场，剩余空间可结合下沉广场统一打造，以车站为核心，以 TOD 为核心思想理念，依托于轨道交通线网服务于周边片区的商业、办公、居住功能（图 15-20）。

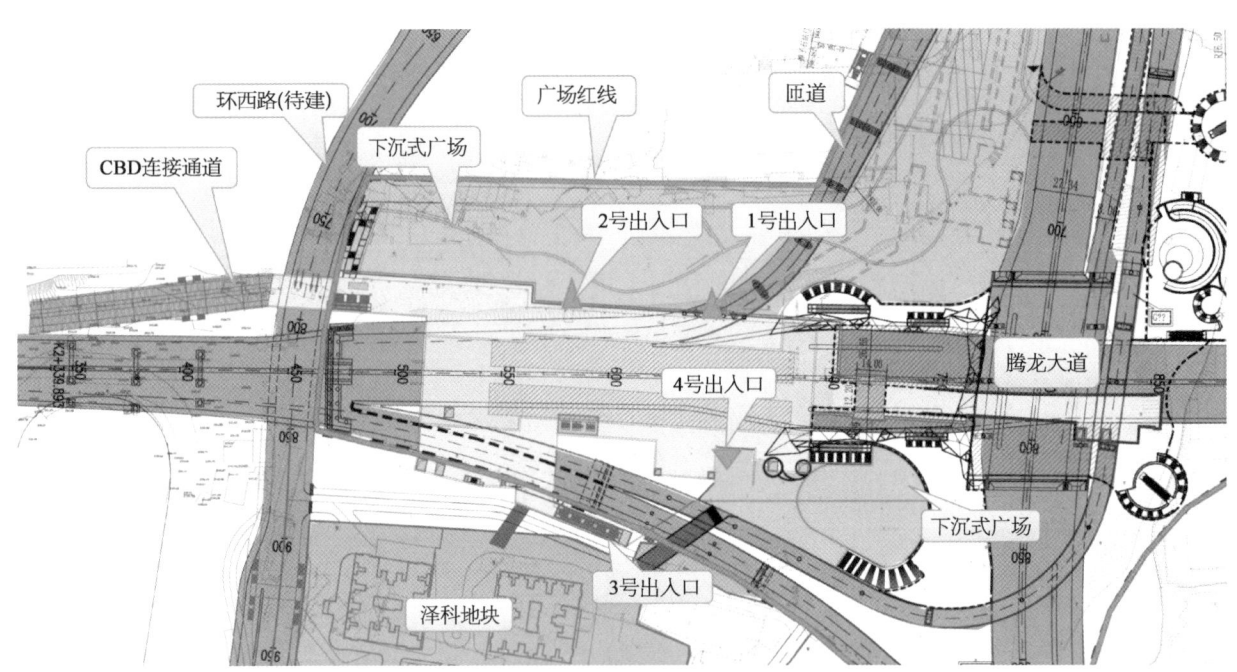

图 15-19 弹子石车站与下沉广场平面位置关系图

图 15-20 弹子石站 TOD 综合开发效果图

15.7 创新与实践

重庆市的轨道交通 TOD 综合开发是跟随着轨道交通的飞速建设并结合山地城市的特殊城市风貌而做的进一步的发展。重庆是一个"山隔水阻"的城市,轨道线网就像城市的血管连接起重庆居民生活的命脉,而轨道交通 TOD 综合开发则应成为轨道交通建设和发展的有效造血机制。

截至 2020 年,重庆市拥有 8 条轨道线,轨道交通合计运营里程超过 300 km,日均客运量冲破了 280

余万乘次,位居全国第六。从无到有,从单线到网络化运营,重庆用了16年的时间,其中环线"环"的最后一段缺口,即二郎站至重庆图书馆站的7 km,已于2020年年底完满画成一个"圆"。环线将串起多条轨道线路,真正发挥起设计预想的效果。伴随着重庆市轨道交通网络化的基础建设逐步完善,轨道交通TOD综合开发势在必行,而马家岩停车场上盖、四公里停车场上盖及相关车站站点的综合开发正是在环线轨道交通建设基础上做的创新的尝试、有力的实践。

马家岩停车场上盖等开发也是结合重庆特色进行的开发实践。山地城市一大特点是建设用地的不规整以及土地稀缺,无论是从设计难易、施工便利度以及建设成本等方面来看,平原城市的平坦地形更适于大型轨道交通场站综合体开发建筑的建设。利用"多层地面"的山地建筑设计原理,在竖向方向上进行发展,发挥山地建筑的特殊优势,合理处理好各个地面的关系,以错层等形式与地形相结合;另外,轨道车辆基地自身复杂的交通系统加上盖开发后更增加了开发部分的车行、人行出口的设置,山地环境下的交通形式拥有了多层次特征,轨道交通综合开发更为立体、节约、高效。

在后续轨道交通TOD开发实际实施过程中,应响应重庆市相关政策的最新指导,加强统筹规划层面的执行,使TOD开发均在城市轨道交通综合开发用地范围之内,原则上以轨道交通站点为中心,按照站点半径600 m;车辆基地按本体工程用地及周边落地的开发用地确定为轨道交通综合开发用地范围。做好轨道交通土地综合开发与国土空间规划的衔接,明确城市轨道交通综合开发用地范围及综合开发业态、开发强度、开发体量等主要指标。在城市轨道交通建设规划经国家审批后,将相关线路的综合开发专项规划按程序纳入站场周边区域控制性详细规划,完成规划法定化程序。通过明确实施主体,建立成本分担与收益分配机制,强化政策支持,将开发项目落实到地。坚持"轨道交通引领城市发展格局"的理念,确保这种"轨道交通+物业"的综合开发形式有效增加城市活动强度,更好地带动区域经济的发展,提高城市的活力。

第 16 章 设计总体总包管理

环线工程总体总包管理工作，基于重庆轨道集团公司业主的管理架构，同设计部、建设管理中心、运营管理中心、项目建设部共同制定相应措施，特别是例会制度、文件送审制度、通用图措施，为工程的顺利实施起到关键作用。

设计总体总包管理的核心是贯彻"以人为本、价值优先"的原则；吸取国内外成熟的经验、运用价值工程的方法，设计建造一个"功能完善、安全便捷、环保节能、景观协调、技术先进、运管高效、经济合理、实施顺利、施工安全、投资可控"的轨道交通系统。树立经营、景观、创新的设计理念，贯彻轨道交通设计"规划前瞻、资源节约、可评可比、精品极品"的目标，创造工程先进的功能、优美的造型、领先的技术、可靠的运行，使之成为社会效益、环境效益、经济效益的集中体现。通过设计总体及总包管理工作，提供业主满意的设计文件及优质的设计服务，保障工程建设的顺利进行。

16.1 项目设计管理

16.1.1 推行标准化设计

设计总体单位在设计中应遵循标准化、模块化设计的原则，对具有共性的设计应从工程全线的角度出发，编制通用图，提高设计效率，缩短设计周期和降低设计成本。同时，根据功能的划分，在设计中开展模块化设计。

设计总体单位将统一全线设计和技术接口衔接的标准和原则，落实标准图集、模块化图集的编制，组织标准化设计会审，经标准化设计会审形成的决定及成果应用到设计中。

采用标准化设计，按工程项目分级、专业系统分类形成系列化标准设计文件，组织单项设计单位参照出图，具有重要意义：保证设计文件的水平，提高设计文件的统一性、标准化程度；提高设计文件的设计质量和设计效率，缩短设计周期、降低设计成本；促进技术进步，提高建设管理水平。

16.1.2 实施目标化管理

本工程将从系统功能、质量、建设、运营、项目管理、设计工期等多方面实施目标管理，具体包括：

（1）系统功能目标：通过对设计行为的有效控制，提供一个安全有效、功能合理、经济实用的轨道交通系统。通过精心设计，努力达到规划满意、环保满意、甲方满意（包括乘客满意、运营满意、工程满意）的目标。

(2) 投资控制目标：通过投资目标分解、限额设计、功能平衡等技术手段，降低工程投资；通过设计方案的优化组合，控制施工行为，预期工程行为的结果，从设计的角度提出保证工程质量的标准和控制措施。

(3) 质量控制目标：通过设计方案的优化组合，控制施工行为，预期工程行为的结果，从设计的角度提出保证工程质量的标准和控制措施。

(4) 设计工期目标：乙方应根据甲方提出的里程碑要求及时、科学、合理地制定设计工作计划，确保按计划有序、协调、全面地组织开展本工程的设计工作，完成各阶段设计任务及其他相关任务，确保实现本工程的建设目标。

(5) 设计管理目标：通过有意识的管理行为，促使本工程设计工作有所突破，从而提高对城市轨道交通建设的管理水平。

(6) 建设运营目标：设计应考虑到工程实施条件，考虑工程风险，考虑国内施工、安装的技术水平，对无把握的工法、产品应慎重采用。机电设备努力选用成熟产品（选型设计），慎重采用科研试制产品（开发设计）。方案必须论证透彻，为工程的顺利实施创造条件。设计应考虑运营的实用和方便，在保证完整功能的前提下，针对提高服务水平、降低维修、运营成本的需要开展设计，为运营创造良好的条件。

(7) 项目管理目标：设计总体总包单位通过制定详细总体总包设计及勘察管理办法，确保形成适合本项目的设计及勘察管理和项目管理模式，充分做好设计总体策划及统筹管理工作，充分调动设计人员的积极性，稳定各阶段各项目组人员能力，规范设计软件，统一设计输入、输出规定，目标化管理内容如图 16-1 所示。

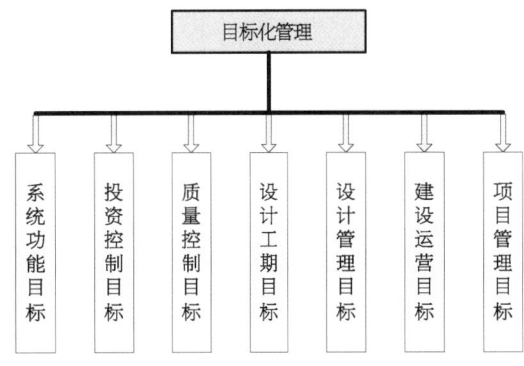

图 16-1　目标化管理内容

16.1.3　总体总包工作内容

结合总体总包设计院在上海、重庆、南昌、宁波等地轨道交通总体总包的工作经验，本工程中提出以下设计总体总包工作内容，如图 16-2 和图 16-3 所示。

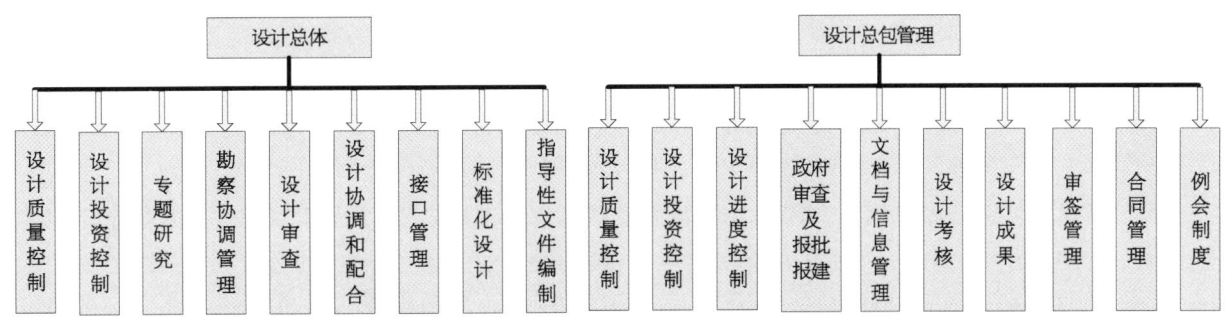

图 16-2　设计总体工作内容　　　　　图 16-3　设计总包工作内容

16.1.4　总体总包管理工作重点、对策及措施

1) 质量控制方面

工作重点：设计质量的优劣对工程质量具有决定性影响，是进度、质量、投资控制的中心环节，也是

难度最大而又必须强化的,如何通过质量控制实现业主对工程建设设定的目标是总体总包管理的难点之一。

应对措施:总包管理建立质量控制程序及措施,通过全过程技术管理、质量管理的制度体系和控制流程,实现对设计质量的全面控制并贯彻于工程建设的全过程。

2) 投资控制方面

工作重点:如何在确保实现工程运营功能及技术标准先进性的前提下,力争通过设计优化降低工程投资,实现项目良好的经济效益和全寿命周期的工程价值最优。

应对措施:以价值工程为手段,确定合理的建设规模和标准;勘测阶段适当超前,提高基础资料精度和可靠性;落实外部接口,确保设计方案的稳定性与可实施性;充分重视概算编制原则和方法,提高概算的编制质量;实行限额设计,控制工程投资;严格控制设计变更。

3) 进度控制方面

工作重点:轨道交通项目涉及专业多、建设周期长,计划管理和进度控制的要求高、难度大,各级计划间相互关联制约。要满足业主的总体进度目标要求,确保工程总体计划中各个"里程碑"时间的实现,确保工程按时开工,及时提供项目建设各阶段所需的设计文件,是总体总包工作的难点之一。

应对措施:建立分级计划管理架构,对工程建设总目标细化分解,以里程碑为计划控制点和分解点,将设计计划融合于总进度计划中;采用 P3 等专业计划管理软件,提升项目计划管理、进度控制的水平和实效;通过设计计划的编制、关键路径分析和工期目标分解进行总工期的策划和优化;加强进度监测和偏差分析,确保进度计划执行过程受控。

4) 接口管理方面

工作重点:轨道交通工程涉及的专业众多、接口复杂,各专业项目之间需要进行相互协调、密切配合,才可保证满足各项设计要求,充分发挥轨道交通的全部功能。经过协调和确认的接口要求及接口界面是各相关专业必须遵循的技术条件,按设计阶段制定不同层次的内外部接口协调制度,组织设计各工点、系统之间以及同城市规划等相关职能部门进行技术协调,稳定设计接口条件,是总体总包的一项重要工作,也是难点之一。

应对措施:配合业主的总体接口管理,从方案设计阶段开始抓起,直至施工验收,对工程中的每一个环节的设计接口进行管理,确保实现接口功能。

5) 人员管理方面

工作重点:如何确保设计总体总包人员和各分项设计单位人员的到位率和相对稳定,并根据设计任务进展对设计人员进行动态配置,满足设计工作开展的要求和现场配合服务的要求。

应对措施:总体总包单位将采用设计巡检与考核制度,确保各设计院人员到位,督促总体总包和各分项设计单位严格执行合同的各项条款和规定,共同努力完成各项设计任务。贯彻实行"设计考核"管理,建立奖惩制度,严格控制各分项设计工作的"进度、质量和投资",力争为业主提交优秀的设计成果。

6) 与业主及各分项设计单位间沟通方面

工作重点:为加强与业主及各分项设计方的沟通,及时协调解决设计过程发现的问题,做好设计总体总包过程控制和动态管理,是总体总包管理工作的难点之一。

应对措施:采用设计例会制度,定期由设计总体总包召开设计例会,内容包括报告近期设计、设计管理及工程进展与状态信息、检查上次会议决定的落实情况、讨论确定下阶段设计及服务配合工作重点、提出建议和做出有关决定等。设计例会需要有纪要,由设计总体总包单位整理,发各设计单位,抄报业主,施工阶段抄送监理单位。

16.2 设计总体工作内容

设计总体工作围绕工程各设计阶段的需要,按总体设计、分项设计的技术指导、过程控制管理(包括设计质量控制、设计投资控制)、设计审查、设计协调和配合等方面开展工作。

通过对设计总体总包管理内容的理解,本工程中提出以下设计总体工作内容,如图 16-4 所示。将以设计审查、设计协调配合为主展开。

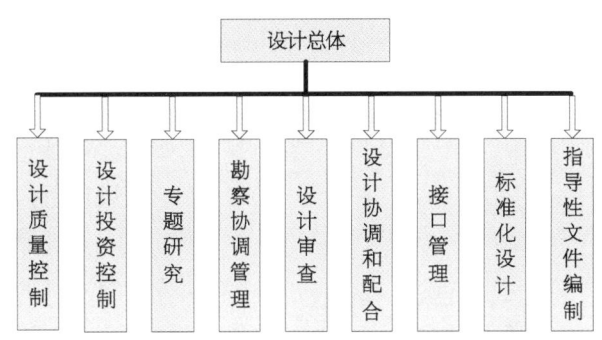

图 16-4 设计总体工作内容

1) 设计审查

对设计过程各阶段的设计文件进行审查,是轨道交通设计技术管理工作中总体单位应承担的重大技术管理职责。通过对全线各项目、各系统设计文件的设计审查,实现设计质量的整体控制。

设计审查在控制工程总体质量的同时,也是对设计行为质量的控制,检查设计文件盖章、各级审查签署是否齐全、规范,签署人员资质是否达到规定的要求,在各级审查、会签中提出的问题是否已有明确的回复和落实。

设计审查是实现"事先指导、过程控制、成果检查"设计质量控制和指导的最后环节,也是对设计总体质量和设计行为质量进行检查和落实的一个有效控制手段。

通过设计总体审定、系统审查实现:落实国家和地方相应的法律、法规和技术规范、规定;检查工程运营功能和工程规模;落实设计原则和工程技术标准的执行;落实工程技术指导文件、技术接口文件;落实政府、专家评审意见和业主要求;检查限额设计的控制、执行情况;各系统功能间的匹配合理性和技术进步性;检查工程系统功能、设备配置及规模;检查设计文件的内容组成、设计深度和完整性;检查各技术接口是否齐全、明确、合理;核实采用的理论方法和参数选用是否正确,设计是否合理。

2) 设计审查范围及内容

设计审查范围为:合同规定服务范围的建筑、结构、地质、线路、路基、桥涵、防水、轨道、限界、行车、通风空调、牵引供电、低压配电、给排水及消防、车辆、通信、信号、设备监控、防灾报警、自动售检票、乘客资讯、控制中心、门禁、车站建筑设备、人防等专业的设计文件。

审查内容主要包括:初步设计阶段主要审查技术标准落实、技术接口的协调、工程方案设计、系统构成与功能配置、工程筹划、工程概算等方面。各工点、系统设计单位在落实方案设计审查意见的基础上,进行多方案进一步深化比选、提出推荐方案,由设计总体组织方案审查,各设计单位根据审查意见修改深化设计方案,在此基础上完成初步设计。

施工图设计阶段主要审查初步设计审查后的技术标准落实情况、技术接口的协调、工程设计、系统构成与功能配置等方面。各工点、系统设计单位在落实初步设计审查意见的基础上,进行设计方案进一步深化、细化。设计前,设计总体组织设计方案审查,各设计单位根据审查意见深化设计,在此基础上完成施工图设计。

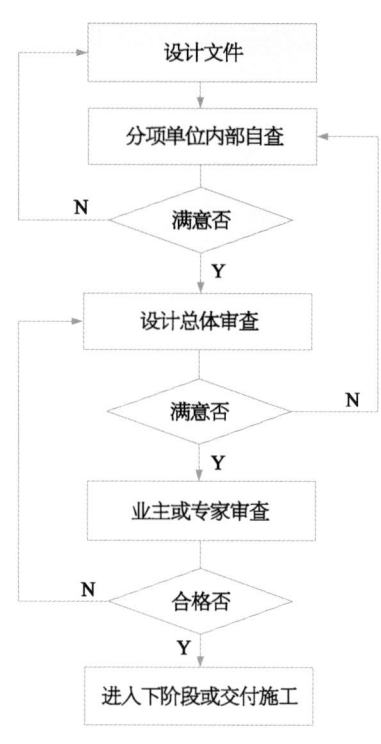

图 16-5 设计文件审查流程

3) 设计审查流程

设计文件审查流程如图 16-5 所示。

4) 设计文件审查要求

(1) 审查记录。审查记录由总体组专业工程师负责记录。审查记录的填写：方案审查由专业工程师按规定格式和内容及时认真填写。记录书写要字迹工整，用钢笔或签字笔书写。同时应按规定签字（姓名及时间）。审查记录对内组卷归档备查，对外签章发送设计单位并抄送业主。

(2) 审查程序。设计方案资料收到后进行登记，再分发专业工程师进行审查，提出书面审查意见。

对审查意见组织内部评审（或会审）做出评审记录（或会审记录和纪要），经设计总体负责人签发。

经设计总体负责人签发的审查意见，按文件传递程序办理。遇有更改或根据反馈意见已作补充完善后的成果，仍按发送范围发放，并明确与原发件的关系，如完全取代，则原件收回（或明文废止）。

为实现可追溯性，对审查意见和签发的各种记录、表格等进行标识，一律按文档管理制度规定编号、签署后，加盖公章。

(3) 审查质量控制。设计方案审查是质量控制的中心环节，审查意见是设计总体管理的产品，要以工作质量保证产品质量。审查质量与专业工程师的自身素质密切相关，设计总体总包项目部将加强对成员的培训和管理，专业工程师以本专业技术专家素质标准要求和规范行为。

严格按内部管理和工作程序履行职责，做到职责分工明确，工作到位，严肃工作纪律，奖惩分明。坚持正确运用质量管理的理论、方法、工具、手段，使影响审查质量的诸因素时刻处于受控状态，将影响的程度降低到最小限度。

5) 设计协调和配合

总体单位作为技术管理责任人，将充分发挥综合技术专长，协调好工程项目与城市轨道交通网、与城市建设和城市规划之间、各系统设计之间、各工点设计之间、系统与工点之间的技术问题和接口处理，为系统、工点的单项设计单位创造良好的设计环境，并给予其足够的技术监督和指导。

设计总体单位负责对外技术协调，包括但不限于：与沿线用地产权单位、政府主管部门、规划、国土、建设、环保、市政、人防、消防、文物、园林、安全质量监督、电力、水务、燃气、通信、交通、桥梁、公路、铁路、水利、河湖等单位，以及业主其他管理部门的接口和协调工作，稳定设计周边条件，落实单项设计方案边界条件。向上述单位提出接口要求及控制要求，负责提供向上述部门的报备文件。

协助业主进行各项协议的谈判，配合拆迁部门开展的征地拆迁谈判工作，负责提供技术、设计、资料支持。

有责任对所有在系统、工点设计中未包含，又是整个工程设计所必须考虑的问题进行总协调，并及时提出相应的意见供业主决策参考。

针对各阶段设计文件中涉及经营资源的内容，如商铺、装修、广告、部分设备系统，应根据经营管理部门的设计要求进行设计，并提交其审查确认后正式出图。

协助业主进行单项设计、监理、施工、设备等招标工作，并向业主提供标段划分建议、招标技术要求、满足招标深度所需的招标图纸、工程量清单，并协助清标工作。

总体单位应协调单项设计单位进行设计技术交底,派出现场设计代表及时解决施工中出现的与设计有关的技术问题。

总体单位应协调单项设计单位协助业主进行设备定货,及时解决设备定货中出现的与设计有关的技术问题。

在试运营阶段,总体单位应参与各系统的调试及全线设备系统联调,及时解决设备调试中出现的与设计有关的技术问题。

16.3 总包管理工作内容

16.3.1 设计总包工作内容

设计总包管理通过建立总体总包管理的各种机构,明确各机构的职能职责,对工程设计全过程实施管理;通过制定各种有效的设计管理办法,规范设计过程管理。

同时在设计过程中严格贯彻执行各类设计管理办法,将以设计投资控制、文档与信息管理、审签管理、例会制度为重点展开。设计总包工作内容如图 16-6 所示。

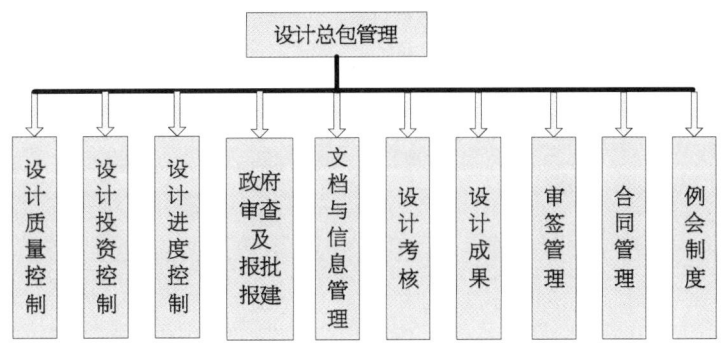

图 16-6 设计总包工作内容

16.3.2 设计投资控制

投资控制是设计管理的核心目标之一。

在我国建设工程投资管理领域,长期存在着决算超预算、预算超概算、概算超估算的三超难题。工程投资控制,就是在优化建设方案、设计方案基础上,在建设工程的各个实施阶段,采取一定的方法和措施将工程投资控制在合理的范围内。

投资控制的目标并不是单纯地降低建设投资,而是在确保实现工程运营功能及技术标准先进性的前提下,加强设计方案的技术经济分析比较,挖掘投资节约潜力,争取实现最优的功能价格比,并最终使项目取得良好的经济效益。

16.3.3 审签管理

审签管理主要包括两部分的内容,即设计总体及系统图纸审定、设计会签。

1) 设计总体及系统图纸审定

对分项单位完成的初步设计、施工图设计文件,总体单位、系统单位需对各工点主要图纸进行系统和总体审定。表 16-1 是总体单位、系统单位对车站设计图纸的审定要求,根据工程的相关特点制定本工程其他各类图纸的审定要求。

表 16-1 总体单位、系统单位图纸审定

专 业		总体审定	系统审定
建 筑		1. 设计说明	同左
		2. 总平面图、分层平面图、纵横剖面图	
结 构		1. 设计说明	
		2. 结构平立剖面图、车站纵断面图、横断面图	
设备专业	动力照明	1. 设计说明	同左
		2. 照明系统图	
		3. 动力系统图	
		4. 降压变电所低压配电室、跟随变电所、环控电控室设备布置图	
		5. 降压变电所低压配电室、跟随变电所、环控电控室主接线图	
		6. 动力照明干线布置图	
		7. 综合接地系统概念图	
	通风空调	1. 车站设计说明	1. 空调通风设计说明
		2. 车站总平面图	2. 空调通风总平面图
		3. 车站空调通风系统图	3. 空调通风机房平面图
		4. 车站水系统图	4. 车站水系统图
		—	5. 空调通风系统图(大系统)
	给排水与消防	1. 车站设计说明	1. 车站设计说明
		2. 消火栓系统图	2. 给排水系统图及平面图
		3. 气体灭火平面及系统图	3. 气体灭火平面及系统图

2) 设计会签

会签的组织。会签由总体总包单位组织。同一设计分项单位内部相关专业或工点间的会签,应在此前自行组织完成。

会签人员。参加会签的人员须为系统(专业)设计负责人和工点设计负责人。

会签文件范围及程序。涉及专业较多的总体性设计图纸需要相关专业之间进行会签。

会签程序。原则上要求上序对下序会签,即提出要求的专业(或系统)对被要求的专业(或系统)所完成的图纸进行会签。

会签范围的确定。根据设计的实际需要,并考虑到可操作性,有效地加强设计文件的系统性、完整性和总体性,保证设计质量,原则上规定需要会签的图纸范围如下:车站和区间总平面图、纵断面图;车

站建筑图(分层平面布置、剖面图);相关专业(或系统)间有重要接口关系的图纸;设计会签工作流程。

设计单位将会签图纸送设计总体总包单位,图纸会签管理人员对图纸进行签收登记。会签的组织及流程开展按照审签范围规定的内容,按总体总包会签计划安排实施。

图纸会签由工点会签和总体会签组成。相关工点会签应由各工点项目负责人和专业负责人完成。总体会签工作应由总体组设计总体、专业设计负责人共同完成。

图纸会签管理人员发出会签通知单,参加会签的各专业总体、专业设计负责人,一般应在接到通知后4个工作日内完成文件会签与审查。特殊情况不能到位的,可依据有关规定委托具有相关资质的人员按会签标准代签。

图纸会签流程如图16-7所示。

图16-7 图纸会签流程图

会签统一要求及记录。会签是对接口技术要求执行情况的确认和核实,因此要求有接口关系的专业(或系统),在正式会签之前,应进行充分的协调、配合。

设计会签内容需要参与内部接口的各专业完成。相关专业文件会签应根据《接口设计文件》中有关规定确定本系统、本专业需要参与的会签专业，根据各专业结果文件作为会签确认的依据，并核实执行情况后做好相关记录。

对外部接口的确认应根据本系统、本专业对应外部接口提供的相关文件、资料、会议纪要等核实执行情况后做好相关记录。

会签过程中若发现问题，应及时记录，并以联系单的形式通知相关的系统或单位，并报送总体组核备；相关的系统或单位应积极响应，及时核实处理，必要时由总体组出面协调解决，以保证设计工作的顺利进行。

16.3.4　例会制度

为加强本项目设计方的沟通，及时协调解决设计过程发现的问题，做好设计总体总包过程控制和动态管理，设计总体总包将建立设计例会制度。

设计例会定期召开，总体方案设计、初步设计阶段每周一次。施工图设计及施工配合阶段每2周一次，或者根据工程进展情况决定。

设计例会由设计总体主持，参加会议单位包括业主设计主管部门代表、系统及工点单位设计负责人。

设计例会内容一般包括：报告近期设计、设计管理及工程进展与状态信息、检查上次会议决定的落实情况、讨论确定下阶段设计及服务配合工作重点、提出建议和做出有关决定等。

设计例会将听取、检查各分项院的设计工作情况，解决技术、进度、专业接口等问题，并通过讨论、协调取得共识，得以解决，对较复杂的、一时不能解决的问题制定下一步工作打算或进行专题研究。

在设计过程中，遇重大技术难点、技术方案和工程内部各系统专业接口协调等问题，设计总体单位将组织相关单位、部门、专家等会同业主及时安排各类专题讨论会、协调会，经过讨论研究确定技术方案，解决技术难点，明确分工界面，涉及外部各部门和单位的问题，总体总包单位协助业主参加各类协调会，并提出相应的设计方案。

设计例会将及时传达业主以及有关部门的指示和精神，部署落实下一阶段的工作要求；设计例会和沟通是设计"质量、进度、投资"三控制的重要管理方法之一，通过例会可达到设计工作信息交流沟通、协调和解决问题的目的。

设计例会纪要由设计总体总包单位整理后于一周内发出，发各设计单位，抄报业主，施工阶段抄送监理单位，设计例会形成的设计会议纪要可以作为设计工作的记录、依据和工作指导。